HOW TO
TOEFL® *i*BT
120 어원편
VOCABULARY

넥서스

The Best Solution for TOEFL iBT

HOW TO TOEFL® iBT 120 VOCABULARY 어원편

지은이 최영은
펴낸이 임상진
펴낸곳 (주)넥서스

초판 1쇄 발행 2008년 2월 25일
초판 2쇄 발행 2008년 3월 1일

2판 1쇄 발행 2011년 6월 20일
2판 10쇄 발행 2019년 8월 2일

3판 1쇄 인쇄 2020년 8월 26일
3판 1쇄 발행 2020년 9월 1일

출판신고 1992년 4월 3일 제311-2002-2호
10880 경기도 파주시 지목로 5
Tel (02)330-5500 Fax (02)330-5555

ISBN 979-11-90927-37-6 14740

www.nexusbook.com

The Best Solution for TOEFL iBT

HOW
TO
TOEFL®

iBT

120
VOCABULARY
어원편

최영은 지음

넥서스

머리말

단어에는 의미를 주는 어원이 있으며, 이를 이해하면 무조건 외우는 것보다 훨씬 기억에 오래 남습니다. 더불어 처음 보는 단어라도 어근을 알면 뜻을 추측할 수 있다는 것이 시험을 준비하는 수험생들에게는 더욱 강력한 무기가 됩니다. 나열식으로 쓰인 기존의 토플 어휘 책으로 무조건 암기해야 하는 수험생들의 고충을 보완하기 위해 그물로 단어 엮기식 어휘 학습을 강의하였으며, 높은 학습 효과를 토대로 본 교재를 집필하였습니다. 학습한 많은 학생이 암기하는 데 어려움을 겪었습니다.

2008년 처음 토플 어휘를 어근별로 정리해서 출간된 책이 13년간 학생들의 수험서로, 학원들의 교재로 사용되었고 올해 다시 개정판을 내게 되었습니다.

어원편은 단어에 의미를 주는 어원을 이해하고,
같은 어원을 가진 어휘를 동시에 그물로 엮어서 암기함으로써
효율적으로 어휘를 암기하는 것을 목표로 하고 있습니다.

기획 단계부터 집필 마무리 교정 단계까지 15년간의 어휘 강의 경험을 통해 학생들의 어휘 학습의 문제점과 효과적인 학습 방법에 대한 연구가 반영된 본 교재는 새로운 iBT 토플 시험의 경향에 잘 대처할 수 있도록 최근까지 출제된 iBT 기출 어휘 분석 및 국내의 40여 권 이상의 토플 교재와 iBT 시행 이후 일본에서 출판된 20여 권의 자료를 토대로 구성되었습니다.

iBT 시험에 철저히 대비하기 위해 반드시 학습해야 하는 1,800개의 표제어와 2,500의 관련 어휘, 500여 개의 혼동 어휘 그리고 수많은 동의어를 반복 학습할 수 있는 장치를 마련하였고, 부록으로 20개 분야 3,500여 개의 주제별 어휘, 1,500여 개의 구동사와 이디엄 정리, 500여 개의 격언과 속담 정리를 수록하여 실로 토플 영어에 대한 모든 어휘를 해결할 수 있도록 했습니다.

토플 시험 준비를 위해 처음 이 책을 펼칠 때는 어휘 공부에 대해 막막한 기분이겠지만, 학습 방법에 소개된 5주 동안의 3번 반복 학습 프로그램을 통하여 부쩍 늘어난 어휘 실력을 느낄 것입니다.

본 교재가 무조건 외워야만 하는 어휘 암기의 고통에서 벗어나
효율적이고 폭넓은 어휘 학습의 든든한 디딤돌이 될 것이라 믿으며,
심화편에서 다시 뵙겠습니다.

교재를 쓰는 동안 내내 행복했고, 개정판을 낼 때마다 벅찬 마음으로 집필을 했습니다. 한 사람이 쓴, 한 권의 책이, 10년 넘게 전국의 서점에서 수험생의 선택을 받아왔습니다. 강사로서, 작가로서 더할 나위 없는 영광이고 기쁨입니다. 수험생 여러분들이 어휘 공부에 쏟는 시간을 단 1분이라도 줄이기 위해, 앞으로도 계속 이 즐거운 작업을 해 나갈 것입니다.

10년 넘게 도움을 주신 넥서스 정호준 상무님, 권혁천 과장님, 그리고 넥서스 가족 여러분께 감사의 마음을 전합니다.

이 책을 쓸 때는 태어나지도 않았던 우리 집 보물들인 준환이가 올해 중학생이고, 10살이었던 준규는 군인이 되었습니다. 제가 책을 쓰는데 집중할 수 있도록 눈에 띄지 않게 항상 챙겨주는 언니, 오빠 같은 동생들, 영수, 영균, 지호에게 고마움을 전합니다.

마지막으로, 이 세상에서 가장 아름다운 80대이신 신태남 여사님께 이 책을 바칩니다.

최영은

어원편, 심화편 구성

이 책은 어원편과 심화편 두 권으로 구성되었습니다. 어원편에서는 총 600여 개의 중요 기출 단어를 표제어로 수록하였으며, 각 표제어에 의미를 주는 어근, 접두사, 접미사를 쪼개 나누어 설명하여 어휘의 구성을 쉽게 이해하고 학습할 수 있도록 했습니다. 어원편에서는 각 표제어에 4개씩의 파생 어휘가 설명되어 약 3000개 단어의 어근 설명이 있습니다. 심화편에서는 어원편에서 동의어로 수록되었던 어휘를 상당수 포함하여 학습 효과를 극대화했으며, 밀도 있는 반복 학습을 할 수 있는 장치를 마련하여 고득점을 겨냥하는 학생들에게 필수적인 고급 어휘를 보다 수월하게 학습할 수 있도록 했습니다.

어원을 통한 어휘 확장의 필요성과 효율성

시험에 출제되는 고급 어휘는 대부분 라틴어와 그리스어 계통에서 유래하였으며, 대부분 의미를 주는 어원, 즉 접두사, 어근, 접미사로 구성되어 있습니다. 이러한 어원을 체계적으로 익힘으로써 이해력과 암기력을 높이고, 관련 어휘를 그물에 엮듯이 한꺼번에 외울 수 있도록 하고, 모르는 어휘가 나왔을 때에도 어원으로 유추가 가능하게 하여 어휘 확장을 극대화하는 것이 본 교재의 특징입니다. 예를 들어, project는 '계획' 혹은 '계획하다'라는 의미를 갖습니다. 이와 관련된 단어들 – interject, deject, inject, reject, subject, object, abject, conjecture – 또한 쉽게 엮어서 암기할 수 있습니다. 이들 단어에 공통으로 들어있는 ject라는 어근은 throw, 즉 **'던지다'**라는 의미입니다. 즉, 이 모든 단어들은 '던지다'라는 기본 의미를 가지며, ject 앞에 있는 접두어에 따라서 방향성이 정해져서 보다 세밀한 의미가 정해집니다.

project 의	'pro'는 **'앞으로'** 이므로 ⇨ 생각을 앞으로 던지다 : 계획하다
interject 의	'inter'는 **'사이로'** 이므로 ⇨ 사이로 던지다 : 삽입하다
deject 의	'de'는 **'아래로'**이므로 ⇨ 기분을 아래로 던지다 : 낙담시키다
inject 의	'in'은 **'안으로'**이므로 ⇨ 몸 안으로 던지다 : 주사하다
reject 의	're'는 **'뒤로'**이므로 ⇨ 뒤로 던지다 : 거절하다
subject 의	'sub'는 **'아래로'**이므로 ⇨ 아래로 던지다 : 복종시키다
object 의	'ob'는 **'반대로'**이므로 ⇨ 반대로 던지다 : 반대하다
abject 의	'ab'는 **'멀리'**이므로 ⇨ 멀리 던져진 : 비참한
conjecture 의	'con'은 **'함께'**이므로 ⇨ 생각을 함께 던지다 : 추측하다

어휘 연상 효과의 극대화

표제어는 관련 기출 어휘뿐만 아니라, 동의어, 반의어, 예문 등 다각도로 접근하여 연상 효과를 높였고, 이를 통해 학습 효율성을 극대화했습니다. 또한, 쉬어가는 코너로 이미 학습한 어휘와 혼동 어휘를 의미별, 형태별, 용례별로 수록하여 어휘 학습의 폭을 넓혔습니다.

발음 및 청취력 향상을 위한 MP3

모든 표제어와 예문은 원어민의 음성으로 MP3로 제작하여 listening 및 shadowing(들으면서 동시에 따라 하는 연습)을 함으로써 자투리 시간에도 어휘 학습을 할 수 있도록 배려했습니다.

Pretest

prominent 16 •	• a withdraw
punctuality 17 •	• b outstanding
recede 18 •	• c principle
sensitive 19 •	• d responsive
tenet 20 •	• e promptness

본문

❶ 18 recede
[riːsíːd]
↔ proceed

❷ v. 물러나다 = **withdraw**, **retreat**, fall back, back off
❸ As the threat of nuclear war **receded**, other things began to worry us.

❹ ➡ clue : re (back) + ced (go) 뒤로 가다
exceed 능가하다, 넘다 〈ex=out + ceed=go : 밖으로 넘어가다〉
proceed 나아가다 〈pro=forth + ceed=go : 앞으로 가다〉
secede 탈퇴하다, 분리하다 〈se=apart + ced=go : 따로 떨어져 가다〉
succeed 계속되다, 성공하다 〈suc=sub=under + ceed=go : 아래로 이어가다〉

❺

17 시간 엄수가 자신의 장점이 아니라는 것을 드러내며, 그녀는 회의에 30분 늦게 유유히 들어왔다.   18 핵무기의 위험이 물러남에 따라 우리는 다른 것들을 걱정하기 시작했다.   19 민감한 문제를 다룰 때는 어휘 선택을 주의해서 하는 것이 좋다.   20 힌두 철학의 중요한 신조는 환생의 개념이다.

Check-up

Choose the closest word or expression of the highlighted word in each question.

1 The Komodo Dragon is one of the most **aggressive** of all lizards, which is belied by the fact that it also enjoys lying lazily under the sun.
   Ⓐ attractive   Ⓑ passive   Ⓒ colorful   Ⓓ offensive

2 The task of providing necessary support to children in hardship has been **assumed** by UNICEF.
   Ⓐ taken on   Ⓑ effected   Ⓒ evaded   Ⓓ violated

3 Persons who may have nothing in common with each other sometimes **collaborate** productively.
   Ⓐ put together   Ⓑ stand together   Ⓒ work together   Ⓓ get together

4 The **consequence** of a policy toward the great majority forms the core of the philosophy of Utilitarianism.
   Ⓐ cost   Ⓑ necessity   Ⓒ result   Ⓓ relevance

Pretest

각 unit의 첫 장에 배치하여 학습 전에 자신의 어휘 실력을 확인할 수 있도록 했으며, 학습 후 추가 동의어를 적어보는 용도로 이용할 수 있게 했습니다. 또한, 시험 전에 최종 점검용으로 활용하거나 학습 후 복습용으로도 활용할 수 있도록 했습니다.

본문

❶ **표제어** _ 굵은 글씨체로 된 표제어는 토플 시험에 출제된 기출 단어입니다. 빈출도 순으로 정리하여 중요도를 파악할 수 있게 구성하였습니다.

❷ **동의어/반의어** _ 실제 토플 시험에서 네 번 이상 출제된 동의어 혹은 출제 가능성이 높은 어휘를 출제 빈도 순으로 실었으며, 다의어인 경우는 별도로 의미를 구분하여 동의어를 수록했습니다. 굵은 글씨는 모두 기출 어휘 혹은 기출 동의어이며, 반의어인 경우는 기출 어휘를 중심으로 복습 효과를 위해 수록했습니다.

❸ **예문** _ 모든 표제어는 엄선된 예문을 통해 학습한 단어의 의미를 정확히 파악할 수 있도록 하였고, 토플 writing 연습까지 겸할 수 있도록 다양한 패턴의 문장과 토플의 여러 주제를 포함했습니다.

❹ **어근 설명 및 관련어** _ 본 교재의 핵심적인 부분으로, 각 어휘의 어근에 대한 이해를 토대로 4개의 관련 어휘를 자연스럽게 익힐 수 있도록 했습니다. 굵은 글씨체로 된 어휘는 모두 기출 어휘 및 기출 동의어이며, 주요 어근 및 접두사와 접미사는 본 교재의 뒤쪽에 별도로 색인을 수록했습니다.

❺ **예문 해석** _ 학습자의 이해를 돕고 학습의 편의를 최대화하기 위해 모든 예문의 해석은 각 페이지의 하단에 정리하여 의미를 정확히 파악할 수 있도록 했습니다.

Check-up

홀수 unit마다 실전 문제를 풍부히 실어 암기한 표제어를 재점검할 수 있도록 했습니다. 실제 iBT 토플에 출제되는 문장 패턴에 근접한 패턴을 활용하는 문제를 엄선하여 폭넓은 어휘 능력을 배양하고, 풍부한 양의 문제 풀이를 통해 실전 감각을 익히도록 했습니다.

혼동 어휘

4 **decease** [disíːs] 사망(하다)
  decrease [díːkriːs] 감소(하다)
  disease [dizíːz] 질병

5 **decent** [díːsənt] 버젓한, 예의바른, 좋은
  descent [disént] 하강, 혈통
  dissent [disént] 의견을 달리하다

Check-up

다음의 각 문장에서 괄호 안의 단어 중 알맞은 것을 고르시오.

1 A person, whose heart is pure, remains untouched by "pain" just as an
  person remains aloof from sinful deed.
  근면한 사람이 벌 받을 만한 행위와 멀리 떨어져 있는 것처럼, 마음이 순결한 사람은 고

2 This paradox is only (comprehensive / comprehensible) after years of silent co
  이 역설은 수 년 동안 조용히 명상을 한 후에만 이해할 수 있다.

3 I need to turn in a (comprehensive / comprehensible) report on the re
  Monday.
  나는 월요일까지 최근의 살인사건에 대한 종합보고서를 제출해야 한다.

4 With the use of our Telemark skis, it was a quick (decent / descen
  glacier.
  텔레마크 스키를 사용하여 빙하 아래쪽까지 빠르게 하강했다.

부록

❶ 주제별 어휘 정리

Anthropology & Archaeology

aboriginal [æ̀bərídʒənəl] 원주민의

anthropologist [æ̀nθrəpάlədʒist] 인류학자

artifact [άːrtəfæ̀kt] 인공물, 공예품

burial [bériəl] 매장

pictograph [píktəgræ̀f] 상형 문자

Pleistocene [pláistəsìːn] 홍적세(의)(洪積世)

prehistoric [prìːhistɔ́ːrik] 선사시대의

provenience [prəvíːniəns] 기원, 출처

quartzite [kwɔ́ːrtsait] 규암

❷ 이디엄 & 구동사 정리

call in sick 아파서 결근하겠다고 전화로 알리다
She called in sick with the flu.

call it a day 하루 일을 마치다, 퇴근하다 (= stop working for the day, go home)
Let's call it a day and go out for a drink.

call someone names 욕하다 (= abuse)
It's very rude of you to call him names behind his back.

❸ 격언 & 속담 정리

Fortune knocks once at least at every man's gate.
행운은 적어도 한 번은 모든 인간의 문을 두드린다.

Fortune waits on honest toil and earnest endeavor.
정직한 수고와 진지한 노력에는 행운이 뒤따른다.

Friends and wines improve with age.
친구와 포도주는 오래될수록 좋다.

혼동 어휘 & Check-up

각 짝수 unit에서는 실제 시험에서 혼동하지 않도록 이미 학습한 어휘와 혼동되는 어휘를 철자별, 의미별, 뉘앙스별로 정리하고, 혼동 어휘 Check-up에서 예문을 통해서 각 단어들의 정확한 용례를 확인하도록 하였습니다.

부록

❶ 주제별 어휘 정리
다양한 분야의 균형 있는 어휘력을 위하여 인류학, 고고학, 철학, 역사, 물리학, 사회학 등 토플 시험에 출제 가능한 20개 분야의 어휘를 주제별로 정리하고, 용어 설명을 덧붙였습니다. 100점 이상을 목표로 하는 수험생들을 위한 고급 어휘들로서 reading 섹션을 대비할 때 해당 분야의 어휘를 먼저 학습한 후 독해를 할 수도 있습니다.

❷ 이디엄 & 구동사 정리
다양한 이디엄과 구동사의 뜻과 예문을 함께 실어서 listening과 writing에 활용하도록 했으며, 기출 어휘는 누운 글씨체로 수록하여 구분하는데 용이하도록 했습니다.

❸ 격언 & 속담 정리
writing시 주제의 의미를 함축적으로 전달할 수 있는 장치인 주요 격언 및 속담을 정리하여, 손쉽게 활용할 수 있도록 했습니다.

어원 Index

교재에 수록된 어원 중 핵심적인 어원만 별도로 수록하여 활용도를 높이고, 어원에 대한 이해를 도왔습니다.

전체 어휘 Index

교재에 수록된 표제어, 동의어, 반의어, 어원 관련 어휘 및 혼동 어휘를 사전식 Index에 수록하였습니다. 출제된 어휘를 손쉽게 검색할 수 있도록 학습자의 편의를 도모했습니다.

본 교재에 사용된 약어 및 기호

n.	명사	v.	동사	↔	반의어
a.	형용사	pl.	복수형	**clue**	표제어의 어원 설명 및 관련 어휘
ad.	부사	=	동의어	〈 〉	관련 어휘의 어원 설명

어휘 학습의 몇 가지 제안

여러분보다 조금 먼저 어휘 공부를 시작한 제가 몇 가지 어휘 학습 방법을 말씀드립니다. 그동안 어휘를 잊지 않고 외우는 방법을 많은 분들이 물어보셨지만, 세상에 그런 방법은 없습니다. '반복 학습'만이 어휘를 단기간에 암기하는 방법이라고 감히 말씀드리며, 단지 몇 가지 효율적인 학습법을 말씀드립니다.

첫째,

어휘는 반드시 소리를 내어 외우시기 바랍니다. (눈으로 보는 것보다 소리를 내며 외울 때 기억력이 7배 증진된다고 언어학자들이 이야기합니다.)

둘째,

매일 정해진 분량의 어휘를 외우고, 새로운 어휘를 학습하기 전에 **전날 학습한 내용을 30분 동안 반드시 복습**하여 자신의 것으로 만드시길 바랍니다. (새로운 어휘를 외우는 시간보다는 복습에 투자하여 달아나려는 어휘를 붙잡는 것이 효율이 높습니다.)

셋째,

대중교통을 이용하거나, 쉬는 시간 등의 **자투리 시간도 활용**하여 어휘를 외우시기 바라며, 학습 의욕이 떨어지는 시간대에 비교적 부담이 없는 부록의 이디엄, 구동사, 속담들을 학습하시기 바랍니다. (단어장이 별도로 제공됩니다.)

수준별 학습 방법

▶ **제 1 단계** | 처음 어휘 학습을 시작하시는 분은 각 unit의 모든 단어를 외우기보다는 최중요 어휘인 각 표제어와 이와 같은 어근을 가진 clue의 기출 어휘를 중심으로 학습하시기를 권해드립니다. (모든 기출 어휘와 기출 동의어는 굵은 글씨체로 표시되어 있습니다.)

▶ **제 2 단계** | 어휘 학습을 일정 기간 꾸준히 하신 분들은 각 unit의 표제어와 clue의 관련 어휘를 모두 학습하시고, 굵은 글씨체의 동의어도 학습하시기 바랍니다.

▶ **제 3 단계** | 이미 상당한 어휘 실력을 갖추고 100점 이상의 고득점을 목표로 하신 분들은 모든 본문에 수록된 모든 기출 어휘와 뒤편에 수록된 주제별 어휘도 함께 학습하시기 바랍니다.

반복 학습 방법

5주 동안 교재를 3번 복습하는 시간적 학습 방법입니다. 본인의 학습 정도에 따라 위의 1단계, 2단계, 3단계를 정하신 후, 시험 전까지의 남은 날짜에 따라 적어도 5번 이상 반복 학습을 하시기를 권합니다.

	5	10	15	20	25	30	35 37

20일 완성   10일 완성   7일 완성

20일 완성 | 처음 시작하시는 분은 위의 제1단계 학습법으로 이틀에 3개의 unit을 학습하시기 바랍니다.

10일 완성 | 한번 이상의 복습이 이루어진 단계로 하루에 3개의 unit을 암기하시기 바랍니다.

7일 완성 | 마지막 복습용으로 하루에 5개의 unit을 학습하시고, 마지막 날에는 그동안 표시해 둔 주제별 어휘를 보시기 바랍니다. 시험 하루 전에는 최종 점검용으로 각 unit의 앞에 있는 pretest의 어휘만을 쭉 훑어 확인하시기 바랍니다.

반복 학습이 어휘 확장의 가장 유용한 장치이므로 본인의 시험 준비 기간과 학습 정도에 따라 효율적이고 융통성 있게 적용하시기 바라며, 교재를 두 번, 세 번 반복함에 따라 더욱 속도감 있게 학습하실 수 있습니다.

이제는 학습방법을 양적인 부분에서 말씀드리겠습니다. 처음으로 토플 어휘를 접하는 분들은 전체 30 unit의 3000개의 단어를 위의 시간적 학습 방법으로 외우는 것이 쉽지 않습니다. 난이도가 조금 어려운 분들은, 1회독 할 때는, 표제어만 하시기 바랍니다. 각 unit에 표제어 20개입니다. 가장 빈출도가 높은 중요 단어들이므로 이 단어들의 clue를 꼼꼼히 보며, 1 unit에 20개의 단어, 전체 30 unit의 600개의 표제어만 먼저 학습하시기 바랍니다. (1회독: 표제어 20개 학습 / 1 unit) 그러면 토플 시험에서 가장 빈출도가 높은 단어와 그 어근들에 대한 그림이 그려집니다.

2회독 때는, 표제어 복습과 clue 아래의 같은 어근을 가진 파생어를 1개를 더해서 외우시기 바랍니다. (2회독: 표제어 20개 복습 + 파생어 20개 학습 / 1 unit) 표제어 복습과 함께 추가 단어를 암기하는 것이므로 속도감도 생기고 한결 재미있어집니다. 그렇게 차츰 반복 횟수에 따라 단어 수를 늘리시기 바랍니다. 시간적으로 여유가 있는 분들께도 이 방법을 권해드립니다.

덧붙여 한 가지 더 말씀드립니다. 단기기억으로 암기한 단어를 원할 때마다 꺼내 쓸 수 있는 장기기억으로 전환하기 위해서는 '반복' 학습이 가장 효과적인 방법인데, 시간적으로는 1일, 3일, 7일, 2주, 1달의 주기를 두고 반복학습을 하시기를 권합니다.

이 책의 **목차**

unit 01

Pretest

advocate	1 •	• a	proponent
alternative	2 •	• b	noticeable
comprehensive	3 •	• c	complete
conspicuous	4 •	• d	articulate
enunciate	5 •	• e	option

extend	6 •	• a	leading
foremost	7 •	• b	stretch
inundate	8 •	• c	constant
invariable	9 •	• d	flood
luxuriant	10 •	• e	abundant

manifest	11 •	• a	harden
prerequisite	12 •	• b	necessary condition
profusion	13 •	• c	evident
reinforce	14 •	• d	strengthen
solidify	15 •	• e	abundance

surpass	16 •	• a	exceed
tractable	17 •	• b	compliant
tranquil	18 •	• c	energetic
unparalleled	19 •	• d	peaceful
vigorous	20 •	• e	unique

1 a 2 e 3 c 4 b 5 d 6 b 7 a 8 d 9 c 10 e 11 c 12 b 13 e 14 d 15 a 16 a 17 b 18 d 19 e 20 c

unit 01

01 advocate
[ǽdvəkèit]

n. 옹호자 = **proponent**, **supporter**, upholder, defender
v. 지지하다 = **support**, uphold, espouse, favor

As an **advocate**, or proponent of human rights, Mother Theresa devoted her life to helping the poor.

⇨ clue: ad (to) + voc (call) ~을 향하여 소리쳐 부르다

evoke 불러내다, 일깨우다 〈e=ex=out + vok=call : 밖으로 부르다〉
invoke 기원하다, (법,권리 등을) 행사하다 〈in + vok=call : 마음 속으로 부르다〉
provoke 화나게 하다, 자극하다 〈pro=forth + vok=call : 앞에서 소리쳐 부르다〉
revoke 취소하다 〈re=back + vok=call : 뒤로 불러들이다〉

02 alternative
[ɔːltə́ːrnətiv]

n. 대안 = **option**, **substitute**, **choice**, other
a. 대신의, 양자택일의 = **substitutive**, alternate, different

New ways to treat arthritis may provide an **alternative** to painkillers.

⇨ clue: alter (other) 다른 것

alter 바꾸다 〈alter=other : 다르게 하다〉
alteration 변경, 개조 〈alter=other : 다르게 하다〉
alternate 교대하다, 번갈아하는 〈alter=other : 다르게 하다〉
alter ego 또 다른 자아, 친한 친구 〈alter=other + ego=self : 또 다른 자아〉

03 comprehensive
[kàmprihénsiv]

a. 포괄적인 = **complete**, **extensive**, **broad**, **overall**, thorough, exhaustive, all-inclusive

I need to turn in a **comprehensive** report on the recent homicide case by Monday.

⇨ clue: com (together) + prehend (take) 모든 것을 다 잡는

comprehend 포함하다, 이해하다 〈com=together + prehend=take : 전부 잡다〉
apprehend 이해하다, 체포하다, 염려하다 〈ap=ad=to + prehend=take : (사람, 의미, 걱정을) 잡다〉
reprehend 비난하다 〈re=back + prehend=take : 적대적으로 잡다〉
imprison 투옥하다, 감금하다 〈im=in + pris=take : 감옥 안에 잡아넣다〉

04 conspicuous
[kənspíkjuəs]

↔ concealed, hidden

a. 눈에 띄는, 특징적인 = **noticeable, evident, obvious, prominent, apparent**

The new skyscraper stands seventy stories high, making it the tallest and thus the most **conspicuous** building of the city's skyline.

⇨ clue: con (intensive) + spic (look) 눈에 잘 보이는

despise 깔보다 〈de=down + spis=look : 아래로 내려보다〉
despicable 비열한 〈de=down + spic=look : 아래로 내려보다〉
auspicious 길조의, 경사스런 〈aus=bird + spic=look : 새를 보다〉
especially 특히 〈spec=look 눈에 띄는〉

---

01 인권의 옹호자 혹은 제안자로서 테레사 수녀는 가난한 사람들을 돕는데 일생을 바쳤다.　02 관절염에 대한 새로운 치료법으로 인하여 진통제에 대한 대안이 마련될지도 모른다.　03 나는 월요일까지 최근 살인 사건에 관한 종합적인 보고서를 제출해야 한다.　04 새로운 고층 건물이 70층 높이로 세워져서, 도시의 스카이라인에서 가장 높고 눈에 띄는 건물이 되었다.

05 **enunciate**
[inˈʌnsièit]

v. (똑똑히) 발음하다, 발표하다 = **articulate**, pronounce, enounce, vocalize

She **enunciates** very slowly and carefully, especially when she speaks into the microphone.

⇨ clue: e<ex (out) + nunci<nounce (say) 입 밖으로 말하다

announce 알리다 〈an=ad=to + nounce=say : ~에게 말하다〉
denounce 비난하다 〈de=down + nounce=say : 아래로 깎아내려 말하다〉
pronounce 선언하다, 발음하다 〈pro=forth + nounce=say : 앞에서 말하다〉
renounce 포기하다, 부인하다 〈re=back + nounce=say : 말해 놓고 물러서다〉

06 **extend**
[iksténd]

↔ shorten

v. 뻗다 = **stretch**, **reach**, spread, go as far as
연장하다 = **expand**, **increase**, **enlarge**, **prolong**, **lengthen**, elongate

The cold weather **extended** into March.

⇨ clue: ex (out) + tend (stretch) 밖으로 뻗다

contend 싸우다, 주장하다 〈con=together + tend=stretch : 서로 펼치다〉
pretend ~인 체하다 〈pre=before + tend=stretch : 앞에서 자랑을 펼치다〉
distend 넓히다, 팽창시키다 〈dis=away + tend=stretch : 멀리 펼치다〉
attend 보살피다, 주의하다, 출석하다 〈at=ad=to + tend=stretch : ~로 관심이 뻗다〉

07 **foremost**
[fɔ́ːrmòust]

a. 맨 앞의, 주요한 = **leading**, chief, primary, paramount, supreme, preeminent

Rostropovich, who has long been considered the world's **foremost** cellist, died of intestinal disease in Moscow Friday.

⇨ clue: fore (before) + most 가장 앞에 있는

foretell 예언하다 〈fore=before + tell : 미리 말하다〉
foresight 선견지명 〈fore=before + sight 시야 : 미리 앞을 보다〉
forestall 미리 막다, 앞지르다 〈fore=before + stall=put : 미리 앞에 두다〉
forecast 예보하다 〈fore=before + cast=throw : 미리 생각을 던지다〉

08 **inundate**
[ínəndèit]

v. 침수시키다, 쇄도하다 = **flood**, submerge, swamp, deluge, overflow, overwhelm

The rising waters of the Colorado River **inundated** the neighborhood, forcing the inhabitants to seek refuge.

⇨ clue: in (in) + und (wave) 안으로 파도가 밀려오다

redundancy 과잉, 정리해고 〈re=again + und=wave : 계속해서 파도가 밀려오다〉
abundance 풍부, 다량, 다수 〈ab=away + und=wave : 멀리서 파도가 밀려오다〉
abundant 풍부한, 많은 〈ab=away + und=wave : 멀리서 파도가 밀려오다〉
abound 풍부하다 〈ab=away + und=wave : 멀리서 파도가 밀려오다〉

05 그녀는 매우 천천히 그리고 신중하게 발음을 하며, 특히 마이크로 이야기 할 때 그러하다. 06 추운 날씨가 3월까지 이어졌다. 07 세계적인 주요 첼리스트로 오랫동안 존경받아온 로스트로포비치가 금요일 모스크바에서 장 질환으로 사망했다. 08 콜로라도 강의 범람으로 그 지역이 침수되어서 주민들이 대피해야 했다.

unit 01

09 invariable
[invέəriəbəl]
↔ variable, changeable

a. 불변의, 일정한 = **constant**, changeless, uniform, unvarying, unchanging, immutable

In the Andean region, the weather is quite **invariable**, and thus it has become known as the City of the Eternal Spring.

⇒ clue: in (not) + var (change) 변화가 없는

vary 변화하다, (크기, 모양 등이) 서로 다르다 〈var=change : 변화〉
vagary 예측 불허의 변화 〈vag=change : 변화〉
variable 변하기 쉬운, 변수 〈var=change : 변화하는〉
invariably 변함없이 〈in=not + var=change : 변화가 없는〉

10 luxuriant
[lʌgʒúəriənt]
↔ barren, meager

a. 무성한, 풍부한 = **abundant**, copious, plenteous, opulent, exuberant, lush

The tourists marveled at the wide spreading branches and **luxuriant** foliage of the Amazon jungle.

⇒ clue: lux (light) 햇빛을 받고 자란

luxurious 사치스러운 〈lux=light : 빛나다〉
luster 광택, 빛남 〈lust=light : 빛나다〉
lustrous 광택 있는, 빛나는 〈lust=light : 빛나다〉
lackluster 광택이 없는, 활기 없는 〈lack + luster 광택 : 광택이 없는〉

11 manifest
[mǽnəfèst]

a. 명백한 = **evident**, **obvious**, **clear**, apparent, distinct, plain
v. 명백히 하다, 나타내다 = **reveal**, **demonstrate**, **display**, evince, show, set forth

The educational system of the government is a **manifest** failure.

⇒ clue: mani (hand)+ fest (seized) 손에 잡을 수 있을 정도로

manifestation (존재하는 것을 나타내는) 징후, 표현 〈mani=hand + fest=seized : 손에 잡을 수 있을 정도〉
manual 손의, 안내서 〈manu=hand : 손의〉
manipulate 조종하다 〈mani=hand + pul=full : 손으로 장악하다〉
emancipate (노예) 해방하다 〈e=ex=out + man=hand : 손을 풀어주다〉
manumit 해방하다 〈manu=hand + mit =send : 손을 내놓다〉

12 prerequisite
[priːrékwəzit]

n. 선행 조건, 필수 조건 = **necessary condition**, **essential**, requirement, requisite, must, qualification

Good self-esteem is a **prerequisite** for a happy life.

⇒ clue: pre (before) + re (again) + quisit (ask) 미리 반복해서 요구하다

requisite 필요한, 필수품, 필요조건 〈re=again + quisit=ask : 계속 요구하다〉
require 요구하다, 필요로 하다 〈re=again + quir=ask : 계속 요구하다〉
acquire 획득하다 〈ac=ad=to + quir=ask : 요구하던 쪽에 이르다〉
inquire 묻다 〈in=into + quir=ask : 질문하다〉

09 안데스 지역의 날씨는 꽤 일정하기 때문에 영원한 봄날의 도시로 알려지게 되었다. 10 관광객들은 아마존 정글의 넓게 뻗어있는 나뭇가지와 무성한 나뭇잎에 감탄했다. 11 정부의 교육 제도는 명백한 실패이다. 12 자부심을 충분히 갖는 것은 행복한 삶의 필수조건이다.

13 **profusion**
[prəfjúːʒən]

↔ dearth

n. 대량, 풍부 = **abundance**, wealth, glut, exuberance, quantity

There were a **profusion** of distinct ornaments at the market.

⇨ clue: pro (forth) + fus (pour) 앞으로 퍼붓다
profuse 아낌없는, 풍부한 〈pro=forth + fus=pour : 앞으로 퍼붓다〉
diffuse 흩트리다, 퍼뜨리다 〈dif=dis=apart + fus=pour : 따로따로 퍼붓다〉
refuse 거절하다, 쓰레기 〈re=back + fuse=pour : 뒤로 퍼붓다〉
confuse 혼동하다, 혼란시키다 〈con=together + fus=pour : 모두 쏟아 붓다〉

14 **reinforce**
[rìːinfɔ́ːrs]

v. 강화하다 = **strengthen**, fortify, bolster, support

These steel girders will **reinforce** the stability of a bell tower.

⇨ clue: re (again) + force 다시 힘을 주다
fortify 강화하다 〈fort=force + fy=make : 강하게 만들다〉
fortitude 꿋꿋함, 용기 〈fort=force + tude=state : 강한 상태〉
enforce (법률 등) 시행하다, 강요하다 〈en=make + force : 효력이 생기게 하다〉
reinforcement 강화, 증원부대 〈re=again + force : 다시 힘을 주다〉

15 **solidify**
[səlídəfài]

↔ divide

v. 단결시키다, 응고시키다 = **harden**, cohere, coagulate, set

As the lava flowed down the volcano, it **solidified**, forming strange shapes.

⇨ clue: sol (whole) + fy (make) 한 덩어리로 만들다
consolidate 통합하다, (권력, 지위를) 굳히다 〈con=together + sol=whole : 합쳐서 한 덩어리로 만들다〉
unconsolidated 굳지 않은 〈un=not + con=together + sol=whole : 한 덩어리로 합쳐지지 않은〉
solidarity 결속, 단결 〈sol=whole : 한 덩어리〉
solid 고체의, (기초, 재정이) 견고한, (사람, 정보가) 신뢰할 수 있는, 연속된 〈sol=whole : 한 덩어리〉

16 **surpass**
[sərpǽs]

v. 능가하다 = **exceed, outdo**, excel, beat, outstrip, transcend

It is only in superior mental powers, not in physical strength or acuity of the senses, that man **surpasses** other living things.

⇨ clue: sur (over) + pass 위로 넘어가다
unsurpassed 탁월한, 능가할 자가 없는 〈un=not + sur=over + pass : 아무도 넘어갈 수 없다〉
trespass 침입하다, 침해하다 〈tres=across + pass : 건너편으로 넘어가다〉
impasse 막다른 골목, 곤경 〈im=not + pass : 못 넘어가다〉
passé 구식의 〈pass 지나간〉

13 시장에 독특한 장신구들이 많았다.   14 이 강철로 된 대들보가 종탑의 안정성을 강화할 것이다.   15 화산에서 용암이 흘러내리면서 독특한 형상을 만들며 응고되었다.   16 인간은 체력이나 예민한 감각에서가 아니라 우수한 정신력에 있어서만 다른 생물을 능가한다.

unit 01

17 **tractable**
[tr춗ktəbəl]

↔ intractable, inflexible

a. 유순한, 다루기 쉬운 = **compliant**, pliable, yielding, malleable, obedient

The horse would instantly change from placid and **tractable** to anxious and difficult.

⇒ clue: tract (draw) 당기는 쪽으로 오는
retract 수축시키다, 취소하다 〈re=back + tract=draw : 뒤로 당기다〉
protract 연장하다 〈pro=forth + tract=draw : 앞으로 당기다〉
subtract 빼다 〈sub=under + tract=draw : 밑으로 당겨내다〉
distract 분산시키다 〈dis=apart + tract=draw : 따로따로 당겨놓다〉

18 **tranquil**
[trǽŋkwil]

a. 평온한 = **peaceful**, **calm**, **serene**, placid, pacific, restful

Efforts are being made to make life more **tranquil** in overcrowded cities.

⇒ clue: tran (across) + quil (quiet) 건너편도 조용한
transact 거래하다 〈trans=across + act : 건너서 활동하다〉
transport 운반하다 〈trans=across + port=carry : 건너서 나르다〉
transcend 초월하다, 능가하다 〈trans=across + scend=climb : 가로질러 넘다〉
transgress (범위를) 넘다, (법을) 어기다 〈trans=across + gress=go : 건너가다〉

19 **unparalleled**
[ʌnpǽrəlèld]

a. 비할 데 없는 = **unique**, **unequaled**, **matchless**, incomparable, unsurpassed, superlative

Germany's **unparalleled** prosperity is based on wise investments.

⇒ clue: un (not) + para (beside) 옆에 견줄 것이 없는
parallel 평행의, 유사한, 필적하다 〈para=beside : 옆에 있는〉
parallelism 평행, 유사 〈para=beside : 옆에 있는〉
paramount 최고의 〈para=beside + mount : 옆의 것을 뛰어넘는〉
paradigm 모범, 이론적 테두리(인식의 틀) 〈para=beside + digm=show : 옆에서 보여주다〉

20 **vigorous**
[vígərəs]

↔ lethargic

a. 정력적인 = **energetic**, **strong**, **brisk**, spirited, lively, strenuous, dynamic

The **vigorous** pursuit of work is not always a guarantee of success.

⇒ clue: vig (life) 살아있다
vigor 활기, 정력 〈vig=life : 살아있다〉
invigorate 기운 나게 하다 〈vig=life : 살아있다〉
vivacious 활기 있는 〈viv=life : 살아있다〉
convivial (분위기, 성격이) 명랑한, 유쾌한 〈con=together + viv=life : 생기가 있는〉

17 말들은 조용하고 유순하다가 불안하고 다루기 힘들게 즉각적으로 변하곤 한다.   18 혼잡한 도시에서의 생활을 좀 더 평온하게 하기 위한 노력이 행해지고 있다.
19 독일의 비할 데 없는 번영은 현명한 투자에 기반을 두고 있다.   20 일을 정력적으로 하는 것이 항상 성공을 보장하는 것은 아니다.

Check-up

Choose the closest word or expression of the highlighted word in each question.

1   Some people still **advocate** genetic engineering of plants and animals as the single best technology that can feed the world.

Ⓐ depend   Ⓑ uphold   Ⓒ assist   Ⓓ criticize

2   Attending the course on Western Civilization has helped me get a **comprehensive** view of the growth of culture and society in both Europe and Northern America.

Ⓐ understandable   Ⓑ broad   Ⓒ credible   Ⓓ forceful

3   It was once thought that Goldenrod caused hay fever, possibly since it blooms simultaneously with less **conspicuous** plants.

Ⓐ beautiful   Ⓑ controllable   Ⓒ noticeable   Ⓓ desirable

4   A theoretical line on the globe, **extending** from the North to the South Pole, demarcates two consecutive calendar days.

Ⓐ explicating   Ⓑ exposing   Ⓒ expanding   Ⓓ exploring

5   Pittsburgh, Pennsylvania is one of the nation's **foremost** industrial bases, located on a major transportation route.

Ⓐ mobile   Ⓑ leading   Ⓒ wealthy   Ⓓ newest

6   The defining characteristic of the Moon's surface is its **profusion** of craters, the largest of them having a diameter of more than a hundred miles.

Ⓐ abundance   Ⓑ type   Ⓒ tolerance   Ⓓ circle

7   Television commercials featuring household items are often accused of **reinforcing** stereotypical roles prevailing in society.

Ⓐ fortifying   Ⓑ modifying   Ⓒ exposing   Ⓓ contrasting

8   As it cools over the years, the magma slowly **solidifies** and forms crystals.

Ⓐ complicates   Ⓑ hardens   Ⓒ obviates   Ⓓ prepares

9   The human eye's sensitivity to color is hardly ever **surpassed** by even the most complex technical tools.

Ⓐ recorded   Ⓑ exceeded   Ⓒ found   Ⓓ provided

10   The city of Boston, which was founded in 1630, enjoyed **vigorous** intellectual pursuits as well as a reputation as one of the prime centers of Puritanism in the United States.

Ⓐ tolerant   Ⓑ strong   Ⓒ centralized   Ⓓ limited

Check-up 정답지

1. B

여전히 일부 사람들은 동식물에 대한 유전공학이 전 세계에 식량을 공급할 수 있는 가장 최선의 기술이라고 주장한다.

2. B

서양문명에 관한 수업을 들은 것이 유럽과 북미 양쪽의 문화적, 사회적 성장에 대한 폭넓은 시각을 갖는데 도움이 되었다.

3. C

한때는 미역취때문에 고초열(꽃가루 알레르기)이 생긴다고 여겼는데, 아마도 이 식물이 눈에 잘 안 띄는 식물들(실제 고초열의 원인이 되는 돼지풀을 지칭한다)과 같은 시기에 꽃이 피기 때문이다.

4. C

지구 위에 북극에서 남극까지 뻗은 이론상의 선은 달력에서 연속적인 이틀을 구분한다.

5. B

펜실베이니아주의 피츠버그시는 주요 교통로에 자리잡고 있으며, 국가의 가장 중요한 산업 기점중의 하나이다.

6. A

달표면의 결정적인 특징은 많은 분화구이며, 이중에 가장 큰 것은 직경이 100마일이 넘는다.

7. A

생활용품이 나오는 TV 광고들은 사회에 널리 퍼져있는 틀에 박힌 역할을 강화하는 것으로 자주 비난을 받는다.

8. B

수 년에 걸쳐 마그마가 식어가면서 천천히 굳어지고 크리스털을 형성한다.

9. B

가장 복잡한 기술장비조차도 인간의 눈이 색에 대해 갖고 있는 민감도를 거의 앞지르지 못한다.

10. B

1630년에 세워진 보스턴시는 미국에서 가장 중요한 청교도주의의 중심지의 하나로서 명성이 있을 뿐만 아니라 활발한 지적 연구를 추구한다.

unit 02

adjacent	1 •	• a	diligent
assiduous	2 •	• b	stick
cohere	3 •	• c	adjoining
complement	4 •	• d	supplement
compulsory	5 •	• e	obligatory

consensus	6 •	• a	end
demise	7 •	• b	dispersion
descent	8 •	• c	coming down
distribution	9 •	• d	agreement
encompass	10 •	• e	include

fragment	11 •	• a	particle
maintenance	12 •	• b	distant
predicate	13 •	• c	continuation
prolong	14 •	• d	base
remote	15 •	• e	extend

substitute	16 •	• a	fluent
superb	17 •	• b	replacement
unequal	18 •	• c	magnificent
voluble	19 •	• d	asymmetric
withstand	20 •	• e	resist

1 c 2 a 3 b 4 d 5 e 6 d 7 a 8 c 9 b 10 e 11 a 12 c 13 d 14 e 15 b 16 b 17 c 18 d 19 a 20 e

unit 02

01 **adjacent**
[ədʒéisənt]

↔ remote

a. 인접한 = **adjoining**, **neighboring**, **nearby**, near, proximate

The main library lies **adjacent** to the Student Union.

⇨ clue: ad (to) + jac (throw) 주변에 던져진

eject 추방하다, 배출하다 〈e=ex=out + ject=throw : 밖으로 던지다〉
project 계획하다, 예측하다, 발사하다, 돌출하다 〈pro=forth + ject=throw : 앞으로 던지다〉
subject 복종시키다, 지배를 받는, 영향을 받기 쉬운 〈sub=under + ject=throw : 자신의 아래로 던지다〉
inject 주사하다, 삽입하다 〈in=in + ject=throw : 안으로 던지다〉

02 **assiduous**
[əsídʒuəs]

↔ lazy

a. 근면한 = **diligent**, **industrious**, hard-working, laborious

A person, whose heart is pure, remains untouched by "pain" just as an **assiduous** person remains aloof from sinful deeds.

⇨ clue: as<ad (to) + sid (sit) 계속 앉아 일하다

insidious (불쾌하고 나쁜 것이) 모르는 사이에 퍼지는, 잠행성의 〈in=in + sid=sit : 몰래 들어와 앉아 있는〉
dissident (정부에 대한) 반대자, (의견, 태도를) 달리하는 〈dis=apart + sid=sit : 따로 앉아 있는〉
sedentary (일, 활동 등이) 주로 앉아서 하는 〈sed=sit : 앉다〉
sediment 침전물, 침전하다 〈sed=sit : 가라앉다〉

03 **cohere**
[kouhíər]

v. 결합하다 = **stick**, **adhere**, **cling**, consolidate
(문체, 논리 등이) 조리가 서다 = be consistent, be logical

The dry ingredients of a cake **cohere** only when liquid is added.

⇨ clue: co (together) + here (stick) 함께 붙다

coherent 논리적인, 일관성이 있는 〈co=together + here=stick : 논리적으로 함께 붙다〉
incoherent 모순된 〈in=not + co=together + here=stick : 논리적으로 붙지 않다〉
adherent 지지자, ~에 부착해있는 〈ad=to + here=stick : ~에 붙어있는〉
inherent 본래 갖추어져 있는, 내재된 〈in=in + here=stick : 안에 붙어있는〉

04 **complement**
[kámpləmənt]

n. 보충, 보완 = **supplement**, completion
v. 보충하다 = complete, set off

Political knowledge is a necessary **complement** to science in approaching solutions to these problems.

⇨ clue: com (together) + ple (fill) 함께 채워 넣다

compliment 칭찬, 경의 〈com=together + pli=fill : 남의 욕구를 채우다〉
supplement 보충, 보충하다 〈sup=sub=under + ple=fill : 아래서 계속 채우다〉
implement 도구, 수단, (계획, 약속을) 이행하다 〈im=in + ple=fill : 안을 채우다〉
plenty 많음, 충분한 양, 많이 〈ple=fill : 가득 찬〉

01 중앙도서관은 학생회관과 인접해있다.　　02 근면한 사람이 벌 받을 만한 행위와 멀리 떨어져 있는 것처럼, 마음이 순결한 사람은 고통에 의해서 변하지 않는다.
03 케익을 만들 때 필요한 물기 없는 재료들은 액체가 첨가되어야만 결합한다.　　04 이러한 문제들의 해결책에 접근할 때 정치적인 지식은 과학의 필수적인 보완책이다.

05 compulsory
[kəmpʌ́lsəri]

↔ voluntary

a. 강제적인, 의무적인 = **obligatory**, **forced**, **necessary**, mandatory, imperative

Wearing a seat belt while driving is **compulsory**.

⇒ clue: com (together) + pul<pel (drive) 한꺼번에 몰아붙이다

compel 강요하다 〈com=together + pel=drive : 한꺼번에 몰아붙이다〉
repel 쫓아버리다, 혐오감을 주다 〈re=back + pel=drive : 뒤로 몰아내다〉
propel 추진하다, 몰아대다 〈pro=forth + pel=drive : 앞으로 몰아붙이다〉
propulsion 추진(력) 〈pro=forth + pul=pel=drive : 앞으로 몰아붙이다〉

06 consensus
[kənsénsəs]

↔ disagreement, discord

n. 합의, 일치 = **agreement**, unanimity, concord, concurrence

The city council said there appeared to be general **consensus** on what the future policy should be.

⇒ clue: con (together) + sens (feel) 같이 느끼는 것

consent 동의하다 〈con=together + sent=feel : 같이 느끼다〉
dissent 의견을 달리하다 〈dis=away + sent=feel : 멀리 느끼다〉
assent 동의하다 〈as=ad=to + sent=feel : 같은 방향으로 느끼다〉
resent 화내다 〈re=back + sent=feel : 반대로 느끼다〉

07 demise
[dimáiz]

n. 서거, 소멸 = death, decease, end, fall, downfall

Upon the **demise** of the despot, a bitter dispute about succession to power developed.

⇒ clue: de (away) + mis (send) 멀리 보내다

dismiss 해고하다, 해산하다, 묵살하다 〈dis=away + mis=send : 멀리 보내다〉
remiss 태만한 〈re=back + mis=send : 뒤로 보내지다, 뒤쳐지다〉
promise 약속하다 〈pre=forth + mis=send : 앞으로 다짐을 보내다〉
compromise 타협하다 〈com=together + pro=forth + mis=send : 함께 의견을 앞으로 내놓다〉

08 descent
[disént]

↔ ascent

n. 하강 = coming down, drop, fall
혈통 = **origin**, ancestry, blood, lineage

With the use of our Telemark skis, it was a quick **descent** to the bottom of the glacier.

⇒ clue: de (down) + scent<scend (climb) 아래로 내려가다

descend 내려가다, 유전하다 〈de=down + scend=climb : 아래로 내려가다〉
ascend 오르다, 올라가다 〈as=ad=to + scend=climb : ~로 오르다〉
transcend 초월하다, 능가하다 〈trans=across + scend=climb : 가로질러서 넘어가다〉
condescend 겸손하게 굴다 〈con=together + de=down + scend=climb : 밑으로 내리다〉

05 운전 중에 안전벨트 착용은 필수적이다. 06 시의회는 앞으로의 정책에 대한 대체적인 합의가 이루어진 듯하다고 말했다. 07 독재자가 사망하자 권력 승계를 위한 극심한 쟁탈전이 일어났다. 08 텔레마크 스키를 사용하여 빙하 아래쪽까지 빠르게 하강했다.

09 distribution
[dìstrəbjúːʃən]

n. 배분, 분포 = **dispersion**, apportionment, allotment, allocation

The holiday is celebrated with small gifts for children and the **distribution** of rice to the needy.

⇨ clue: dis (apart) + tribut (give) 나누어서 주다

tribute 공물, 조세, 찬사 〈tribut=give : 남에게 주다〉
distribute 분배하다 〈dis=apart + tribut=give : 나누어서 주다〉
attribute (~을 ...의) 결과로 보다, 특성 〈at=ad=to + tribut=give : (이유, 원인, 성질을) ~에게 주다〉
contribute 기부하다, 기여하다 〈con=together + tribut=give : 모두를 위해 주다〉

10 encompass
[inkʌ́mpəs]

↔ exclude

v. 포함하다, 둘러싸다 = **include**, contain, surround, encircle, enclose

The role-playing adventure game should **encompass** every aspect of real life.

⇨ clue: en (make) + compass (둘레, 한계) 둘레를 정하다

enrage 노하게 하다 〈en=make + rage 격노 : 화나게 만들다〉
enlighten 계몽하다, 분명하게 하다 〈en=make + light : 빛을 비추다〉
entitle 제목을 붙이다, 자격(권리)을 주다 〈en=make + title : 제목을 만들다〉
entitled to ~할 권리가 있는 〈en=make + title : 제목을 만들다〉

11 fragment
[frǽgmənt]

↔ whole

n. 파편, 조각 = **particle**, **piece**, **part**, portion, scrap
v. 분해하다 = **break up**, shatter, splinter, split, come to pieces

Asteroids may be **fragments** of a planet shattered long ago or material from the nuclei of old comets.

⇨ clue: frag (break) 부서진 것

fragmentary 단편적인, 불완전한 〈frag=break 부서지다〉
fragmentation 분열 〈frag=break 부서지다〉
fractious 성을 잘 내는, 까다로운 〈frac=break : 관계를 분열시키다〉
fracture 골절(시키다) 〈frac=break : 부서지다〉

12 maintenance
[méintənəns]

n. 유지 = **continuation**, upkeep, conservation, retainment, sustainment

An imported car is quite a big expense, especially when you consider **maintenance**.

⇨ clue: main<manu (hand) + ten<tain (hold) 손으로 잡고 있다

maintain 유지하다, 주장하다 〈main=manu=hand + tain=hold : 손으로 잡고 있다〉
retain 유지하다, 보유하다 〈re=back + tain=hold : 뒤에서 잡고 있다〉
contain 포함하다, 억누르다 〈con=together + tain=hold : 모두 담고 있다〉
entertain 대접하다, 즐겁게 하다 〈enter=inter=between + tain=hold : 사람들 사이에 있다〉

09 아이들에게 작은 선물을 주고 가난한 사람들에게 쌀을 나누어 주며 휴일을 축하한다. 10 역할체험 놀이는 실생활의 모든 면을 포함해야 한다. 11 소혹성은 오래 전에 부서진 행성의 조각들이거나 오래된 혜성의 핵으로부터 나온 물질일 수 있다. 12 수입차는 특히 유지비를 고려할 때 상당히 많은 비용이 든다.

13 **predicate**
[prédikit]

v. 기초를 두다 = **base**, establish, ground, found
단언하다 = affirm, aver, avouch, avow, assert, declare

Financial success is usually **predicated** on having money or being able to obtain it.

⇨ clue: pre (before) + dic (say) 앞서 이야기하다

dictate 지시하다, 구술하다 〈dic=say : 말하다〉
verdict 평결, 의견 〈ver=true + dic=say : 진실을 말하다〉
predict 예언하다, 예보하다 〈pre=before + dic=say : 미리 말하다〉
predictable 예언할 수 있는 〈pre=before + dic=say : 미리 말하다〉

14 **prolong**
[proulɔ́:ŋ]

↔ shorten, curtail

v. 연장하다, 오래 끌다 = **extend**, **lengthen**, **protract**, continue, carry on, drag out, draw out

The advances of modern medical science have made it possible to **prolong** the human life span by many years.

⇨ clue: pro (forth) + long 앞으로 길게 늘이다

prolonged 오래 지속되는 〈pro=forth + long : 앞으로 길게 늘어나는〉
elongate 연장하다 〈e=ex=out + long : 밖으로 길게 늘이다〉
longevity 장수, 수명 〈long : 오래 지속되는〉
linger 꾸물거리다, 오래 끌다 〈ling=long : 오래 지속되는〉

15 **remote**
[rimóut]

↔ adjacent, nearby

a. 먼, 외딴 = distant, secluded, far-off, outlying, isolated

The real work is being done by **remote** computers on the Web.

⇨ clue: re (back) + mot (move) 뒤로 옮기다

remove 옮기다, 제거하다 〈re=back + move : 뒤로 옮기다〉
demote 지위를 떨어뜨리다 〈de=down + mot=move : 아래로 옮기다〉
promote 촉진하다, 승진시키다 〈pro=forth + mot=move : 앞으로 옮기다〉
promotion 촉진, 승진, 장려 〈pro=forth + mot=move : 앞으로 옮기다〉

16 **substitute**
[sʌ́bstitjù:t]

n. 대체물, 대리인 = **replacement**, makeshift, surrogate
v. 대신하다 = **replace**, **exchange**, stand in (for), fill in (for), be in place of, supplant

Drinkers use alcohol as a mind-altering **substitute** for illegal drugs.

⇨ clue: sub (under) + stit (stand) 아래에 서서 대기하다

institute 설립하다 〈in=on + stit=stand : 위에 세우다〉
destitute 가난한, 결핍한 〈de=down + stit=stand : 서 있을 수 없을 정도로 못 먹다〉
constitute 구성하다 〈con=together + stit=stand : 함께 세우다〉
constitution 구조, 헌법, 체질 〈con=together + stit=stand : 함께 만들어 세우다〉

13 재정적인 성공은 보통 자금이 있거나 혹은 자금을 얻을 수 있는가에 기반을 두고 있다.   14 현대 의학의 발달은 인간의 수명을 여러 해 연장시키는 것을 가능하게 했다.   15 실제 업무는 원격 컴퓨터들에 의해서 웹상에서 이루어진다.   16 음주자들은 기분을 바꿔주는 대체물로 불법마약 대신 술을 이용한다.

unit 02

17 **superb**
[supə́ːrb]

↔ inferior

a. 훌륭한, 당당한 = **magnificent**, splendid, marvelous, excellent, world-class

This section of Manhattan boasts a **superb** variety of ethnic cuisine.

⇒ clue: super (over) 위에 있는

superior (~보다 더) 우수한, 윗사람 〈super=over : 위에 있는〉
supervise 감독하다 〈super=over + vis=see : 위에서 내려다 보다〉
supersede 대신하다 〈super=over + sede=ced=go : 남의 자리 위로 올라가다〉
supercilious 거만한 〈super=over + cili=eyelid : 눈을 위로 치켜 뜨다〉

18 **unequal**
[ʌníːkwəl]

↔ symmetric

a. 불공평한 = **unfair**, partial, unjust
(크기, 양이) 같지 않은, 불균형의 = **different, asymmetric**

An **unequal** and divisive system has led to an all-out strike by railway workers.

⇒ clue: un (not) + equal (동등한) 동등하지 않은

unequaled 무적의 〈un=not + equal 감당할 수 있는〉
unexplored 탐험되지 않은, 논의되지 않은 〈un=not + explore 탐험하다〉
unwonted 드문 〈un=not + wonted 일상의〉
uneven 평탄하지 않은, 한결같지 않은 〈un=not + even 평평한〉

19 **voluble**
[váljəbəl]

↔ reticent

a. 유창한, 입심 좋은 = fluent, loquacious, talkative, verbose, wordy

Many see Jim as the obvious leader, whose **voluble** style works well on TV.

⇒ clue: volu<volv (turn) 혀가 잘 돌아가는

involve 포함하다, 관련시키다 〈in=in + volv=turn : 안에서 돌아가다〉
evolve 발전하다(시키다), 진화하다 〈e=ex=out + volv=turn : 밖으로 돌아가다〉
revolve 회전하다, (관심, 주제가) ~을 중심으로 돌다 〈re=back + volv=turn : 뒤로 돌아가다〉
revolution 큰 변혁, 회전 〈re=back + volu=turn : 뒤로 돌아가다〉

20 **withstand**
[wiðstǽnd]

v. 저항하다, 견디다 = **resist**, **endure**, **tolerate**, put up with, suffer, weather

Stainless steel is able to **withstand** the effects of corrosive chemicals.

⇒ clue: with (back, against) + stand 뒤로 돌아서다

withhold 억누르다 〈with=back + hold : 뒤로 잡아두다〉
withdraw 물러나다, 철수하다, 취소하다, 인출하다 〈with=back + draw : 뒤로 당기다〉
withdrawn 인적이 드문, 내성적인 〈with=back + draw : 뒤로 당겨 들어간〉
withdrawal 물러나기, 취소, 탈퇴, (예금의) 인출 〈with=back + draw : 뒤로 당기다〉

17 맨해튼의 이 지역은 각양각색의 훌륭한 민속 요리를 자랑한다.   18 불공평하고 불화를 일으키는 체제는 철도 노동자들의 전면 파업을 야기했다.   19 많은 사람들이 짐을 명확한 지도자라고 생각하고 있으며, 그의 유창한 말솜씨는 TV에서 효과가 있다.   20 스테인리스는 부식성 있는 화학 물질의 영향을 견뎌낼 수 있다.

1
alteration [ɔ̀:ltəréiʃən] 변경
altercation [ɔ̀:ltərkéiʃən] 언쟁
alternation [ɔ̀:ltərnéiʃən] 교대, 교체

2
assiduous [əsídʒuəs] 근면한
acidulous [əsídʒələs] 다소 신맛이 도는, 신랄한

3
comprehensive [kàmprihénsiv] 포괄적인
comprehensible [kàmprihénsəbəl] 이해할 수
있는

4
decease [disí:s] 사망(하다)
decrease [dí:kri:s] 감소(하다)
disease [dizí:z] 질병

5
decent [dí:sənt] 버젓한, 예의바른, 좋은
descent [disént] 하강, 혈통
dissent [disént] 의견을 달리하다

6
diffuse [difjú:z] 흩트리다, 퍼뜨리다
defuse [di(:)fjú:] 진정시키다

7
emancipate [imǽnsəpèit] (노예 등을) 해방하다
emanate [émənèit] (냄새·빛·소리·증기·열 등이)
나오다
emaciate [iméiʃièit] 여위게 하다

8
fragment [frǽgmənt] 파편, 조각
fragrant [fréigrənt] 향기로운
flagrant [fléigrənt] 악명 높은, 명백한

9
industrious [indʌ́striəs] 근면한
industrial [indʌ́striəl] 산업의

10
repel [ripél] 쫓아버리다
repeal [ripí:l] 철회하다, 무효로 하다

11
tend [tend] 향하다, ~하는 경향이 있다, 돌보다
extend [iksténd] 뻗다, 연장하다
extent [ikstént] 정도, 범위, 넓이
extant [ekstǽnt] (문서·기록·습관) 남아있는,
현존하는

12
vigorous [vígərəs] 정력적인
vagarious [vəgɛ́əriəs] 상식을 벗어난, 엉뚱한

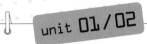
혼 동 어 휘 Check-up

다음의 각 문장에서 괄호 안의 단어 중 알맞은 것을 고르시오.

1 A person, whose heart is pure, remains untouched by "pain" just as an (assiduous / acidulous) person remains aloof from sinful deed.
근면한 사람이 벌 받을 만한 행위와 멀리 떨어져 있는 것처럼, 마음이 순결한 사람은 고통에 의해서 변하지 않는다.

2 This paradox is only (comprehensive / comprehensible) after years of silent contemplation.
이 역설은 수 년 동안 조용히 명상을 한 후에만 이해할 수 있다.

3 I need to turn in a (comprehensive / comprehensible) report on the recent homicide case by Monday.
나는 월요일까지 최근의 살인사건에 대한 종합보고서를 제출해야 한다.

4 With the use of our Telemark skis, it was a quick (decent / descent) to the bottom of the glacier.
텔레마크 스키를 사용하여 빙하 아래쪽까지 빠르게 하강했다.

5 Over time, agricultural ideas are (defused / diffused) and adopted by many countries across Asia.
시간이 지나면서 농업에 관한 아이디어는 보급되었고 아시아 전역의 많은 나라들에서 채택하였다.

6 The cold weather (extended / tended) into March.
추운 날씨가 3월까지 이어졌다.

7 Considering the (extant / extent) of her injuries, she's lucky to be alive.
그녀의 부상 정도를 생각할 때, 살아있는 것이 행운이다.

8 Asteroids may be (flagrant / fragments) of a planet shattered long ago or material from the nuclei of old comets.
소혹성은 오래 전에 부서진 행성의 조각들이거나 오래된 혜성의 핵으로부터 나온 물질일 수 있다.

9 He is a competent and (industrious / industrial) salesman.
그는 유능하고 근면한 판매원이다.

10 The (vigorous / vagarious) pursuit of work is not always a guarantee of success.
일을 정력적으로 하는 것이 항상 성공을 보장하는 것이 아니다.

〈정답〉
1. assiduous 2. comprehensible 3. comprehensive 4. descent 5. diffused
6. extended 7. extent 8. fragments 9. industrious 10. vigorous

unit 03

abrupt	1 •	• a	sudden
acclaim	2 •	• b	specified
concord	3 •	• c	agreement
congenial	4 •	• d	hail
designated	5 •	• e	favorable

devastate	6 •	• a	destroy
differentiate	7 •	• b	abide
erratic	8 •	• c	distinguish
exacerbate	9 •	• d	unpredictable
inhabit	10 •	• e	worsen

interact	11 •	• a	extend
magnify	12 •	• b	associate
merge	13 •	• c	combine
outstanding	14 •	• d	enlarge
protrude	15 •	• e	excellent

reprimand	16 •	• a	huge
segregate	17 •	• b	seclude
structure	18 •	• c	architecture
subdued	19 •	• d	rebuke
tremendous	20 •	• e	downcast

1 a 2 d 3 c 4 e 5 b 6 a 7 c 8 d 9 e 10 b 11 b 12 d 13 c 14 e 15 a 16 d 17 b 18 c 19 e 20 a

unit 03

01 abrupt
[əbrʌ́pt]

a. 갑작스런 = **sudden, unexpected**, surprising, hasty

The bursting of the technology bubble brought about an **abrupt** collapse in ad spending.

⇒ clue: ab (off) + rupt (break) 깨져 흩어지는

bankrupt 파산한 〈bank=bench + rupt=break: 은행이 부서짐〉
interrupt 방해하다 〈inter=between + rupt=break: 중간에 깨고 들어가다〉
disrupt 방해하다, 혼란시키다 〈dis=apart + rupt=break : 깨져 흩어지다〉
corrupt 부패한, 타락한, 부패시키다 〈cor=com=together + rupt=break : 함께 깨지다〉

02 acclaim
[əkléim]

v. 환호를 보내다 = **hail**, applaud, cheer, commend, praise
n. 갈채, 환호 = **praise**, acclamation, applause, commendation

Elizabeth patented one of the most widely **acclaimed** wonder drugs of the post Second World War years.

⇒ clue: ac<ad (to) + claim (call out) ~를 향해 소리쳐 부르다

claim 요구하다, 주장하다 〈claim=call out : 소리치다〉
disclaim 부인하다, 포기하다 〈dis=not + claim=call out : 아니라고 소리치다〉
exclaim 외치다 〈ex=out + claim=call out : 밖으로 소리치다〉
exclamation 외침 〈ex=out + claim=call out : 밖으로 소리치다〉

03 concord
[kɑ́ŋkɔ:rd]

↔ discord

n. 일치, 조화 = **agreement**, unanimity, accord, consensus, consonance, unison, harmony

Concord and harmony are the professed and accepted norm of human relations.

⇒ clue: con (together) + cord (heart) 마음이 같다

discord 불화, 사이가 나쁘다 〈dis=away + cord=heart : 마음이 멀어져 있다〉
accord 일치하다 〈ac=ad=to + cord=heart : 마음이 같은 쪽으로 가다〉
cordial 진심의, 친절한 〈cord=heart : 마음에서 우러나오다〉
core 핵심, 중심 〈cor=heart : 마음〉

04 congenial
[kəndʒíːnjəl]

a. 같은 성질의, 기분 좋은 = **favorable**, genial, affable, complaisant, agreeable, friendly, pleasant

We spent a relaxed evening with **congenial** friends.

⇒ clue: con (together) + gen (birth) 같이 태어난

gene 유전자 〈gen=birth : 태어날 때 갖고 있는 것〉
progeny 자손 〈pro=forth + gen=birth : (시간적으로) 이후 태어난 사람〉
genial 온화한, 상냥한 〈gen=birth : 태어날 때 같은〉
congenital (병, 결함이) 선천성인, 유전적인 〈con=together + gen=birth : 같이 태어난〉

01 기술주의 거품이 빠지기 시작하면서 광고소비가 큰 폭으로 하락되었다.   02 엘리자베스는 세계 2차 대전 이후 가장 널리 갈채를 받은 특효약에 대한 특허권을 얻었다.   03 일치와 조화는 인간 관계를 위한 공연되고 인정된 규범이다.   04 우리는 마음이 맞는 친구들과 편안한 저녁을 보냈다.

05 **designated**
[dézignèitid]
↔ unspecified

a. 지정된 = **specified**, **assigned**, appointed, indicated, earmarked
Smoking is allowed in **designated** areas of this building.

⇒ clue: de (down) + sign 아래에 표시하다
signify 의미하다, 중요하다 〈**sign** 표시, 기호〉
significant 중요한, 상당한 〈**sign + fic=make** : 표시를 하다〉
insignificant 사소한 〈**in=not + sign + fic=make** : 표시하지 않다〉
significantly 상당히 〈**sign + fic=make** : 표시를 하다〉

06 **devastate**
[dévəstèit]

v. 파괴하다, 황폐화시키다 = **destroy**, **ruin**, **demolish**, ravage, wreck
Working out can be helpful and stabilizing at a time when so many things in your life seem **devastating**.

⇒ clue: de (completely) + vas<vac (empty) 완전히 빈 상태가 되다
vanish 사라지다 〈**van=empty** : 비어 있다〉
vanity 공허, 허영 〈**van=empty** : 비어 있다〉
evanescent 사라지는, 덧없는 〈**e=ex=out + van=empty** : 밖으로 사라지다〉
devastating 파괴적인, 충격적인 〈**de=completely + vas=empty** : 완전히 빈 상태로 만들다〉

07 **differentiate**
[dìfərénʃièit]

v. 구별하다 = **distinguish**, discern, tell apart, separate
차별하다 = discriminate, show prejudice
We must understand how to **differentiate** between what should be remembered and what should be forgotten.

⇒ clue: dif<dis (apart) + fer (carry) 따로따로 옮기다
differential 차이, 차별하는 〈**dif=dis=apart + fer=carry** : 따로따로 옮기다〉
differ 다르다 〈**dif=dis=apart + fer=carry** : 따로따로 옮기다〉
defer 연기하다, (남의 의견에) 따르다 〈**de=down + fer=carry** : 아래쪽으로 옮기다〉
offer 제공하다, 권하다 〈**of=to + fer=carry** : ~쪽으로 옮기다〉

08 **erratic**
[irǽtik]

a. 불규칙한 = **unpredictable, irregular**, variable, uneven
Her breathing was very **erratic**.

⇒ clue: : err (wander) 이리저리 헤매다
error 실수, 잘못 〈**err=wander** : 헤매다〉
err 실수를 범하다 〈**err=wander** : 헤매다〉
unerring 틀림없는, 정확한 〈**un=not + err=wander** : 헤매지 않다〉
erroneous 잘못된 〈**err=wander** : 헤매다〉

05 이 건물의 지정된 곳에서만 흡연을 할 수 있다.　06 운동을 하는 것은 인생의 여러 가지가 황폐해 보일 때 도움이 되고 동시에 (마음을) 안정시켜 줄 수 있다.
07 우리는 기억해야 할 것과 잊어야 할 것을 구분할 수 있어야 한다.　08 그녀의 호흡이 매우 불규칙했다.

09 exacerbate
[igzǽsərbèit]

↔ ameliorate

v. 악화시키다 = **worsen**, **intensify**, make worse, aggravate

By ignoring the complaints of the employees, he will surely **exacerbate** the discontent.

⇨ clue: ex (out) + ac (sharp) + bat (beat) 날카롭게 치다

acute 예리한, (아픔, 감정이) 격렬한 〈ac=sharp : 날카로운〉
ache (몸, 이, 머리가) 아프다, 통증 〈ac=sharp : 날카로운〉
acrid (맛, 냄새가) 매운, 찌르는 듯한 〈ac=sharp : 날카로운〉
acrimonious 신랄한, (말, 토론이) 험악한 〈ac=sharp + monia=state : 날카로운 말을 하다〉

10 inhabit
[inhǽbit]

↔ emigrate

v. 살다, 거주하다 = **abide**, **occupy**, **live**, **reside**, dwell, populate, people

When Columbus discovered the New World, he was not surprised to find it **inhabited**; he thought he had landed in India or Japan.

⇨ clue: in (in) + hab (have) 일정한 지역 안에 있다

habit 습관 〈hab=hib=have : 늘 갖고 있는 것〉
habitat 거주지, 서식지 〈hab=have : 생물체를 갖고 있는 곳〉
habitual 습관적인, 평소의 〈hab=have : 늘 갖고 있다〉
rehabilitate 복구하다, 회복시키다 〈re=again + hab=have : 다시 갖다〉

11 interact
[ìntərǽkt]

v. 상호 작용하다 = **associate**, communicate, affiliate

If the teacher **interacts** more with the students, they are bound to learn more.

⇨ clue: inter (between) + act 둘 사이에서 움직이다

intersect 교차하다 〈inter=between + sect=cut : 중간이 잘려지다〉
intercept 가로채다, 방해하다 〈inter=between + cept=take : 중간에 들어가서 잡아채다〉
intercede 조정하다 〈inter=between + ced=go : 중간에 들어가다〉
interplay 상호작용 〈inter=between + play : ～사이에 활동이 있다〉

12 magnify
[mǽgnəfài]

↔ belittle

v. 확대하다, 과장하다 = **enlarge**, **increase**, **amplify**, **intensify**, exaggerate, overstate, blow up

Poverty and human folly **magnify** natural disasters.

⇨ clue: magn (great) + fy (make) 크게 만들다

magnificent 장엄한, 훌륭한 〈magn=great + fic=make : 크게 만들다〉
magnanimous 도량이 큰, 관대한 〈magn=great + anim=mind : 마음이 큰〉
magniloquent 과장된, 호언장담하는 〈magn=great + loqu=speak : 크게 말하는〉
magnitude 크기, 중요함, (지진의) 진도 〈magn=great : 큰〉

09 고용인들의 불평을 무시함으로써 그는 틀림없이 불만을 악화시킬 것이다.　　10 콜럼부스가 아메리카 대륙을 발견했을 때 그는 그곳에 사람이 살고 있는 것을 보고 놀라지 않았다. 그는 자신이 인도나 일본에 도착했다고 생각했다.　　11 만약 교사가 학생들과 더 많이 상호 작용 한다면, 학생들은 더욱 많이 배우게 될 것이다.　　12 빈곤과 인간의 어리석은 행위가 자연 재해를 더욱 확대시킨다.

13 merge
[mə:rdʒ]

v. 합병하다, 융합하다 = **combine**, amalgamate, coalesce, unite, consolidate, incorporate, fuse

As you **merge** onto the freeway, match the flow of traffic.

⇒ clue: merg (dip) 함께 담그다

submerge 물에 담그다 〈sub=under + merg=dip : 물 밑으로 담그다〉
emerge 나타나다, (빈곤, 어려움에서) 빠져나오다 〈e=ex=out + merg=dip : 담겨있다 나오다〉
immerge 뛰어들다 〈im=into + merg=dip : 안으로 담그다〉
immerse 담그다, 몰두시키다 〈im=into + mers=merg=dip : 안으로 담그다〉

14 outstanding
[àutstǽndiŋ]

a. 뛰어난 = **excellent**, **remarkable**, **prominent**, eminent, notable
미결제의 = **unpaid**, due, unsettled, owing

Yu-na Kim exhibited an **outstanding** level of skill and courage, enjoying the atmosphere of competitions.

⇒ clue: out + stand 쑥 나와서 서있다

output 생산, 산출 〈out + put : 밖으로 내놓다〉
outlaw 금지하다, 무법자 〈out + law : 법률 밖에 있다〉
outline 윤곽, 개요 〈out + line : 바깥쪽의 선〉
delineate (윤곽 등을) 그리다 〈de=intensively + line : 경계선을 그려 넣다〉

15 protrude
[proutrú:d]

↔ withdraw

v. 내밀다, 불쑥 나오다 = **extend**, **stick out**, jut, project, obtrude

The snake **protruded** its tongue and hissed loudly.

⇒ clue: pro (forth) + trud (thrust) 앞으로 밀다

obtrude 강요하다, 참견하다, 끼어들다 〈ob=against + trud=thrust : 반대 방향으로 밀다〉
extrude 쫓아내다 〈ex=out + trud=thrust : 밖으로 밀다〉
intrude 밀어 넣다, 간섭하다 〈in=in + trud=thrust : 안으로 밀다〉
intrusive 개입하는, 참견하는 〈in=in + trud=thrust : 안으로 밀다〉

16 reprimand
[réprəmænd]

↔ praise

v. 징계하다, 꾸짖다 = rebuke, censure, reprehend, reproach, scold, reprove

The board of directors is considering **reprimanding** him.

⇒ clue: re (back) + pri (press) + mand (order) 뒤로 누르며 지시하다

repress 억누르다 〈re=back + press : 뒤로 누르다〉
suppress 억누르다 〈sup=sub=under + press : 밑으로 누르다〉
compress 압축하다 〈com=together + press : 함께 누르다〉
impress 인상을 주다, 감동시키다 〈im=on + press : 마음에 자국을 눌러 놓다〉

---

13 고속도로에 진입할 때는 교통의 흐름을 따라야 한다.   14 김연아는 뛰어난 수준의 기술과 용기를 보여주면서 시합을 즐겼다.   15 뱀이 혀를 내밀고 크게 쉿소리를 냈다.   16 이사회에서는 그를 징계할 것을 고려 중이다.

17 segregate

[ségrigèit]

v. 분리하다 = **seclude**, **isolate**, separate, dissociate, set apart

It may be necessary to **segregate** certain problematic students from the rest of the class.

⇒ clue: se (apart) + greg (group) 떼어서 모아놓다

aggregate 모이다, 총계가 ~이 되다, 총계의 〈ag=ad=to + greg=group : ~에 모이다〉
congregate 모이다, 집합하다 〈con=together + greg=group : 모두 모이다〉
congregation 모임, 집회 〈con=together + greg=group : 모두 모이다〉
gregarious 군집하는, 사교적인 〈greg=group : 모이다〉

18 structure

[strʌ́ktʃər]

n. 구조(물) = **architecture**, construction, building, organization
v. 구성하다 = **arrange**, organize, assemble, put together

Kiva is a generally circular, underground **structure** used for gatherings of kin groups.

⇒ clue: struct (build) 쌓아 올리다

infrastructure 기반, 하부구조 〈infra=below + struct=build : 아래 쌓아놓은 것〉
obstruct 방해하다 〈ob=against + struct=build : 반대로 쌓다〉
construct 건설하다 〈con=together + struct=build : 함께 쌓다〉
instruct 가르치다 〈in=in + struct=build : 안으로 소양을 쌓다〉

19 subdued

[səbdjú:d]

a. 약화된, 조용한 = downcast, chastened, quiet

After months of fighting, the rebels were **subdued**.

⇒ clue: sub (under)+ due (lead) 밑으로 끌어 내려간

subdue 정복하다, (감정, 고통을) 가라앉히다 〈sub=under + due=lead : 밑으로 끌어 내리다〉
introduce 소개하다, 도입하다 〈intro=inward + duc=lead : 안으로 끌어오다〉
produce 생산하다 〈pro=forth + duc=lead : 앞으로 이끌다〉
reduce 줄이다 〈re=back + duc=lead : 뒤로 끌어 내리다〉

20 tremendous

[triméndəs]

↔ minute

a. 엄청난 = **huge**, **great**, **enormous**, colossal, immense, gigantic

They have made a **tremendous** contribution to the well-being of the Somalian refugees.

⇒ clue: trem (fear) 두려울 정도로

intimidate 위협하다 〈in=into + tim=fear : 두렵게 하다〉
timorous 겁 많은 〈tim=fear : 두려움〉
timid 겁 많은 〈tim=fear : 두려움〉
timidity 겁 많음, 소심 〈tim=fear : 두려움〉

17 일부 문제가 있는 학생들은 다른 학생들과 분리할 필요가 있을지도 모른다.　18 키바는 보통 원형의 지하 구조물로서 동족들의 모임에 이용되었다.　19 수 개월 동안의 투쟁을 한 후에 반란군들은 약화되었다.　20 그들은 소말리아 난민들의 복지에 큰 기여를 하였다.

Choose the closest word or expression of the highlighted word in each question.

1   As the composers of the successful musical "Oklahoma," Rodgers and Hammerstein received great acclaim both in the United States and abroad.

Ⓐ payment   Ⓑ attendance   Ⓒ revision   Ⓓ praise

2   Elementary schooling, which is compulsory in the United States, is controlled wholly by the central administration, and state governments have no voice in matters relating to it.

Ⓐ desirable   Ⓑ mandatory   Ⓒ perfunctory   Ⓓ rational

3   The emergence of the automobile as an affordable means of travel for ordinary Americans by the 1950s signaled the demise of the railway as the main method of interstate journeys.

Ⓐ designation   Ⓑ mechanization   Ⓒ end   Ⓓ Riskiness

4   Paleontologists, who study prehistoric life from millions of years ago, are accustomed to doing research with sometimes the tiniest fossil fragments of plants and animals found in various rock formations and sediments.

Ⓐ families   Ⓑ skeletons   Ⓒ pieces   Ⓓ reliefs

5   It is not infrequent that contagious diseases — sometimes even lethal ones — may inhabit a person's system without causing illness. That person remains what is known as a "carrier", however, and may yet transmit the disease to others.

Ⓐ surround   Ⓑ occupy   Ⓒ repel   Ⓓ devitalize

6   Tom Wolfe is one of America's most outstanding modern writers, though some of his works have been quite controversial.

Ⓐ dedicated   Ⓑ wealthy   Ⓒ eminent   Ⓓ colorful

7   It is remote computers that actually do all the work on the Web.

Ⓐ reluctant   Ⓑ distant   Ⓒ vacant   Ⓓ vague

8   It was only during prayers, when the language used was English, that men and women were segregated.

Ⓐ worshipped   Ⓑ treated   Ⓒ separated   Ⓓ celebrated

9   The synthetic plastic is hardened at a molecular level, and is now proving an adequate substitute for various types of metal.

Ⓐ glaze   Ⓑ tint   Ⓒ replacement   Ⓓ decoration

10   The blue whale is notable because it is able to withstand the extreme pressures of the deep ocean.

Ⓐ escape   Ⓑ exploit   Ⓒ measure   Ⓓ tolerate

Check-up 정답지

1. D

성공적인 뮤지컬인 "오클라호마"의 작곡가로서 로저스와 해머스타인은 미국과 해외 모두에서 큰 갈채를 받았다.

2. B

미국에서 의무적인 초등교육은 전적으로 중앙행정기관에서 관리하고 있으며 주정부는 이와 관련된 문제에서 어떠한 발언권도 갖고 있지 않다.

3. C

1950년대 자동차가 평범한 미국인들의 적절한 여행수단으로 나타나면서 주와 주 사이의 여행의 주요 수단으로써 철도의 종말을 암시했다.

4. C

수 백 만 년 전 선사시대의 생명체를 연구하는 고생물학자들은 다양한 바위층과 퇴적물에서 발견되는 세계에서 가장 작은 동식물의 화석조각을 때때로 연구하는데 익숙하다.

5. B

전염성 질병들이(때때로 치명적 질병조차도) 질환을 일으키지 않고 신체조직에 사는 것은 드문 일이 아니다. 이런 사람을 보균자라고 하는데 그래도 여전히 다른 사람에게 질병을 전염시킬 수 있다.

6. C

톰 울프의 작품 중 일부는 상당히 물의를 일으키고 있지만, 그는 미국에서 가장 뛰어난 현대작가중의 한 명이다.

7. B

실제로 인터넷상에서 모든 작업을 하는 것은 원격 컴퓨터들이다.

8. C

사용되는 언어가 영어인 기도시간에만 남녀가 따로 격리되었다.

9. C

합성플라스틱은 분자단계에서 단단해지며 다양한 종류의 금속에 대한 적절한 대체품으로 입증되고 있다.

10. D

흰 긴 수염 고래는 주목할만하며 그 이유는 깊은 대양의 엄청난 압력을 견딜 수 있기 때문이다.

unit 04

apathetic	1 •		• a	result
appreciable	2 •		• b	indifferent
consequence	3 •		• c	noticeable
consistent	4 •		• d	regular
contradiction	5 •		• e	paradox

dependent	6 •		• a	wicked
discreet	7 •		• b	reliant
elucidate	8 •		• c	clarify
immoral	9 •		• d	sensible
inclination	10 •		• e	tendency

innate	11 •		• a	inborn
novel	12 •		• b	probable
participate	13 •		• c	share
precise	14 •		• d	innovative
presumable	15 •		• e	exact

prominent	16 •		• a	withdraw
punctuality	17 •		• b	outstanding
recede	18 •		• c	principle
sensitive	19 •		• d	responsive
tenet	20 •		• e	promptness

1 b 2 c 3 a 4 d 5 e 6 b 7 d 8 c 9 a 10 e 11 a 12 d 13 c 14 e 15 b 16 b 17 e 18 a 19 d 20 c

unit 04

01 **apathetic**
[ǽpəθétik]

↔ curious

a. 냉담한, 무관심한 = **indifferent**, impassive, listless, uninterested, unconcerned

Even the most **apathetic** students are beginning to sit up and listen.

⇨ clue: a (not) + path (feel) 느낌이 없는

pathetic 불쌍한, 애처로운 〈path=feel : 감정을 느끼다〉
sympathetic 동정하는 〈sym=same + path=feel : 같이 느끼다〉
antipathetic 반감을 가진 〈anti=against + path=feel : 적대적으로 느끼다〉
antipathy 반감, 혐오 〈anti=against + path=feel : 적대적으로 느끼다〉

02 **appreciable**
[əprí:ʃiəbl]

a. 눈에 띄는, 주목할 만한 = **noticeable**, **significant**, perceptible, detectable

The newly built factory has not had an **appreciable** effect on production.

⇨ clue: ap<ad (to) + preci (price) 가치를 알아볼 수 있는

appreciative 감사하는 〈ap=ad=to + preci=price : 가치를 알아보다〉
appreciate (진가를) 알다, 감사하다, 가치가 오르다 〈ap=ad=to + preci=price : 가치를 알아보다〉
depreciate 평가 절하하다 〈de=down + preci=price : 가치를 저하시키다〉
appraise 평가하다 〈ap=ad=to + praise=price : 가치를 매기다〉

03 **consequence**
[kánsikwèns]

n. 결과 = **result**, **ramification**, effect, aftermath, end, outcome
중요성 = **significance**, importance, moment, account

Before you do anything, you should always consider the **consequences**.

⇨ clue: con (together) + sequ (follow) 함께 뒤따라오는 것

consequent 결과로서 일어나는 〈con=together + sequ=follow : 함께 뒤따라오다〉
sequence 연속, 순서 〈sequ=follow : 따라오다〉
sequent 연속적인, 잇따라 일어나는 〈sequ=follow : 따라오다〉
sequel 속편, 후편 〈sequ=follow : 따라오다〉

04 **consistent**
[kənsístənt]

↔ erratic

a. 일관된, 조화를 이룬 = **regular**, coherent, compatible, congruous, harmonious

There needs to be a more **consistent** method of evaluating students.

⇨ clue: con (together) + sist (stand) 함께 서 있다

consist 일치하다, 존재하다, (부분, 요소로) 이루어져 있다 〈con=together + sist=stand : 함께 서 있다〉
resist 저항하다, 견디다 〈re=back + sist=stand : 반대로 서 있다〉
persist 지속하다, 주장하다 〈per=completely + sist=stand : 끝까지 서 있다〉
assist 돕다, 원조하다 〈as=ad=near + sist=stand : 옆에서 서 있다〉

01 가장 무관심한 학생들조차도 똑바로 앉아 듣기 시작했다.   02 새로 건설된 공장은 생산량에 눈에 띌 만한 효과를 주지는 못했다.   03 무슨 일이든 시작하기 전에 반드시 결과를 고려해야 한다.   04 학생들을 평가하는 보다 일관된 방법이 필요하다.

05 contradiction
[kɑ̀ntrədíkʃən]

n. 모순 = **paradox**, inconsistency, incongruity

If you read the book carefully, you will discern the **contradictions** in his story.

⇨ clue : contra (against) + dic (say) 서로 반대되게 말하다

contradict 부정하다, 반박하다 〈contra=against + dic=say : 서로 반대되게 말하다〉
contradictory 모순된 〈contra=against + dic=say : 서로 반대되게 말하다〉
contrary 반대의 〈contra=against : 반대의〉
on the contrary 그와는 반대로 =conversely

06 dependent
[dipéndənt]

↔ independent

a. 의존하는 = **reliant**, **relying on**, **depending on**, counting on

Clearly, it is best to become **dependent** upon as few things as possible.

⇨ clue: de (down) + pend (hang) 아래에 매달려 있는

dependable 믿을 수 있는 〈de=down + pend=hang : 아래에 매달리다〉
depend 의존하다 〈de=down + pend=hang : 아래에 매달리다〉
suspend 매달다, 중지하다 〈sus=sub=under + pend=hang : 아래 매달려 있다〉
compensate 보상하다, 보충하다 〈com=together + pens=hang : 서로 같은 무게만큼 달아주다〉

07 discreet
[diskríːt]

↔ indiscreet, irrational

a. 분별 있는, 신중한 = **sensible**, **prudent**, politic, sagacious, judicious, circumspect, careful

I based my decision to confide in him on the supposition that he would be **discreet**.

⇨ clue: dis (apart) + cret (separate) 사물의 이치를 구분하는

discrete 분리된 〈dis=apart + cret=separate : 구분하다〉
divest 벗기다, 박탈하다 〈di=dis=apart + vest=dress : 옷을 벗기다〉
disperse 흩어지게 하다 〈dis=apart + spers=scatter 흩뿌리다 : 뿔뿔이 흩어놓다〉
dispersal 확산, 분산 〈dis=apart + spers=scatter 흩뿌리다 : 뿔뿔이 흩어놓다〉

08 elucidate
[ilúːsədèit]

↔ confuse

v. 밝히다, 설명하다 = **clarify**, clear up, illuminate, shed light on, make plain, explicate

The lecturer's talk served to **elucidate** the reading material on early Germanic literature.

⇨ clue: e<ex (out) + luc (light) 빛을 비추다

lucid 명료한, 알기쉬운 〈luc=light : 빛을 비추다〉
pellucid 투명한, 명백한 〈pel=through + luc=light : 빛을 비추다〉
translucent 반투명의 〈trans=through + luc=light : 빛을 비추다〉
lucubrate 열심히 공부하다(일하다) 〈luc=light : 밤늦게까지 불을 켜고 공부하다〉

05 책을 주의 깊게 읽어보면 그의 이야기에서 모순을 찾아낼 것이다. 06 확실히 어떤 것에든 가능한 덜 의존하는 것이 최선이다. 07 그를 신뢰하고자 하는 내 결정은 그가 사려 깊을 것이라는 추측에 근거를 두었다. 08 그 강사의 강의는 초기 독일 문학에 대한 문헌을 설명하는데 도움이 되었다.

unit 04

09 immoral
[imɔ́(ː)rəl]

↔ ethical, moral

a. 부도덕한 = **wicked**, corrupt, unprincipled, unethical, sinful

Sometimes we accept that morality changes; what was **immoral** once is not **immoral** now.

⇨ clue: im (not) + moral (도덕적인) 도덕적이지 않은
immortal 불멸의 〈im=not + mortal 죽을 운명의〉
implausible 믿기 어려운 〈im=not + plausible 그럴듯한〉
impermeable 불침투성의, 통과시키지 않는 〈im=not + permeable 스며들 수 있는〉
impolite 무례한 〈im=not + polite 공손한〉

10 inclination
[ìnklənéiʃən]

n. 경향, 좋아함 = **tendency**, bent, aptitude, disposition, leaning, proclivity, propensity

I have neither the time nor the **inclination** to think of other things.

⇨ clue: in (into) + clin (lean) 마음이 기울다
inclined ～하고 싶어 하는, ～의 경향이 있는 〈in=into + clin=lean : 기울다〉
decline (아래로) 기울다, 거절하다 〈de=down + cli=lean : 아래로 기울다〉
recline 기대다, 의지하다 〈re=back + cli=lean : 뒤로 기울다〉
acclimate (새 풍토, 환경에) 적응하다, 익히다 〈ac=ad=to + cli=lean : ～쪽으로 기울다〉

11 innate
[inéit]

↔ acquired

a. 선천적인 = **inborn**, **congenital**, natural, indigenous, inherent, intrinsic

Some people may have an **innate** tendency to fear heights.

⇨ clue: in (into) + nat (born) 타고난
inborn 천부의 〈in=into + born : 타고난〉
natural 타고난, 자연스런 〈nat=born : 타고난〉
native 태어난, 타고난, 토착의 〈nat=born : 타고난〉
naive 순진한 〈nai=nat=born : 태어날 때 같은〉

12 novel
[návəl]

a. 새로운 = **innovative**, **new**, fresh
진기한 = **unusual**, strange, rare, uncommon

Protesters found a **novel** way of demonstrating against steeply rising oil prices.

⇨ clue: now (new) 새로운
novice 신참자, 초심자 〈nov=new : 새로운〉
novelty 새로운 것, 진기함 〈nov=new : 새로운〉
innovate 혁신하다, 도입하다 〈in=into + nov=new : 새롭게 하다〉
renovate (낡은 건물 등) 개조하다, 보수하다 〈re=again + nov=new : 다시 새롭게 하다〉

09 때때로 우리는 도덕성이 변한다는 것을 받아들인다. 즉, 한때는 부도덕했던 것이 지금은 부도덕하지 않다.　10 나는 다른 문제를 생각할 시간도 없고 또한 그러고 싶지도 않다. · 11 어떤 사람들은 선천적으로 고소공포증을 느끼는 경향이 있을 수도 있다.　12 시위대들은 급격히 상승하는 원유 가격에 대해 새로운 시위 방법을 마련했다.

13 participate
[pɑːrtísəpèit]

v. 함께하다, 참가하다 = **share**, partake, take part, engage in, join in

When we **participate** in extracurricular activities, we have the chance to let go of stress and forget about our studies for some time.

⇨ clue: part + cip (take) 한 부분을 잡다

anticipate 예상하다, 고대하다 〈anti=before + cip=take : 미리 감을 잡다〉
reciprocal 상호간의 〈re=again + cip=take : 계속 서로 잡고 있다〉
captivate 매료시키다 〈cap=take : 시선을 잡다〉
capture 붙잡다, 포획 〈cap=take : 잡다〉

14 precise
[prisáis]

a. 정확한 = **exact, accurate, definite, correct, strict, scrupulous**

The **precise** cause of this serious disease is still unknown.

⇨ clue: pre (before) + cis (cut) 미리 불필요한 부분을 잘라낸

imprecise 부정확한 〈im=not + pre=before + cis=cut : 미리 잘라놓지 않다〉
concise 간결한 〈con=together + cis=cut : 모두 잘라내다〉
incise 절개하다, 조각하다 〈in=in + cis=cut : 자르다〉
excise 삭제하다 〈ex=out + cis=cut : 잘라서 밖으로 버리다〉

15 presumable
[prizúːməbəl]

a. 있음직한 = **probable**, possible, likely, feasible

It is **presumable** that we will win for a while but lose big in the end.

↔ unlikely

⇨ clue: pre (before) + sum (take) 근거가 있기 전에 받아들이다

presume 추정하다, 주제넘게 나서다 〈pre=before + sum=take : 근거가 있기 전에 받아들이다〉
assume (일, 책임을) 떠맡다, 추측하다, ~인 척하다 〈as=ad=to + sum=take : 자신에게 맞게 취하다〉
consume 소비하다, (모조리) 먹어 치우다 〈con=completely + sum=take : 완전히 취하다〉
resume 다시 시작하다, 이력서 〈re=again + sum=take : 다시 취하다〉

16 prominent
[prámənənt]

a. 두드러진, 저명한 = **outstanding, conspicuous, noticeable, remarkable, renowned,** distinguished

One of the **prominent** features of that newspaper is its excellent editorial page.

⇨ clue: pro (forth) + min (project) 앞으로 튀어나온

eminent 두드러진, 저명한 〈e=ex=out + min=project : 밖으로 튀어나오다〉
preeminent 탁월한 〈pre=before + e=ex=out + min=project : 앞으로 밖으로 튀어나오다〉
imminent 임박한, 금방이라도 닥칠듯한 〈im=into + min=project : 안 좋은 일이 튀어나오려 하다〉
menace 위협, 협박 〈men=project : 흉기가 나오다〉

13 과외 활동에 참여할 때, 우리는 스트레스를 해소하고 얼마 동안 공부에 대해 잊을 수 있는 기회를 갖는다.   14 이 중병에 대한 정확한 원인은 아직도 밝혀지지 않았다.   15 얼마간은 우리가 이길 것 같지만, 결국에는 크게 질 것 같다.   16 그 신문의 두드러진 특징 중의 하나는 훌륭한 사설이다.

17 punctuality
[pʌ̀ŋktʃuǽləti]

↔ tardiness

n. 시간 엄수, 정확함 = **promptness**, promptitude, being on time

Demonstrating that **punctuality** was not one of her strong points, she casually strolled into the meeting half an hour late.

⇨ clue: punct (point) 끝을 맞추는

punctual 꼼꼼한, 시간을 엄수하는 〈punct=point : 끝을 맞추는〉
punctuate 구두점을 찍다, 강조하다, 중단시키다 〈punct=point : 점〉
point 끝, 요점, 점
pinpoint 정확한, (위치 등을) 정확히 나타내다 〈pin + point : 핀으로 점을 찍다〉

18 recede
[ri:síːd]

↔ proceed

v. 물러나다 = **withdraw**, **retreat**, fall back, back off

As the threat of nuclear war **receded**, other things began to worry us.

⇨ clue : re (back) + ced (go) 뒤로 가다

exceed 능가하다, 넘다 〈ex=out + ceed=go : 밖으로 넘어가다〉
proceed 나아가다 〈pro=forth + ceed=go : 앞으로 가다〉
secede 탈퇴하다, 분리하다 〈se=apart + ced=go : 따로 떨어져 가다〉
succeed 계속되다, 성공하다 〈suc=sub=under + ceed=go : 아래로 이어가다〉

19 sensitive
[sénsətiv]

↔ callous

a. 민감한, 느끼기 쉬운 = **responsive**, delicate, impressionable, susceptible

When dealing with **sensitive** issues, it is a good idea to choose one's words carefully.

⇨ clue: sens (sense) 잘 느끼는

sensible 분별 있는 〈sens=feel : 느끼는〉
sensual 관능적인 〈sens=feel : 느끼는〉
sensational 세상을 놀라게 하는, 선풍적인, 매우 훌륭한 〈sens=feel : 느끼는〉
sensory 지각기관의 〈sens=feel : 느끼는〉

20 tenet
[ténət]

n. 주의, 신조 = **principle**, **belief**, dogma, doctrine, creed

A major **tenet** of Hindu philosophy is the concept of reincarnation.

⇨ clue: ten (stretch) 마음이 향하다

tend 향하다, ~하는 경향이 있다, 돌보다 〈tend=stretch : 마음이 향하다〉
tender 부드러운, 제출하다 〈tend=stretch : 마음이 향하다〉
tendency 경향, 버릇 〈tend=stretch : 마음이 향하다〉
portend (특히 불길한) 전조이다, 징후이다 〈por=pro + tend=stretch : 앞으로 뻗어 나오는 기운이 있다〉

17 시간 엄수가 자신의 장점이 아니라는 것을 드러내며, 그녀는 회의에 30분 늦게 유유히 들어왔다.　18 핵무기의 위협이 물러남에 따라 다른 것들이 우리들을 괴롭히기 시작했다.　19 민감한 문제를 다룰 때는 어휘 선택을 주의해서 하는 것이 좋다.　20 힌두 철학의 중요한 신조는 환생의 개념이다.

1 **acclamation** [æ̀kləméiʃən] 갈채, 환호
acclimation [æ̀kləméiʃən] 새 환경 적응

2 **adorn** [ədɔ́:rn] 꾸미다, 장식하다
adore [ədɔ́:r] 숭배하다

3 **moral** [mɔ́(:)rəl] 도덕(의)
amoral [eimɔ́:rəl] 도덕과는 관계없는
immoral [imɔ́(:)rəl] 부도덕한
immortal [imɔ́:rtl] 죽지 않는

4 **apathetic** [æ̀pəθétik] 냉담한, 무관심한
pathetic [pəθétik] 감상적인, 애처로운

5 **arid** [ǽrid] 건조한
acrid [ǽkrid] 매운, 역한, 매캐한

6 **congenial** [kəndʒí:njəl] 같은 성질의, 친절한
congenital [kɑndʒénətl] (병) 선천성인

7 **depreciate** [deprí:ʃièit] 평가절하하다
deprecate [déprikèit] 비난하다, 반대하다

8 **deter** [ditə́:r] 단념시키다, 막다
defer [difə́:r] 연기하다, 늦추다; 경의를 표하다

9 **discreet** [diskrí:t] 분별 있는, 신중한
discrete [diskrí:t] 분리된

10 **eminent** [émənənt] 저명한, 뛰어난
imminent [ímənənt] 절박한
immanent [ímənənt] 어디에나 있는
prominent [prɑ́mənənt] 두드러진, 돌출한

11 **fresh** [freʃ] 새로운, 신선한
flash [flæʃ] 번쩍이다, (생각이) 문득 떠오르다
flesh [fleʃ] (인간, 동물의) 살, 육체

12 **intimidate** [intímədèit] 위협하다
intimate [íntəmit] 친밀한

45

혼 동 어 휘 Check-up

다음의 각 문장에서 괄호 안의 단어 중 알맞은 것을 고르시오.

1   His outfit included a flamboyant hat (adored / adorned) with fake feathers.
    그의 의상에는 인조깃털로 장식된 화려한 모자가 있었다.

2   Self-sacrifice is his inborn personality that I (adore / adorn).
    자기희생은 내가 숭배하는 그의 타고난 성품이다.

3   He seemed (apathetic / pathetic) to my gestures of apology.
    그는 나의 사과의 표시에 냉담한 것 같았다.

4   He always gives off the (acrid / arid) smell of smoke.
    그는 항상 매캐한 담배냄새를 풍긴다.

5   I covered my head to (defer / deter) to Muslim custom in mosque.
    나는 이슬람교의 관습을 존중하여, 회교사원에서 머리를 덮어 가렸다.

6   I based my decision to confide in him on the supposition that he would be (discreet / discrete).
    그를 신뢰하고자 하는 내 결정은 그가 사려 깊을 것이라는 추측에 근거를 두었다

7   It was a sweltering day during the day but the (fresh / flesh) breeze began to cool the land at night.
    낮 동안은 찌는 듯이 무더운 날이었지만 밤에는 신선한 산들바람이 대지를 식혀주기 시작했다.

8   One of the (imminent / prominent) features of that magazine is its excellent photos of tourist spots in the world.
    그 잡지의 두드러진 특징 중의 하나는 세계의 관광명소들을 찍은 훌륭한 사진들이다.

9   The (immoral / immortal) use of the military on civilians was a common practice in several parts of the world.
    세계 일부 지역에서 민간인에 대한 부당한 군대 사용은 흔히 있는 일이었다.

10 Our (intimidate / intimate) friendship could be seen with clarity by the way we talked over dinner.
    저녁식사를 하면서 이야기를 하는 모습에서 우리의 친밀한 우정은 명확히 보여질 수 있다.

〈정답〉
1. adorned   2. adore   3. apathetic   4. acrid   5. defer
6. discreet   7. fresh   8. prominent   9. immoral   10. intimate

unit 05

aggressive	1 •	• a	cooperate
assume	2 •	• b	take on
collaborate	3 •	• c	protect
conflicting	4 •	• d	contrary
conserve	5 •	• e	forceful

deposit	6 •	• a	variable
divert	7 •	• b	redirect
inaccessible	8 •	• c	lay
inconstant	9 •	• d	unreachable
inspire	10 •	• e	motivate

negligible	11 •	• a	insignificant
nurture	12 •	• b	supplies
oversee	13 •	• c	care for
pervasive	14 •	• d	widespread
provision	15 •	• e	supervise

recurring	16 •	• a	sturdy
semblance	17 •	• b	appearance
substantial	18 •	• c	coincide
synchronize	19 •	• d	recurrent
unanimous	20 •	• e	agreed

1 e 2 b 3 a 4 d 5 c 6 c 7 b 8 d 9 a 10 e 11 a 12 c 13 e 14 d 15 b 16 d 17 b 18 a 19 c 20 e

unit 05

01 aggressive
[əgrésiv]

↔ passive

a. 적극적인 = **forceful**, bold, pushing
침략적인 = offensive, belligerent, militant

Both players won their first matches in **aggressive** style.

⇨ clue: ag<ad (to) + gress (go) ~에게 다가가다

aggress 공격하다 〈ag=ad=to + gress=go : ~에게 다가가다〉
digress 빗나가다 〈di=away + gress=go : 벗어나서 가다〉
congress 회의, 의회 〈con=together + gress=go : 모두 가다〉
regress 퇴보하다 〈re=back + gress=go : 뒤로 가다〉

02 assume
[əsjú:m]

v. 맡다 = **take on, undertake**, shoulder, accept
추측하다 = **suppose, think**, suspect, surmise, presume
~인 척하다 = pretend, simulate, affect, put on

Before long you may be asked to **assume** the role of chief executive.

⇨ clue: as<ad (to) + sum (take) 자신에게 맞게 취하다

unassuming 겸손한 〈un=not + assume : ~인 척 하지 않다〉
presume 추정하다, 주제넘게 나서다 〈pre=before + sum=take : 다른 사람보다 앞서 받아들이다〉
presumably 아마 〈pre=before + sum=take : 다른 사람보다 앞서 받아들이다〉
presumptuous 주제 넘는, 뻔뻔스러운 〈pre=before + sum=take : 다른 사람보다 앞서 받아들이다〉

03 collaborate
[kəlǽbərèit]

↔ part

v. 협력하다 = **cooperate, work together**, join forces, play ball, coproduce

Much later she **collaborated** with her colleague on the translation of a Greek manuscript.

⇨ clue: col<com (together) + labor 함께 일하다

elaborate 공들인, 정교한, 상세히 말하다 〈e=ex=out + labor : 노력을 쏟아내다〉
laborious 힘드는 〈labor : 노동〉
labor 노력, 노동, 노동자
labyrinth 미로 〈labyrinthos=large building : 힘들여 만든 것〉

04 conflicting
[kənflíktiŋ]

a. 상반되는, 싸우는 = **contrary, opposing**, incompatible, antagonistic, clashing

There are many **conflicting** theories about the nature of the Earth's interior.

⇨ clue: con (together) + flict (strike) 서로 때리다

conflict 투쟁하다 〈con=together + flict=strike : 서로 때리다〉
inflict (상처, 고통) 주다 〈in=against + flict=strike : 적대적으로 때리다〉
affliction 고통, 재해 〈af=ad=to + flict=strike : ~을 향해 때리다〉
profligate 방탕한, 낭비하는 〈pro=forth + flig=strike : 사람들 앞에서 좀 맞아야 한다〉

01 두 선수 모두 적극적인 자세로 자신들의 첫 시합을 승리했다.　　02 너는 머지않아 중역 역할을 맡도록 요청받을지도 모른다.　　03 한참 후에야 그녀는 그리스어로 쓰인 원고를 동료와 공동 번역하였다.　　04 지구 내부의 특징에 대해 상반되는 이론들이 많다.

05 **conserve**
[kənsə́:rv]

↔ waste

v. 보존하다, 보호하다 = **protect**, **keep**, **save**, preserve, maintain

There has been a big increase in U.S. aid to help developing countries **conserve** their forests.

⇒ clue: con (completely) + serv (keep) 완전히 지키다

conservative 보수적인 〈con=together + serv=keep : 옛것을 전부 지키다〉
preserve 보존하다 〈pre=before + serv=keep : 옛것을 지키다〉
observe 관찰하다, (법률) 준수하다 〈ob=to + serv=keep : 가까이에서 지키다〉
serve 섬기다, 도움이 되다 〈serv=keep : 지키다〉

06 **deposit**
[dipázit]

v. 두다 = **lay**, **place**, put, locate
맡기다, 예금하다 = **entrust, hoard, store**, save

I **deposited** my luggage in a locker at the station.

⇒ clue: de (down) + pos (put) 아래에 두다

demolish 부수다, 폭파하다 〈de=down + mol=grind : 갈아서 뭉개다〉
debase 저하시키다 〈de=down + base=bottom : 바닥으로 내려가다〉
defamation 명예훼손 〈de=down + fame : 평판을 깎아 내리다〉
deteriorate 악화되다 〈de=down + ter 라틴어 형용사 접미사 + iorate 라틴어 비교급 접미사 : 더 아래로 가다〉

07 **divert**
[divə́:rt]

v. 전환하다, (생각, 관심을) 돌리다 = **redirect**, **reroute**, switch, avert, deflect, distract

One may find it beneficial to **divert** one's attention from work to pleasurable activities every now and then.

⇒ clue: di (away) + vert (turn) 딴 데로 돌리다

diverse 다양한 〈di=away + vers=turn : 딴 데로 돌리다〉
diversity 다양성, 변화 〈di=away + vers=turn : 딴 데로 돌리다〉
diverge (길, 선, 의견) 갈라지다, 나뉘다 〈di=away + verg=turn : 딴 데로 돌리다〉
converge 모이다 〈con=together + verg=turn : 모두 돌아오다〉

08 **inaccessible**
[ìnəksésəbəl]

↔ accessible

a. 접근하기 어려운 = **unreachable**, out of reach, unapproachable
얻기 어려운 = unobtainable, unavailable, unattainable

The road is **inaccessible** at the moment due to extreme fog and heavy rains.

⇒ clue: in (not) + ac<ad (to) + cess (go) 쉽게 갈 수 없는

accede 동의하다, (지위, 왕위에) 오르다 〈ac=ad=to + ced=go : ~쪽으로 가다〉
access 접근, 출입 〈ac=ad=to + cess=go : ~쪽으로 가다〉
accessible 접근하기 쉬운, 이용 가능한, 이해하기 쉬운 〈ac=ad=to + cess=go + ible : ~로 갈 수 있다〉
decease 사망(하다) 〈de=away + cease=go : 멀리 가다〉

05 개발도상국들이 산림을 보존할 수 있도록 돕기 위해 미국의 원조가 크게 증가하였다.   06 나는 가방을 역의 물품 보관함에 두었다.   07 때때로 업무에서 즐거운 활동으로 관심을 돌리는 것이 유익할 수도 있다.   08 극심한 안개와 폭우로 인해 현재 도로 접근이 어렵다.

unit 05

09 inconstant
[inkánstənt]

a. 변하기 쉬운 = **variable**, **unstable**, unsteady, changeable, fickle, capricious

The married couple sought professional counselling due to their **inconstant** and unreliable relationship.

⇒ clue : in (not) + constant (변치 않는) 변하기 쉬운

incredible 믿을 수 없는 〈in=not + credible 믿을 수 있는〉
incredulous 의심 많은 〈in=not + credulous 쉽게 믿는〉
incoherent 모순된 〈in=not + coherent 일관성이 있는〉
indiscriminate 무차별적인, 가리지 않는 〈in=not + discriminate 구별(차별)하다〉

10 inspire
[inspáiər]

v. (사상, 감정) 불어넣다, 격려하다 = **motivate**, **animate**, **fire the imagination of**, stimulate, encourage, spur

Our challenge is to motivate people and **inspire** them to join our cause.

⇒ clue: in=in + spir (breathe) 안으로 숨을 불어넣다

expire 끝나다, 소멸하다 〈ex=out + spire=breathe : 숨을 쉬지 못하다〉
aspire 열망하다, 갈망하다 〈 as=ad=to + spir=breathe : ~쪽을 보고 숨을 쉬다〉
conspire 음모를 꾸미다 〈con=together + spir=breathe : 나쁜 일에 함께 호흡을 맞추다〉
perspire 땀이 나다 〈per=through + spir=breath : 피부를 통해 숨을 쉬다〉

11 negligible
[néglidʒəbəl]

↔ significant

a. 하찮은 = **insignificant**, **trivial**, **slight**, **minor**, trifling

The damage to his car was so **negligible** that he didn't ask the careless driver for any compensation.

⇒ clue: neg (not) + lig (choose) 선택하지 않다

neglect 무시하다, 게을리하다 〈neg=not + lect=choose : 선택하지 않다〉
neglectful 태만한, 부주의한 〈neg=not + lect=choose : 선택하지 않다〉
negligent 태만한, 부주의한 〈neg=not + lig=choose : 선택하지 않다〉
negate 부정하다, 취소하다 〈neg=not : 없던 것으로 하다〉

12 nurture
[nə́:rtʃər]

v. 양육하다 = **care for**, **tend**, **raise**, **rear**, nurse, nourish, bring up

From when I was very young, my father had **nurtured** a love of Art in me.

⇒ clue: nur (feed) 먹이다

nourish 기르다 〈nour=feed : 먹이다〉
nursery 보육(원) 〈nur=feed : 먹이다〉
nurse 돌보다, (감정, 생각을) 품다, 간호사 〈nur=feed : 먹이다〉
malnutrition 영양실조 〈mal=bad + nu=feed : 형편없이 먹다〉

---

09 그 결혼한 부부는 변화가 많고 신뢰할 수 없는 관계 때문에 전문가의 조언을 구했다.   10 우리의 목표는 사람들을 자극하여 우리의 운동에 참여하도록 격려하는 것이다.   11 자동차에 손상이 적어서 그는 그 부주의한 운전자에게 보상을 요구하지 않았다.   12 어렸을 때부터 아버지는 내게 예술에 대한 애호심을 키워주셨다.

13 **oversee**
[òuvərsíː]

v. 감독하다 = **supervise**, control, direct, manage, superintend

The agreement to set up a commission to **oversee** the peace process is expected to be completed in the next few weeks.

⇒ clue: over + see 위에서 보다
overlap 겹치다, 공통점이 있다 〈over + lap : 위로 겹쳐지다〉
override ~보다 위에 서다, 짓밟다 〈over + ride : 위에 올라타다〉
overpower 압도하다 〈over + power : 위에서 힘으로 누르다〉
overriding 가장 중요한 〈over + ride : 위로 올라타다〉

14 **pervasive**
[pərvéisiv]
↔ limited

a. 퍼지는 = **widespread**, prevalent, pervading, extensive, ubiquitous

The AIDS epidemic is especially **pervasive** in Botswana, with an infection rate of more than 35%.

⇒ clue: per (through) + vas (go) 쭉 나아가다
pervade 널리 퍼지다 〈per=through + vad=go : 쭉 나아가다〉
evade 피하다 〈e=ex=out + vad=go : 밖으로 나가다〉
invade 침입하다 〈in=in + vad=go : 안으로 들어오다〉
invasion 침략 〈in=in + vad=go : 안으로 들어오다〉

15 **provision**
[prəvíʒən]

n. 식량 (pl.) = **supplies**, food, sustenance
　규정, 조항 = **clause**, condition

In case of a longer expedition, you must equip yourself with sufficient **provisions**.

⇒ clue: pro (forth) + vis (see) 앞을 내다보고 대비하다
provide 제공하다, 규정하다, 준비하다 〈pro=forth + vid=see : 앞을 내다보다〉
provided 만약 ~라면 〈pro=forth + vid=see : 앞을 내다보다〉
provident 신중한, 선견지명이 있는 〈pro=forth + vid=see : 앞을 내다보다〉
improvident 선견지명이 없는, 경솔한 〈im=not + pro=forth + vid=see : 앞을 내다보지 못하다〉

16 **recurring**
[rikə́ːriŋ]

a. 되풀이하는 = **recurrent**, repeated, repetitive

Because of the broken fuel gauge, running out of gas was a **recurring** problem on his trips.

⇒ clue: re (back) + cur (flow) 도로 흘러나오다
recur 재발하다 〈re=back + cur=flow : 도로 흘러나오다〉
occur 발생하다, 나오다 〈oc=to + cur=flow : ~로 흘러나오다〉
incur (위험, 비난) 초래하다, 당하다 〈in=into + cur=flow : 위험이 안으로 들어오다〉
incursion 침입, 유입 〈in=into + cur=flow : 안으로 들어오다〉

13 평화 협상을 감독할 위원회를 세우는데 대한 협상이 수 주 내에 타결될 전망이다.　14 에이즈 전염 비율은 특히 보츠와나에서 35% 이상으로 널리 퍼져있다.　15 원정이 더 길어질 것을 대비해서 충분한 식량을 갖추어야 한다.　16 연료계가 망가져서, 그가 여행을 하는 동안 연료가 떨어지는 일이 되풀이해서 일어났다.

unit 05

17 semblance
[sémbləns]

n. 외관 = **appearance**, air, aspect, figure
닮음 = resemblance, likeness, similarity

After the war, life returned to a **semblance** of normality.

⇨ clue: sembl (same) 같은 모습

resemble 닮다 〈re=again + sembl=same : 다시 같은 형태가 되다〉
assemble 조립하다, 모으다 〈as=ad=to + sembl=same : 하나의 동일한 형태로 되다〉
ensemble 앙상블, 종합적 효과 〈en=make + sembl=same : 동일한 형태를 만들다〉
dissemble (진짜 감정, 의도를) 숨기다 〈dis=not + sembl=same : 겉과 속이 같지 않다〉

18 substantial
[səbstǽnʃəl]

↔ insubstantial

a. 튼튼한 = **sturdy**, **strong**, solid, well-built
상당한 = **significant**, **considerable**, ample
중요한 = **important**, **essential**

The Social Security System provides **substantial** benefits for senior citizens.

⇨ clue: sub (under) + stan (stand) 아래서부터 자리를 잡은

unsubstantial 견고하지 않은 〈un=not + substantial : 튼튼한〉
substantially 상당히 〈sub=under + stan=stand : 아래서부터 자리를 잡은〉
substantiate 구체화하다, 입증하다 〈sub=under + stan=stand : 아래서부터 자리를 잡은〉
standstill 정지, 막힘 〈stand + still 정지한 : 움직이지 않고 서 있다〉

19 synchronize
[síŋkrənàiz]

v. 동시에 발생하다 = occur at the same time, coincide, be concurrent

The members of the drill team have to **synchronize** their movements.

⇨ clue: syn (together) + chron (time) 함께 시간을 맞추다

syndrome 증후군 〈syn=together + drom=run : 함께 증세가 나타나다〉
synopsis 개요 〈syn=together + op=eye : 한눈에 보이다〉
synthetic 종합적인, 합성의 〈syn=together + thes=put : 함께 두다〉
idiosyncrasy 특이성, 개성 〈idio=one's own + syn=together + crasy=mix : 개인적인 것이 뭉쳐 있는 것〉

20 unanimous
[juːnǽnəməs]

↔ divided, split

a. 만장일치의 = agreed, united, concordant, concerted, in complete accord, harmonious

We were **unanimous** in supporting the after-school program.

⇨ clue: un (one) + anim (mind) 한 마음

unilateral 한편만의, 일방적인 〈uni=one + later=side : 한쪽면의〉
uniformly 한결같이, 불변의 〈uni=one + form : 하나의 형태로〉
unique 독특한 〈uni=one : 하나밖에 없는〉
unification 통일, 단일화 〈uni=one + fic=make : 하나로 만들다〉

17 전쟁 후에 생활은 정상 상태로 돌아왔다.　18 사회보장제도는 노령자에게 상당한 연금을 제공한다.　19 시범부대 구성원들은 그들의 동작을 맞추어야 한다.
20 우리는 방과 후 프로그램에 만장일치로 찬성했다.

Choose the closest word or expression of the highlighted word in each question.

1   The Komodo Dragon is one of the most **aggressive** of all lizards, which is belied by the fact that it also enjoys lying lazily under the sun.

Ⓐ attractive   Ⓑ passive   Ⓒ colorful   Ⓓ offensive

2   The task of providing necessary support to children in hardship has been **assumed** by UNICEF.

Ⓐ taken on   Ⓑ effected   Ⓒ evaded   Ⓓ violated

3   Persons who may have nothing in common with each other sometimes **collaborate** productively.

Ⓐ put together   Ⓑ stand together   Ⓒ work together   Ⓓ get together

4   The **consequence** of a policy toward the great majority forms the core of the philosophy of Utilitarianism.

Ⓐ cost   Ⓑ necessity   Ⓒ result   Ⓓ relevance

5   The Arctic Tern spends the long summer months in the polar regions, where it **deposits** its eggs on a ground that is almost entirely free of any predators.

Ⓐ saves   Ⓑ lays   Ⓒ lies   Ⓓ warms

6   The CAT scan is known to be a quick, reliable and pain-free method of detecting medical problems in those parts of the body that were formerly **inaccessible**.

Ⓐ immaculate   Ⓑ unrestricted   Ⓒ imprecise   Ⓓ unreachable

7   The morgue had a **pervasive** odor of formaldehyde.

Ⓐ widespread   Ⓑ indigenous   Ⓒ passive   Ⓓ reinforced

8   Among the model's features, his violet eyes were the most **prominent**.

Ⓐ inappropriate   Ⓑ conspicuous   Ⓒ underestimated   Ⓓ menacing

9   This consensus will serve as a powerful **provision** to enhance the welfare of each country.

Ⓐ sustenance   Ⓑ nurture   Ⓒ counter   Ⓓ clause

10   The cycles of nature and weather patterns are **recurring** themes in mythologies of many ancient societies, including those of the Greeks and Romans.

Ⓐ respected   Ⓑ repeated   Ⓒ reliable   Ⓓ religious

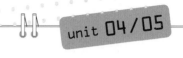
Check-up 정답지

1. D

코모도왕도마뱀은 모든 도마뱀들 중에서 가장 공격적인 도마뱀중의 하나인데, 그것은 이 도마뱀들이 또한 햇빛 아래서 나른하게 누워있는 것을 즐긴다는 사실이 거짓임을 보여준다.

2. A

유니세프는 궁핍한 어린이들에게 필요한 지원을 하는 일은 맡아서 해왔다.

3. C

서로에게 공통점이 전혀 없는 사람들일지라도 때때로 생산적으로 협력을 한다.

4. C

다수에 대한 정책의 결과가 공리주의 철학의 핵심이다.

5. B

북극제비갈매기는 극지방에서 여러 달 동안 긴 여름을 보내며, 이곳의 땅속에 알을 두는데 여기는 그 어떤 포식 동물도 거의 없다.

6. D

시티촬영(엑스레이나 초음파를 통한 시체 내부 검진법)은 이전에는 접근하기 어려웠던 신체 부위에 의학적 문제를 찾아내는 빠르고, 믿을 수 있으며 고통이 없는 방법으로 알려져 있다.

7. A

영안실은 소독제의 냄새가 배여 있다.

8. B

그 남자 모델의 특징 중에서 보라색 눈이 가장 눈에 띈다.

9. D

이번 합의는 각 나라의 복지를 향상시키는 강력한 조항으로써의 역할을 할 것이다.

10. B

자연과 날씨 패턴에 대한 주기는 그리스와 로마를 비롯한 고대 많은 사회의 신화에서 반복적으로 나오는 주제이다.

unit 06

Pretest

adhere	1 •	• a comply
adjoining	2 •	• b stick
anticipate	3 •	• c foresee
cognizant	4 •	• d aware
conform	5 •	• e adjacent

consciously	6 •	• a intentionally
docile	7 •	• b unlawful
donation	8 •	• c long-lasting
durable	9 •	• d contribution
illicit	10 •	• e manageable

inert	11 •	• a guiltless
innocent	12 •	• b undamaged
intact	13 •	• c carrying out
performance	14 •	• d prevent
preclude	15 •	• e inactive

reiterate	16 •	• a repeat
respectable	17 •	• b foundation
stringent	18 •	• c honorable
subordinate	19 •	• d subject
underpinning	20 •	• e strict

1 b 2 e 3 c 4 d 5 a 6 a 7 e 8 d 9 c 10 b 11 e 12 a 13 b 14 c 15 d 16 a 17 c 18 e 19 d 20 b

unit 06

01 adhere
[ædhíər]

v. 부착하다, 고수하다 = **stick**, attach, cling, glue

It would help the flow of society if everyone **adhered** to the rules.

⇨ clue: ad (to) + here (stick) ~에 달라붙다

adhesion 점착, 부착 〈ad=to + hes=stick : ~에 달라붙다〉
cohere 결합하다 〈co=together + here=stick : 함께 붙다〉
cohesion 결속, 화합 〈co=together + hes=stick : 함께 붙다〉
inhere (성질, 요소 등이) 본래 갖추어져 있다, 타고나다 〈in=in + here=stick : 안에 붙어있다〉

02 adjoining
[ədʒɔ́iniŋ]

a. 인접한 = **adjacent**, **nearby**, **neighboring**, abutting, contiguous

We all marveled at the quaintness of the row of **adjoining** town houses.

⇨ clue: ad (to) + join ~에 접해 있다

join 연결하다, 참가하다, 합류하다, (행동을) 함께 하다
adjoin 인접하다 〈ad=to + join : ~에 접해 있다〉
junction 교차로, 합류점 〈junct=join : 접해 있다〉
subjugate 정복하다 〈sub=under + jug=join : 아래에 붙여 넣다〉

03 anticipate
[æntísəpèit]

v. 예상하다 = **foresee**, **expect**, **predict**, foretell, forecast

Anticipating that we may regret a decision may induce us to take the decision seriously.

⇨ clue: anti<ante (before) + cip (take) 미리 감을 잡다

unanticipated 예상치 못한, 뜻밖의 〈un=not + anti=before + cip=take : 미리 감을 잡지 못한〉
antique 골동품(인), 오래된 〈anti=ante=before : 예전의〉
antiquity 고대, 고대의 유물(pl.) 〈anti=ante=before : 예전의〉
archaic 구식의 〈arc=before : 예전의〉

04 cognizant
[kágnəzənt]
↔ ignorant

a. 인식하고 있는 = aware, conscious

In the long run, it is beneficial to be **cognizant** of the potential pitfalls involved in starting a small business.

⇨ clue: cog (know) 알고 있는

cognition 인식, 지각 〈cog=know : 알다〉
recognize 알아보다, 인정하다 〈cog=know : 알다〉
diagnosis 진단 〈dia=through + gno=know : 꿰뚫어 알다〉
prognosis 예상, 예후 〈pro=forth + gno=know : 앞서 알다〉

---

01 모두가 규칙을 고수하면 사회의 흐름에 도움이 될 것이다.　　02 우리 모두는 연립주택이 인접해서 늘어서 있는 독특한 모습에 놀라워했다.　　03 어떤 결정에 대해 후회할 수 있다고 예상하는 것은 우리로 하여금 신중하게 결정하도록 해 줄 수 있다.　　04 장기적으로 볼때, 소규모 창업에 잠재적인 위험이 존재한다는 것을 인식하는 것이 유익하다.

05 **conform**
[kənfɔ́ːrm]

↔ diverge

v. (관습, 규칙을) 따르다, ~에 일치하다 = **comply**, follow, abide by, coincide with

He felt obliged to **conform** to social and family expectations.

⇨ clue: con (together) + form 모두 같은 모습으로 하다
conformity 순응, 유사 〈con=together + form : 모두 같은 모습으로 하다〉
deformity 기형 〈de=away + form : 완전한 모습과 멀다〉
uniformity 한결같음, 균일 〈uni=one + form : 하나의 모습〉
malformation 기형 〈mal=bad + form : 좋지 않은 모습〉

06 **consciously**
[kánʃəsli]

↔ unconsciously

ad. 의도적으로, 의식적으로 = **intentionally**, deliberately, calculatedly

The paramilitaries of Colombia **consciously** violate the human rights of various indigenous groups.

⇨ clue: con (with) + sci (know) 알고 있는
conscious 알고 있는, 의식이 있는 〈con=together + sci=know : 알고 있는〉
conscience 양심 〈con=together + sci=know : 옳다고 알고 있는 것〉
conscientious 양심적인, 성실한 〈con=together + sci=know : 옳다고 알고 있는 것〉
unconscionable 비양심적인 〈un=not + conscionable 양심적인〉

07 **docile**
[dásəl]

↔ stubborn

a. 유순한, 다루기 쉬운 = manageable, tractable, obedient, pliable, tame

As workers we are considered ideal: well-educated, very **docile**, and cheap.

⇨ clue: doc (lead) 이끄는 대로 따라오는
productive 생산적인 〈pro=forth + duc=lead : 앞으로 이끌어내다〉
seductive 유혹적인 〈se=away + duc=lead : 멀리 꾀어내다〉
conducive 도움이 되는 〈con=together + duc=lead : 모두 좋은 쪽으로 이끌다〉
conduce 도움이 되다, 좋은 결과로 이끌다 〈con=together + duc=lead : 모두 좋은 쪽으로 이끌다〉

08 **donation**
[dounéiʃən]

n. 기부(금), 기증(품) = **contribution**, subscription, offering, grant, gift

The **donations** collected during the service will be assigned to our mission work abroad.

⇨ clue: don (give) 주다
donate 기부하다, 기증하다 〈don=give : 주다〉
endow 주다, 부여하다 〈en=in + dow=don=give : 안에 넣어주다〉
condone 용서하다 〈con=completely + don=give : 완전히 눈감아 주다〉
antidote 해독제, 해결책 〈anti=against + do=give : 문제에 대항 할 수 있는 것을 주다〉

05 그는 어쩔 수 없이 사회와 가족의 기대를 따라야 했다. 06 콜롬비아의 준군사 조직이 의도적으로 많은 토착 집단의 인권을 침해하고 있다. 07 우리는 교육을 잘 받았고, 매우 유순하며, 인건비가 싸다는 점에서 이상적인 노동자로 여겨진다. 08 예배 중에 모은 기부금은 해외 전도 사업에 이용될 것이다.

unit 06

09 durable
[djúərəbəl]

a. 오래 가는 = **long-lasting**, **enduring**, hard-wearing, constant, abiding, permanent

Our friendship has proved to be **durable** because it is based on mutual respect and honesty.

⇒ clue: dur (continue) 계속되다

duration 지속(기간) 〈dur=continue : 계속되다〉
endure 견디다 〈en=make + dur=continue : 계속되게 하다〉
endurance 인내(력), 지구력 〈en=make + dur=continue : 계속되게 하다〉
obdurate 완고한 〈ob=against + dur=continue : 반대로 계속가다〉

10 illicit
[ilísit]

a. 불법적인 = **unlawful**, illegitimate, illegal

Illicit drug trafficking has become a massive criminal activity.

⇒ clue : il (not) + lic (permit) 법이 허락하지 않은

licit 합법의 〈lic=permit : 법이 허락하는〉
illegal 불법의 〈il=not + legal 합법적인〉
illegitimate 불법의, 서자의 〈il=not + legitimate 합법적인〉
illegible 읽기 어려운 〈il=not + legible 읽기 쉬운〉

11 inert
[inə́:rt]
↔ active

a. 활동력이 없는 = **inactive**, **motionless**, inanimate, torpid, stationary

Helium is an **inert** gas because it doesn't react with anything.

⇒ clue: in (not) + ert<art (skill) 기능이 없는

inept 부적당한, 무능한 〈in=not + ept=fit : 적당하지 않다〉
integral 완전한, 필수의 〈in=not + tegr=touch : 만지지 않은 처음 상태〉
inanimate 생명 없는, 활기 없는 〈in=not + anim=life : 생명이 없다〉
insatiable 만족을 모르는 〈in=not + sat=enough : 충분하지 않다〉

12 innocent
[ínəsnt]
↔ guilty

a. 무죄의 = **guiltless**, not guilty, blameless, sinless
순진한 = naive, pure, unsophisticated

He was sure that the defendant was **innocent** on all counts of murder.

⇒ clue: in (not) + noc (harm) 해악이 없는

pernicious 유해한, 치명적인 〈per=completely + nic=harm : 해악이 심한〉
noxious 유해한 〈nox=harm : 해악이 있는〉
nocuous 유해한 〈noc=harm : 해악이 있는〉
obnoxious 불쾌한, 밉살스러운 〈ob=to + nox=harm : 마음이 아주 상하는〉

09 우리의 우정은 상호 존경과 정직에 바탕을 두기 때문에 오래 간다는 사실이 드러났다.　10 불법적인 마약 밀매는 대규모 범죄 행위가 되었다.　11 헬륨은 어떤 것과도 반응을 나타내지 않으므로 비활성가스이다.　12 그는 피고의 살인에 관한 모든 기소 조항에 대해 무죄 판결을 확신했다.

::58

13 intact
[intǽkt]

↔ defective

a. 손상되지 않은 = **undamaged, unscathed, unimpaired, complete, whole**

In spite of seemingly endless misfortune, his faith is still **intact**.

⇒ clue: in (not) + tact (touch) 손대지 않은, 본래대로

contact 접촉, 연락, 교제 〈**con=together + tact=touch** : 함께 닿다〉
contiguous 인접한 〈**con=together + tig=touch** : 함께 닿아 있다〉
contagious 전염성의 〈**con=together + tag=touch** : 함께 닿아 퍼뜨리다〉
contaminate 오염시키다 〈**con=together + tamin=touch** : 함께 닿아 나쁘게 하다〉

14 performance
[pərfɔ́:rməns]

n. 실행, 공연 = **carrying out**, execution, accomplishment, consummation

Experience generally improves **performance**.

⇒ clue: per (completely) + form 완성된 형태

perform 실행하다, 공연하다 〈**per=completely + form** : 형태를 완성하다〉
reform 개정하다 〈**re=again + form** : 다시 형태를 만들다〉
deform 기형으로 만들다 〈**de=away + form** : 완전한 형태와 멀다〉
inform 알리다 〈**in=into + form** : 지식의 형태로 만들다〉

15 preclude
[priklú:d]

v. 막다 = **prevent, rule out**, inhibit, prohibit, check, forestall, debar

A constitutional amendment **precludes** any president from serving more than two terms.

⇒ clue: pre (before) + clud (close) 미리 문을 닫다

exclude 제외하다, 추방하다 〈**ex=out + clud=close** : 밖에 두고 문을 닫다〉
include 포함하다 〈**in=in + clud=close** : 안에 넣고 문을 닫다〉
seclude 고립시키다, (다른 사람들로부터) 은둔하다 〈**se=apart + clud=close** : 떼어놓고 문을 닫다〉
conclude 끝내다, 결론짓다 〈**con=together + clud=close** : 모두 마무리하다〉

16 reiterate
[ri:ítərèit]

v. 되풀이하다 = repeat, restate, iterate

He **reiterated** his opposition to the creation of extra cost.

⇒ clue: re (again) + it (go) 다시 가다

renewal 갱신 〈**re=again + new** : 다시 새롭게 하다〉
retrieve 되찾다 〈**re=again + triev=find** : 다시 찾다〉
reminisce 회상하다, 추억에 잠기다 〈**re=again + minisci=mind** : 다시 마음속에 들이다〉
reputation 명성 〈**re=again + put=think** : 다시 생각하다〉

13 겉으로 보기에 한없는 불행에도 불구하고, 그의 믿음은 여전히 그대로이다.　14 일반적으로 경험이 쌓이면 작업 수행이 향상된다.　15 헌법 개정으로 어떤 대통령도 두 번 이상 임기를 수행할 수 없게 되었다.　16 그는 추가 비용이 발생하는 것에 대한 반대를 되풀이했다.

unit 06

17 **respectable**
[rispéktəbəl]

a. 존경할만한, 훌륭한 = honorable, reputable, estimable, admirable, venerable

The scoundrel is skilled at faking a **respectable** appearance.

⇨ clue: re (again) + spect (look) 다시 보게 되다

respect 존경하다, (측)면, 관련 〈re=again + spect=look : 다시 보게 되다〉
respectful 존중하는, 공손한 〈re=again + spect=look : 다시 보게 되다〉
respectively 각각, 따로따로 〈re=again + spect=look : 다시 보다〉
with respect to ~에 관하여

18 **stringent**
[stríndʒənt]

a. 엄한 = **strict**, rigid, tight, rigorous, severe, austere

There need to be more **stringent** guidelines on employment of local people.

⇨ clue: string (tie) 묶다

strict 엄격한 〈strict=bind tight : 꽉 묶다〉
district 지역, 구역 〈dis=apart + strict= bind tight : 따로 따로 묶어 놓다〉
restrict 제한하다, 금지하다 〈re=back + strict=bind tight : 뒤를 묶다〉
constrict 단단히 죄다, 억제하다 〈con=together + strict=bind tight : 모두 꽉 묶다〉

19 **subordinate**
[səbɔ́:rdənit]

↔ dominant, superior

n. 부하 (직원) = inferior, aide, assistant
a. 종속적인 = subject, dependent, lower, secondary

Strong leaders enable their **subordinates** to develop their own skills and competencies.

⇨ clue: sub (under) + ord (order) 아래서 명령을 받는

order 명령, 순서, 질서, 주문
ordinary 보통의, 평범한 〈ord=order : 순서대로 일이 일어나다〉
extraordinary 비범한, 보통이 넘는 〈extra=outward + ord=order : 순서를 넘어서다〉
inordinate 지나친, 과도한 〈in=not + order : 질서가 없는〉

20 **underpinning**
[ʌndərpíniŋ]

n. 기초 = **foundation**, **groundwork**, **basis**, base, substructure

His conclusions are based on Utopian **underpinnings**.

⇨ clue: under + pin 맨 아래 핀으로 고정한 것

undertaking 사업, 약속 〈under + take : 아래에 잡아둔 일〉
underway 진행 중인 〈under + way : 진행 중〉
underneath 아래에 〈under + beneath : 아래쪽〉
beneath ~아래에, ~할 가치가 없는

---

17 그 깡패는 인품 좋은 척 하는 데 능숙하다.   18 현지인 고용에 대한 보다 엄격한 지침이 필요하다.   19 강력한 지도자들은 부하 직원들이 자신의 기량과 능력을 스스로 개발할 수 있게 한다.   20 그의 결론은 공상주의적인 토대에 근거를 두고 있다.

혼동 어휘

1
anonymous [ənánəməs] 익명의
anomalous [ənámələs] 변칙의
unanimous [ju:nænəməs] 만장일치의

2
confirm [kənfɔ́:rm] 확인하다
conform [kənfɔ́:rm] 따르다, 적합시키다
deform [difɔ́:rm] 흉하게 만들다, 불구로 하다

3
conscious [kánʃəs] 알고 있는, 의식이 있는
conscientious [kànʃiénʃəs] 양심적인

4
debase [dibéis] 저하시키다
deface [diféis] 외관을 손상하다

5
depose [dipóuz] 해임하다
deposit [dipázit] 두다, 비축하다, 예금하다
dispose [dispóuz] 배열하다, 처리하다

6
diverse [divə́:rs] 다양한
divorce [divɔ́:rs] 이혼, 분리
divers [dáivə:rz] 몇몇의
divert [divə́:rt] 전환하다, (딴 데로) 돌리다

7
elicit [ilísit] (논리) 이끌어 내다
illicit [ilísit] 불법의

8
eligible [élidʒəbəl] 적격의, 바람직한
illegible [ilédʒəbəl] 읽기 어려운
illegitimate [ìlidʒítəmit] 불법의
illegal [ilí:gəl] 불법의

9
inconstant [inkánstənt] 변하기 쉬운
inconsistent [ìnkənsístənt] 일치하지 않는,
모순된

10
respectable [rispéktəbəl] 존경할만한
respectful [rispéktfəl] 존중하는
respective [rispéktiv] 각각의

11
restrict [ristríkt] 제한하다
strict [strikt] 엄격한
stringent [stríndʒənt] 엄격한

12
serve [sə:rv] 섬기다, 도움이 되다
conserve [kənsə́:rv] 보존하다
converse [kənvə́:rs] 대화하다, 반대의

혼 동 어 휘 Check-up

다음의 각 문장에서 괄호 안의 단어 중 알맞은 것을 고르시오.

1   The one million dollar contribution was made by an (anonymous / anomalous / unanimous) supporter.
    익명의 후원자가 100만 달러의 기부금을 냈다.

2   The vote to restore the company's original name was (anonymous / anomalous / unanimous).
    기업의 본래 이름으로 되돌리는 것에 대한 투표가 만장일치로 정해졌다.

3   The scientific research (confirms / conforms) that the foremost period for learning a second language is from birth through age 10.
    과학연구에서 제2 언어를 습득하는 데 가장 중요한 기간은 태어나서부터 10살까지라고 확인되었다.

4   When I became (conscious / conscientious) I realized my surroundings had become quite foreign to me.
    내가 정신이 들었을 때 나를 둘러싼 환경이 상당히 낯설었다.

5   Calcium is (deposed / deposited) in tissues, largely bone.
    칼슘은 주로 뼈와 같은 조직에 비축된다.

6   Sometimes you may find it helpful to (diverse / divert) your attention from work to pleasurable activities.
    때때로 업무에서 즐거운 활동으로 관심을 돌리는 것이 유익할지도 모른다.

7   She is so introverted that (conserving / conversing) with her can be quite difficult.
    그 아이는 매우 내향적이어서 함께 대화하는 것이 꽤 힘들 수 있다.

8   Only people with a doctor's degree of engineering are (eligible / illegible) to apply.
    공학박사 학위 소지자만 지원할 수 있다.

9   The rascal is good at faking a (respective / respectable) appearance.
    그 악당은 인품 좋은 사람으로 꾸미는 데 능숙하다.

10 Her statements are (inconstant / inconsistent) with the evidence.
    그녀의 진술은 증거와 일치하지 않는다.

〈정답〉
1. anonymous   2. unanimous   3. confirms   4. conscious   5. deposited
6. divert   7. conversing   8. eligible   9. respectable   10. inconsistent

unit 07

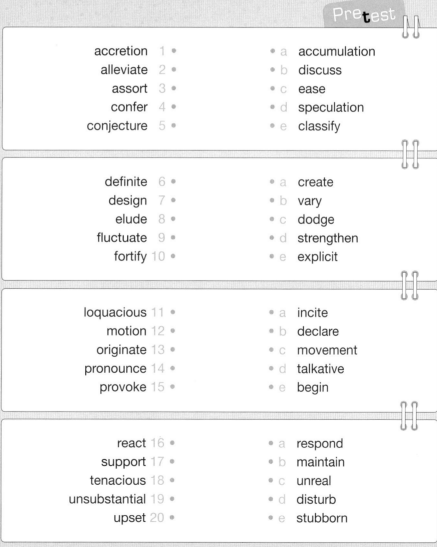

accretion	1 •		• a	accumulation
alleviate	2 •		• b	discuss
assort	3 •		• c	ease
confer	4 •		• d	speculation
conjecture	5 •		• e	classify

definite	6 •		• a	create
design	7 •		• b	vary
elude	8 •		• c	dodge
fluctuate	9 •		• d	strengthen
fortify	10 •		• e	explicit

loquacious	11 •		• a	incite
motion	12 •		• b	declare
originate	13 •		• c	movement
pronounce	14 •		• d	talkative
provoke	15 •		• e	begin

react	16 •		• a	respond
support	17 •		• b	maintain
tenacious	18 •		• c	unreal
unsubstantial	19 •		• d	disturb
upset	20 •		• e	stubborn

1 a 2 c 3 e 4 b 5 d 6 e 7 a 8 c 9 b 10 d 11 d 12 c 13 e 14 b 15 a 16 a 17 b 18 e 19 c 20 d

unit 07

01 accretion
[əkríːʃən]

n. 누적, 증가 = **accumulation**, addition, buildup
Erosion or **accretion** of sand by wind action is evident throughout.

⇨ clue: ac<ad (to) + cre (grow) 점차 커지다

secrete 비밀로 하다, 분비하다 〈se=apart + cre=grow : 따로 만들어 내다〉
excrete 배설하다 〈ex=out + cre=grow : 밖으로 만들어 내다〉
procreate (아이를) 낳다 〈pro=forth + cre=grow : 앞에 만들어 내놓다〉
concrete 굳히다, 구체화하다 〈con=together + cre=grow : 함께 만들다〉

02 alleviate
[əlíːvièit]

↔ worsen

v. (고통 등을) 완화하다 = **ease, relieve**, allay, mitigate, lessen, abate
The only truly effective way to **alleviate** the poverty of Third World nations is to help increase their capacity to produce wealth.

⇨ clue: al<ad (to) + lev (raise) 들어 가볍게 하다

relieve 경감하다, 안도케하다 〈re=again + liev=raise : 다시 들어 가볍게 하다〉
relief 경감, 위안 〈re=again + liev=raise : 다시 들어 가볍게 하다〉
elevate 올리다, 향상시키다 〈e=ex=from + lev=raise : 들어 올리다〉
levity 경솔, 부주의 〈lev=raise : 들어 가볍게 되어 버리다〉

03 assort
[əsɔ́ːrt]

v. 분류하다, (물품) 구색 맞추다 = **classify, categorize**, sort, group
You will be **assigned** the task of assorting students into their respective grade levels.

⇨ clue: as<ad (to) + sort (harmonize) 어울리게 맞추다

assorted 다채로운, 조화를 이루는 〈as=ad=to + sort=harmonize : 어울리게 맞추다〉
consort 교제하다, 조화하다, 배우자 〈con=together + sort=harmonize : 함께 어울리다〉
resort 유흥지, 의지하다 〈re=again + sort=harmonize : 계속 어울리다〉
sort 분류하다, 종류 〈sort=harmonize : 어울리게 맞추다〉

04 confer
[kənfə́ːr]

↔ passive

v. 의논하다 = discuss, discourse, converse
　 수여하다 = **give, grant, bestow**, accord, award

He **conferred** privately with directors and together they started the new project.

⇨ clue: con (together) + fer (carry) 사람들을 모두 데려오다

conference 회의, 회담 〈con=together + fer=carry : 사람들을 모두 데려오다〉
preference 선호, 더 좋아함 〈pre=before + fer=carry : 먼저 가져오다〉
reference 참조, 문의, 언급, 관련 〈re=again + fer=carry : 다시 가져오다〉
refer 참조하다, 언급하다 〈re=again + fer=carry : 다시 가져오다〉

01 풍화 작용으로 인한 모래의 침식이나 누적 현상이 도처에 눈에 띄게 나타난다. 02 저개발 제3세계 국가들의 가난을 덜어주는 데 실질적인 효과가 있는 유일한 방법은 부를 생산하는 그들의 능력을 증대시키도록 돕는 것이다. 03 너는 학생들을 각자의 성적 수준에 따라 배치하는 일을 맡게 될 것이다. 04 그는 비공식적으로 이사들과 의논하여 함께 새로운 프로젝트를 시작하였다.

05 **conjecture**
[kəndʒéktʃər]

n. 추측 = **speculation**, guess, surmise, supposition, presumption

To our dismay, we became aware that what he represented as facts were no more than vague **conjectures**.

⇒ clue: con (together) + ject (throw) 생각을 함께 던지다

object 반대하다, 목적 〈ob=against + ject=throw : 반대로 던지다〉
reject 거절하다 〈re=back + ject=throw : 뒤로 던져 버리다〉
deject 낙담시키다 〈de=down + ject=throw : 아래로 던지다〉
dejected 낙담한 〈de=down + ject=throw : 아래로 던지다〉

06 **definite**
[défənit]

↔ equivocal

a. 명확한 = explicit, obvious, clear, express, specific

There has been a **definite** improvement in the children's behavior.

⇒ clue: de (completely) + fin (end) 끝을 정해 놓은

define 정의하다, 규정하다, 분명히 나타내다 〈de= completely + fin=end : 한계를 정하다〉
definitive 최종적인, 결정적인 〈de= completely + fin=end : 완전히 끝을 내주는〉
finite 한정된 〈fin=end : 끝이 있는〉
infinite 무한한, 끝없는 〈in=not + fin=end : 끝이 없는〉

07 **design**
[dizáin]

v. 만들다, 설계하다 = **create**, **intend**, plan, project
n. 도안, 설계 = draft, plan, blueprint, scheme

The body structure that developed in birds is well **designed** for flight, being both light in weight and remarkably strong.

⇒ clue: de (down) + sign 아래에 표시하다

designate 가리키다, 지명하다 〈de=down + sign : 아래에 표시하다〉
assign 할당하다, 임명하다, ~탓으로 하다 〈as=ad=to + sign : ~에게 주도록 표시하다〉
resign 사직하다 〈re=back + sign : 표시판을 뒤로 빼다〉
by design 고의로

08 **elude**
[ilúːd]

v. 피하다 = **dodge**, **evade**, escape, circumvent, avoid

This is a rather profound question, and thus the answer may **elude** you at first.

⇒ clue: e<ex (out) + lud (play) 밖으로 빠져나가 놀다

allude 암시하다, 언급하다 〈al=ad=to + lud=play : ~에 근거를 두고 행동하다〉
allusion 암시 〈al=ad=to + lus=play : ~에 근거를 두고 행동하다〉
illusion 환상, 착각 〈il=in + lus=play : 자기 생각 안에서 행동하다〉
disillusion 환상을 깨뜨리다, 각성시키다 〈dis=not + il=in + lus=play : 자기 생각에서 벗어나다〉

05 당황스럽게도 그가 사실로 제시했던 것이 막연한 추측에 불과하다는 사실을 알게 되었다. 06 아이들의 행동이 명확하게 개선되었다. 07 새들에게서 발달된 신체 구조는 무게가 가볍고 매우 강하다는 점에서 비행에 적합하게 만들어졌다. 08 이것은 다소 난해한 질문이라서 처음에는 답하기가 힘들 수도 있다.

unit 07

09 **fluctuate**
[flʌ́ktʃuèit]

v. 변동하다 = **vary**, **change**, alter, oscillate
Oil prices are volatile, **fluctuating** between $15 and $25 per barrel.

⇨ clue: flu (flow) 물결치다
fluctuation 변동 〈flu=flow : 물결치다〉
influential 영향력 있는 〈in + flu=flow : 안으로 물결이 흘러들다〉
affluent 풍부한, 유복한 〈af=ad=to + flu=flow : 물결치다〉
mellifluous 감미로운 〈mellis=honey + flu=flow : 꿀 흐르듯〉

10 **fortify**
[fɔ́ːrtəfài]
↔ weaken

v. 강화하다 = **strengthen**, reinforce, brace, buttress
He declared an agenda to **fortify** parental power.

⇨ clue: fort (force) + fy (make) 힘 있게 만들다
forceful 힘 있는, 효과적인 〈force + ful=fill : 힘이 꽉 차있는〉
forcible 강제적인 〈force + ible : 힘으로 할 수 있는〉
fortitude 꿋꿋함, 용기 〈fort=force + tude=state : 힘 있는 상태〉
forte 장점 〈fort=force : 강력한 능력〉

11 **loquacious**
[loukwéiʃəs]

a. 수다스런 = **talkative**, **voluble**, wordy, chatty, garrulous
There is an old folk tradition that women are more **loquacious** than men, but all the men I know do their full share of talking.

⇨ clue: loqu (speak) 말이 많은
eloquent 유창한, 설득력 있는 〈e=out + loqu=speak : 말을 잘 쏟아내다〉
colloquial 구어의, 일상적인 대화체의 〈col=com=together + loqu=speak : 함께 말하다〉
soliloquy 독백 〈sol=alone + loqu=speak : 혼자 말하다〉
monologue 독백 〈mono=one + log=speak : 혼자 말하다〉

12 **motion**
[móuʃən]
↔ inertia

n. 움직임 = **movement**, move, action, locomotion, gesture
The train was already in **motion** when we boarded it.

⇨ clue: mot (move) 움직이다
emotion 감정 〈e=ex=out + mot=move : 마음이 밖으로 나오다〉
commotion 동요, 소동 〈com=together + mot=move : 함께 움직이다〉
locomotion 이동, 여행 〈loc=place + mot=move : 지역을 왔다갔다 하다〉
promotion 촉진, 승진, 장려 〈pro=forth + mot=move : 앞으로 움직이다〉

09 국제 유가가 15달러에서 25달러를 오르내리면서 급격하게 변동하고 있다.　10 그는 부모들의 영향력을 강화시키기 위해 안건을 공표했다.　11 여자가 남자보다 말이 많다는 옛날부터 전해져 내려오는 말이 있지만 내가 알고 있는 모든 남자들은 자기들 몫의 할 말은 다 한다.　12 우리가 올라탔을 때, 열차는 벌써 움직이고 있었다.

13 **originate**
[ərídʒənèit]

↔ terminate

v. 시작하다 = **begin**, initiate, spring, arise, derive, emerge, generate

Most scholars in the field of anthropology affirm that humans **originated** from apes.

⇨ **clue: ori (rise) 해가 떠오르다**

origin 발생, 근원 〈ori=rise : 떠오르다〉
original 처음의, 독창적인 〈ori=rise : 떠오르다〉
orient 동양, 향하다, 적응시키다 〈ori=rise : 해가 떠오르는 방향〉
orientation 방향, 성향, 적응, 예비교육 〈ori=rise : 해가 떠오르는 방향에 맞추다〉

14 **pronounce**
[prənáuns]

v. 선언하다 = declare, announce, proclaim, enunciate
발음하다 = articulate, utter, enunciate

The injured man was **pronounced** dead on arrival.

⇨ **clue: pro (forth) + nounce (say) 앞에서 말하다**

pronounced 뚜렷한, 단호한 〈pro=forth + nounce=say : 앞에서 말하다〉
announce 알리다 〈an=ad=to + nounce=say : ～에게 말하다〉
enunciate (똑똑히) 발음하다, 발표하다 〈e=ex=out + nunci=say : 입 밖으로 말하다〉
renounce 포기하다, 부인하다 〈re=back + nounce=say : 말해 놓고 물러서다〉

15 **provoke**
[prəvóuk]

↔ relax

v. 자극하다, 화나게 하다 = **incite**, **anger**, vex, irritate, infuriate, incense, rile, enrage

When further **provoked**, the rattlesnake began to twist its body violently.

⇨ **clue: pro (forth) + vok<voc (call) 앞에서 소리치다**

provocative 화나게 하는 〈pro=forth + voc=call : 앞에서 소리치다〉
convoke 소집하다 〈con=together + vok=voc=call : 모두 부르다〉
advocate 지지하다, 지지자 〈ad=to + voc=call : ～를 위해 목소리를 내다〉
vocation 천직, 직업 〈voc=call : 신의 부르심〉

16 **react**
[riːækt]

v. 반응하다 = **respond**, behave, work

Under normal circumstances, these two gases **react** readily to produce carbon dioxide.

⇨ **clue: re (back) + act 되받아 움직이다**

act 행동, 법령, 연극, 가식, 가장하다
enact (법률) 제정하다 〈en=make + act (법령) : 법령으로 만들다〉
interact 상호작용하다 〈inter=between + act : 둘 사이에서 움직이다〉
counteract 방해하다, ～에 반대로 작용하다 〈counter=against + act : 반대로 움직이다〉

13 인류학 분야의 대부분 학자들은 인류가 유인원에서 시작되었다고 단언한다.　14 부상자는 도착 직후 사망이 선고되었다.　15 좀 더 자극하자, 방울뱀은 몸을 세차게 비틀기 시작했다.　16 일반적인 경우 이 두 가지 가스는 즉시 반응하여 이산화탄소를 발생시킨다.

unit 07

17 support
[səpɔ́ːrt]
↔ oppose

v. 부양하다 = **maintain**, **sustain**, provide for, take care of
지지하다 = **hold up**, back, advocate, stand up for, uphold

I have children to **support**, money to be earned, and a home to be maintained.

⇨ **clue: sup<sub (under) + port (carry)** ~아래로 돈을 옮겨 나르다

transport 운반하다 〈trans=across + port=carry : 건너편으로 옮기다〉
import 수입하다 〈im=into + port=carry : 안으로 옮기다〉
export 수출하다 〈ex=out + port=carry : 밖으로 옮기다〉
portable 휴대용의 〈port=carry + able : 옮길 수 있는〉

18 tenacious
[tinéiʃəs]
↔ yielding, irresolute

a. 고집이 센, 끈기 있는 = **stubborn**, obstinate, adamant, determined, firm, strong-willed

Even when she knows she is wrong, Jane is too **tenacious** to change her opinion.

⇨ **clue: ten<tain (hold)** 붙들고 있다

tenacity 고집, 끈기 〈ten=hold : 붙들고 있다〉
tenable 유지할 수 있는, (학설 등) 지지할 수 있는 〈ten=hold + able : 잡고 있을 수 있는〉
untenable 유지할 수 없는, 지킬 수 없는 〈un=not + ten=hold + able : 잡고 있을 수 없는〉
abstemious 절제하는 〈abs=away + tem=hold : 멀리 두는〉

19 unsubstantial
[ʌnsəbstǽnʃəl]

a. 빈약한 = infirm, flimsy, unsound
비현실적인 = unreal, dreamlike, imaginary, illusory

The evidence will likely be viewed as **unsubstantial** in a court of law.

⇨ **clue: un (not) + sub (under) + stan (stand)** 아래에 세울 기반이 없다

unconscious 모르는, 무의식의 〈un=not + conscious 알고 있는〉
unavoidable 불가피한 〈un=not + avoidable 피할 수 있는〉
unwilling 꺼리는, 마지못해 하는 〈un=not + willing 기꺼이 하는〉
unbiased 공평한 〈un=not + biased 편견을 지닌〉

20 upset
[ʌpsét]

v. 전복시키다 = capsize, overturn, tip over
당황하게 하다 = **disturb**, perturb, agitate

In his usual maladroit way, he managed to **upset** the tray and spill the food.

⇨ **clue: up + set (sit)** 위로 던져 놓다

session 회기, 학기, 개회 중 〈sess=sit : 앉아서 일하는 기간〉
assess 평가하다 〈as=ad=to + sess=sit : 가까이 앉아서 보다〉
obsess (망상이) 사로잡다, 괴롭히다 〈ob=against + sess=sit : 현실과 반대로 앉아 있다〉
possess 소유하다 〈pos=power + sess=sit : 주인 자리에 앉다〉

---

17 나는 자식들도 부양해야 하고, 돈도 벌어야 하며, 가정도 지켜야 한다.   18 제인은 자신이 틀렸다는 것을 알 때 조차도 너무 고집이 세서 자신의 의견을 바꾸지 않는다.   19 법정에서는 아마도 그 증거가 빈약한 것으로 판단될 것이다.   20 그는 평상시처럼 서투른 몸짓으로 쟁반을 엎어 음식을 쏟았다.

Check-up

Choose the closest word or expression of the highlighted word in each question.

1. Generally, chromosomes adhere to one another through the different phases of cell development.

   Ⓐ adjust   Ⓑ move   Ⓒ cling   Ⓓ come

2. The United States intervened in the national economy in the 1970s in an attempt to alleviate inflation which was reaching all-time highs.

   Ⓐ record   Ⓑ share   Ⓒ publicize   Ⓓ ease

3. Our work right now is to assort the various kinds of electronics into their respective packaging before shipment.

   Ⓐ categorize   Ⓑ integrate   Ⓒ substitute   Ⓓ evaluate

4. An early currency, it was usually minted in gold or silver; though in reality it rarely conformed to its stated purity content levels.

   Ⓐ was exempt from   Ⓑ fell short of   Ⓒ complied with   Ⓓ surpassed

5. Comic episodes are consciously introduced into horror films, to provide relief from the intense emotions these movies may cause in theater audiences.

   Ⓐ cleverly   Ⓑ humorously   Ⓒ intentionally   Ⓓ mentally

6. An unknown person made this donation.

   Ⓐ contribution   Ⓑ designation   Ⓒ inclination   Ⓓ segregation

7. The offender was finally caught at the Canadian border after managing to elude the police for fifteen years.

   Ⓐ protrude   Ⓑ seclude   Ⓒ invade   Ⓓ evade

8. Neon and argon are inert, and so classified chemically as "noble gases" by scientists.

   Ⓐ indispensible   Ⓑ ineffectual   Ⓒ infected   Ⓓ inactive

9. Unfortunately, there have been several problems that appear to preclude this potentially significant and prestigious project.

   Ⓐ include   Ⓑ prevent   Ⓒ preserve   Ⓓ conclude

10. This famous and affluent college has laid down extremely stringent criteria for admission to its courses.

    Ⓐ conciliatory   Ⓑ strict   Ⓒ flexible   Ⓓ capricious

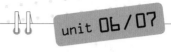

1. C

일반적으로 염색체들은 세포 발달의 각기 다른 단계 동안 서로 들러붙어 있다.

2. D

미국은 1970년대에 사상 최고치에 이른 인플레이션을 완화시키기 위해 국가 경제에 개입했다.

3. A

지금 당장 우리의 일은 선적하기 전에 다양한 종류의 전자기기들을 각각의 포장재에 따라 분류하는 것이다.

4. C

초기의 통화는 주로 금이나 은으로 주조했는데, 실제로는 표시된 함유량의 순도와 거의 일치하지 않았다.

5. C

공포영화들이 관객들에게 불러일으킬지도 모를 격렬한 감정을 완화시키기 위해서 공포영화에는 재미있는 사건들을 의도적으로 넣는다.

6. A

이 기부금을 내신 분은 알려지지 않았다.

7. D

15년간 교묘히 경찰을 피해 다녔던 범죄자가 마침내 캐나다 국경에서 잡혔다.

8. D

네온(희유 기체 원소)과 아르곤(비활성 기체 원소)은 활동력이 없어서 과학자들이 화학적으로 "불활성 가스"로 분류한다.

9. B

유감스럽게도, 중요하고 최고가 될 가능성이 있는 이번 프로젝트를 방해하는 문제가 좀 생긴 것 같다.

10. B

유명하고 돈 많은 이 대학은 교육과정 입학에 극도의 엄격한 기준이 있다.

unit 08

absolute	1 •	• a exact
accurate	2 •	• b portray
contemporary	3 •	• c modern
declare	4 •	• d pronounce
depict	5 •	• e complete

excessive	6 •	• a died out
extinct	7 •	• b first
fuse	8 •	• c blend
impediment	9 •	• d obstacle
initial	10 •	• e extreme

misconception	11 •	• a mainly
outdo	12 •	• b surpass
phenomenon	13 •	• c false idea
precede	14 •	• d go before
primarily	15 •	• e occurence

replenish	16 •	• a refill
resolve	17 •	• b agitation
status	18 •	• c standing
turbulence	19 •	• d diversity
variety	20 •	• e find a solution for

1 e 2 a 3 c 4 d 5 b 6 e 7 a 8 c 9 d 10 b 11 c 12 b 13 e 14 d 15 a 16 a 17 e 18 c 19 b 20 d

unit 08

01 **absolute**
[ǽbsəlùːt]

a. 완전한, 절대적인 = **complete**, **thorough**, **unqualified**, consummate, perfect, utter

The **absolute** truth is that there is no **absolute** truth.

⇨ clue: ab (from) + solut<solv (loosen) 풀려 벗어난

absolutely 절대적으로, 완전히 〈ab=from + solut=loosen : 완전히 벗어나다〉
resolute 확고한, 굳게 결심한 〈re=back + solu=loose : 느슨함을 뒤로 던져 버리다〉
irresolute 우유부단한 〈ir=in=not + re=back + solu=loose : 느슨함을 던져 버리지 않다〉
dissolute 무절제한, 방탕한 〈dis=apart + solv=loosen : 풀어져 떨어져 나가다〉

02 **accurate**
[ǽkjərit]

↔ inaccurate

a. 정확한 = **exact**, **precise**, **true**, **correct**, **scrupulous**, just

Newspapers do not always give us an **accurate** description of accidents.

⇨ clue: ac<ad (to) + cure<care 관심을 기울인

inaccurate 부정확한 〈in=not + ac=to + cur=care : 관심을 기울이지 않은〉
obscure 어두운, 애매한, 무명의, 가리다 〈ob=against + cure=care 관심 : 관심을 받지 못한〉
secure 안전한, 확보하다 〈se=apart + cure=care 걱정 : 걱정에서 벗어난〉
procure 마련하다, 조달하다 〈pro=forth + cure=care 조심 : 앞으로 조심스럽게 내놓다〉

03 **contemporary**
[kəntémpərèri]

a. 현대의 = **modern**, **current**, recent
동시대의 = **coexisting**, coeval, contemporaneous

Perhaps he should have a more updated look, a more **contemporary** style as a professional singer.

⇨ clue: con (together) + temp (time) 시간을 함께 하는

temporary 일시적인 〈temp=time : 한때의〉
extemporary 즉석의, 즉흥적인 〈ex=out + temp=time : 시간 없이 곧바로 하다〉
extempore 즉석에서 〈ex=out + temp=time : 시간 없이 곧바로 하다〉
extemporize 즉석에서 하다 〈ex=out + temp=time : 시간 없이 곧바로 하다〉

04 **declare**
[diklέər]

v. 선언하다 = **pronounce**, announce, proclaim
단언하다 = assert, affirm, aver

The government **declared** a civil emergency in the city after huge street demonstrations turned violent.

⇨ clue: de (down) + clar (clear) 명백히 하다

clear 맑은, 명확한, (장애물이) 없는, 결백한, 명확히 하다, 정리하다, 허가하다
clarify 명백히 하다, 맑게 하다 〈clar=clear + fy=make : 명백히 하다, 맑게 하다〉
cleanse 깨끗이 하다 〈clense=clar : 맑게 하다〉
clean 청결한, 오염되지 않은, 깨끗하게 하다

---

01 절대적 진리가 없다는 사실이 절대적 진리이다.   02 신문이 항상 우리에게 사건을 명확하게 설명하는 것은 아니다.   03 그는 프로 가수로서 좀 더 새로운 모습, 더욱 현대적인 스타일을 갖추어야 할 것 같다.   04 정부는 대규모 시위 운동이 격렬해지자 비상 사태를 선포했다.

05 **depict**
[dipíkt]

v. 그리다 = **portray**, **represent**, **picture**, **delineate**, **describe**, draw
Centaurs are **depicted** as horses with human heads.

⇨ clue: de (down) + pic (paint) 그림으로 나타내다
pigment 그림물감, 색소 〈pig=paint : 그림〉
pictorial 그림의 〈pic=paint : 그림〉
picture 그림, 사진, 묘사하다 〈pic=paint : 그림〉
picturesque 그림 같은, 아름다운 〈pic=paint : 그림〉

06 **excessive**
[iksésiv]
↔ meager

a. 지나친 = **extreme**, immoderate, exorbitant, undue, inordinate
Not building up **excessive** national debts is something that countries should do, for their own long-term well being.

⇨ clue: ex (out) + cess (go) 넘어가다
excess 초과, 과다 〈ex=out + cess=go : 밖으로 넘어가다〉
exceed 넘다, 능가하다 〈ex=out + ceed=go : 밖으로 넘어가다〉
cede (권리를) 양도하다 〈ced=go : 다른 사람에게 가다〉
cession (권리의) 양도, (특히 전후 국가간의 영토) 이양 〈ced=cess=go : 다른 사람에게 가다〉

07 **extinct**
[ikstíŋkt]

a. 멸종된, (불) 꺼진 = **died out**, dead, vanished, defunct, lost, extinguished
Once **extinct**, this beautiful animal will be gone forever.

⇨ clue: ex (out) + tinct<sting (prick 찌르다) 찔러서 죽게 하다
extinguish 소멸시키다, 불을 끄다 〈ex=out + ting=sting=prick : 찔러서 죽게 하다〉
extinction 소멸 〈ex=out + tinct=prick : 찔러서 죽게 하다〉
distinct 다른, 뚜렷한 〈dis=apart + stinct=prick : 찔러서 따로 놓다〉
distinguish 구별하다 〈dis=apart + sting=prick : 찔러서 따로 놓다〉
distinction 차이, 탁월함 〈dis=apart + stinct=prick : 찔러서 따로 놓다〉

08 **fuse**
[fjuːz]
↔ solidify

v. 융합하다 = **blend**, **combine**, amalgamate
녹다 = **melt**, dissolve, smelt
If all the deuterium **fused**, it could generate substantial heat for the earth.

⇨ clue: fus (pour) 쏟아 붓다
fusion 용해, 연합 〈fus=pour 쏟아붓다 〉
confuse 혼란시키다 〈con=together + fus=pour : 전부 쏟아붓다〉
confusion 혼란, 당황 〈con=together + fus=pour : 전부 쏟아붓다〉
refuse 거부하다, 쓰레기 〈re=back + fus=pour : 뒤로 쏟아버리다〉

05 켄타우로스는 인간의 머리를 가진 말로 묘사된다. 06 국가 채무를 지나치게 높이지 않는 것이 국가가 장기적인 복지를 위해서 해야 할 일이다. 07 일단 이렇게 아름다운 동물이 멸종된다면, 영원히 사라지게 될 것이다. 08 만약 모든 중소수를 융합할 수 있다면, 지구상에 상당한 에너지를 발생시킬 수 있을 것이다.

09 impediment
[impédəmənt]

n. 방해(물) = **obstacle**, **hindrance**, **barrier**, **bar**, block, encumbrance, obstruction

One **impediment** to language acquisition is a lack of confidence.

⇨ clue: im (in) + ped (foot) 발을 걸어 넘어뜨리다

impede 방해하다 〈im=in + ped=foot : 발을 걸어 넘어뜨리다〉
expedite 촉진시키다 〈ex=out + ped=foot : 뻗어 나가다〉
pedestrian 보행자, 평범한, 재미없는 〈ped=foot : 걷다〉
dispatch 급파하다, 신속히 처리하다 〈dis=apart + pat=ped=foot : 발걸음을 떼다〉

10 initial
[iníʃəl]

a. 처음의 = **first**, **original**, beginning, inceptive, opening, primary

The **initial** action you should take is to receive official approval to go ahead with the project.

⇨ clue: in (in) + it (go) 새로운 곳에 가다

initially 처음에 〈in=in + it=go : 새로운 곳에 가다〉
initiate 시작하다 〈in=in + it=go : 새로운 곳에 가다〉
initiative 시작, 주도(권) 〈in=in + it=go : 새로운 곳에 가다〉
uninitiated 미숙한 〈un=not + in=in + it=go : 새로운 곳에 못 가다〉

11 misconception
[mìskənsépʃən]

n. 잘못된 생각 = **false idea**, fallacy, misconstruction, misunderstanding

Hopefully this seminar has cleared up any **misconceptions** you once had about the blind and deaf.

⇨ clue: mis (bad) + conception (개념, 생각) 잘못된 생각

misery 불행, 고통 〈mis=badly wretched : 몹시 비참한〉
misgivings 걱정 〈mis=bad + give : 잘못된 것을 주다〉
mischief 악영향, 장난 〈mis=bad + chief : 잘못된 우두머리〉
misunderstanding 오해 〈mis=bad + understand : 잘못 이해하다〉

12 outdo
[áutdú:]

v. 능가하다 = surpass, excel, exceed, outshine, transcend, get the better of

Not to be **outdone** by her, I worked harder.

⇨ clue: out (better 능가하는) + do 더 잘하다

outweigh 보다 무겁다, 보다 중요하다 〈out=better + weigh : 더 무게가 나가다〉
outshine 보다 우수하다 〈out=better + shine : 더 빛나다〉
outbalance 보다 중요하다 〈out=better + balance : 평균보다 더 나가다〉
outstrip 능가하다 〈out=better + strip=move quickly : 더 빨리가다〉

09 언어 습득의 방해물 중 하나는 자신감의 부족이다.　　10 네가 맨 처음 취해야 할 행동은 이 프로젝트를 진행하는데 대한 공식적인 승인을 받는 것이다.　　11 바라건 대 이번 세미나로 맹인과 농아에 대해 여러분이 갖고 계셨던 오해를 풀었기를 바랍니다.　　12 나는 그녀에게 질까봐 한층 더 열심히 했다.

13 phenomenon
[finámənán]

n. 현상, 사건 = occurrence, happening, incident, event
경이로운 사람(것) = wonder, miracle, marvel, spectacle
The population's aging **phenomenon** is occurring worldwide.

⇨ clue: phen (show) 눈 앞에 보이는 것
phenomenal 놀라운, 경이적인 〈phan=show: 눈 앞에 보이는〉
phantom 유령 〈phan=show: 보이는 것〉
emphasis 강조 〈em=in + phan=show : 속까지 다 보이다〉
fancy 공상, 고급의, 좋아하다 〈fan=phan=show : 머릿속에서 그려보다〉

14 precede
[pri:sí:d]
↔ follow

v. 앞서다 = **go (come) before**, antecede, forerun, lead, head
The bright flash of lightning **preceded** the booming thunder.

⇨ clue: pre (before) + ced (go) 앞서 나가다
cede (권리를) 양도하다 〈ced=go : 다른 사람에게 가다〉
precedent 전례 〈pre=before + ced=go : 앞서 나간 것〉
predecessor 조상, 전임자 〈pre=before + de=away + cess=go : 앞서 간 사람〉
unprecedented 전례 없는 〈un=not + pre=before + ced=go : 앞서 일어나지 않은〉

15 primarily
[praimérəli]

ad. 주로 = **mainly**, **mostly**, **generally**, **largely**, chiefly, on the whole
원래, 처음에 = **originally**, **at first**, initially, first and foremost
This paper is devoted **primarily** to harmonization of legal rights and duties arising under international transactions.

⇨ clue: prim (first) 맨 처음의
primary 주요한, 기본적인, 초등학교의 〈prim=first : 처음의〉
primordial 최초의 〈prim=first + ordiri=begin : 맨 처음〉
principal 주요한, 교장 〈prim=first + cip=take : 맨 앞을 자리잡다〉
principally 주로 〈prim=first + cip=take : 맨 앞을 자리잡다〉

16 replenish
[ripléniʃ]
↔ deplete

v. 채우다, 보충하다 = **refill**, **renew**, make up, supply
All creatures need sleep to **replenish** their energies.

⇨ clue: re (again) + ple (fill) 계속 채우다
replete 가득 찬 〈re=again + ple=fill : 계속 채우다〉
repletion 충만, 포식 〈re=again + ple=fill : 계속 채우다〉
depletion 고갈, 감소 〈de=down + ple=fill : 채워도 계속 내려가다〉
deplete 고갈시키다 〈de=down + ple=fill : 채워도 계속 내려가다〉

13 인구의 고령화 현상은 전세계적으로 발생하고 있다. 14 번갯불의 번쩍거림이 쾅 소리 나는 천둥보다 먼저 일어났다. 15 이 논문은 국제 거래에서 발생하는 합법적인 권한과 의무에 대한 조정을 주로 다루고 있다. 16 모든 생물체는 에너지를 보충하기 위해 수면이 필요하다.

unit 08

17 resolve
[rizálv]

v. 해결하다 = **find a solution for**, solve, disentangle, unravel
결심하다 = decide, determine, make up one's mind

Differences of opinion are often the most difficult problems to **resolve**.

⇒ clue: re (again) + solv (loosen) 얽힌 것을 다시 풀다

unresolved 미해결의, 미정의 〈un=not + re=again + solv=loosen : 풀어 놓지 않은〉
absolve 용서하다, 사면하다 〈ab=from + solv=loosen : 풀어주다〉
dissolve 녹이다 〈dis=apart + solv=loosen : 떨어져 풀어지다〉
solve 풀다, 해결하다 〈solv=loosen 풀다〉

18 status
[stéitəs]

n. (높은) 지위 =**standing**, **prestige**, **importance**
상태 =**situation**, condition

The novel attained the **status** of a classic.

⇒ clue: sta (stand) 자신이 서 있는 위치

status quo 현상, 현재의 상황 〈**Latin: the state in which** : 현재의 상태〉
statue 동상 〈**sta=stand** : 세우다〉
statute 법령 〈**sta=stand** : 세우다〉
stature 키, 성장 〈**sta=stand** : 서다〉

19 turbulence
[tə́:rbjələns]

↔ calm, peace

n. 혼란, (대기의) 난기류 = **agitation**, **tumult**, confusion, turmoil, commotion

We shall be experiencing some minor **turbulence** on this flight to Seattle, so I advise you to keep your seatbelts tightly fastened.

⇒ clue: turb (agitate 흔들다) 흔들다

turmoil 혼란 〈**tur=agitate** : 흔들다〉
turbulent 거친, 소란스런 〈**turb=agitate** : 흔들다〉
troublesome 골치 아픈, 성가신 〈**troub=agitate** : 흔들다〉
turbid 흐린, 혼탁한 〈**turb=agitate** : 흔들다〉

20 variety
[vəràiəti]

n. 다양성 = **diversity**, **multiplicity**, variation
종류 = **type**, sort, species, class, breed, kind

During treatment for his injuries and a **variety** of complications, his weight plummeted from 70 kilograms to 50 kilograms.

⇒ clue: var (change) 변화하다

vary 변화하다, (크기, 모양 등이) 서로 다르다 〈**var=change** : 변화하다〉
variant 다른, 변형 〈**var=change** : 변화한〉
various 다양한 〈**var=change** : 변화한〉
variable 변수, 변하기 쉬운 〈**var=change** 변화한〉

17 종종 의견의 차이가 가장 해결하기 어려운 문제이다.　18 그 소설은 걸작의 지위를 얻었다.　19 탑승하신 시애틀 행 비행기에 약간의 흔들림이 있을 것입니다. 따라서 안전벨트를 단단히 매주시기를 권고 드립니다.　20 부상과 여러 합병증을 치료하는 동안 그의 체중은 70 킬로그램에서 50 킬로그램으로 떨어졌다.

혼 동 어 휘

1
absolve [əvzálv] 용서하다, 사면하다
absorb [əbsɔ́ːrb] 흡수하다, 열중하게 하다
absurd [əbsə́ːrd] 불합리한

2
affinity [əfínəti] 친근감, 인척 관계
infinity [infínəti] 무한대
infinite [ínfənit] 무한한
finite [fáinait] 한정된

3
cede [siːd] 양도하다
precede [prisíːd] 앞서다
proceed [prousíːd] 나아가다

4
confer [kənfə́ːr] 의논하다, 수여하다
defer [difə́ːr] 연기하다, 늦추다
deter [ditə́ːr] 단념시키다, 막다

5
excrete [ikskríːt] 배설하다, 분비하다
execute [éksikjùːt] 실행하다, 처형하다

6
forceful [fɔ́ːrsfəl] 힘이 있는, 효과적인
forcible [fɔ́ːrsəbəl] 강제적인

7
portable [pɔ́ːrtəbl] 휴대용의
potable [póutəbəl] 마시기에 알맞은

8
resolve [rizálv] 해결하다, 결정하다
resolute [rézəlùːt] 굳게 결심한

9
secret [síːkrit] 비밀(의)
secrete [sikríːt] 비밀로 하다, 분비하다

10
session [séʃən] 개회 중, 회기, 학기
cession [séʃən] 양도
cessation [seséiʃən] 정지

11
statue [stǽtʃuː] 조각상
stature [stǽtʃər] 신장, 능력
statute [stǽtʃuːt] 법령, 규칙
status [stéitəs] 지위, 상태
state [steit] 상태, 형편

12
variant [vɛ́əriənt] 다른, 변형
various [vɛ́əriəs] 다양한
varied [vɛ́ərid] 다양한
variable [vɛ́əriəbəl] 변하기 쉬운

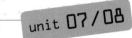
다음의 각 문장에서 괄호 안의 단어 중 알맞은 것을 고르시오.

1   The earth's ability to (absorb / absolve) carbon dioxide has greatly increased for the past ten
    years.
    지난 10년간 지구의 이산화탄소 흡수력이 상당히 증가했다.

2   You need to discuss the selling technique with the supervisor in order to (precede / proceed)
    with the project.
    그 프로젝트를 계속 진행하기 위해서는 관리자와 판매기술에 관해서 의논할 필요가 있다.

3   The laptop computer is a kind of (portable / potable) personal computer.
    랩톱 컴퓨터는 일종의 이동식 개인 컴퓨터이다.

4   The actor in the play sounded pretty reasonable in an attempt to (resolve / resolute) the crisis.
    연극에서 배우가 위기를 해결하려는 시도가 상당히 합리적인 듯하다.

5   The official was accused of full disclosure of (secret / secrete) documents.
    그 관계자는 비밀 서류를 완전히 공개하여 비난받았다.

6   (Stature / Statue / Status), weight, and intelligence are mainly determined by heredity.
    키, 몸무게, 지능은 주로 유전으로 결정된다.

7   He used his celebrity (stature / statue / status) as a vehicle of new public relations.
    그는 자신의 유명인으로서의 지위를 새로운 홍보 매체로 이용했다.

8   Generally, there is a direct relation between the wealth of a country and the health (stature /
    statue / status) of its people.
    일반적으로, 한 나라의 부와 그 나라의 국민들의 건강 상태와는 직접적인 관계가 있다.

9   There are (various / variable) applications for this recipe of noodles.
    이 국수 요리법은 적용이 다양하다.

10   In the mountainous areas, the weather is quite (various / variable).
    산악 지역에서 날씨는 아주 변하기 쉽다.

〈정답〉
1. absorb   2.proceed   3.portable   4. resolve   5. secret
6. Stature   7. status   8. status   9. various   10. variable

unit 09

accumulate	1 ●	● a	appearance
advent	2 ●	● b	prevailing
comprise	3 ●	● c	consist of
constraint	4 ●	● d	limitation
dominant	5 ●	● e	collect

endangered	6 ●	● a	imperiled
extent	7 ●	● b	clumsy
improvise	8 ●	● c	scope
inauspicious	9 ●	● d	ominous
maladroit	10 ●	● e	extemporize

obliterate	11 ●	● a	delete
proponent	12 ●	● b	advocate
recession	13 ●	● c	book
reserve	14 ●	● d	external
superficial	15 ●	● e	depression

susceptible	16 ●	● a	vulnerable
tangle	17 ●	● b	genuine
trespass	18 ●	● c	encroach
unavoidable	19 ●	● d	inescapable
veritable	20 ●	● e	twist

1 e 2 a 3 c 4 d 5 b 6 a 7 c 8 e 9 d 10 b 11 a 12 b 13 e 14 c 15 d 16 a 17 e 18 c 19 d 20 b

unit 09

01 accumulate
[əkjúːmjəlèit]

↔ disperse

v. 축적하다 = **collect, build up, amass, gather, compile**

Sand has **accumulated** at the mouth of the river and formed a bank which boats could not pass.

⇨ clue: ac<ad (to) + cumul (set up) 쌓아 올리다

accumulation 축적 〈ac=ad=to + cumul=set up : 쌓아 올리다〉
cumulate 쌓아 올리다 〈cumul=set up : 쌓아 올리다〉
cumulative 누적하는 〈cumul=set up : 쌓아 올리다〉
store 비축(량), 창고, 저장하다 〈stor=set up : 쌓아 올리다〉

02 advent
[ǽdvent]

n. 출현 = **appearance, arrival**, coming

The **advent** of natural gas for use in ammonia processing occurred in the early 1970s.

⇨ clue: ad (to) + vent (come) 다가오다

prevent 예방하다, 막다 〈pre=before + vent=come : 미리 대처하러 오다〉
circumvent 우회하다, 회피하다 〈circum=circle + vent=come : 돌아서 오다〉
convention 집회, 관습 〈con=together + vent=come : (사람/습관/풍습) 모두 오다〉
conventional 관습적인, 전통적인 〈con=together + ven=come : (사람/풍습) 모두 오다〉

03 comprise
[kəmpráiz]

↔ exclude

v. 구성하다 = **consist of, be made up of**, be composed of

Senior citizens **comprise** about 20 percent of the city's population.

⇨ clue: com (together) + pris (take) 모두 잡다

prison 감옥 〈pri=take: 잡아두는 곳〉
imprison 투옥하다, 감금하다 〈im=in + pris=take : 감옥 안에 잡아넣다〉
surprise 놀라게 하다 〈sur=super=over + pris=take : 위에서 덮치다〉
reprisal 보복 〈re=back + pris=take: 뒤에서 잡아채다〉

04 constraint
[kənstréint]

n. 제약, 강제 = **limitation**, restriction, confinement, restraint

There have been financial and political **constraints** on the developments in radar and engine designs.

⇨ clue: con (together) + strain<strict (tie) 모두 묶다

strain 잡아당기다, 긴장시키다 〈strain=tie : 묶다〉
constrain 강요하다, ~에 제약을 가하다 〈con=together + strain=tie : 모두 묶다〉
restrain (물리력을 동원해서) 저지하다, 억제하다 〈re=back + strain=tie : 뒤를 묶다〉
unrestrained 억제되지 않은, 제멋대로의 〈un=not + re=back + strain=tie : 뒤를 묶지 않은〉

01 모래가 강 입구에 축적되어 배가 지나갈 수 없는 제방이 형성되었다.　　02 1970년대 초기에 암모니아 처리법에 천연 가스가 사용되기 시작하였다.　　03 도시 인구의 약 20퍼센트가 노령자로 이루어져 있다.　　04 레이더와 엔진 디자인 개발에 재정적, 정치적 제한이 있다.

05 dominant
[dɑ́mənənt]

↔ subordinate

a. 우세한, 지배적인 = **prevailing**, **supreme**, prevalent, predominant, ruling, controlling

No one, however powerful or intellectually **dominant**, can abrogate the basic moral laws on which civilization rests.

⇨ clue: domin (rule) 다스리는, 지배하는

dominance 우세, 지배 〈**domin=rule** : 지배하다〉
dominate 지배하다, 압도적으로 우세하다 〈**domin=rule** : 지배하다〉
domineering 지배하려 드는, 횡포한 〈**domin=rule** : 지배하다〉
predominantly 지배적으로, 주로 〈**pre=before + domin=rule** : 앞서 지배하다〉

06 endangered
[indéindʒərd]

a. 위험에 처한, 멸종위기에 처한 = imperiled, jeopardized, threatened, in danger, in jeopardy, at risk

The harp seal is heavily hunted for its soft white fur and is thus still on the **endangered** species list.

⇨ clue: en (make) + danger 위험하게 만들다

empower 권력을 주다 〈**em=make + power** : 강력하게 만들다〉
encumber 방해하다, (빚, 의무, 짐을) 지우다 〈**en=make + cumber** 방해 : 방해가 되게 만들다〉
enlist 입대시키다, 협력을 얻다 〈**en=make + list** 명단 : 군인의 명단을 만들다〉
endeavor 노력하다 〈**en=make + dever=duty** : 자신의 의무를 다하다〉

07 extent
[ikstént]

n. 정도, 범위 = **degree, scope, range**, compass, ambit, bounds

Considering the **extent** of her injuries, she's lucky to be alive.

⇨ clue: ex (out) + tent<tend (stretch) 밖으로 뻗다

extensive 넓은, 광범위한 〈**ex=out + tens=stretch** : 밖으로 뻗다〉
extension 확장 〈**ex=out + tens=stretch** : 밖으로 뻗다〉
tension 긴장, 팽팽함 〈**tens=stretch** : 잡아당기다〉
tense 팽팽한, 긴장한 〈**tens=stretch** : 잡아당기다〉
to a large extent 대체로, 주로

08 improvise
[ímprəvàiz]

↔ rehearse

v. 즉석에서 하다 = extemporize, ad-lib, play it by ear, speak off the cuff

If you forget the lines of your script, just **improvise**.

⇨ clue: im (not) + pro (forth) + vis (see) 미리 보지 않고 하다

revise 개정하다 〈**re=again + vis=see** : 다시 보다〉
devise 궁리하다, 고안하다 〈**de=down + vis=look** : 아래를 보며 생각하다〉
envisage 마음속에 그리다, 상상하다 〈**en=make + vis=look** : 보이게 만들다〉
supervise 감독하다 〈**super=over + vis=see** : 위에서 내려다 보다〉

05 아무리 세력이 강하고 지적으로 우세하더라도 문명의 바탕을 이루고 있는 기본적인 도덕률은 누구라도 폐지할 수 없다.　06 하프 바다표범은 부드러운 하얀 털 때문에 다량으로 포획되며, 여전히 멸종 위기에 처한 동물 명단에 이름이 올라가 있다.　07 그녀의 부상 정도를 고려할 때 생존해 있는 것이 다행이다.　08 만약 대본의 대사를 잊게 되면 바로 즉석으로 하십시오.

09 **inauspicious**

[inɔːspíʃəs]

↔ auspicious

a. 불길한 = **ominous**, **unfavorable**, sinister, ill-omened, unlucky

The **inauspicious** appearance of the police at the door sent shivers down the young man's spine.

⇒ clue: in (not) + auspicious (길조의) 불길한

indirect 간접적인 〈in=not + direct 직접적인〉
insignificant 사소한 〈in=not + significant 중대한〉
inappropriate 부적당한 〈in=not + appropriate 적절한〉
inconceivable 상상할 수 없는 〈in=not + conceivable 상상할 수 있는〉

10 **maladroit**

[mǽlədrɔ́it]

↔ adroit

a. 서투른 = **clumsy**, **awkward**, inexpert, unhandy, unskillful

His first TV interview with the actress last night was rather **maladroit**.

⇒ clue: mal (bad) + a (to) + droit<rect (right) 똑바로 하지 못하다

adroit 솜씨 좋은 〈a=to + droit=rect=right : 똑바로 하다〉
malign 유해한, 비방하다 〈mal=bad + gn=gen=birth : 나쁜 것을 만들다〉
malady 병, 사회적 병폐 〈mal=bad + ad=hab=have : 나쁜 상태를 가지다〉
malice 악의 〈mal=bad : 나쁜 것〉

11 **obliterate**

[əblítəréit]

↔ create, establish

v. 지우다, 제거하다 = **delete**, **erase**, efface, expunge, annihilate, eradicate, root out, wipe out

The total power of all hydrogen bombs on the planet could **obliterate** all life on Earth seven times over.

⇒ clue: ob (against) + liter (letter) 글자를 없애다

literal 글자그대로의 〈liter=letter : 글자〉
literary 문학의 〈liter=letter : 글자〉
literate 읽고 쓸 수 있는 〈liter=letter : 글자〉
illiterate 문맹의 〈il=not + liter=letter : 글자를 모르는〉

12 **proponent**

[prəpóunənt]

↔ critic

n. 지지자 = **advocate**, **backer**, **supporter**, upholder, champion

She has always been a leading **proponent** of these reforms.

⇒ clue: pro (before) + pon (put) 생각을 앞으로 내놓다

propose 제안하다 〈pro=before + pos=put : 생각을 앞으로 내놓다〉
purpose 목적, 의도 〈pur=completely + pos=put : 온 마음을 두다〉
purposely 고의로 〈pur=completely + pos=put : 온 마음을 두다〉
on purpose 일부러, 고의로 = intentionally, purposely, by design

---

09 출입구에 경찰의 불길한 출현으로 젊은이의 등줄기가 오싹해졌다.　10 그가 어젯밤 여배우와 한 첫 TV 인터뷰는 상당히 서툴렀다.　11 지구상의 수소 폭탄의 총량은 지구상의 모든 생물체를 일곱 번이나 반복해서 죽일 수 있다.　12 그녀는 항상 이러한 개혁의 주요한 지지자였다.

13 recession
[riséʃən]
↔ boom

n. (경기) 후퇴 = depression, downturn, decline, slump

The government refused to admit the approach of a **recession** and did little to prepare for an economic crisis.

⇒ clue: re (back) + cess (go) 뒤로 물러가다

recess 휴식, 휴가 〈re=back + cess=go : 뒤로 물러가다〉
process 진행, 공정, 처리하다 〈pro=forth + cess=go : 앞으로 가다〉
proceed 나아가다, 수익금(pl.) 〈pro=forth + ceed=go : 앞으로 가다〉
procession 행렬, 진행 〈pro=forth + cess=go : 앞으로 가다〉

14 reserve
[rizə́:rv]

v. 예약하다 = **book**, engage   비축하다 = **store**, **save**, keep
보류하다 = **withhold**, retain
n. 비축물 (pl.) = **stock**, hoard, store

I **reserved** the executive suite at the Hyatt on March 1st.

⇒ clue: re (back) + serv (keep) 뒤에 보관해두다

reservoir 저장소, 저수지 〈re=back + serv=keep : 뒤에서 보관하다〉
conservative 보수적인 〈con=together + serv=keep : 옛것을 전부 지키다〉
deserved 정당한, 당연한 〈de=completely + serv=keep : 온전히 지킬만한 가치가 있다〉
servile 노예의, 굽실거리는 〈serv=keep : 주인을 지키다〉

15 superficial
[sù:pərfíʃəl]
↔ in-depth

a. 표면(상)의 = **external**, surface, exterior, outward, seeming

Despite their **superficial** similarities, the two movies are in fact very different.

⇒ clue: super (over) + fic (face 표면) 표면 위에

superfluous 여분의, 불필요한 〈super=over + flu=flow : 위로 넘쳐흐르다〉
superimpose 위에 놓다, 첨가하다 〈super=over + im=on + pos=put : 위에 올려놓다〉
supernatural 초자연적인 〈super=over + nature : 자연을 넘어서다〉
supersede 대신하다 〈super=over + sed=ced=go : 남의 자리 위로 올라가다〉

16 susceptible
[saséptəbl]
↔ invulnerable

a. 영향 받기 쉬운, 민감한 = **vulnerable**, **prone**, liable, subject

He argued that these books had a pernicious effect on **susceptible** teenagers.

⇒ clue: sus<sub (under) + cept (take) 밑에 있는 작은 것까지 느끼는

intercept 가로채다, 방해하다 〈inter=between + cept=take : 중간에서 잡아채다〉
accept 받아들이다 〈ac=to + cept=take : 손에 잡다〉
except 제외하고 〈ex=out + cept=take : 잡아서 뽑아내다〉
exceptional 예외적인, 아주 뛰어난 〈ex=out + cept=take : 잡아서 뽑아내다〉

13 정부는 불황으로 다가가고 있다고 인정하기를 거부하면서 경제 위기에 대한 대비를 거의 하지 않고 있다.   14 나는 3월 1일에 하얏트 호텔의 호화 스위트룸을 예약했다.   15 표면적인 유사성에도 불구하고, 두 영화는 사실 아주 다르다.   16 그는 이 책들이 민감한 십대들에게 해로운 영향을 끼쳤다고 주장했다.

unit 09

17 tangle
[tǽŋɡəl]

v. 엉키게 하다 = **twist**, entangle, intertwist, interweave, knot
Her hair tends to **tangle**.

⇨ clue: tang (touch) 서로 닿다
entangle 얽히게 하다 〈en=make + tang=touch : 닿게 하다〉
tangled 뒤엉킨 〈tang=touch : 닿다〉
tangible 만져서 알 수 있는, 명백한 〈tang=touch + ible : 만질 수 있는〉
intangible 만질 수 없는, 무형의 〈in=not + tang=touch + ible : 만질 수 없는〉

18 trespass
[tréspəs]

v. 침입하다, 침해하다 = **encroach**, **invade**, intrude, infringe
He was prosecuted and fined $1000 for **trespassing** on government property.

⇨ clue: tres (over) + pass 넘어 들어오다
pastime 오락 〈pass + time : 시간보내기〉
passage 통과, 진행, 수송 〈pass : 지나다, 건네주다〉
surpass 능가하다 〈sur=super=over + pass : ~를 넘어가다〉
unsurpassed 탁월한, 능가할 수 없는 〈un=not + sur=super=over + pass : 넘어갈 수 없는〉

19 unavoidable
[ʌnəvɔ́idəbəl]
↔ avoidable

a. 불가피한 = **inescapable**, **inevitable**, ineluctable, sure, fated, obligatory
Sometimes age does carry an **unavoidable** handicap in the athletic field.

⇨ clue: un (not) + avoidable (피할 수 있는) 피할 수 없는
unsophisticated 단순한, 순수한 〈un=not + sophisticated 복잡한, 순진하지 않은〉
unencumbered 방해가 없는 〈un=not + encumbered 방해가 되는〉
unexpectedly 뜻밖에 〈un=not + expected 예상되는〉
unsuitable 부적당한 〈un=not + suitable 적당한〉

20 veritable
[vérətəbəl]

a. 진정한 = **genuine**, real, true
Torres del Paine is a **veritable** paradise for those who love hiking.

⇨ clue: ver (true) 진실의
veracious 정직한 〈ver=true 진실〉
verdict 평결, 결정 〈ver=true + dic=say : 진실을 말하다〉
veritas 진리 〈ver=true : 진실〉
verify 진실임을 증명하다, 입증하다 〈ver=true + fy=make : 진실임을 확인하도록 하다〉

17 그녀의 머리는 잘 엉키는 편이다. 18 그는 정부의 자산을 침해하였기 때문에 고발 조치되어 1000달러의 벌금을 물었다. 19 때때로 체육 분야에서는 나이가 피할 수 없는 불리한 조건이 되곤 한다. 20 토레스 델 파이네는 하이킹을 좋아하는 사람들에게는 진정한 낙원이다.

Check-up

Choose the closest word or expression of the highlighted word in each question.

1 Letters of recommendation are one of the least **accurate** forecasters of job performance.

Ⓐ consistent   Ⓑ reasonable   Ⓒ exact   Ⓓ acceptable

2 The four stamps to be released by the Postal Department tomorrow will **depict** classic American bikes.

Ⓐ amplify   Ⓑ implement   Ⓒ represent   Ⓓ shrink

3 Large animals like the mammoths have been **extinct** for several thousand years now.

Ⓐ extant   Ⓑ intermittent   Ⓒ vanished   Ⓓ looming

4 This speech **impediment** appeared after the recent shock the child experienced.

Ⓐ hindrance   Ⓑ expedition   Ⓒ tardiness   Ⓓ consequence

5 The speed of light is greater than that of sound, which is why a lightning streak always **precedes** our hearing of thunder.

Ⓐ follows   Ⓑ accompanies   Ⓒ brings about   Ⓓ comes before

6 The British economy is witnessing a **recession** of late, brought on by a fall in the prices of many of its main export products.

Ⓐ depression   Ⓑ procession   Ⓒ succession   Ⓓ concession

7 What rainstorms do is to **replenish** the meager sources of water that are necessary for life in the desert.

Ⓐ renew   Ⓑ rectify   Ⓒ rescind   Ⓓ reclaim

8 The spaceship has almost depleted all of its oxygen **reserves**, and must return to earth if the crew is to survive.

Ⓐ book   Ⓑ confirm   Ⓒ cancel   Ⓓ stock

9 Video games have long been accused of having a negative effect on young and **susceptible** minds, though the game industry denies this.

Ⓐ stout   Ⓑ vulnerable   Ⓒ intractable   Ⓓ invincible

10 Being the captain of an airplane means that there are a **variety** of tasks to fill.

Ⓐ diversity   Ⓑ adversity   Ⓒ similarity   Ⓓ affinity

1. C

추천서는 업무능력을 예측하는데 정확성이 가장 떨어지는 것 중의 하나이다.

2. C

내일 우체국에서 발매하는 4종의 우표는 전형적인 미국의 자전거를 보여줄 것이다.

3. C

매머드와 같은 거대동물들은 수 천 년 동안 멸종되었다.

4. A

아이가 최근에 충격적인 일을 겪은 후에 이러한 언어장애가 나타났다.

5. D

빛의 속도는 소리의 속도보다 훨씬 더 엄청나며, 이런 이유로 한 줄기의 번개가 항상 천둥소리보다 앞서 일어난다.

6. A

요즘 영국 경제가 주요 수출품의 가격하락으로 인하여 불경기에 처해 있다.

7. A

폭풍우는 사막에서 생명의 필수적인 물의 부족한 수자원을 보충해준다.

8. D

우주선에 비축된 산소량이 거의 바닥이 나서 승무원들이 생존하려면 지구로 귀환해야 한다.

9. B

게임업체들이 인정하지 않지만, 비디오 게임은 어린이들과 민감한 사람들에게 부정적인 영향을 끼쳐서 오랫동안 비난받아왔다.

10. A

비행기에서 기장으로 있는 것은 수행해야 할 다양한 일이 있다는 것을 의미한다.

unit 10

adjoin	1 •	• a	not favorable
adverse	2 •	• b	change
bear	3 •	• c	carry
configuration	4 •	• d	arrangement
convert	5 •	• e	join

counterpart	6 •	• a	equivalent
devoid	7 •	• b	exceptional
disclose	8 •	• c	reveal
equilibrium	9 •	• d	balance
extraordinary	10 •	• e	empty

fertile	11 •	• a	restrain
indigenous	12 •	• b	native
inhibit	13 •	• c	countless
innumerable	14 •	• d	productive
luxurious	15 •	• e	sumptuous

manipulate	16 •	• a	alarm
perturb	17 •	• b	metamorphose
preoccupied	18 •	• c	absorbed
regain	19 •	• d	recover
transform	20 •	• e	handle

1 e 2 a 3 c 4 d 5 b 6 a 7 e 8 c 9 d 10 b 11 d 12 b 13 a 14 c 15 e 16 e 17 a 18 c 19 d 20 b

unit 10

01 adjoin
[ədʒɔ́in]

v. 인접하다 = join, connect, abut, verge, border

The kitchen **adjoins** the sitting room, which is spacious, high and airy.

⇨ clue: ad (to) + join ~에 접하다

adjoining 인접한 〈ad=to + join : ~에 접하다〉
juncture (중대한) 시점 〈junct=join : (시간적으로) 접해있다〉
conjuncture (여러 가지 일들의) 결합, 얽힘 〈con=together + junct=join : 모두 합쳐지다〉
conjugal 부부의 〈con=together + jug=join : 함께 하다〉

02 adverse
[ædvə́:rs]

↔ favorable

a. 반대의, 불리한 = **not favorable**, **negative**, antagonistic, opposing, unfavorable, disadvantageous

The arctic expedition team knew that they were on the verge of facing severely **adverse** circumstances.

⇨ clue: ad (to) + vers (turn) ~에게 등을 돌리다

adversary 반대자, 적 〈ad=up + vers=turn : ~에게 등을 돌리다〉
adversity 역경, 불행 〈ad=up + vers=turn : ~에게 등을 돌리다〉
transverse 가로지르는 〈trans=across +vers=turn : 가로질러서 돌다〉
reverse 반대의, 거꾸로 하다 〈re=back + vers=turn : 뒤로 돌다〉

03 bear
[bέər]

v. 낳다 = give birth to, deliver, breed
생기게 하다 = **yield**, **produce**, **generate**
지니다 = **carry**, hold, possess, have
참다 = tolerate, endure, undergo, suffer
나르다, 데려가다 = convey, take, carry

Several of the guests arrived, **bearing** gifts.

⇨ clue: ber (carry, give birth) 지니다. (아이를) 낳다

bearing 태도, 관계 〈ber=carry : 몸에 지니다〉
bearable 견딜 수 있는 〈ber=carry + able : 계속 참을 수 있는〉
overbearing 거만한 〈over=too much + ber=carry : 자부심을 갖고 있는〉
bear in mind 명심하다 = remember, keep in mind

04 configuration
[kənfìgjəréiʃən]

n. 배열 = **arrangement**, conformation

This keyboard **configuration** is really user-friendly.

⇨ clue: con (together) + fig (form) 모두 모양을 맞추다

figure 모양, 비유, 숫자, 인물, 도형 〈fig=form : 모양〉
figurative 조형적인, 비유적인 〈fig=form : 모양〉
configure 배열하다, 형성하다 〈con=together + fig=form : 모두 모양을 맞추다〉
transfigure 모양을 바꾸다 〈trans=change + fig=form : 모양을 바꾸다〉

01 부엌이 거실과 가까이 있는데, 거실은 넓고, 높으며 바람이 잘 통한다.   02 북극 원정대는 그들이 곧 아주 불리한 상황에 직면하게 될 것임을 깨달았다.   03 몇몇의 손님이 선물을 가지고 도착했다.   04 이 키보드의 배열은 사용하기가 아주 쉽다.

05 convert
[kənvə́:rt]

v. 바꾸다 = **change, alter, transform, metamorphose,** turn
She **converted** to Buddhism while living in Sri Lanka.

⇒ clue: con (together) + vert (turn) 모두 돌려놓다
divert 전환하다, (생각, 관심을) 돌리다 〈di=away + vert=turn : 딴 데로 돌리다〉
subvert 뒤엎다 〈sub=under + vert=turn : 아래로 돌려놓다〉
invert 거꾸로 하다 〈in=into + vert=turn : 돌려놓다〉
avert 피하다 〈a=away + vert=turn : 멀리 돌아가다〉

06 counterpart
[káuntərpà:rt]

n. (동등한) 상대방, 대응물 = **equivalent, complement,** equal, match
Korean government officials are discussing the matter with their **counterparts** in France.

⇒ clue: counter (against) + part 서로 마주 대하는 부분
counter 대항하다, 반박하다 〈counter=against : 대비가 되다〉
counter to ~와 정반대로
counterfeit 위조의, 가짜의 〈counter=against + feit=fac=make : 원본에 기대어 만들다〉
counterproductive 비생산적인, 역효과를 낳는 〈counter=against + productive : 생산적이지 않다〉

07 devoid
[divɔ́id]

a. 결여된 = **empty, free from, lacking,** wanting, without, destitute, void
His face is **devoid** of any feeling or humor.

⇒ clue: de (down) + void (empty) 비어있는 상태로 내려가다
void 비어 있는, 무효의 〈void=empty : 빈〉
avoid 피하다 〈a=on + void=empty : ~에서 없어지게 하다〉
devastate 파괴하다, 황폐화시키다 〈de=completely + vas=empty : 완전히 빈 상태로 만들다〉
evacuate 비우다, 대피시키다 〈e=ex=out + vac=empty : 밖으로 다 내보내고 비우다〉

08 disclose
[disklóuz]
↔ hide, conceal

v. (비밀 등을) 밝히다 = **reveal,** expose, unveil, uncover, bring to light
The auction house would not **disclose** the price of three Picassos.

⇒ clue: dis (not) + close 닫지 않다
disclosure 폭로, 발각 〈dis=not + close : 닫지 않다〉
enclose 둘러싸다, 동봉하다 〈en=make + close : 닫게 하다〉
enclosure (담, 울타리로) 에워쌈, 울타리 〈en=make + close : 닫게 하다〉
recluse 은둔자 〈re=again + close : 계속 문을 닫다〉

05 그녀는 스리랑카에서 사는 동안 불교로 개종하였다.　06 한국 정부 관리들은 프랑스 정부 관리들과 그 문제에 관해 의논하고 있다.　07 그의 얼굴에는 감정이나 유머가 전혀 없다.　08 경매 회사는 피카소의 세 작품에 대한 가격은 밝히지 않을 것이다.

09 equilibrium
[ì:kwəlíbriəm]

↔ disequilibrium, imbalance

n. 평형, 평정 = **balance**, symmetry, evenness, stability

The pressure to resign had upset his mental **equilibrium**.

⇒ clue: equ (equal) + libr (balance) 평형을 이룸

equivocally 불분명하게 〈equ=equal + voc=call : 같이 소리치다〉
equivalent 동등한, 상당하는 〈equ=equal + val=worth : 같은 가치를 갖다〉
equal (수, 양, 크기가) 같은, (지위, 권리가) 동등한 〈equ=equal : 같은〉
equitable 공평한 〈equ=equal : 같은〉

10 extraordinary
[ikstrɔ́:rdənèri]

↔ ordinary

a. 비범한 = **exceptional**, **unusual**, outstanding, phenomenal, remarkable, uncommon

She has an **extraordinary** ability to judge people quickly and accurately.

⇒ clue: extra (outward) + ord (order) 어떤 상태를 뛰어 넘은

order 상태, 명령, 순서, 질서, 정돈, 주문
disorder 무질서, 혼돈 〈dis=not + order : 질서가 없다〉
subordinate 종속적인, 하급의 〈sub=under + ord=order : 아래서 명령을 받다〉
coordinate 조정하다 〈co=com=together + order : 모든 순서를 정하다〉

11 fertile
[fə́:rtl]

a. 비옥한 = **productive**, **rich**, prolific, fecund, fruitful

Fertile land and buckets of rain led us to plant corn.

⇒ clue: fer (carry) 실어 나를 농작물이 많다

fertilize 비옥하게 하다 〈fer=carry : 실어 나를 것이 많다〉
infertile 불모의 〈in=not + fer=carry : 실어 나를 것이 없다〉
indifference 무관심 〈in=not + di=apart + fer=carry : 마음을 나누지 않다〉
indifferent 무관심한 〈in=not + di=apart + fer=carry : 마음을 나누지 않다〉

12 indigenous
[indídʒənəs]

↔ foreign

a. 토착의 = **native**, **aboriginal**, home-grown

The Ainu are **indigenous** to the northernmost islands of Japan.

⇒ clue: in (in) + di (apart) + gen (birth 탄생) 처음 생겨난 곳

genetic 유전의 〈gen=birth : 탄생의〉
generate 발생시키다, 일으키다 〈gen=birth : 탄생시키다〉
degenerate 나빠지다, 퇴화하다 〈de=down + gen=birth : 탄생을 저하시키다〉
regenerate 재생하다, 쇄신하다 〈re=again + gen=birth : 다시 탄생시키다〉

09 사퇴에 대한 압박감이 그의 정신적인 평정 상태를 엉망으로 만들었다.　　10 그녀는 사람들을 빠르고 정확하게 판단하는 비범한 능력이 있다.　　11 비옥한 토지와 많은 강수량으로 우리는 옥수수를 재배하게 되었다.　　12 일본의 최북단 섬들에는 아이누족이 원주민이다.

13 inhibit
[inhíbit]

↔ allow, approve

v. 억제하다, 금하다 = **restrain**, **hinder**, **forbid**, prohibit, bar
Lack of sunlight may **inhibit** optimal plant growth.

⇒ clue: in (in) + hib (have) 안에 잡아두다
exhibit 전시하다, (감정)드러내다 〈ex=out + hib=have : 밖에 두다〉
prohibit 금지하다 〈pro=forth + hib=have : 앞에서 움켜쥐다〉
prohibition 금지 〈pro=forth + hib=have : 앞에서 움켜쥐다〉
prohibitive 금지하는, 엄청나게 비싼 〈pro=forth + hib=have : 앞에서 움켜쥐다〉

14 innumerable
[injú:mərəbəl]

a. 셀 수 없는 = **countless**, **numberless**, **myriad**, incalculable, infinite
There are **innumerable** ways and means of raising the money that we need.

⇒ clue: in (not) + numerable (셀 수 있는) 셀 수 없는
invariable 불변의 〈in=not + variable 변하기 쉬운〉
inclement (기후, 날씨가) 혹독한, 사나운 〈in=not + clement 온화한〉
incessant 끊임없는 〈in=not + cessa=cease 멈추다 : 멈추지 않다〉
infallible 틀림없는, 확실한 〈in=not + fall=fail : 실패 없는〉

15 luxurious
[lʌgʒúəriəs]

n. 사치스러운 = **sumptuous**, **lavish**, **deluxe**, rich, splendid
The cooking was **luxurious** and the service impeccable at her wedding reception.

⇒ clue: lux (light) 보석처럼 빛나는
luxuriant 무성한, 풍부한 〈lux=light : 햇빛을 많이 받은〉
luxuriate 호사하다, 번성하다 〈lux=light : 빛나다〉
deluxe 호화로운 〈de=the + lux=light : 빛나다〉
luxury 사치 〈lux=light 빛나다〉

16 manipulate
[mənípjəlèit]

v. 조종하다, 조작하다 = **handle**, **operate**, **control**, **manage**, maneuver, steer, influence
He has a tendency of trying to **manipulate** people.

⇒ clue: mani<manu (hand) + pul (full) 손으로 장악하다
manufacture 제조하다 〈manu=hand + fac=make : 손으로 만들다〉
manuscript 원고 〈manu=hand + script=write : 손으로 쓰다〉
manifest 명백한, 명백히 하다 〈mani=hand + fest=seized : 손에 잡을 수 있을 정도〉
manifestation (존재하는 것을 나타내는) 징후, 표현 〈mani=hand + fest=seized : 손에 잡을 수 있을 정도〉

13 햇빛의 부족은 최적의 식물 성장을 억제할 수 있다. 14 우리가 필요한 자금을 모을 수 있는 수많은 수단과 방법이 있다. 15 그녀의 결혼식 피로연의 요리는 호화로웠고, 서비스는 나무랄 데 없었다. 16 그는 사람을 조종하려고 하는 경향이 있다.

17 perturb
[pərtə́:rb]

v. 불안하게 하다, 혼란시키다 = **alarm**, **worry**, disturb, agitate, disquiet, unsettle, discompose

He sat looking bored and didn't seem **perturbed** about the noises outside.

⇒ clue: per (completely) + turb (agitate) 몹시 흔들다

unperturbed 침착한 〈un=not + per=completely + turb=agitate : 마음이 흔들리지 않는〉
imperturbable 쉽게 동요되지 않는, 차분한 〈im=not + perturb 불안하게 하다 + able : 불안하게 할 수 없는〉
turbid 흐린, 혼탁한 〈turb=agitate : 흔들다〉
disturb 방해하다, 혼란시키다 〈dis=away + turb=agitate : 옆으로 흔들다〉

18 preoccupied
[pri:ákjəpàid]

a. 몰두한 = **absorbed**, **engrossed**, immersed, rapt

He was too **preoccupied** with his own concerns to understand her worries.

⇒ clue: pre (before) + oc (to) + cup<cap (hold) 앞서 마음을 잡아끌다

occupy (공간, 시간, 마음을) 차지하다 〈oc=to + cup=hold : 잡고 있다〉
occupied 바쁜, 사용중인 〈oc=to + cup=hold : 잡고 있다〉
occupation 직업 〈oc=to + cup=hold : 잡고 있는 것〉
preoccupy 몰두시키다, 마음을 빼앗다 〈pre=before + oc=to + cup=hold : 앞서 마음을 잡아 끌다〉

19 regain
[rigéin]

v. 되찾다 = recover, redeem, recapture, retrieve, take back

He spent three weeks in the hospital **regaining** his strength after the operation.

⇒ clue: re (again) + gain 다시 얻다

return 되돌아가다 〈re=again + turn : 다시 돌아가다〉
recast 고쳐 만들다 〈re=again + cast 주조하다 : 다시 만들다〉
reconcile 화해시키다 〈re=again + con=together + cili=eyelid : 다시 윙크하는 사이가 되다〉
redeem 되찾다, 벌충하다 〈re=again + eem=empt=take : 다시 잡다〉

20 transform
[trænsfɔ́:rm]

v. 변형시키다 = **metamorphose**, **convert**, **change**, alter, transmute, make over

As soon as we are born, the world gets to work on us and **transforms** us from merely biological into social units.

⇒ clue: trans (change) + form 모양을 바꾸다

transformation 변형 〈trans=change + form : 모양을 바꾸다〉
information 정보 〈in=into + form : 지식의 형태로 만들다〉
formation 구성 〈form : 모양을 갖추다〉
formulate 공식화하다, 명확히 말하다 〈form : 모양을 갖추다〉

---

17 그는 지루한 표정으로 앉아서 밖의 시끄러운 소리에 흔들리지 않는 것처럼 보였다.　18 그는 자신의 일에 골몰하여 그녀의 걱정을 이해하지 못했다.　19 그는 수술 후에 병원에서 3주를 보내면서 기력을 되찾았다.　20 우리가 태어나자마자 세상은 우리에게 작용하기 시작하고 우리들을 단순한 생물적 단위에서 사회적 단위로 변화시킨다.

1
adjoin [ədʒɔ́in] 접하다
adjourn [ədʒə́:rn] 휴회하다, 연기하다

2
adverse [ædvə́:rs] 반대의, 불리한
averse [əvə́:rs] 싫어하여
aver [əvə́:r] 단언하다

3
avert [əvə́:rt] 돌리다, 피하다
advert [ədvə́:rt] 유의하다, 언급하다

4
doom [du:m] 운명, 불운
deem [di:m] 생각하다
redeem [ridí:m] 되사다, 되찾다

5
enclose [enklóuz] 동봉하다, 둘러싸다
disclose [disklóuz] 드러내다
close [klouz] 정밀한, 가까운
closely [klóusli] 면밀히, 밀접하게

6
fertile [fə́:rtl] 비옥한
futile [fjú:tl] 쓸데없는

7
indigent [índidʒənt] 가난한
indignant [indígnənt] 성난
indigenous [indídʒənəs] 토착의, 타고난

8
able [éibəl] 능력 있는
liable [láiəbl] ~하기 쉬운, 책임져야 할
reliable [riláiəbəl] 믿을 수 있는, 의지가 되는

9
luxurious [lʌgʒúəriəs] 사치스러운
luxuriant [lʌgʒúəriənt] 번성한, 풍부한

10
reserve [rizə́:rv] 남겨두다
reverse [rivə́:rs] 거꾸로 하다, 반대로 하다
revere [rivíər] 존경하다

11
transverse [trænzvə́:rs] 가로지르는
traverse [trǽvə:rs] 가로지르다
travesty [trǽvəsti] 풍자적 모방(작)

12
veracious [vəréiʃəs] 정직한
voracious [vouréiʃəs] 탐욕스러운

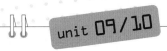

혼 동 어 휘 Check-up

다음의 각 문장에서 괄호 안의 단어 중 알맞은 것을 고르시오.

1 They were surprised at the quaintness of the row of (adjoining / adjourning) houses in the slums of Kolkata.
그들은 콜카타(캘커타)의 빈민가에 주택이 인접해서 늘어서 있는 독특한 모습에 놀라워했다.

2 Being misanthropic, he was (adverse / averse) to all altruistic actions of others.
염세적인 그는 다른 사람들의 이타적인 모든 행동을 싫어한다.

3 This is no longer commonly used and thus people have (deemed / redeemed) it archaic.
그것은 더 이상 일상적으로 사용되지 않으며 사람들은 그것을 구식이라고 생각한다.

4 You need to improve your answers by (close / enclose / disclose) attention to detail.
당신은 세부사항까지 좀 더 정밀하게 주목함으로써 해결책을 개선할 필요가 있다.

5 He was shivering at the thought that she is (close / enclose / disclose) to death.
그녀에게 죽음이 임박했다는 생각에 그는 몸을 떨었다.

6 I am reluctant to (close / enclose / disclose) any confidential information to anyone.
그 누구에게도 기밀정보를 밝히는 것이 내키지 않는다.

7 The farmland adjoining the river is known to be very (fertile / futile) enough to grow more crops.
강과 맞닿은 농지는 더 많은 작물을 수확할 수 있을 정도로 아주 비옥한 것으로 알려졌다.

8 Mineira slum is the most (indignant / indigent / indigenous) part of the country.
미네이라 빈민가는 그 나라에서 에서 가장 가난한 지역이다.

9 The military government violates the human rights of many (indignant / indigent / indigenous) groups.
그 군사정부는 많은 토착집단의 인권을 침해하고 있다.

10 By the time they finished the race, they had (voracious / veracious) appetites.
경기를 마쳤을 때 그들의 식욕은 왕성했다.

〈정답〉
1. adjoining   2. averse   3. deemed   4. close   5. close
6. disclose   7. fertile   8. indigent   9. indigenous   10. voracious

unit 11

acquisition	1 •	• a	purchase
attire	2 •	• b	superb
benevolent	3 •	• c	clothing
collective	4 •	• d	combined
consummate	5 •	• e	altruistic

disrupt	6 •	• a	deform
distort	7 •	• b	absence of motion
eradicate	8 •	• c	completely remove
extract	9 •	• d	derive
immobility	10 •	• e	interrupt

infinite	11 •	• a	required
mandatory	12 •	• b	extraordinary
notable	13 •	• c	outstanding
oblige	14 •	• d	require
phenomenal	15 •	• e	unlimited

ponder	16 •	• a	insatiable
prescribe	17 •	• b	dictate
prototype	18 •	• c	model
transition	19 •	• d	conversion
voracious	20 •	• e	think

1 a   2 c   3 e   4 d   5 b   6 e   7 a   8 c   9 d   10 b   11 e   12 a   13 c   14 d   15 b   16 e   17 b   18 c   19 d   20 a

unit 11

01 acquisition
[ǽkwəzíʃən]

n. 획득(물) = **purchase**, **buy**, acquiring, acquirement, procurement

A child's **acquisition** of language depends largely on confidence.

⇨ clue: ac (to) + quisit (seek) 얻으려고 하다

acquire 획득하다 〈ac=to + quir=seek : 얻으려고 하다〉
inquiry 문의, 조사 〈in=into + quir=seek : 답을 얻으려고 하다〉
inquisitive 호기심이 많은 〈in=into + quisit=ask : 답을 얻으려고 하다〉
requirement 요구, 필요, 조건 〈re=again + quir=ask : 계속 얻으려고 하다〉

02 attire
[ətáiər]

n. 복장 = **clothing**, clothes, apparel, garments
v. 차려 입히다 = array, dress, clothe, apparel

I hardly think jeans are appropriate **attire** for an opera.

⇨ clue: at<ad (to) + tire (order) 순서대로 가지런히 맞추다

retire 물러가다, 퇴직하다 〈re=back + tire=order : 뒷 순서가 되다〉
entire 전체의, 완전한 〈en=in + tire=order : 안에 순서대로 있다〉
entirely 완전히 〈en=in + tire=order : 안에 순서대로 있는〉
satire 풍자 〈sa=enough + tire=order : 충분히 격식을 차린 이야기〉

03 benevolent
[bənévələnt]

↔ malevolent

a. 자비로운 = **altruistic**, **kind**, affable, beneficent, benign, philanthropic

Most Americans think they are the most **benevolent** superpower ever to exist.

⇨ clue: bene (good) + vol (will) 좋은 의도를 가진

beneficial 유익한 〈bene=good + fic=make : 좋게 만드는〉
benediction 축복 〈bene=good + dic=say : 좋게 말하는〉
benign 자비로운, 온화한 〈ben=good : 좋은〉
benefit 이익 〈ben=good : 좋은〉

04 collective
[kəléktiv]

a. 집합적인, 공동의 = combined, aggregate, joint, common

The final decision is the result of a **collective** agreement.

⇨ clue: col<com (together) + lect (choose) 전부 고르다

collect 모으다, 수집하다, 마음을 가다듬다 〈col=com=together + lect=choose : 전부 고르다〉
collected 침착한 〈col=com=together + lect=choose : 전부 고르다〉
recollect 생각해내다, 회상하다 〈re=again + col=com=together + lect=choose : 다시 모으다〉
selective 선별적인, 선택하는 〈se=apart + lect=choose : 따로 골라놓다〉

---

01 아이들의 언어 습득은 주로 자신감에 달려있다.   02 청바지는 오페라에 적당한 복장이라고 생각하지 않는다.   03 대부분의 미국인들은 자신들이 지금까지 가장 자비로운 초강대국이라고 생각한다.   04 최종 결정은 공동 합의의 결과이다.

05 **consummate**
[kánsəmèit]

↔ incomplete

a. 뛰어난 = **superb**, supreme, skilled, accomplished
완전한 = **complete**, absolute, utter, total

Weber's "Oberon" is one of the **consummate** masterpieces of German opera.

⇒ clue: con (intensive) + sum (highest) 최고의
sum 총계, 개요 〈**sum=highest** : 최고의 상태〉
summary 요약, 간략한 〈**sum=highest** : 최고로 간결한〉
summit 정상, 수뇌부 〈**sum=highest** : 최고의〉
summa cum laude (미국 대학졸업생이) 최우등으로 〈**summa=highest + cum=with + laude=praise** : 가장 큰 칭찬을 받으며〉

06 **disrupt**
[disrápt]

↔ organize

v. 방해하다, 혼란시키다 = **interrupt**, **interfere with**, **upset**, disorder

The accelerated change that the economy brings is likely to prove **disrupting** and disturbing.

⇒ clue: dis (apart) + rupt (break) 떼어내서 깨뜨리다
corrupt 부패한, 타락한, 부패시키다 〈**cor=intensive + rupt=break**: 온전한 모습을 깨뜨리다〉
incorruptible 부패하지 않은, 청렴한 〈**in=not + corrupt** 부패한 **+ ible** : 부패하지 않은〉
interrupt 방해하다, 중단시키다 〈**inter=between + rupt=break** : 중간에 깨고 들어가다〉
uninterrupted 연속적인, 끊임없는 〈**un=not + interrupt** 중단하다 : 중단되지 않은〉

07 **distort**
[distɔ́:rt]

v. 비틀다, 왜곡하다 = deform, contort, twist, wrench, misrepresent

Young people raised by controlling parents, first of all, grow up with a **distorted** self-image.

⇒ clue: dis (away) + tort (twist) 잡아 비틀다
torture 고문하다, 고통 〈**tort=twist** : 비틀다〉
retort 보복하다, 반박하다 〈**re=back + tort=twist** : 뒤로 비틀다〉
extort 강탈하다 〈**ex=out + tort=twist** : 비틀고 꺼내가다〉
contort 비틀다, 왜곡하다 〈**con=completely + tort=twist** : 완전히 비틀다〉

08 **eradicate**
[irǽdəkèit]

↔ implant, generate

v. 뿌리째 뽑다 = **completely remove**, **root up**, **extirpate**, **eliminate**, exterminate, wipe out, uproot

There have been attempts to **eradicate** this disease from the world.

⇒ clue: e<ex (out) + rad (root) 뿌리를 밖으로 뽑다
radical 근본적인, 급진적인 〈**rad=root** : 뿌리까지 흔드는〉
eradicable 근절할 수 있는 〈**e=ex=out + rad=root** : 뿌리를 밖으로 뽑다〉
ineradicable 근절할 수 없는 〈**in=not + e=ex=out + rad=root** : 뿌리 뽑지 못하다〉
extirpate 근절하다 〈**ex=out + stirp=root** : 뿌리뽑다〉

05 베버의 "오베론"은 독일 오페라의 뛰어난 대표작 중의 하나이다. 06 사회 경제가 가져오는 급진적인 변화는 혼란과 방해가 될 가능성이 있다. 07 무엇보다도 통제하는 부모 밑에서 자란 젊은이들은 왜곡된 자아상을 가지고 성장하게 된다. 08 세상에서 이 질병을 뿌리 뽑기 위한 시도를 해왔다.

09 extract
[ikstrǽkt]

v. (정보, 돈, 논리를) 이끌어내다 = **derive, draw**, elicit, educe
(이를) 뽑아내다 = pull out, remove, take out

Nearly all trees contain a mix of polymers that can burn like petroleum if properly **extracted**.

⇒ clue: ex (out) + tract (draw) 밖으로 당기다

attract (사람, 물건을) 끌어당기다, 매혹하다, (반응을) 불러일으키다 〈a=ad=to + tract=draw : ~쪽으로 당기다〉
detract 줄이다, 손상시키다 〈de=down + tract=draw : 아래로 당기다〉
abstract 추상적인, 요약, 발췌하다 〈ab=away + tract=draw : 의미가 멀리 떨어져 있다〉
portrait 초상화 〈pro=forth + trai=draw : 앞으로 특징을 이끌어내다〉

10 immobility
[ìmoubíləti]

n. 부동 (상태) = **absence of motion**, stillness, immovability, motionlessness

Again, the pain locked me into **immobility**.

⇒ clue: im (not) + mob (move) 움직이지 않다

mobility 기동(성), 이동성 〈mob=move 움직이다〉
immobile 고정된, 움직이지 못하는 〈im=not + mobile 움직이기 쉬운〉
immutable 불변의 〈im=not + mutable 변하기 쉬운〉
mutable 변하기 쉬운 〈mut=change + able : 변하기 쉬운〉

11 infinite
[ínfənit]

a. 무한한 = **unlimited**, never-ending, boundless, limitless, immeasurable, unbounded

Our energy sources are not **infinite** and therefore we will have to use them with care and wisdom.

⇒ clue: in (not) + fin (end) 끝이 없는

intolerant 편협한, 아량이 없는 〈in=not + tolerant 관대한〉
invalid 근거 없는, 무효의 〈in=not + valid 근거가 확실한〉
inhumane 비인도적인, 몰인정한 〈in=not + humane 인도적인, 인정 있는〉
inadvertently 부주의로, 무심코 〈in=not + advertently 주의 깊게〉

12 mandatory
[mǽndətɔ̀ːri]

a. 강제의 = **compulsory, obligatory, required**, requisite

Research conferences and seminars are **mandatory** and there will be repercussions if we do not attend.

⇒ clue: mand (order) 명령하다

mandate 명령하다 〈mand=order : 명령하다〉
command 명령하다, 지휘권 〈com=completely + mand=order : 명령하다〉
demand 요구하다 〈de=completely + mand=order : 명령하다〉
demanding 요구가 지나친, 힘든 〈de=completely + mand=order : 명령하다〉

09 거의 모든 나무는, 만약 올바르게 추출된다면 석유처럼 탈 수 있는 중합체의 집합을 갖고 있다. 10 나는 또 다시 아파서 움직일 수 없는 상태가 되었다. 11 우리의 에너지 공급원은 무한하지 않으므로 신중하고 현명하게 사용해야 할 것이다. 12 학술연구 회의와 세미나는 강제적인 것이어서 만약 참석하지 않으면 영향이 있을 것이다.

13 notable
[nóutəbəl]

↔ unremarkable

a. 유명한, 주목할 만한 = **outstanding**, **remarkable**, important, noteworthy, distinguished

George Orwell wrote two **notable** books, "1984" and "Animal Farm."

⇨ clue: not (mark) 표시되어 눈에 띄는

note 기록, 메모, 편지, 지폐, 주목하다, 언급하다 〈not=mark : 표시하다〉
noted 유명한 〈not=mark : 표시하다〉
notably 현저하게, 두드러지게 〈not=mark : 표시하다〉
noteworthy 주목할만한, 두드러진 〈not=mark + worthy : 표시해 놓을만한〉

14 oblige
[əbláidʒ]

v. 강요하다 = **require**, **compel**, force, impel, coerce, constrain

As the evidence began to accumulate, they were **obliged** to investigate.

⇨ clue: ob (to) + lig (bind) 묶다

obligate 강요하다, 의무를 지우다 〈ob=to + lig=bind : 묶다〉
obligatory 의무적인, 필수적인 〈ob=to + lig=bind : 묶다〉
liable 책임져야 할 〈li=lig=bind : 묶여있다〉
ally 동맹시키다, 결합시키다 〈al=ad=to + ly=lig=bind : ~에 묶다〉

15 phenomenal
[finámənl]

v. 놀라운, 경이적인 = **extraordinary**, remarkable, fantastic

Exports are growing at a **phenomenal** rate.

⇨ clue: phen (show) 눈 앞에 보이는

emphasis 강조 〈em=in + phan=show : 속까지 다 보이다〉
emphasize 강조하다 〈em=in + phan=show : 속까지 다 보이다〉
diaphanous 투명한, 아주 얇은 〈dia=through + phan=show : 가로질러 보이다〉
sycophant 아첨꾼 〈syco=fig + phan=show : 경찰에게 무화과 딴 사람(위반자)을 일러바치다〉

16 ponder
[pándər]

v. 깊이 생각하다 = **think**, weigh, muse, brood, contemplate, deliberate, meditate

Your points are well taken and I will **ponder** them deeply.

⇨ clue: pond (weigh, hang) 저울질해 가늠해 보다

appendix 부속물, 부록 〈ap=ad=to + pend=hang : 매달려 나오다〉
suspense 불안, 긴장감 〈sus=sub=under + pens=hang : 아래 달려 있다〉
pension 연금 〈pens=hang : 저울에 달아서 돈을 주다〉
recompense 보상, 배상 〈re=again + com=together + pens=hang : 같은 양을 다시 저울에 메달아 주다〉

13 조지 오웰은 두 개의 유명한 소설인 "1984"와 "동물농장"을 썼다.　14 증거가 쌓이자 그들은 조사를 하지 않을 수 없었다.　15 수출이 놀라운 속도로 증가하고 있다.
16 당신의 논점을 타당하므로 제가 깊이 생각해 보겠습니다.

unit 11

17 prescribe
[priskráib]

v. 처방하다 = order the use of a drug
규정하다 = **require**, rule, stipulate, lay down

The physician **prescribed** nothing more than a full day of rest.

⇒ **clue: pre (before) + scrib (write)** (약 받기 전에) 미리 적다

postscript 추신 〈**post=after + script=write** : 뒤에 쓰는 것〉
transcript (연설 등의) 필기록, (학교의) 성적 증명서 〈**trans=across + script=write** : 옮겨 쓴 것〉
proscribe 금지하다 〈**pro=forth + scrib=write** : 나쁜 행동을 벽보로 앞에 붙여 놓다〉
inscribe 기입하다, 새겨 넣다 〈**in=into + scrib=write** : 안에 적어 넣다〉

18 prototype
[próutoutàip]

n. 견본, 원형 = **model**, type, archetype, original

Pilots have begun testing a **prototype** of the new aircraft.

⇒ **clue: proto (first) + type** 첫 번째 형태

archetype 원형 〈**arch=first + type** : 첫 번째 형태〉
stereotype 고정관념 〈**stereo=solid + type** : 형태가 굳어 있는〉
typical 전형적인, 대표적인 〈**type** : 일정한 형태가 있는〉
atypical 변칙적인, 틀에 박히지 않은 〈**a=not + type** : 일정한 형태가 없는〉

19 transition
[trænzíʃən]

↔ uniformity

n. 변화 = **conversion**, **change**, shift, alteration

A smooth **transition** is underway from full-time worker to full-time mother for her.

⇒ **clue: trans (across) + it (go)** 건너편으로 가다

traverse 가로지르다 〈**tra=across + vers=turn** : 건너편으로 돌다〉
transact 거래하다 〈**trans=across + act** : 건너편으로 활동하다〉
transplant 이식하다 〈**trans=across + plant** : 건너편으로 심다〉
transitory 일시적인 〈**trans=across + it=go** : 옆으로 지나가다〉

20 voracious
[vouréiʃəs]

a. 게걸스럽게 먹는, 열렬히 탐하는 = **insatiable**, gluttonous, devouring, ravenous, greedy, avid

A dragonfly and its larva are both **voracious** eaters of their fellow creatures.

⇒ **clue: vor (eat)** 먹어대는

devour 게걸스레 먹다, 열중하다 〈**de=down + vour=eat** : 먹어 치우다〉
omnivorous 잡식성의 〈**omni=all + vor=eat** : 안 가리고 전부 먹다〉
carnivorous 육식의 〈**carni=flesh + vor=eat** : 고기를 먹다〉
insectivorous 곤충을 먹는, 식충의 〈**insect + vor=eat** : 곤충을 먹다〉

---

17 의사는 단지 하루 푹 쉬라는 처방만 내렸다.   18 조종사들은 새 항공기의 원형을 시험 비행하기 시작했다.   19 그녀는 전시간 직장인에서 전업 주부로 순조롭게 변하고 있다.   20 잠자리와 그 유충은 둘 다 같은 잠자리를 잡아먹는 폭식가이다.

Choose the closest word or expression of the highlighted word in each question.

1 Professionals in the field of medicine are very concerned about the **adverse** reactions to certain drugs.

Ⓐ immediate   Ⓑ negative   Ⓒ permanent   Ⓓ unforeseen

2 Many North American towns **bear** the name of Bowling Green to this day; they are witness to the popularity of the game of bowling brought by early settlers from overseas.

Ⓐ suggest   Ⓑ desire   Ⓒ honor   Ⓓ carry

3 The heat energy obtained from the sun must be in **equilibrium** with the heat lost to cooler surroundings in order for life to be sustained on earth.

Ⓐ relationship   Ⓑ contrast   Ⓒ exchange   Ⓓ balance

4 Smallpox and similar diseases have been successfully **eradicated** worldwide, thanks to decades of work by committed doctors.

Ⓐ eliminated   Ⓑ pushed over   Ⓒ assimilated   Ⓓ verified

5 Crude oil is generally sent through pipelines to a refinery after being **extracted from** a ground well, although it may also move by ship or even overland.

Ⓐ derived from   Ⓑ transformed form   Ⓒ processed in   Ⓓ located in

6 After the invention of the microscope, microbiology made progress with an **extraordinary** rapidity.

Ⓐ a remarkable   Ⓑ an excruciating   Ⓒ an elusive   Ⓓ a rousing

7 Most countries, even those with very progressive gender equality laws, do not apply the rule of **mandatory** military service to women.

Ⓐ superior   Ⓑ compulsory   Ⓒ beneficial   Ⓓ constructive

8 Artists who do not achieve much success are frequently **obliged** to turn to less prestigious jobs like etching, stonecutting or even painting signs commercially to earn a livelihood.

Ⓐ inspired   Ⓑ asked   Ⓒ forced   Ⓓ tempted

9 According to my writing Instructor, it's sometimes more fruitful to begin a composition right away rather than **ponder** the content or approach that will ultimately be used.

Ⓐ contemplate   Ⓑ rush   Ⓒ illuminate   Ⓓ await

10 Genes that **prescribe** the specific tasks of cells in both plants and animals can sometimes change positions in unexpected ways, according to a finding by genetics experts.

Ⓐ inhibit   Ⓑ mimic   Ⓒ alter   Ⓓ dictate

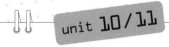
1. B

의료분야에서 전문가들은 특정 약에 대한 부작용을 염려한다.

2. D

북미의 많은 도시들은 오늘날까지 볼링 그린이라는 이름을 갖고 있는데, 이는 초기 해외에서 온 이주민들이 들여온 볼링게임이 인기가 있었기 때문이다.

3. D

지구에서 생명체들이 살아가기 위해서는, 태양으로부터 얻은 열에너지와 주변의 더 차가운 환경에 손실된 열과 평형상태를 이루어야 한다.

4. A

헌신적인 의사들이 수 십 년 동안 애쓴 덕분에 천연두와 유사한 질병들은 온 세계에서 성공적으로 전멸되었다.

5. A

원유는 배나 혹은 심지어 육로로 옮기기도 하지만, 일반적으로 지상의 유정에서 추출한 후에 수송관을 통해서 제련소로 보내진다.

6. A

현미경이 발명된 이후에 미생물학은 엄청난 속도로 발전했다.

7. B

대부분의 나라들은 여성들에 대해 군복무를 의무적인 법으로 적용하지 않으며 매우 진보적인 성 평등법이 있는 나라들조차도 마찬가지다.

8. C

큰 성공을 하지 못한 예술가들은 생계를 위해서 부득이 하게 동판화 작업, 석공, 심지어 상업적 표지판에 칠을 하는 일 같은 하류 직업 쪽으로 돌아서게 된다.

9. A

나의 글쓰기 선생님에 따르면, 내용이나 최종적으로 사용할 접근 방법을 깊이 생각하는 것보다 때때로 즉시 작문을 시작하는 것이 더 효과적이라고 한다.

10. D

유전학 전문가들의 조사결과에 따르면, 동식물 양쪽 세포에 특정한 임무를 정하는 유전자는 때때로 예기치 못한 방식으로 포지션을 바꿀 수도 있다.

unit 12

appropriate	1 •	• a	products
assert	2 •	• b	significant
catastrophic	3 •	• c	disastrous
commodity	4 •	• d	suitable
considerable	5 •	• e	claim

cumbersome	6 •	• a	awkward
denote	7 •	• b	clarify
disassemble	8 •	• c	designate
discern	9 •	• d	identify
illuminate	10 •	• e	take apart

integrate	11 •	• a	lawful
irreversible	12 •	• b	irrevocable
legitimate	13 •	• c	joint
mutual	14 •	• d	unify
offensive	15 •	• e	aggressive

pernicious	16 •	• a	clear
purify	17 •	• b	subordinate
solicitation	18 •	• c	entreaty
subservient	19 •	• d	bear witness
testify	20 •	• e	deadly

1 d 2 e 3 c 4 a 5 b 6 a 7 c 8 e 9 d 10 b 11 d 12 b 13 a 14 c 15 e 16 e 17 a 18 c 19 b 20 d

unit 12

01 **appropriate**
[əpróuprièit]

a. 적절한 = **suitable**, **proper**, **applicable**, pertinent
v. 횡령하다 = seize, commandeer

You'd better talk in terms of which is more **appropriate** rather than more correct.

⇒ clue: ap<ad (to) + propri<proper (one's own) 자신에게 맞추는

inappropriate 부적절한 〈in=not + ap=to + propri=one's own : 자신에게 맞지 않는〉
properly 적절히, 알맞게 〈proper=one's own : 자신에게 맞추는〉
property 자산, 특성 〈proper=one's own : 자신의 것〉
proprietor 소유주 〈propri=one's own : 자신의 것〉

02 **assert**
[əsə́:rt]

v. 주장하다 = **claim**, **maintain**, **declare**, insist upon, put forward

There exists today widespread propaganda which **asserts** that socialism is dead.

⇒ clue: as<ad (to) + sert (join) 생각을 모아서 내놓다

desert 버리다, 사막(의) 〈de=off + sert=join : 모여 있는 것을 떼어내다〉
insert 삽입하다 〈in=into + sert=join : 안에 붙여 넣다〉
exert (힘, 능력, 권력을) 쓰다, 노력하다 (exert oneself) 〈ex=out + sert=join : 모아서 밖으로 내놓다〉
series 연속, 일련 〈ser=sert=join : 연결하다〉

03 **catastrophic**
[kæ̀təstráfik]

a. 파멸의 = **disastrous**, devastating, calamitous

Failure to reach an agreement on arms reduction could have **catastrophic** consequences.

⇒ clue: cata (completely) + stroph (turn) 완전히 뒤집어지다

catastrophe 대단원, 대참사 〈cata=completely + stroph=turn : 완전히 뒤집어지다〉
catharsis 정화, 카타르시스 〈cat=cata=completely + hars=pure : 완전히 맑게 하다〉
catalogue 카탈로그 〈cata=completely + log=speak : 물건에 대해 완전하게 말해주다〉
catholic 광범위한 〈cat=cata=completely + hol=whole : 전체를 완전히 포함하다〉

04 **commodity**
[kəmádəti]

v. 상품 = **products**, **wares**, **goods**, merchandise

Expenses increase as **commodity** prices rise.

⇒ clue: com (with) + mod (measure) 기준에 맞는 것

mode 방식 〈mod=measure : 기준〉
outmoded 시대에 뒤진 〈out + mod=measure : 기준을 벗어난〉
measure 측정하다, 측정, 기준, 조치(pl.)
immeasurably 헤아릴 수 없을 정도로, 대단히 〈im=not + measure : 측정할 수 없을 정도〉

---

01 어느 것이 더 정확한가 보다는 오히려 어느 것이 더 적절한 것인가에 관해 이야기 하는 편이 더 낫다.　　02 오늘날 사회주의는 죽었다는 주장의 선전이 널리 퍼져있다.　　03 무기 감축에 대한 합의의 실패가 파멸적인 결과를 가져올 수 있다.　　04 물가가 상승함에 따라 지출비가 증가한다.

05 **considerable**
[kənsídərəbəl]

↔ trivial

a. 중요한 = **significant**, important, distinguished
상당한 = **large**, **sizable**, **substantial**, ample, plentiful

The economy was a **considerable** issue in the campaign.

⇒ clue: con (together) + sid (sit) 함께 앉아 궁리하다
considerably 상당히 〈con=together + sid=sit : 함께 앉아 궁리하다〉
considerate 사려 깊은, 배려하는 〈con=together + sid=sit : 함께 앉아 궁리하다〉
consider 깊이 생각하다 〈con=together + sid=sit : 함께 앉아 궁리하다〉
subside 가라앉다, 진정되다 〈sub=under + sid=sit : 아래로 내려앉다〉

06 **cumbersome**
[kʌ́mbərsəm]

a. 방해가 되는, 다루기 힘든 = awkward, bulky, unwieldy, burdensome

He did away with **cumbersome** expense claims and time-consuming paperwork.

⇒ clue: cumb (lie)+ some (likely to) 드러눕는
cumber 방해(물) 〈cumb=lie : 드러눕다〉
encumber 방해하다 〈en=make + cumb=lie : 눕게 하다〉
unencumbered 방해 없는, 부담 없는 〈un=not + encumber 방해하다 : 방해가 없는〉
incumbent 의무로 지워지는, 현직의 〈in=on + cumb=lie : 어깨 위에 놓여있다〉

07 **denote**
[dinóut]

v. 표시하다 = designate, mark, signal, indicate, betoken

The rise of China as an economic behemoth **denotes** a change in the geopolitical power balance.

⇒ clue: de (down) + not (mark) 표시하다
denotation 표시 〈de=down + not=mark : 표시하다〉
connotation 함축 〈con=together + not=mark : 함께 표시하다〉
connote 함축하다 〈con=together + not=mark : 함께 표시하다〉
note 기록, 메모, 편지, 지폐, 주목하다, 언급하다 〈not=mark : 표시하다〉

08 **disassemble**
[dìsəsémbəl]

↔ join, assemble

v. 분해하다 = take apart, dismantle, deconstruct

The mechanic first **disassembled** the engine before he fixed it.

⇒ clue: dis (apart) + as<ad (to) + sembl (same) 형태를 떼어놓다
assemble 조립하다, 모으다 〈as=ad=to + sembl=same : 하나의 동일한 형태가 되다〉
assembly 조립, 모임, 의회 〈as=ad=to + sembl=same : 하나의 동일한 형태가 되다〉
resemble 닮다 〈re=again + sembl=same : 다시 같은 형태가 되다〉
dissemble (감정, 의도를) 숨기다 〈dis=not + sembl=same : 안과 밖이 같지 않다〉

05 선거 운동에서 경제는 중요한 쟁점이었다. 06 그는 성가신 경비 청구와 시간 낭비하는 문서 업무를 폐지했다. 07 경제 거인으로서의 중국의 번영은 전세계 지정학상의 세력 균형의 변화를 나타낸다. 08 정비사는 엔진을 고치기 전에 우선 분해부터 했다.

unit 12

09 **discern**
[disə́:rn]

v. 파악하다, 알아차리다 = **identify**, detect, recognize, distinguish

I couldn't **discern** any visible difference between the smartphones.

⇨ clue: dis (apart) + cern (separate) 따로 구별하다

discerning 통찰력이 있는 〈dis=apart + cern=separate : 따로 구별하다〉
disparate 다른 〈dis=apart + par=equal : 같은 모습에서 떨어져 나오다〉
dissolve 녹이다 〈dis=apart + solv=loosen : 떨어져 풀어지다〉
display 전시하다 〈dis=apart + play : 떼어 내어 따로 보여주다〉

10 **illuminate**
[ilú:mənèit]

v. 조명하다 = light up, brighten, illumine, irradiate
명백히 하다 = **clarify**, clear up, elucidate, enlighten

A public forum next week will **illuminate** important differences between candidates.

⇨ clue: il<in (into) + lumin (light) 밝게 하다

luminous 빛나는 〈lumin=light : 밝게 하다〉
luminosity 밝기, 광명 〈lumin=light : 밝게 하다〉
illustrate 삽화를 넣다, 분명히 하다 〈il=into + lustr=light : 밝게 하다〉
illustration 삽화, 예시 〈il=into + lustr=light : 설명을 분명하게 하다〉

11 **integrate**
[íntəgrèit]

v. 통합하다 = **unify**, combine, unite, join, incorporate, merge

The students at this school **integrated** immediately, despite their different backgrounds.

⇨ clue: in (not) + tegr (touch) 만지지 않고 본래의 완전한 상태로 두다

inaccessible 접근하기 어려운 〈in=not + accessible 접근 가능한〉
inviolable (법 등을) 어길 수 없는, 신성한 〈in=not + violable 깨뜨릴 수 있는〉
intolerable 참을 수 없는 〈in=not + tolerable 참을 수 있는〉
tolerate 참다 〈tol=lift : 어려움을 들어 올리다〉

12 **irreversible**
[ìrivə́:rsəbəl]
↔ reversible

a. 되돌릴 수 없는 = irrevocable, unalterable, irreparable

The ultimate goal of Greenpeace is to stop **irreversible** damage to the natural environment.

⇨ clue: ir (not) + reversible (거꾸로 할 수 있는) 거꾸로 할 수 없는

irreparable 돌이킬 수 없는 〈ir=not + reparable 수선할 수 있는〉
irresistible 저항할 수 없는, 너무 매력적인 〈ir=not + resistible 저항할 수 있는〉
irrelevant 관련 없는, 부적절한 〈ir=not + relevant 관련된, 적절한〉
irremediable 불치의 〈ir=not + remediable 치료될 수 있는〉

---

09 나는 두 스마트폰 사이의 어떤 시각적인 차이점도 알아차릴 수 없었다. 10 다음 주의 공개 토론회에서 후보자들간의 중요한 차이점이 밝혀질 것이다. 11 이 학교의 학생들은 서로 다른 환경에도 불구하고 즉시 통합되었다. 12 그린피스의 궁극적인 목표는 자연 환경에 대한 돌이킬 수 없는 손상을 종식시키는 것이다.

13 legitimate
[lidʒítəmit]

↔ illegitimate

a. 합법의 = **lawful**, **legal**, licit, rightful, authorized

The property's **legitimate** owners did voice their concern about financial management.

⇒ clue: leg (law) + it (go) 합법적으로 나가다

illegitimate 불법의, 서자의 〈il=not + leg=law + it=go : 합법적으로 나가지 않다〉
legislate 법률을 제정하다 〈leg=law + lat=carry : 법안으로 통과하다〉
legacy 유산 〈leg=law : 법적으로 받은 것〉
legal 합법적인 〈leg=law : 법적인〉

14 mutual
[mjú:tʃuəl]

a. 공동의 = **joint**, shared, common
상호간의 = **reciprocal**, interactive

They finally found some common ground or **mutual** understanding on environmental issues.

⇒ clue: mut (change) 바꾸어서 할 수 있는

mutate 변하다, 돌연변이하다 〈mut=change : 변하다〉
mutable 변하기 쉬운 〈mut=change : 변하다〉
mutation 변화, (돌연)변이 〈mut=change : 변하다〉
commute 교환하다, 통근하다 〈com=completely + mut=change : 완전히 바꾸다〉

15 offensive
[əfénsiv]

a. 공격적인 = **aggressive**, attacking, invading
불쾌한 = **disgusting**, disagreeable, obnoxious, detestable

What you regard as witticisms are often **offensive** to sensitive people.

⇒ clue: of<ob (against) + fens (strike) 대항해서 치다

offend 위반하다, 화나게 하다 〈of=ob=against + fend=strike : 대항해서 치다〉
offence 공격, 위반, 기분 상함 〈of=ob=against + fend=strike : 대항해서 치다〉
defend 방어하다 〈de=away + fend=strike : 가까이 못 오게 치다〉
defendant 피고인 〈de=away + fend=strike : 가까이 못 오게 치다〉

16 pernicious
[pə:rníʃəs]

a. 유해한 = **deadly**, **fatal**, noxious, detrimental, malign, poisonous, harmful

Within a few years, some of the planet's most **pernicious** killers could be curable.

⇒ clue: per (completely) + nic (harm) 아주 해가 있는

obnoxious 불쾌한, 밉살스러운 〈ob=to + nox=harm : 마음이 아주 상하는〉
innoxious 무해한 〈in=not + nox=harm : 해가 없는〉
noxious 유해한 〈nox=harm : 해가 있는〉
nuisance 골칫거리, 귀찮은 사람(일) 〈nui=harm : 해가 되는〉

13 주택의 법적 소유주들은 재정 관리에 대한 우려를 강하게 드러냈다.　14 그들은 마침내 환경 문제에 대한 공통점과 상호 이해를 찾았다.　15 자신이 익살이라고 생각하는 말도 종종 예민한 사람들에게는 불쾌감을 줄 수 있다.　16 몇 년 내에 지구상의 가장 치명적인 몇 가지 질병이 치유 가능할지도 모른다.

unit 12

17 purify
[pjúərəfài]

↔ contaminate, pollute

v. 정화하다 = **clear**, clean, cleanse, clarify, purge

Recent research has shown that houseplants help **purify** the air.

⇒ clue: pur (clean) + fy (make) 깨끗하게 만들다

purity 청결, 순수 〈pur=clean : 깨끗한〉
purge 깨끗이 하다, (반대분자를) 추방하다 〈pur=clean : 깨끗한〉
pure 깨끗한, 결백한, 섞이지 않은 〈pur=clean : 깨끗한〉
expurgate (외설, 부적당한 부분을) 삭제하다 〈ex=out + pur=clean : 부적당한 부분을 잘라내어 깨끗이 하다〉

18 solicitation
[səlìsətéiʃən]

n. 간청 = entreaty, appeal, request

Every gesture they make exudes **solicitation**.

⇒ clue: soli (all) + cit (call) 진심으로 ~을 불러일으키다

cite 인용하다, 언급하다 〈cit=call : 불러일으키다〉
incite 자극하다 〈in=into + cit=call : 마음속에 불러일으키다〉
excite 흥분시키다 〈ex=out + cit=call : 감정을 불러일으키다〉
solicit 간청하다 〈soli=all + cit=call : 진심으로 불러일으키다〉

19 subservient
[səbsə́ːrviənt]

a. 보조적인, 복종하는 = subordinate, subsidiary, secondary, ancillary, auxiliary

She was proud and dignified; she refused to be **subservient** to anyone.

⇒ clue: sub (under) + serv (keep) 아래에 두는

subtle 미묘한, 교묘한, 감지하기 힘든 〈sub=under + tle=weave : 아래까지 촘촘히 짠〉
subsidiary 종속적인, 보조의 〈sub=under + sid=sit : 아래에 앉아 있다〉
submarine 해저의, 잠수함 〈sub=under + marine : 바다 아래〉
subterfuge 속임수, 핑계 〈sub=under + fug=flee : 아래로 살짝 도망하다〉

20 testify
[téstəfài]

v. 입증하다 = bear witness, witness, attest, certify

History is the witness that **testifies** to the passing of time.

⇒ clue: test (witness) 입증하다

testament 증거 〈test=witness 입증하다〉
testimony 증명, 증거 〈test=witness 입증하다〉
detest 혐오하다 〈de=not + test=witness : 보려고 하지도 않다〉
witness 입증하다, 보다, 증인

17 최근 조사에 따르면 실내 화분이 공기를 정화하는데 도움이 된다고 한다.　18 그들이 하는 모든 몸짓에 간청이 배어나온다.　19 그녀는 자부심과 위엄이 있었다. 그래서 그녀는 어느 누구에게도 복종하지 않았다.　20 역사란 시간의 경과를 입증하는 증거이다.

1
access [ǽkses] approach 접근, 출입
excess [iksés] surplus 초과

7
interrupt [ìntərʌ́pt] 방해하다
interact [ìntərǽkt] 상호 작용하다

2
beneficiary [bènəfíʃièri] 수익자, 수령인
beneficent [bənéfəsənt] 자선심이 많은, 인정 많은
beneficial [bènəfíʃəl] 유익한

8
legible [lédʒəbəl] (필적·인쇄가) 읽기 쉬운
legal [líɡəl] 법률(상)의, 합법의

3
captious [kǽpʃəs] 헐뜯는
capricious [kəpríʃəs] 변덕스러운, 급변하는

9
prescribe [priskráib] 처방하다, 지시하다
proscribe [prouskráib] 금지하다

4
command [kəmǽnd] 명령하다
commend [kəménd] 칭찬하다

10
summit [sʌ́mit] 정상, 수뇌부
submit [səbmít] 제출하다, 굴복하다

5
considerable [kənsídərəbəl] 중요한, 상당한
considerate [kənsídərit] 이해심(동정심)이 있는

11
tolerant [tálərənt] 관대한 (↔ intolerant)
tolerable [tálərəbəl] 참을 수 있는 (↔ intolerable)

6
intercept [ìntərsépt] 가로막다, 가로채다
interfere [ìntərfíər] 간섭하다, 방해하다

12
wear [wɛər] 입다, 닳게 하다, 지치게 하다
ware [wɛər] 상품
wary [wéəri] 조심성 있는
weary [wíəri] 피로한, 지치게 하다

혼 동 어 휘 Check-up

다음의 각 문장에서 괄호 안의 단어 중 알맞은 것을 고르시오.

1   In the long run, it is (beneficiary / beneficial) to be cognizant of the potential pitfalls involved in starting a small business.
장기적인 안목으로 보면, 소규모 창업과 연관된 잠재적인 위험을 인식하고 있는 것이 유익하다.

2   The fact he stayed in the company when everyone else left shows his (considerable / considerate) devotion to the company.
모두가 떠났을 때 그가 회사에 남았다는 사실은 회사에 대한 그의 상당한 헌신을 나타낸다.

3   The (captious / capricious) melody of jazz music makes it exciting to listen to.
재즈음악의 급변하는 멜로디가 듣기에 흥이 난다.

4   Please don't (interrupt / interact) me. If you have something to say, withhold your comment until I have finished speaking.
내 말을 가로막지 마십시오. 할 말이 있으면 내가 발언을 마칠 때까지 보류하십시오.

5   A breach of contract can give a person a lot of (legal / legible) difficulties.
계약위반은 많은 법적인 문제를 일으킬 수 있다.

6   Often when something is (prescribed / proscribed), it becomes more attractive.
종종 무언가가 금지되면, 이것이 더욱더 사람의 마음을 끌게 된다.

7   This is not the best route to the (summit / submit).
이것이 정상으로 가는 가장 좋은 길은 아니다.

8   He felt extremely (wary / weary) after an ordinary day's work at the office.
사무실에서 평상시와 같이 일을 했는데 그는 몹시 피곤했다.

9   These boots are waterproof, but they are so big and bulky that they are overly cumbersome to (wear / ware).
이 부츠는 방수이지만 너무 크고 다루기 힘들어서 신기에 아주 번거로워.

10 Judging by her (wary / weary) glance, she was suspicious of his actions.
그녀의 조심성 있는 눈짓으로 판단할 때, 그녀는 그의 행동을 수상쩍어 했다.

〈정답〉
1. beneficial   2. considerable   3. capricious   4. interrupt   5. legal
6. proscribed   7. summit   8. weary   9. wear   10. wary

unit 13

adapt	1 •	• a	prove
apparent	2 •	• b	adjust
comparable	3 •	• c	similar
confirm	4 •	• d	evident
evaluate	5 •	• e	estimate

excavate	6 •	• a	interfering
heritage	7 •	• b	tradition
incorporate	8 •	• c	include
landscape	9 •	• d	scenery
meddlesome	10 •	• e	dig out

monotonous	11 •	• a	innate
natural	12 •	• b	calm
perennial	13 •	• c	persistent
placid	14 •	• d	closeness
proximity	15 •	• e	tedious

relevant	16 •	• a	dependable
reliable	17 •	• b	sound
timid	18 •	• c	timorous
uniform	19 •	• d	even
valid	20 •	• e	applicable

1 b 2 d 3 c 4 a 5 e 6 e 7 b 8 c 9 d 10 a 11 e 12 a 13 c 14 b 15 d 16 e 17 a 18 c 19 d 20 b

unit 13

01 **adapt**
[ədǽpt]

v. 적응하다, 맞추다 = **adjust**, acclimate, modify, change

We have had to **adapt** quickly to a new environment.

⇨ clue: ad (to) + apt (적당한) 적당한 상태가 되다
adaptable 적응성 있는, 융통성 있는 〈ad=to + apt 적당한 : 적당한 상태가 되다〉
adaptability 적응성, 융통성 〈ad=to + apt 적당한 : 적당한 상태〉
aptitude 적성, 경향 〈apt + tude=state : 적절한 상태〉
apt 적절한, ~하는 경향이 있는

02 **apparent**
[əpǽrənt]

↔ obscure

a. 명백한 = **evident**, **clear**, **obvious**, **plain**, manifest, conspicuous
외견상의 = **seeming**, outward, ostensible, superficial

The effects of the drought are **apparent** to anyone who sees the parched fields.

⇨ clue: ap<ad (to) + par (visible 보이는) 눈에 보이는
appear 나타나다 〈ap=to + pear=par=visible : 눈에 보이다〉
disappear 사라지다 〈dis=opposite + ap=ad=to + pear=visible : 눈에 보이지 않다〉
apparently 분명하게, 외견상 〈ap=to + par=visible : 눈에 보이다〉
transparent 투명한 〈trans=across + par=visible : 맞은편에서도 보이다〉

03 **comparable**
[kámpərəbəl]

↔ disparate

a. 유사한, 비교할 만한 = **similar**, akin, alike

An elephant is **comparable** in size to a double-decker bus.

⇨ clue: com (together) + par (equal) 같이 나란히 둘 수 있는
comparative 비교의, 상대적인 〈com=together + par=equal : 같이 나란히 두다〉
disparage 깔보다, 헐뜯다 〈dis=not + par=equal : 나와 같지 않게 보다〉
disparity 불균형, 차이 〈dis=not + par=equal : 같지 않다〉
parity 동등, 일치 〈par=equal : 같다〉

04 **confirm**
[kənfə́ːrm]

v. 확인하다 = **prove**, **verify**, authenticate, corroborate, ratify

New scientific research **confirms** that the prime time in life for learning a second language is from birth through age 10 or 12.

⇨ clue: con (completely) + firm (strong) 아주 단단하게 해놓다
firm 단단한, 확고한 〈firm=strong : 단단한〉
affirm 단언하다, 확인하다 〈af=ad=to + firm=strong : 단단하게 해놓다〉
infirm 약한 〈in=not + firm=strong : 단단하지 못한〉
infirmity 허약, 질환 〈in=not + firm=strong : 단단하지 않다〉

01 건조한 사막에 적응된 낙타의 발은 진흙 위에서는 아무 소용이 없다. 02 바짝 마른 들판을 보게 되면 누구나 가뭄으로 인한 영향을 분명히 알 수 있다. 03 코끼리는 크기에서는 2층 버스와 비슷하다. 04 새로운 과학 연구에서 제2언어를 습득하는데 인생에서 가장 중요한 시기는 태어나서부터 10살 혹은 12살까지라고 확인되었다.

05 evaluate
[ivǽljuèit]

v. 평가하다 = **estimate**, **assess**, **appraise**, **judge**, rank, rate, gauge

Intelligent thinkers are able to identify main issues, recognize underlying assumptions, and **evaluate** evidence.

⇨ clue: e<ex (out) + val (value) 가치를 매기다

evaluation 평가 〈e=ex=out + val=value : 가치를 매기다〉
devaluate 평가 절하하다 〈de=down + val=value : 가치를 내리다〉
valuable 귀중한 〈val=value : 가치가 있다〉
invaluable 매우 귀중한 〈in=not + val=value : 가치를 매길 수 없을 정도로 중요하다〉

06 excavate
[ékskəvèit]

v. 발굴하다 = **dig out**, **dig up**, **unearth**, quarry, hollow

The mining company plans to **excavate** an ore-rich hillside.

⇨ clue: ex (out) + cave 굴을 파내다

cave 동굴
cavern (큰) 동굴 〈cave : 굴〉
cavernous 동굴 같은, (눈, 볼이) 움푹 꺼진 〈cave : 굴〉
cavity 구멍, 충치 〈cave : 굴 모양의〉

07 heritage
[héritidʒ]

n. 전통, 유산 = **tradition**, legacy, inheritance, bequest

The state should strive to sustain and develop cultural **heritages** and enhance national culture.

⇨ clue: herit (heir) 물려받다

hereditary 세습의, 유전성의 〈hered=heir : 물려받다〉
heredity 유전 〈hered=heir : 물려받다〉
inherit (체격, 성질, 권한 등을) 물려받다 〈in=into + herit=heir : 물려받다〉
heir 상속인, 후계자

08 incorporate
[inkɔ́ːrpərèit]
↔ separate

v. 통합하다 = **include**, **combine**, **integrate**, unite, consolidate, embody, merge

It might be a good idea to **incorporate** the use of drama into the education system.

⇨ clue: in (into) + corp (body) 하나의 집단(몸통)으로 만들다

corporate 법인의, 단체의 〈corp=body 집단〉
corpse 시체 〈corp=body 몸통〉
corporeal 육체의, 유형의 〈corp=body 몸통〉
corpulent 살찐 〈corp=body 몸통〉

05 이성적으로 생각할 줄 아는 사람은 주요 문제를 식별하고, 기본적인 가정들을 인식하고, 증거를 평가할 수 있는 능력이 있다.   06 광업 회사는 광석이 풍부한 언덕을 파내려고 계획하고 있다.   07 국가는 문화 유산을 계승 및 발전시키고, 민족 문화를 향상시키는 데 노력해야 한다.   08 교육 제도에 드라마 활용을 포함시키는 것이 좋을 듯하다.

unit 13

09 landscape
[lǽndskèip]

n. 풍경, 전망 = **scenery**, scene, outlook, prospect, view, vista

The political **landscape** looks bleak without a change of administration.

⇨ clue: land + scape<scop (watch) 지면에서 내려다보는 모습

landmark 경계표, 획기적인 사건 〈land + mark : 지면에 표시하다〉
landslide 산사태, 압도적 승리 〈land + slide : 땅이 미끄러져 내려오다〉
landlord 지주, 집주인 〈land + lord : 땅주인〉
outlandish 이국적인 〈out + land : 나라밖의〉

10 meddlesome
[médlsəm]

a. 참견하기 좋아하는 = **interfering**, **meddling**, intrusive, intruding

Ineffective and **meddlesome** government and unstable labor-management relationships have pulled down Korea's international competitiveness.

⇨ clue: med (middle) 중간에 끼어드는

meddle 간섭하다 〈med=middle : 중간에 끼어드는〉
mediate 조정하다 〈med=middle : 중간에 끼어드는〉
medieval 중세의 〈med=middle : 중간의〉
immediate 즉각적인, 인접한 〈im=not + med=middle : 중간부분 없이〉

11 monotonous
[mənátənəs]

a. 단조로운, 지루한 = **tedious**, **boring**, dull, tiresome, toneless, unvaried

As even the finest landscape, seen daily, becomes **monotonous**, so does the most beautiful face, unless a beautiful nature shines through it.

⇨ clue: mono (one) + ton(e) (음) 한 가지 음이 계속되는

monopoly 독점, 전매 〈mono=one + poly=sell : 혼자만 팔다〉
monarch 군주 〈mon=one + arch=rule : 혼자 지배하다〉
monogamy 일부일처제 〈mono=one + gam=marriage : 한 명의 배우자와 결혼하다〉
monomania 편집광 〈mono=one + mania=madness : 한 가지 일에만 병적으로 집착하다〉

12 natural
[nǽtʃərəl]

a. 타고난 = **innate**, **inborn**, indigenous, inherent, native

It takes hard work and **natural** ability to make it as a professional singer.

⇨ clue: nat (born) 타고난

naive 순진한 〈nai=nat=born : 태어날 때 같은〉
nascent 초기의 〈nat=born 태어나다〉
renascent 재기하는, 부흥하는 〈re=again + nai=born : 다시 태어나다〉
Renaissance 문예부흥(기), 르네상스 〈re=again + nai=born : 다시 태어나다〉

09 행정부의 변화 없이는 정치적 전망은 가망이 없어 보인다. 10 무능하고 참견하기 좋아하는 정부와 불안한 노사 관계는 한국의 국제 경쟁력을 저하시켜왔다. 11 심지어 아름다운 경치도 매일 보면 단조로워지듯이, 아주 아름다운 얼굴도, 그 속에 아름다운 품성이 빛을 발하지 않으면, 그와 같은 법이다. 12 전문 성악가로 성공하기 위해서는 부단한 노력과 타고난 재능이 있어야 한다.

13 perennial
[pəréniəl]

a. 장기간 계속되는 = **persistent**, constant, continual, lasting, ceaseless, perpetual, permanent

Unpredictable weather is a **perennial** danger for mountain climbers.

⇒ clue: per (completely) + enn (year) 일 년 내내 지속되는
annual 매년의 〈ann=year : 해마다의〉
biannual 반 년마다의 〈bi=two + ann=year : 일 년에 두 번〉
biennial 2년에 한 번씩의 〈bi=two + enn=year : 2년에 한번〉
centennial 100년마다의, 100주년 〈cent=100 + ann=year : 100년〉

14 placid
[plǽsid]
↔ turbulent

a. 평온한 = **calm**, **tranquil**, **serene**, still, composed, undisturbed

Our canoe floated gently along the **placid** river for what seemed an eternity.

⇒ clue: plac (please) 기쁨, 만족을 주다
placate 달래다 〈plac=please : 기쁨을 주다〉
implacable 달래기 어려운, 냉혹한 〈im=not + plac=please : 기쁨을 줄 수 없는〉
complacent 자기만족의 〈com=intensive + plac=please : 큰 기쁨을 주는〉
complaisant 남의 말을 잘 따르는, 상냥한 〈com=intensive + plac=please : 큰 기쁨을 주는〉

15 proximity
[praksíməti]

n. 근접, 가까움 = **closeness**, **nearness**, vicinity, propinquity

Families are no longer in close **proximity** to each other.

⇒ clue: prox=prop (near) +ity 명사형 어미 : 가까이
proximate 인접한, 가까운 〈prox/prop=near 가까이〉
approximate 거의 정확한, 근사치의, (양, 성격이) 비슷하다 〈ap=ad=to + prox=near : 가까이 가다〉
approach 접근하다, (상태, 시간, 정도, 양이) ~에 가까워지다 〈ap=ad=to + prop=near : 가까이 가다〉
reproach 비난하다 〈re=back + prop=near : 등을 맞대고 가다〉

16 relevant
[réləvənt]
↔ irrelevant

a. 적절한, 관련된 = **applicable**, pertinent, appropriate, germane

She corresponds with colleagues in order to learn about matters **relevant** to her own research.

⇒ clue: re (again) + lev (raise) 들어 올려 맞추다
irrelevant 관계없는, 부적절한 〈ir=not + re=again + lev=raise : 들어 올려 맞추지 않다〉
relevance 적절, 관련(성) 〈re=again + lev=raise : 들어 올려 맞추다〉
relieve (고통, 불쾌감을) 덜어주다, 완화하다 〈re=again + liev=raise : 고통을 들어 올리다〉
alleviate (고통을) 완화하다 〈al=ad=to + lev=raise : 고통을 들어 올리다〉

13 등반가들에게 예측할 수 없는 날씨는 끊임없는 위험 요소이다.   14 우리 카누는 평온한 강을 따라 오랫동안 서서히 떠내려갔다.   15 가족은 더 이상 서로에게 가깝지 않다.   16 그녀는 자신의 연구와 관련이 있는 문제에 대해 배우기 위해 동료들과 편지를 주고받는다.

unit 13

17 reliable
[riláiəbl]

a. 신뢰할 수 있는 = dependable, trustworthy, credible

This report comes from a **reliable** source of information.

⇨ clue: re(intensive) + lig(bind) 강력하게 묶여 있다
rely 믿다, 의지하다 〈re=intensive + ly=bind : 단단히 묶여 있다〉
ally 동맹국, 협력자 〈al=ad=to + ly=lig=bind : ~에 묶다〉
liable 책임져야 할 〈li=lig=bind : 묶여 있다〉
liability 책임 〈li=lig=bind : 묶여 있다〉

18 timid
[tímid]

a. 겁 많은 = **timorous**, fearful, afraid, cowardly

He is suitably cautious, but not at all **timid**.

⇨ clue: tim (fear) 두렵게 만드는
intimidate 위협하다 〈in=in + tim=fear : 마음속에 두려움을 심어주다〉
tremendous 엄청난 〈trem=fear : 두렵게 만드는〉
tremor 전율, 떨림 〈**trem=fear** : 두렵게 만드는〉
tremble 떨다 〈**trem=fear** : 두렵게 만드는〉

19 uniform
[júːnəfɔ̀ːrm]

a. 한결같은 = **even, consistent**, unvarying, unchanging, constant

The phone rang at **uniform** intervals all night.

⇨ clue: uni (one) + form 하나의 형태
unicellular 단세포의 〈uni=one + cell : 하나의 세포〉
unilateral 한편만의, 일방적인 〈uni=one + later=side : 한쪽 면〉
united 연합한, 일치한 〈**uni=one** : 하나가 됨〉
union 결합, 조합 〈**uni=one** : 하나가 됨〉

20 valid
[vǽlid]
↔ groundless

a. 타당한, 유효한 = sound, just, well-founded, cogent, convincing

The scientifically **valid** procedure in language learning involves listening first, followed by speaking.

⇨ clue: val (strong) 효력이 있다
invalid 무효의, 병약한 〈in=not + val=strong : 효력이 없다〉
invalidate 무효로 하다 〈in=not + val=strong : 효력이 없다〉
validate 유효하게 하다 〈val=strong : 효력이 있다〉
valor 용기, 용맹 〈**val=strong** : 강한〉

17 이 보고서는 믿을 만한 소식통에서 나온 것이다.   18 그는 상당히 조심스럽지만 겁이 많은 것은 전혀 아니다.   19 밤새 일정한 간격으로 전화벨이 계속 울렸다.
20 언어 학습에 있어서 과학적으로 타당한 순서는 듣기가 먼저, 말하기는 다음이다.

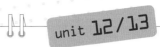
Choose the closest word or expression of the highlighted word in each question.

1   Research conducted on invertebrates has **confirmed** that learning occurs even among less advanced forms of life.

Ⓐ verified   Ⓑ suggested   Ⓒ proclaimed   Ⓓ resolved

2   In the same way that independent artists impacted the music industry, publishers of small local newspapers have also displayed **considerable** enterprise in the field of print media.

Ⓐ considerate   Ⓑ significant   Ⓒ counterfeit   Ⓓ trivial

3   One of the steps taken by the supervisor was to eliminate **cumbersome** and lengthy procedures in the office.

Ⓐ culpable   Ⓑ curious   Ⓒ unwieldy   Ⓓ unyielding

4   In this example "X" **denotes** the time taken and "Y" denotes the distance covered.

Ⓐ confirm   Ⓑ indicate   Ⓒ embellish   Ⓓ encumber

5   They **excavated** what looked like a large white stone, only to realize that it was, in fact, a fossilized dinosaur's tooth.

Ⓐ enshrine   Ⓑ unearthed   Ⓒ impart   Ⓓ proclaim

6   The authorities have successfully **integrated** the bus and subway services, after a period of intensive planning.

Ⓐ unified   Ⓑ sequestered   Ⓒ accumulated   Ⓓ precluded

7   For everyone, the course of life is **irreversible** — with death being its terminal point and only certain event.

Ⓐ backward   Ⓑ unalterable   Ⓒ lower   Ⓓ forward

8   There is a **legitimate** claim made by three researchers to the discovery of oxygen.

Ⓐ legible   Ⓑ lawful   Ⓒ stubborn   Ⓓ agreeable

9   Many countries face the **perennial** urban problems such as crime and homelessness.

Ⓐ expectedly   Ⓑ sporadically   Ⓒ perpetually   Ⓓ world-renowned

10   When the entropy of the Universe reaches a maximum, the Universe will be in a state of **uniform** temperature and density.

Ⓐ applicable   Ⓑ apparent   Ⓒ even   Ⓓ odd

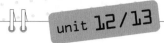
1. A

무척추동물들을 조사한 연구에서 하등동물들 사이에서도 학습이 일어난다는 사실이 확인되었다.

2. B

독립 예술가들이 음악산업에 영향을 주는 것과 같은 방식으로, 소규모 지역신문 출판인들 역시 인쇄 매체 분야에서 상당한 활동을 보여주었다.

3. C

회사에서 관리자들이 취한 조치 중의 하나는 번거롭고 너무 긴 절차를 없앤 것이다.

4. B

이 보기에서 X는 걸린 시간을 나타내고 Y는 이동한 거리를 나타낸다.

5. B

그들은 커다란 하얀 돌처럼 보이는 것을 발굴했으며, 알고 보니 사실 그것은 화석화된 공룡의 이빨이었다.

6. A

관계 당국은 집중적인 기획 입안을 가진 후에 성공적으로 버스와 전철 운행을 통합하였다.

7. B

모두에게 삶의 여정은 되돌릴 수 없고 죽음은 삶의 종착역이며 유일하게 틀림없이 일어나는 사건이다.

8. B

산소발견에 대해서 세 명의 연구자들이 제기하는 타당한 주장이 있다.

9. C

많은 국가는 범죄와 노숙과 같은 장기간 계속되는 도시의 문제에 직면해 있다.

10. C

우주의 엔트로피가 최고치에 도달하게 되면 우주는 온도와 밀도가 일정한 상태를 유지하게 될 것이다.

unit 14

accommodate	1 •	• a	adjust
affluent	2 •	• b	stop
apt	3 •	• c	appropriate
cease	4 •	• d	transmit
conduct	5 •	• e	plentiful

covert	6 •	• a	influence
desperate	7 •	• b	clandestine
dogma	8 •	• c	hopeless
duplicate	9 •	• d	copy
effect	10 •	• e	belief

implement	11 •	• a	obvious
intermittent	12 •	• b	sporadic
misleading	13 •	• c	deceptive
noticeable	14 •	• d	constant
permanent	15 •	• e	tool

project	16 •	• a	thriving
prosperous	17 •	• b	carry
supplant	18 •	• c	displace
term	19 •	• d	protrude
transport	20 •	• e	call

1 a 2 e 3 c 4 b 5 d 6 b 7 c 8 e 9 d 10 a 11 e 12 b 13 c 14 a 15 d 16 d 17 a 18 c 19 e 20 b

unit 14

01 **accommodate**
[əkámədèit]

v. 적응시키다 = **adjust**, adapt, accustom, fit
수용하다 = **lodge**, **make room for**, house, put up
공급하다 = **provide**, **afford**, furnish, purvey, supply

Her cottage can **accommodate** as many as ten people.

⇨ clue: ac<ad (to) + com (together) + mod (measure) 모두 기준에 맞추다

accommodation 적응, 숙박 〈ac=to + com=together + mod=measure : 모두 기준에 맞추다〉
moderate 적당한, 온건주의의, 완화하다 〈mod=measure : 기준에 맞추다〉
immoderate 무절제한, 과도한 〈im=not + mod=measure : 기준에 맞지 않다〉
modulate 조절하다 〈mod=measure : 기준에 맞추다〉

02 **affluent**
[ǽflu(:)ənt]

a. 유복한, 풍부한 = **wealthy**, **opulent**, **plentiful**, **copious**, abundant, exuberant

Consumer goods are a symbol of prestige in an **affluent** society.

⇨ clue: af<ad (to) + flu (flow) ~로 흘러넘치다

affluence 유복, 풍부 〈af=ad=to + flu=flow : 흘러넘치다〉
fluctuate (물가, 기후, 정책 등이) 변동하다 〈flu=flow : 흘러 물결치다〉
flood 범람시키다 〈fl=flow : 흘러넘치다〉
float (물 위에) 뜨다, 떠다니다 〈float=flow : 물의 흐름 위에 있다〉

03 **apt**
[æpt]
↔ inept, disinclined

a. 적절한 = **appropriate**, **applicable**, **suitable**, apposite, germane, proper
~하는 경향이 있는 = **inclined**, **prone**, given, disposed

There was no **apt** reply, but I assumed it was being taken care of.

⇨ clue: apt (fit) (꼭) 맞는

inapt 적절하지 않은 〈in=not + apt : 맞지 않는〉
aptitude 적성, 경향 〈apt=fit + tude=state : 꼭 맞는 상태〉
adapted 적당한, 개조된 〈ad=to + apt=fit : 꼭 맞는〉
adept 숙련된, 숙련자 〈ad=to + ept=apt=fit : 꼭 맞는〉

04 **cease**
[siːs]

v. 중지하다, 멈추다 = **stop**, **halt**, come to an end, refrain, terminate

There was nothing to do except wait for the gale to **cease**.

⇨ clue: ceas (go slow) 느리게 가다가 멈추다

ceaseless 끊임없는 〈cease 멈추다 + less ~않는 : 멈추지 않다〉
cease-fire 휴전 〈cease 멈추다 + fire : 사격을 멈추다〉
decease 사망하다 〈de=down + cease 멈추다 : 아래로 쓰러져 멈추다〉
unceasing 끊임없는 〈un=not + cease 멈추다 : 멈추지 않다〉

01 그녀의 별장은 열 명이나 묵을 수 있다.　02 풍요로운 사회에서는 소비재가 부의 상징이다.　03 적절한 회답은 없었지만, 지금 처리 중인 것으로 생각했다.　04 강풍이 멈추기를 기다리는 것 외에는 별 도리가 없었다.

05 **conduct**
[kəndʌ́kt / kʌ́ndʌkt]

v. (빛, 열을) 전도하다 = **transmit**, convey
안내하다 = guide, usher, lead
n. 행동 = **behavior**, attitude, bearing, demeanor

Metals generally **conduct** heat better than other solids do.

⇨ clue: con (together) + duc (lead) 함께 끌고 가다

misconduct 실수하다 〈mis=bad + con=together + duc=lead : 함께 잘못 끌고 가다〉
abduct 유괴하다 〈ab=away + duc=lead : 멀리 끌고 가다〉
deduct 빼다, 공제하다 〈de=down + duc=lead : 아래로 끌어 내리다〉
educate 교육하다 〈e=ex=out + duc=lead : 가능성을 이끌어 내다〉

06 **covert**
[kóuvərt]

a. 은밀한 = clandestine, veiled, concealed, stealthy, underhand,
hidden

When the **covert** actions by the CIA ended, there were terrible losses on both sides.

⇨ clue: cover 덮다, 포함하다

recover 되찾다, 회복하다 〈re=again + cover : 다시 포함하다〉
discover 발견하다 〈dis=away + cover : 덮개가 사라지다〉
uncover 폭로하다 〈un=not + cover : 덮지 않다〉
undercover 비밀리의 〈under + cover : 덮개 아래에 있다〉

07 **desperate**
[déspərit]

a. 절망적인 = hopeless, despairing, wretched
필사적인 = last-ditch, frantic

They are making a **desperate** attempt to lift the boy out of the well.

⇨ clue: de (down) + sper<spir (breathe) 아래로 한숨을 쉬다

despair 자포자기, 절망 〈de=down + spair=breathe : 아래로 한숨을 쉬다〉
respire 호흡하다 〈re=again + spir=breathe : 계속 숨을 쉬다〉
respiration 호흡 〈re=again + spir=breathe : 계속 숨을 쉬다〉
conspiracy 음모 〈con=together + spir=breathe : 나쁜 일에 함께 호흡을 맞추다〉

08 **dogma**
[dɔ́(:)gmə]

n. 신조, 교리 = **belief**, credo, creed, doctrine, tenet

Karl is a pragmatist who rejects the old nationalist **dogma**.

⇨ clue: dog<doc (opinion) 의견, 소신

doctrine 교리, 주의 〈doct=opinion : 의견〉
orthodox 정설의, 정통의 〈ortho=right + dox=doct=opinion : 옳다고 믿는 의견〉
heterodox 이설의, 정통이 아닌 〈hetero=other + dox=doct=opinion : 정설과 다른 의견〉
paradox 역설 〈para=beside + dox=doct=opinion : 정설 옆의 의견〉

05 일반적으로 금속은 다른 고형물보다 열을 더 잘 전도한다.   06 CIA에 의한 은밀한 작전이 종료되었을 때 양측에 엄청난 손실이 있었다.   07 그들은 아이를 우물에서 꺼내려고 필사적인 노력을 하고 있다.   08 칼은 시대에 뒤진 민족주의 교리를 거부하는 실용주의자이다.

unit 14

09 **duplicate**
[djúːpləkit]

v. 복사하다 = **copy**, **reproduce**, clone, replicate

Motherhood is an experience nothing else can **duplicate**.

⇨ clue: du (two) + pli (fold) 두 겹으로 하다
dual 둘의, 이중의 〈du=two : 둘의〉
dubious 의심스러운, 반신반의의 〈du=two : 두 가지 생각을 하다〉
indubitable 의심의 여지가 없는, 분명한 〈in=not + doubt 의심〉
undoubted 의심할 여지가 없는, 분명한 〈un=not + doubt 의심〉

10 **effect**
[ifékt]

n. 영향 = **influence**, **impact**, impression
　결과 = result, outcome, consequence
v. 초래하다 = bring about, cause, produce

Exposure to the sun had the **effect** of toughening his skin.

⇨ clue: ef<ex (out) + fec<fac (make) 작용하여 밖으로 나타나다
effective 유효한, 효과적인 〈ef=ex=out + fec=make : 작용하여 밖으로 나타나다〉
affect 영향을 주다, 감동시키다, 병이 나게 하다, ~인 체하다 〈af=ad=to + fec=make : ~에게 작용하다〉
affection 애정 〈af=ad=to + fec=make : ~에게 작용하다〉
defection 탈퇴 〈de=away + fec=make : 멀리가게 만들다〉

11 **implement**
[ímpləmənt]

n. 도구 = **tool**, apparatus, gadget, utensil, device, appliance
v. (계획, 약속을) 이행하다 = fulfill, execute, complete

Some say humans are an **implement** of a Divine plan.

⇨ clue: im (in) + ple (fill) 안을 채우다
ample 충분한, 넓은 〈ple=fill : 채우다〉
amplify 늘리다 〈pli=fill : 채우다〉
multiple 많은, 다양한 〈multi=many + ple=fill : 많이 채워 넣다〉
multiply 증가시키다, 곱하다 〈multi=many + ply=fill : 많이 채워 넣다〉

12 **intermittent**
[intərmítənt]

↔ continuous, steady

a. 간헐적인, 때때로 중단되는 = **sporadic**, occasional, irregular, discontinuous

You cannot hope to make good at this job by exerting **intermittent** efforts: you must do your best every hour of every day.

⇨ clue: inter (between) + mit (send) 중간에 한번씩 보내다
interfere 방해하다 〈inter=between + fer=carry : 중간에 있다〉
interfering 간섭하는, 방해하는 〈inter=between + fer=carry : 중간에 있다〉
interval (장소, 시간의) 간격, 틈 〈inter=between + vallum=wall : 벽 사이에 공간〉
interrogate 심문하다 〈inter=between + rog=ask : 둘 사이에 질문이 오가다〉

09 어머니가 된다는 것은 그 어떤 것으로도 똑같이 만들어 낼 수 없는 경험이다. 　10 그의 피부가 햇빛에 노출되어 단단해지는 결과가 나타났다. 　11 어떤 사람들은 인간은 하느님의 계획에 쓰이는 도구라고 한다. 　12 간헐적인 노력으로 이 일에서 성공하기를 바랄 수는 없다. 매일 그리고 매시간 최선을 다해야 한다.

13 misleading
[mislí:diŋ]

a. 현혹시키는 = **deceptive**, delusive, confusing

Advertisements must not create **misleading** impressions.

⇨ clue: mis (bad) + lead (way) 잘못된 방향으로 가다
leading 이끄는, 주도적인 〈lead=way : 방향을 잡다〉
misfire 불발하다, 실패하다 〈mis=bad + fire : 불이 잘못 붙다〉
mistreat 학대하다 〈mis=bad + treat : 잘못 다루다〉
mistake 과실, 실책 〈mis=bad + take : 잘못 받아들이다〉

14 noticeable
[nóutisəbəl]

↔ invisible

a. 눈에 띄는 = **obvious**, **appreciable**, **conspicuous**, **distinct**, evident, manifest, perceptible

Women's Liberation has caused many changes, but probably the most **noticeable** is the change in employment patterns.

⇨ clue: not (known) 확실히 알게 되는
noticeably 두드러지게 〈not=known : 확실히 알게 되는〉
notice 주목, 통지, 알아채다 〈not=known : 확실히 알게 되는〉
unnoticed 눈에 띄지 않는 〈un=not + not=known : 알지 못하게〉
notify 통지하다 〈not=known + fy=make : 알게 하다〉

15 permanent
[pə́:rmənənt]

a. 영구적인 = constant, everlasting, lasting, perpetual, perennial, persistent

They went right up into the mountains, beyond the **permanent** frost of the snowline.

⇨ clue: per (completely) + man (stay) 끝까지 상태를 유지하다
persevere 인내하다 〈per=completely + serv=keep : 끝까지 계속하다〉
persuade 설득하다 〈per=completely + suade=urge : 끝까지 촉구하다〉
perceive 인식하다 〈per=completely + ceive=cept=take : 완벽히 의미를 잡다〉
perceptive 통찰력 있는 〈per=completely + cept=take : 완벽히 의미를 잡다〉

16 project
[prədʒékt]

v. 돌출하다 = **protrude**, **extend**, jut, stand out
계획하다 =plan, scheme, design, devise

Two boardwalks **projected** over the ravine.

⇨ clue: pro (forth) + ject (throw) 앞으로 던지다
inject 주사하다, 삽입하다 〈in=in + ject=throw : 안으로 던지다〉
abject (상태가) 비참한, 비굴한 〈ab=away + ject=throw : 멀리 내던져지다〉
subject 복종시키다, 지배를 받는, 영향 받기 쉬운 〈sub=under + ject=throw : 자신 아래로 던지다〉
jettison (계획, 장애물 등) 버리다, (항공기,선박을 가볍게 하기 위한) 투하 〈jet=throw 던지다〉

13 광고는 그릇된 인상을 주어서는 안 된다. 14 여성 해방은 많은 변화를 일으켰지만, 아마 가장 눈에 띄는 것은 직업의 변화일 것이다. 15 그들은 만년설 훨씬 너머에 있는 산으로 곧장 떠났다. 16 계곡 위로 두 개의 산책로가 뻗어 있다.

17 prosperous
[práspərəs]

↔ unsuccessful

a. 번영하는 = **thriving**, flourishing, successful, palmy, blooming
부유한 = **wealthy**, finalcially successful, affluent

It is the middle class that can truly make a nation **prosperous** and strong.

⇨ clue: pro (forth) + sper (hope) 희망대로 나아가다

prosper 번영하다 〈pro=forth + sper=hope : 희망대로 나아가다〉
prosperity 번영, 성공 〈pro=forth + sper=hope : 희망대로 나아가다〉
prolific 다산의, 다작의 〈pro=forth + fic=fac=make : 계속 앞으로 만들어 가다〉
propagate 번식시키다, 전파하다 〈pro=forth + pag=fix : 항상 앞에 자리잡다〉

18 supplant
[səplǽnt]

v. 대신하다, 밀어내다 = **displace**, **replace**, **supersede**, take the place of

Sport utility vehicles have **supplanted** minivans in recent years as the top-selling family vehicle.

⇨ clue: sup<sub (under) + plant 아래 심어놓은 것으로 하다

implant (생각, 태도를) 심다, (인공물질을 몸에) 주입하다 〈im=into + plant : 안에 심다〉
transplant (생체 조직 등을) 이식하다, 옮겨 심다 〈trans=across + plant : 서로 바꿔서 심다〉
plant 심다
plantation (특히 열대지방의 대규모) 농장 〈plant : 농장물을 심는 곳〉

19 term
[təːrm]]

v. ~라고 칭하다 = **call**, name, designate, dub, label
n. 용어, 말 = word, name, expression

He has been **term**ed the father of modern jazz.

⇨ clue: term (end) 경계를 정하다

terminology 전문용어 〈term 용어〉
determine 결정하다, 결심하다, 측정하다 〈de=completely + term=end : 확실히 끝마무리를 하다〉
determined 굳게 결심한 〈de=completely + term=end : 확실히 끝마무리를 하다〉
determinate 결정된, 확실한 〈de=completely + term=end : 확실히 끝마무리를 하다〉

20 transport
[trænspɔ́ːrt]

v. 운반하다 = **carry**, transfer, convey, bear, move

The ancient Romans used vessels equipped with sails and banks of oars to **transport** their armies.

⇨ clue: trans (across) + port (carry) 가로질러 나르다

import 수입하다 〈im=into + port : 안으로 나르다〉
export 수출하다 〈ex=out + port : 밖으로 나르다〉
deport 추방하다, 이송하다 〈de=away + port : 멀리 나르다〉
rapport (친밀한) 관계 〈ra=re=again + port=carry : 계속 서로 나르다〉

17 국가를 실제로 번영하고 강하게 만드는 것은 중산층이다.   18 최근에는 사륜 구동차가 가장 잘 팔리는 가족용 차량으로 미니밴을 대체하게 되었다.   19 그는 현대 재즈의 아버지라고 불린다.   20 고대 로마인들은 그들의 군대를 수송하기 위해서 돛과 노 젓는 대가 설치된 배들을 이용했다.

1 **annual** [ǽnjuəl] 일년의, 일년마다의
annul [ənʎl] 무효로 하다, 취소하다

2 **apt** [æpt] 적당한, ~하는 경향이 있는
adapt [ədǽpt] 적응시키다
adept [ədépt] 숙련된, 숙련자
adopt [ədápt] 채택하다

3 **biennial** [baiéniəl] 2년마다의
biannual [baiǽnjuəl] 연 2회의
perennial [pəréniəl] 연중 끊이지 않는, 영원한

4 **comparable** [kámpərəbəl] 유사한, 비교될만한
comparative [kəmpǽrətiv] 비교의, 상대적인

5 **complacent** [kəmpléisənt] 자기만족의
complaisant [kəmpléisənt] 고분고분한, 공손한
compliant [kəmpláiənt] 고분고분한, 남이 시키는 대로 하는

6 **conductive** [kəndʎktiv] 전도력이 있는
conducive [kəndjúːsiv] 도움이 되는

7 **covet** [kʎvit] 몹시 탐내다
covert [kʎvəːrt] 숨은, 은밀한
convert [kənvə́ːrt] 전환하다

8 **deport** [dipɔ́ːrt] 추방하다
disport [dispɔ́ːrt] 놀다, 즐기게 하다

9 **disparage** [dispǽridʒ] 깔보다, 비방하다
disparate [díspərit] 다른

10 **invaluable** [invǽljuəbəl] 매우 귀중한
invariable [invéəriəbəl] 불변의

11 **mediate** [míːdièit] (분쟁 등을) 조정하다
meditate [médətèit] 명상하다

12 **moderate** [mádərət] 알맞은, 절제하는
modulate [mádʒəlèit] 조정하다

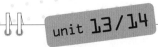
다음의 각 문장에서 괄호 안의 단어 중 알맞은 것을 고르시오.

1   Because of union members' resentment, the company had to (annual / annul) a wage freeze.
    노조원들의 분개 때문에 회사는 임금동결을 무효로 해야 했다.

2   A malleable personality will let you (adapt / adept) to any situation easily.
    융통성 있는 성격은 어떤 상황도 쉽게 적응할 수 있게 한다.

3   The camel's feet, well (adapted / adopted) for dry sand, are useless on mud.
    건조한 사막에 적응된 낙타의 발은 진흙 위에서는 아무 소용이 없다.

4   This tuxedo is (comparative / comparable) to the ones we have already looked at today.
    이 턱시도는 우리가 오늘 이미 보았던 것과 비슷하다.

5   They looked (complacent / complaisant) after finishing their performance with a song.
    노래로 공연을 마친 후, 그들은 만족스러워 보였다.

6   We always (covert / convert / covet) what we can't have.
    우리는 항상 가질 수 없는 것을 갈망하게 된다.

7   He was (deported / disported) because of the political situation in his country.
    그는 조국의 정치적인 상황 때문에 추방당했다.

8   Sunni and Shiite Muslims (disparage / disparate) one another in the Middle East.
    중동 지역에서 수니파와 시아파는 서로를 경멸한다.

9   Her (invaluable / invariable) art collection contains many works by the original artists.
    그녀의 매우 귀중한 미술 소장품에는 원작 예술가들의 작품이 다수 포함되어 있다.

10 You should (mediate / meditate) on the merits and demerits of your decision before
    proceeding forward with the plan.
    너는 계획을 속행하기 전에 네 결정의 장점과 단점에 대해서 숙고해야 한다.

〈정답〉
1. annul   2. adapt   3. adapted   4. comparable   5. complacent
6. covet   7. deported   8. disparage   9. invaluable   10. meditate

unit 15

adjust	1 •	• a	understandable
arrange	2 •	• b	array
belligerent	3 •	• c	fit
cherish	4 •	• d	aggressive
comprehensible	5 •	• e	value

constituent	6 •	• a	minute
diminutive	7 •	• b	exile
exorbitant	8 •	• c	excessive
expel	9 •	• d	component
flexible	10 •	• e	adaptable

hypothesis	11 •	• a	assumption
immense	12 •	• b	adjourn
multiplicity	13 •	• c	diversity
obtainable	14 •	• d	accessible
postpone	15 •	• e	enormous

resist	16 •	• a	believe
stationary	17 •	• b	withstand
suspect	18 •	• c	motionless
vanity	19 •	• d	pride
vindicate	20 •	• e	justify

1 c 2 b 3 d 4 e 5 a 6 d 7 a 8 c 9 b 10 e 11 a 12 e 13 c 14 d 15 b 16 b 17 c 18 a 19 d 20 e

unit 15

01 **adjust**
[ədʒʌ́st]

v. 조절하다 = **fit**, arrange, tune, alter, accommodate, adapt

We all should **adjust** to the bad economic situation.

⇨ clue: ad (to) + jus (law) 법칙에 맞추다
justified 이치에 맞는 〈jus=law : 법칙에 맞추다〉
jurisdiction 재판권, 사법(권) 〈juri=jus=law + dic=say : 법칙에 맞게 말하다〉
adjudge 판결하다 〈ad=to + judge=law + dg=dic=say : 법칙에 맞게 말하다〉
adjudicate 판결하다 〈ad=to + judge=law + dic=say : 법칙에 맞게 말하다〉

02 **arrange**
[əréindʒ]

v. 배열하다 = **array**, **order**, dispose, range, line up

Arrange the books on the shelves in chronological order.

⇨ clue: ar<ad (to) + range(row) 줄을 맞추다
arrangement 배열, 조정 〈ar=ad=to + range=row : 줄을 맞추다〉
disarrange 혼란시키다, 헝클다 〈dis=not + ar=ad=to + range=row : 줄을 맞추지 않다〉
misarrange 잘못 배열하다 〈mis=bad + ar=ad=to + range=row : 줄을 잘못 맞추다〉
range 줄, 범위, 정렬시키다 〈range=row〉

03 **belligerent**
[bəlídʒərənt]
↔ peaceful

a. 호전적인 = **aggressive**, **bellicose**, combative

Please pardon my son's **belligerent** actions.

⇨ clue: bell (war) 전쟁하다
bellicose 호전적인 〈bell=war : 전쟁하다〉
rebellion 반란, 반역 〈re=against + bell=war : 대항해서 전쟁하다〉
rebel 반역자, 반역의, 모반하다 〈re=against + bel=war : 대항해서 전쟁하다〉
postbellum 전후의 〈post=after + bell=war : 전쟁 후의〉

04 **cherish**
[tʃériʃ]

v. 소중히 하다 = **value**, **prize**, treasure, hold dear

Cherish the virtues that have been bestowed upon you.

⇨ clue: cher (care) 돌보다
charity 자선, 자비 〈char=care : 다른 사람을 돌보다〉
charitable 자비로운 〈char=care : 다른 사람을 돌보다〉
cautious 조심하는 〈cau=care : 자신을 돌보다〉
precaution 예방책, 조심 〈pre=before + cau=care : 미리 조심하다〉

---

01 우리들은 모두 열악한 경제 상황에 적응해야 한다.　02 선반 위의 책들을 연대순으로 배열하여라.　03 제 아들의 호전적인 행동을 용서하십시오.　04 네가 갖고 있는 장점들을 늘 소중히 간직해라.

05 comprehensible
[kàmprihénsəbəl]
↔ incomprehensible

a. 이해할 수 있는 = **understandable**, **apprehensible**, intelligible
This paradox is only **comprehensible** after years of silent contemplation.

⇒ clue: com (together) + prehens<prehend (take) 의미를 모두 잡다
comprehensive 포괄적인 〈com=together + prehens=take : 모두 잡다〉
apprehensive 염려하는 〈ap=ad=to + prehens=take : 걱정을 잡다. 의미를 잡다〉
reprehensible 비난할 만한 〈re=against + prehens=take : 적대적으로 잡다〉
reprehend 비난하다, 꾸짖다 〈re=against + prehens=take : 적대적으로 잡다〉

06 constituent
[kənstítʃuənt]

a. 구성하는 = **component**, elemental
n. 성분 = **component**, **part**, **element**, ingredient
Oxygen is one of the **constituents** of water.

⇒ clue: con (together) + stit (stand) 함께 만들어 세우다
constitute 구성하다, 조직하다 〈con=together + stit=stand : 함께 만들어 세우다〉
substitute 대신하다 〈sub=under + stit=stand : 아래서서 대기하다〉
obstinate 완고한 〈ob=against + st=stand : 반대하여 돌아서다〉
superstition 미신 〈super=over + stit=stand : 현실 너머에 서 있다〉

07 diminutive
[dimínjətiv]

a. 작은 = **minute**, **tiny**, small, miniature
The weather, from one part of this **diminutive** island to another, is as varied as the people.

⇒ clue: di (apart) + min (small) 떼어내어 작아지다
diminish 줄이다, (명예, 평판을) 손상하다 〈di=apart + min=small : 떼어내어 작아지다〉
minute 상세한, 미세한 〈min=small : 작은〉
minor 보다 작은, 중요치 않은, 미성년자 〈min=small : 작은〉
minuscule 아주 작은 〈min=small : 작은〉

08 exorbitant
[igzɔ́:rbətənt]

a. 과도한 = **excessive**, inordinate, unreasonable, extravagant, immoderate
The bill turned out to be **exorbitant** so they complained to the manager.

⇒ clue: ex (out) + orbit (범위, 궤도) 범위에서 벗어나다
explicit 명백한 〈ex=out + pli=fold : 밖으로 주름이 보이다〉
expedience 편리 〈ex=out + ped=foot : 걸어갈 수 있는 곳에 있다〉
exhilarate 유쾌하게 하다 〈ex=out + hilar=merry : 밖으로 즐거움을 나타내다〉
hilarious 즐거운 〈hilar=merry : 즐거운〉

05 이 역설은 수년 동안 조용히 명상한 후에만 이해할 수 있다.　06 산소는 물을 구성하는 성분 중 하나이다.　07 이 작은 섬의 한 쪽에서 또 다른 쪽에 이르기까지 날씨는 사람들만큼이나 다양하다.　08 청구서가 너무 과도한 것으로 드러나서 그들은 매니저에게 불평했다.

09 expel
[ikspél]

v. 추방하다 = **exile**, **banish**, expatriate, dismiss, evict, oust, eject, drive out

She was **expelled** from her native country.

⇒ clue: ex (out) + pel (drive) 밖으로 몰아내다

impel 재촉하다 〈im=into + pel=drive : 몰아붙이다〉
compel 강요하다 〈com=together + pel=drive : 전부 몰아붙이다〉
dispel 쫓아버리다 〈dis=away + pel=drive : 멀리 몰아내다〉
impulse 충동, 자극 〈im=in=on + pul=pel=drive : 몰아붙이다〉

10 flexible
[fléksəbəl]

↔ inflexible, rigid

a. 융통성 있는, 유연한 = **adaptable**, **adjustable**, **pliable**, ductile, elastic

The most **flexible** and change-oriented group in a society tends to be its youth.

⇒ clue: flex<flect (bend) 구부러지다

flexibility 융통성 〈flex=flect=bend : 구부러지다〉
inflexible 불굴의 〈in=not + flex=bend : 구부러지지 않다〉
reflect 반사하다, 반영하다, 숙고하다 〈re=back + flect=bend : 뒤로 구부리다〉
deflect 빗나가다 〈de=away + flect=bend : 휘어서 딴데로 가다〉

11 hypothesis
[haipáθəsis]

n. 가설 = **assumption**, supposition, postulate

A scientific **hypothesis** that survives experimental testing becomes a scientific theory.

⇒ clue: hypo (under) + thes (put) 학설 아래에 놓여 있는 것

antithesis 정반대 〈anti=against + thes=put : 반대로 놓다〉
synthesis 종합, 합성 〈syn=together + thes=put : 함께 놓다〉
photosynthesis 광합성 〈photo=light + syn=together + thes=put : 빛과 함께 놓다〉
synthesize 종합하다, 합성하다 〈syn=together + thes=put : 함께 놓다〉

12 immense
[iméns]

↔ tiny

a. 거대한, 막대한 = **enormous, huge, tremendous, great, huge, large**

An **immense** monument was erected in honor of the eminent philosopher.

⇒ clue: im (not) + mens (measure) 잴 수 없는

improvise 즉석에서 하다 〈im=not + pro=forth + vis=see : 미리 보지 않고 하다〉
impunity 처벌되지 않음, 무사 〈im=not + pun=punish 처벌하지 않다〉
impasse 막다른 골목, 곤경 〈im=not + pass : 빠져 나가지 못하다〉
immune 면역의, 면제된 〈im=not + mun=function : 작용하지 않다〉

09 그녀는 고국에서 추방당했다.   10 한 사회에서 가장 융통성 있고 변화 지향적인 그룹은 그 사회의 젊은층인 경향이 있다.   11 실험을 통해 살아남은 과학적 가설은 과학적 이론이 된다.   12 그 저명한 철학자에게 경의를 표하는 거대한 기념비가 세워졌다.

13 multiplicity
[mʌ̀ltəplísəti]

n. 다양성 = **diversity**, **variety**
다수 = abundance, number

There is a **multiplicity** of factors that would influence the decision on the merger.

⇨ clue: multi (many) + ply (fill) 많이 채워 넣다

multitude 다수, 군중 〈multi=many + tude=state : 수가 많은 상태인〉
multilinqual 여러 언어를 하는, 여러 언어로 쓰인 〈multi=many + lingua=tongue : 여러나라 말로〉
multinational 다국적의 〈multi=many + nation : 많은 나라의〉
manifold 다양한 〈mani=many + fold : 많은 주름이 있는〉

14 obtainable
[əbtéinəbəl]

↔ unavailable

a. 손에 넣을 수 있는 = **accessible**, **available**, attainable, procurable

That drug is now **obtainable** without a prescription.

⇨ clue: ob (to) + tain (hold) 손으로 잡을 수 있는

obtain 얻다 〈ob=to + tain=hold : 손으로 잡다〉
pertain 관련되다, 적절하다 〈per=through + tin=tain=hold : 끝까지 잡고 있다〉
attain 달성하다, (목적지, 고령에) 도달하다 〈at=ad=to + tain=hold : 손으로 잡다〉
attainable 이룰 수 있는 〈at=ad=to + tain=hold : 손으로 잡을 수 있는〉

15 postpone
[poustpóun]

v. 연기하다 = **adjourn**, **suspend**, defer, delay, put off

When she was apprised of the dangerous weather conditions, she decided to **postpone** her trip.

⇨ clue: post (after) + pon<pos (put) 뒤에 두다

posterity 후손 〈post=after : 이후에 오는〉
postscript 추신 〈post=after + script=write : 뒤에 쓰는 것〉
posthumous 사후의 〈post=after + hum=earth : 땅에 묻은 후에〉
preposterous 앞뒤가 뒤바뀐, 터무니없는 〈pre=before + post=after : 앞의 것이 뒤로 가는〉

16 resist
[rizíst]

n. 저항하다, 견디다 = **withstand**, oppose, confront, stand up to

In the face of insuperable difficulties, they maintained their courage and **resisted**.

⇨ clue: re (back) + sist (stand) 등을 돌리고 서있다

resistance 저항 〈re=back + sist=stand : 등을 돌리고 서있다〉
assistance 원조, 도움 〈as=ad=near + sist=stand : 옆에서 도우려고 서있다〉
persistent 지속하는 〈per=completely + sist=stand : 끝까지 버티고 서있다〉
consistent (의견, 사상이) 일관된 〈con=together + sist=stand : 논리적으로 함께 서있다〉

13 합병 결정에 영향을 줄 수 있는 많은 요인들이 있다.　14 요즘 그 약은 처방전 없이 구할 수 있다.　15 그녀는 일기 상태가 나쁘다는 것을 알게 되자 여행을 연기하기로 결정했다.　16 극복하기 어려운 난관에서도 그들은 용기를 잃지 않고 견뎌냈다.

17 stationary
[stéiʃənèri]

↔ mobile, moving

a. 정지한 = **motionless**, **unmoving**, fixed, static

The car remained **stationary** with the engine running.

⇨ clue: sta (stand) 그대로 서 있는

stagnant 정체된, 활발하지 않은 〈sta=stand : 그대로 서 있는〉
static 정지된, 변화 없는 〈sta=stand : 그대로 서 있는〉
stable 안정된 〈sta=stand : 그대로 서 있는〉
stately 당당한, 위엄 있는 〈sta=stand : 바로 서 있는〉

18 suspect
[səspékt]

v. 의심하다 = doubt, distrust, mistrust
n. 용의자 = suspected person

The U.S. **suspected** Bin Laden as the mastermind behind the terrorist attack.

⇨ clue: sus<sub (under) + spect (look) 아래로 훑어보다

suspicious 의심하는 〈sus=under + spic=look : 아래로 훑어보다〉
inspect 조사하다 〈in=in + spect=look : 안을 들여다 보다〉
specify (구체적으로) 명시하다 〈spec=look + fy=make : 볼 수 있게 만들다〉
specious 그럴듯한, 외양만 좋은 〈spec=look : 보기에는 좋다〉

19 vanity
[vǽnəti]

n. 허영 = **pride**, **arrogance**, airs, ostentation

Body decoration was and still is the most popular means of showing human **vanity**.

⇨ clue: van (empty) 아무것도 없음

vacant 비어있는, 한가한 〈vac=empty : 비어있는〉
vacuum 진공, 공허 〈vac=empty : 비어있는〉
devastate 파괴하다, 황폐화시키다 〈de=completely + vas=empty : 완전히 빈 상태로 만들다〉
devastation 파괴 〈de=completely + vas=empty : 완전히 빈 상태로 만들다〉

20 vindicate
[víndəkèit]

v. 정당성을 입증하다 = **justify**, exonerate, exculpate, clear

I hope to **vindicate** my client and return him to society as a free man.

⇨ clue: vin (force) + dic (say) 힘주어 말하다

predicate 단정하다, 기초를 두다 〈pre=before + dic=say : 앞서 말하다〉
predict 예언하다, 예보하다 〈pre=before + dic=say : 앞서 말하다〉
indict 고발하다 〈in=into + dic=say : 법정 안으로 불러들여 말하다〉
edict 칙령, 명령 〈e=ex=out + dic=say : 밖으로 말하여 알리다〉

17 엔진이 돌고 있는 상태로 차는 움직이지 않았다. 18 미국은 빈 라덴이 테러 공격의 주모자라고 의심했다. 19 몸치장은 과거에도 그랬고, 지금도 여전히 인간의 허영심을 보여주는 가장 보편적인 수단이다. 20 나는 내 소송 의뢰인을 변호하여 그를 무죄의 몸으로 사회에 되돌려 보내고 싶다.

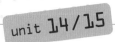
Choose the closest word or expression of the highlighted word in each question.

1   It is quite possible that Bob will secure the nomination if he can **duplicate** the accomplishments of the second quarter.

   Ⓐ evaluate   Ⓑ surmount   Ⓒ enhance   Ⓓ copy

2   Good health is one **effect** of a varied nutritional regime.

   Ⓐ cause   Ⓑ lineage   Ⓒ proponent   Ⓓ impact

3   The students who were **expelled** appealed to the dean.

   Ⓐ required   Ⓑ disposed   Ⓒ dismissed   Ⓓ rejected

4   It's important to be **flexible** in your studies and modify your approach to the subject you're learning.

   Ⓐ compassionate   Ⓑ servile   Ⓒ rigid   Ⓓ adaptable

5   He has such an **immense** sense of self-importance that he cannot conceive of anyone going against him.

   Ⓐ tremendous   Ⓑ manageable   Ⓒ proud   Ⓓ meager

6   Even without the use of advanced survey **implements**, Aleuts have made fairly accurate maps of several parts of North America.

   Ⓐ tools   Ⓑ instructors   Ⓒ knowledge   Ⓓ measurements

7   She also complains of **intermittent** backache.

   Ⓐ pungent   Ⓑ sporadic   Ⓒ incessant   Ⓓ painful

8   Automated navigation tools chart the route and velocity of a ship, based on signals received from **stationary** transmitters.

   Ⓐ portable   Ⓑ fixed   Ⓒ long-distance   Ⓓ remote-controlled

9   The preference for pens is so high that they have **supplanted** pencils in the workplace.

   Ⓐ boosted   Ⓑ decreased   Ⓒ displaced   Ⓓ retained

10 Although the charge of taking bribes was not proven, the affair put the mayor **suspected** for several months.

   Ⓐ impassioned   Ⓑ ill-tempered   Ⓒ distrusted   Ⓓ perplexed

Check-up 정답지

1. D

밥이 2쿼터의 기량만큼 똑같이 해준다면 후보 지명을 얻어 낼 가능성이 크다.

2. D

좋은 건강은 다양하고 영양가 있는 식이요법으로 얻는 하나의 효과이다.

3. C

퇴학당한 학생들은 학장에게 간청했다.

4. D

융통성 있게 공부하고 배우는 과목에 대한 연구법을 수정하는 것은 중요하다.

5. A

그는 자만심이 엄청나게 강해서 자신에게 반대하는 사람에 대해서 생각조차 할 수 없다.

6. A

고급 측량 도구조차 사용하지 않은 채, 알류트 족은 북미의 몇몇 지역에 대한 상당히 정확한 지도를 만들었다.

7. B

그녀 역시 간간히 일어나는 요통을 호소했다.

8. B

자동화된 항해 도구는 배의 경로와 속도를 기록하는데, 이는 고정된 전송기로부터 받는 신호를 기반으로 한다.

9. C

펜에 대한 선호도가 아주 높아서 직장에서 연필을 밀어냈다.

10. C

뇌물수수에 대한 혐의가 입증되지 않았는데도 이 사건으로 인해 시장은 수개월 동안 의심받았다.

unit 16

artificial	1 •	• a	synthetic
authentic	2 •	• b	genuine
compliment	3 •	• c	rough
converse	4 •	• d	commune
crude	5 •	• e	commendation

discourage	6 •	• a	fascinate
elaborate	7 •	• b	detailed
enthrall	8 •	• c	eradicate
exterminate	9 •	• d	dishearten
facilitate	10 •	• e	make easier

inadequate	11 •	• a	original
innovative	12 •	• b	skill
outcome	13 •	• c	result
potential	14 •	• d	possible
proficiency	15 •	• e	insufficient

pungent	16 •	• a	graphic
redundant	17 •	• b	superfluous
surroundings	18 •	• c	piquant
unprecedented	19 •	• d	extraordinary
vivid	20 •	• e	environment

1 a 2 b 3 e 4 d 5 c 6 d 7 b 8 a 9 c 10 e 11 e 12 a 13 c 14 d 15 b 16 c 17 b 18 e 19 d 20 a

unit 16

01 artificial
[ɑ̀:rtəfíʃəl]

↔ natural

a. 인공의 = **synthetic**, man-made, manufactured

They plan to design a community of **artificial** intelligences on Mars.

⇨ clue: art (skill) 기술로 만든
artisan 장인 〈**art=skill** : 기술이 있는 사람〉
article 물품, 기사 〈**art=skill** : 기술로 만든 것〉
artifact 인공물, 공예품 〈**art=skill + fac=make** : 기술로 만든 것〉
inert 활동력이 없는 〈**in=not + ert=art=skill:** 기술이 없는〉

02 authentic
[ɔ:θéntik]

↔ fake

a. 진짜의 = **genuine**, real, true, veritable, bona fide

The expert declared that the ancient doubloon was indeed **authentic**.

⇨ clue: aut<auto (self) + hen (prepare) 자신이 직접 준비한
authenticity 진짜임, 확실성 〈**auth=self + hen=prepare** : 자신이 직접 준비하다〉
authenticate 진짜임을 증명하다 〈**aut=self + hen=prepare** : 자신이 직접 준비하다〉
autonomous 자율적인 〈**auto=self + nom=rule** : 자신이 스스로 통치하다〉
authority 권한, 권위(자), 당국 〈**aut=self + hor=bound** 한계 : 자신이 한계를 정하다〉

03 compliment
[kámpləmənt]

↔ criticism

n. 칭찬, 경의 = **commendation**, tribute, eulogy, praise, admiration, honor

Devote most of your time to reinforcing good behavior with smiles, hugs or **compliments**.

⇨ clue: com (together) + pli<ple (fill) 남의 욕구를 채워주다
complimentary 칭찬의, 무료의 〈**com=together + pli=ple=fill** : 남의 욕구를 채워주다〉
complementary 보충하는 〈**com=together + ple=fill** : 함께 채워 넣다〉
supplementary 보충의, 추가의 〈**sup=sub=under + ple=fill** : 아래서 계속 채워 넣다〉
supply 공급하다 〈**sup=sub=under + ply=ple=fill** : 아래서 계속 채워 넣다〉

04 converse
[kənvə́:rs]

v. 대화하다 = commune, confer, discourse, talk
a. 반대의 = **opposite**, **inverse**, reverse, contrary

The child is so shy that **conversing** with her can be quite difficult.

⇨ clue: con (together) + vers<vert (turn) 함께 화제를 돌리다
diverse 다양한 〈**di=apart + vers=turn** : 돌면서 떨어져 나가다〉
divorce 이혼, 분리 〈**di=away + vorc=turn** : 돌아서서 멀어지다〉
reverse 거꾸로 하다, 반대로 하다 〈**re=back + vers=vert=turn** : 뒤로 돌리다〉
irreversible 되돌릴 수 없는 〈**ir=not + vers=turn + ible** 할 수 있는 : 돌릴 수 없는〉

---

01 그들은 화성에 인공 지능 공동체를 만들려고 계획하고 있다.   02 그 전문가는 고대 스페인 금화가 진짜라고 단언했다.   03 미소와 포옹과 칭찬으로 좋은 행동을 쌓는데 대부분의 시간을 바쳐라.   04 그 아이는 아주 수줍어해서 함께 대화하는 것이 상당히 힘들 수 있다.

05 crude
[kru:d]

↔ refined

a. 가공하지 않은 = **rough**, **raw**, unprocessed, unrefined, natural

Millions of gallons of **crude** oil spilled into the sea, causing widespread shore damage.

⇒ clue: cru<cre (grow) 처음 생겨난 상태로
create 만들다, 야기하다 〈cre=grow : 자라나다〉
creative 창조적인 〈cre=grow : 새로운 것이 자라나다〉
crescent 점차 커지는, 초승달 〈cre=grow : 자라나다〉
decrescent 점점 줄어드는 〈de=down + cre=grow : 아래로 내려가다〉

06 discourage
[diskə́:ridʒ]

↔ encourage

v. 낙담시키다 = dishearten, damp, deject, dispirit, demoralize, dismay

As soon as I started comparing myself to others, I started getting **discouraged**.

⇒ clue: dis (not) + courage (용기) 용기를 잃게 하다
discomfort 불쾌하게 하다 〈dis=not + comfort 위로하다〉
discover 발견하다 〈dis=not + cover 덮어 가리다〉
disallow 허가하지 않다 〈dis=not + allow 허가하다〉
discount 무시하다 〈dis=not + count 중요하다〉

07 elaborate
[ilǽbərèit]

a. 정교한, 복잡한 = **detailed, minute, intricate, complex, complicated**
v. 상세히 말하다 = **develop**, improve, enhance, polish

Since there was no time to get into **elaborate** details, all that we did was to sketch out the general features of the plan.

⇒ clue: e<ex (out) + labor 공들여 만들어낸
elaboration 공들임, 정교함 〈ex=out + labor 공들여 만들다〉
collaboration 협동 〈col=com=together + labor : 함께 일함〉
laborious 힘드는 〈labor : 일하는〉
laboratory 실험(실), 연구소 〈labor : 일하는 곳〉

08 enthrall
[enθró:l]

a. 노예로 하다, 매혹하다 = **fascinate**, captivate, charm, mesmerize, enchant

The investors don't seem overly **enthralled** by the idea.

⇒ clue: en (make) + thrall (노예) 노예로 만들다, 꼼짝 못하게 하다
enslave 노예로 만들다 〈en=make + slave : 노예로 만들다〉
encase 상자에 싸다 〈en=make + case : 상자를 만들다〉
enkindle 점화하다 〈en=make + kindle : 불이 붙게 하다〉
kindle 불을 붙이다

05 수백만 갤런의 원유가 바다로 유출되어 해안 지역에 큰 피해를 주고 있다.　06 나 자신을 다른 사람들과 비교하자마자, 나는 낙담하기 시작했다.　07 세부적인 사항으로 들어갈 시간이 없었기 때문에 우리가 할 수 있는 일은 그 계획의 전반적인 윤곽을 잡는 것 뿐이었다.　08 투자자들은 그 아이디어에 완전히 마음을 빼앗긴 것 같지 않다.

unit 16

09 **exterminate**
[ikstə́:rmənèit]

v. 근절시키다 = eradicate, extirpate, annihilate, eliminate, destroy

It is our duty to **exterminate** the seeds of racial hatred and prejudice.

⇨ clue: ex (out) + term (end) 밖으로 뽑아내 끝내버리다

terminate 끝내다 〈term=end : 끝〉
terminal 끝의, (질병이) 말기의 〈term=end : 끝〉
determine 결정하다, 결심하다 〈de=completely + term=end : 확실히 끝마무리를 하다〉
determinate 결정된, 확실한 〈de=completely + term=end : 확실히 끝마무리를 하다〉

10 **facilitate**
[fəsílətèit]

v. 손쉽게 하다, 촉진하다 = **make easier**, **help,** ease, promote, expedite, forward

We could **facilitate** the process by sharing our knowledge.

⇨ clue: fac (make) + il (easy) 쉽게 만들다

facility 쉬움, 솜씨, 설비 〈fac=make + il=easy : 쉽게 만들다〉
faculty 능력, 재능, 교수단 〈fac=make : 만들다〉
fabricate 만들다, 조작하다 〈fa=fac=make : 만들다〉
fabric 직물, 구조 〈fa=fac=make : 짜서 만들다〉

11 **inadequate**
[inǽdikwit]

↔ adequate

a. 불충분한 = **insufficient**, **deficient**, **meager**, **scarce**, short, scanty

Polluted water and **inadequate** sanitation kill two children every minute worldwide.

⇨ clue: in (not) + adequate (적당한) 적당하지 않은

incapacitate 무능력하게 하다 〈in=not + capacitate 가능하게 하다〉
inhospitable 불친절한, 황량한 〈in=not + hospitable 친절한〉
inextricable 복잡하게 얽힌, 밀접한 〈in=not + extricable 해방할 수 있는〉
infallible 틀림없는, 확실한 〈in=not + fallible 틀리기 쉬운〉

12 **innovative**
[ínouvèitiv]

a. 혁신적인, 독창적인 = **original**, inventive, ingenious, creative, new, novel

The new government has introduced an **innovative** system of public education.

⇨ clue: in (into) + nov (new) 새로운

innovate 혁신하다 〈in=into + nov=new : 새롭게 하다〉
renovate (낡은 건물 등) 개조하다, 보수하다 〈re=again + nov=new : 다시 새롭게 하다〉
novel 소설, 새로운 〈nov=new : 새로운 이야기〉
novice 초심자 〈nov=new : 새로운 사람〉

09 인종간의 증오와 편견의 씨앗을 근절시키는 것이 우리의 의무이다. 10 우리는 서로의 지식을 나눔으로써 일처리를 용이하게 할 수 있었다. 11 오염된 물과 열악한 위생 때문에 전세계에서 1분에 두 명의 어린아이들이 죽어가고 있다. 12 새 정부는 학교 교육에 대한 혁신적인 제도를 도입했다.

13 **outcome**
[áutkʌ̀m]

n. 결과 = **result**, end, conclusion, consequence, aftermath, effect

It's too early to predict the **outcome** of the election.

⇨ clue: out + come 밖으로 나온 것
outbreak (전쟁, 질병 등) 발생, 폭동 〈out + break : 밖으로 부수고 나오다〉
outspoken 솔직한 〈out + spoken : 입 밖으로 이야기하다〉
outlandish 이국적인 〈out + land : 나라 밖의〉
outgoing 사교적인 〈out + go : 밖으로 나가는〉

14 **potential**
[pouténʃəl]

a. 가능한 = **possible**, **prospective**, promising, future, likely
　잠재적인 = latent, dormant

A number of **potential** buyers have expressed special interest in a new range of skin-care products.

⇨ clue: pot (power) 할 수 있는, 힘이 있는
potentate 지배자, 통치자 〈pot=power : 힘이 있는〉
potent 세력 있는, 효능 있는 〈pot=power : 힘이 있는〉
impotent 무력한 〈im=not + pot=power : 힘이 없는〉
despotic 독재적인 〈des=house + pot=power : 집안에서만 힘이 있는〉

15 **proficiency**
[prəfíʃənsi]

↔ incompetence

n. 능숙함 = **skill**, ability, dexterity, facility, mastery

Scholastic **proficiency**, emotional stability, and genuine interest in helping young people are the requisites for a good teacher.

⇨ clue: pro (forth) + fic<fac (make) 앞으로 만들어 내다
proficient 능숙한 〈pro=forth + fic=make : 앞으로 만들어 내다〉
beneficent 자선심이 많은 〈bene=good + fic=make : 좋게 만들다〉
beneficial 유익한 〈bene=good + fic=make : 좋게 만들다〉
beneficiary 수혜자 〈bene=good + fic=fac=make : 좋게 만들다〉

16 **pungent**
[pʌ́ndʒənt]

a. 신랄한 = **piquant**, **sharp**, acrimonious, acrid, poignant, tart

The film is a **pungent** satire on French politics.

⇨ clue: pung<punct (point) 끝으로 찌르는
poignant 날카로운, 통렬한 〈poig=point : 끝으로 찌르는〉
expunge (정보, 기억, 흔적을) 지우다 〈ex=out + point : 바늘로 찔러서 도려내다〉
compunction 죄책감 〈com=intensive + pung=point : 마음을 몹시 찌르다〉
acupuncture 침술 〈acu=sharp + punct=point : 정확하게 점찍듯이 시술하다〉

13 선거 결과를 예측하기에는 아직 이르다.　14 많은 잠재 고객들이 새로운 피부 관리 제품에 대해 특별한 관심을 나타냈다.　15 교육적인 능력, 정서적 안정, 그리고 젊은이들을 돕는데 참다운 관심이 훌륭한 교사의 필수 요건이다.　16 영화는 프랑스 정치에 대해 신랄하게 풍자하고 있다.

unit 16

17 redundant
[ridʌ́ndənt]

a. 과다한 = **superfluous**, excessive, surplus, extra
정리해고된 = dismissed, laid off, discharged

After reading so many **redundant** speeches, I found his sententious style particularly pleasing.

⇨ clue: re (again) + und (wave) 또 다시 흘러넘치다
recall 회상하다 〈re=again + call : 다시 기억을 불러오다〉
replica 복사 〈re=again + pli=fold : 다시 똑같이 접다〉
restoration 회복, 복구 〈re=again + store : 다시 쌓아두다〉
resurge 부활하다, 소생하다 〈re=again + surge : 다시 오르다〉

18 surroundings
[səráundiŋs]

n. 환경 = **environment**, **setting**, milieu, background

He always craved harmony with his **surroundings**.

⇨ clue: sur (over) + round 주위를 둘러싸고 있는 것
survey 조망하다, 조사하다 〈sur=over + vey=look : 위에서 내려다보다〉
surplus 과잉, 흑자 〈sur=over + plus : 더하여 넘치다〉
surreal 초현실적인 〈sur=over + real : 현실을 넘어서다〉
surfeit 과식, 식상 〈sur=over + feit=make : 넘치게 하다〉

19 unprecedented
[ʌ̀nprésədèntid]

a. 전례가 없는 = **extraordinary**, unparalleled, exceptional, abnormal, unusual

We have seen **unprecedented** expansion in population and industry in the world.

⇨ clue: un (not) + pre (before) + ced (go) 앞서 일어난 적이 없는
unwittingly 무의식중에 〈un=not + wittingly 고의의〉
uninitiated 미숙한 〈un=not + initiated 비법을 전수 받은〉
unlawful 불법의 〈un=not + lawful 합법의〉
unwieldy (크기, 무게때문에) 다루기 힘든 〈un=not + wield (무기, 권력을) 휘두르다〉

20 vivid
[vívid]
↔ dull

a. (묘사, 인상이) 생생한 = **graphic**, realistic, lively
(색, 빛이) 선명한 = **bright**, **brilliant**, **intense**, **rich**, clear

He gave a **vivid** account of the incident that occurred on Sunday, March 9.

⇨ clue: viv (life) 생기가 있는
vigorous 정력적인 〈vig=life : 생기가 있는〉
vital 생명의, 절대 필요한 〈vi=life : 생명의〉
viable 생존 가능한, 실천 가능한 〈vi=life + able : 살 수 있는〉
devitalize 생명을 빼앗다, 약화시키다 〈de=away + vi=life : 생명을 가져가다〉

17 수많은 장황한 연설문을 읽고 나서 나는 그의 간결한 문체에 매우 호감을 느꼈다.   18 그는 항상 자신의 환경과 조화를 이루기를 열망했다.   19 우리는 전세계 인구와 산업 분야에서 전례 없는 큰 팽창을 목격하였다.   20 그는 3월 9일 일요일에 일어난 사건을 생생하게 설명했다.

1
arrange [əréindʒ] 배열하다, 조정하다
arraign [əréin] 비난하다, 소환하여 묻다

7
impotent [ímpətənt] 무기력한
important [impɔ́:rtənt] 중요한

2
bleach [bli:tʃ] 표백하다
breach [bri:tʃ] 위반, 침해
broach [broutʃ] (말 등을) 꺼내다
break [breik] (잠깐동안) 휴식

8
intelligible [intélədʒəbəl] 이해할 수 있는, 알기 쉬운
intelligent [intélədʒənt] 이해력이 있는, 총명한
intellectual [ìntəléktʃuəl] 지적인, 지식인

3
complimentary [kàmpləméntəri] 칭찬의,
                                        무료의
complementary [kàmpləméntəri] 보충하는

9
intricate [íntrəkit] 복잡한
intrinsic [intrínsik] 본질적인

4
edict [í:dikt] 칙령, 명령
edit [édit] 편집하다

10
potent [póutənt] 세력있는, 효능있는
potable [póutəbəl] 마시기에 알맞은
portable [pɔ́:rtəbl] 휴대용의

5
encourage [enkə́:ridʒ] 격려하다
discourage [diskə́:ridʒ] 낙담시키다
discourse [dískɔ:rs] 강연, 담화

11
predict [pridíkt] 예언하다, 예보하다
predicate [prédikit] 단정하다, 기초를 두다

6
immense [iméns] 거대한, 막대한
immerse [imə́:rs] 담그다, 몰두시키다

12
stationary [stéiʃənəri] 움직이지 않는
stationery [stéiʃənəri] 문구류

혼 동 어 휘 Check-up

다음의 각 문장에서 괄호 안의 단어 중 알맞은 것을 고르시오.

1 A large number of books were (arraigned / arranged) on the bookshelves in an organized fashion.
많은 책들이 책꽂이 위에 말끔하게 배열되어 있다.

2 The sun's rays (bleached / broached) the patio furniture over the course of the summer months.
여름 동안 테라스의 가구들이 햇빛에 하얗게 바래졌다.

3 A (bleach / breach) of contract can give a person a lot of legal difficulties.
계약위반은 많은 법적인 문제를 일으킬 수 있다.

4 Many store offered brochures, (complementary / complimentary) samples or free delivery in order to entice shoppers.
많은 가게에서는 손님을 끌기 위해서 책자, 무료 샘플 혹은 무료배달을 제공했다.

5 I find (immense / immerse) solace in a morning cup of coffee and music.
아침에 커피 한잔과 음악으로 나는 커다란 위안을 얻는다.

6 Critical Analysis is a field through which men grow (impotent / important) and formidable at very small expense.
비평적 분석은 지극히 사소한 비용으로 사람이 중요해지고 막강해지는 연구 분야이다.

7 This paradox is only (intelligent/ intelligible / intellectual) after years of silent contemplation.
이 역설은 수년 동안 조용히 명상한 후에만 이해할 수 있다.

8 The Declaration of Independence asserts the (intricate / intrinsic) worth of human beings.
독립선언은 인간의 본질적인 가치를 단언하고 있다.

9 Experts (predict / predicate) increased demand and limited oil refining capacity will keep oil prices moving higher for the time being.
전문가들은 늘어나는 원유수요와 정유능력의 한계로 인하여 당분간 원유가격이 더욱 상승할 것으로 전망한다.

10 The train remained (stationary / stationery) until the whistle blew.
경적이 울릴 때까지 열차는 정지해 있었다.

〈정답〉
1. arranged   2. bleached   3. breach   4. complimentary   5. immense
6. important   7. intelligible   8. intrinsic   9. predict   10. stationary

unit 17

accelerate	1 •	• a	tell apart
aggravate	2 •	• b	worsen
crucial	3 •	• c	vital
distinguish	4 •	• d	speed up
entangle	5 •	• e	complicate

expose	6 •	• a	resident
formula	7 •	• b	method
impervious	8 •	• c	reveal
ingenuous	9 •	• d	naive
inhabitant	10 •	• e	impenetrable

manufacture	11 •	• a	suppress
oppress	12 •	• b	strides
overcome	13 •	• c	defeat
progress	14 •	• d	make
surmise	15 •	• e	guess

tactile	16 •	• a	tangible
temperance	17 •	• b	assume
unbridled	18 •	• c	unrestrained
undertake	19 •	• d	adaptable
versatile	20 •	• e	continence

1 d 2 b 3 c 4 a 5 e 6 c 7 b 8 e 9 d 10 a 11 d 12 a 13 c 14 b 15 e 16 a 17 e 18 c 19 b 20 d

unit 17

01 accelerate
[æksélərèit]

↔ decelerate, slow down

v. 가속하다, 촉진시키다 = **speed up**, hasten, quicken, expedite, precipitate, forward, spur

Research on the topic began in the 1970s, **accelerated** in the 1980s, and really hit its stride in recent years.

⇒ clue: ac<ad (to) + celer (speed) 속도를 내다

decelerate 감속하다 〈de=down + celer=speed : 속도가 내려가다〉
celerity 신속성 〈celer=speed : 속도가 있다〉
attach 붙이다, 애착심을 갖다 〈at=ad=to + tach=touch : 닿다〉
detach 떼어내다 〈de=apart + tach=touch : 닿은 것을 떼다〉

02 aggravate
[ǽgrəvèit]

↔ appease, soothe

v. 악화시키다 = **worsen**, **make worse**, exacerbate, exaggerate

Disease may be **aggravated** by anxiety.

⇒ clue: ag (up) + grav (heavy) 더욱 과중하게 부담이 되다

grave 중대한, 심각한, 무덤 〈grav=heavy : 무거운〉
gravity 중대함, 진지함, 중력 〈grav=heavy : 무거운〉
engrave 명심하다, 새기다 〈en=make + grav=heavy : 무게있게 마음에 두다〉
grieve 슬퍼하다 〈griev=heavy : 무거운 마음〉

03 crucial
[krúːʃəl]

a. 중대한 = **vital**, **essential**, **important**, **decisive**, momentous, critical

The **crucial** factor in our relationship is our unshakeable faith in each other.

⇒ clue: cruc (cross) 십자가와 같은

crucially 중대하게, 결정적으로 〈cruc=cross : 십자가와 같은〉
excruciate 고문하다 〈ex=out + cruc=cross : 십자가를 지고 나가다〉
crucible 가혹한 시련 〈cruc=cross : 십자가를 지다〉
crux 십자가, 핵심 〈crux=cross : 십자가〉

04 distinguish
[distíŋgwiʃ]

v. 구별하다 = **tell apart**, **differentiate**, **separate**, discriminate, tell the difference

Research suggests that babies learn to see by **distinguishing** between areas of light and dark.

⇒ clue: di (apart) + sting (prick 찌르다) 찔러서 따로 놓다

distinguishable 구별할 수 있는 (=recognizable) 〈dis=apart + sting=prick + able : 찔러서 따로 놓을 수 있는〉
distinguished 유명한, 기품 있는 (=famous) 〈dis=apart + sting=prick : 찔러서 따로 놓인〉
distinctive 독특한 (=characteristic) 〈dis=apart + ting=stinc=prick : 따로 놓인〉
distinct 다른, 뚜렷한 (=different) 〈dis=apart + ting=stinc=prick : 따로 놓인〉

01 그 주제에 관한 연구는 1970년대에 시작되어, 80년대에 가속화 되었고, 최근에 본 궤도에 올랐다.　02 질병은 근심으로 인해 더 악화될 수 있다.　03 우리의 관계에서 중요한 요소는 서로에 대한 흔들리지 않는 신뢰이다.　04 연구에 따르면 아이들은 밝은 영역과 어두운 영역을 구별함으로써 보기 시작한다고 한다.

05 entangle
[entǽŋgl]

↔ disentangle

v. 얽히게 하다 = **complicate**, tangle, mixed up, embroil, involve
Small birds can get **entangled** in the nest.

⇨ clue: en (make) + tang<tach (touch) 서로 닿게 만들다
encounter 마주치다 〈en=make + counter=against : 마주 대하게 하다〉
engender 발생시키다, 불러 일으키다 〈en=make + gen=birth : 생기게 하다〉
enhance 향상시키다 〈en=make + hanc=raise : 끌어올리다〉
entrap (함정, 위험에) 빠뜨리다 〈en=make + trap 덫 : 덫에 걸리게 만들다〉

06 expose
[ikspóuz]

↔ conceal

v. 폭로하다, 드러내다 = **reveal**, **disclose**, **uncover**, **exhibit**, display, unveil
To stay warm in cold weather, cold-blooded animals must **expose** themselves to a source of warmth such as direct sunlight.

⇨ clue: e<ex (out) + pos (put) 밖으로 내놓다
exposition 박람회 〈e=ex=out + pos=put : 밖으로 내놓다〉
exposure 노출, 폭로 〈e=ex=out + pos=put : 밖으로 내놓다〉
opposite 정반대, 정반대의 〈op=ob=against + pos=put : 반대로 놓다〉
oppose 반대하다 〈op=ob=against + pos=put : 반대로 놓다〉

07 formula
[fɔ́:rmjələ]

n. 공식, 방식 = **method**, precept, principle, procedure, rule
He did not understand the structural **formulas** but attempted to explain them anyway.

⇨ clue: form (shape) 만들어진 형태
formal 형식적인, 모양의 〈form : 형태를 갖추는〉
informal 비공식의 〈in=not + form : 형태를 갖추지 못하는〉
informally 비공식적으로 〈in=not + form : 형태를 갖추지 못하는〉
informative 정보를 주는, 유익한 〈in=into + form 지식의 형태로 만들다〉

08 impervious
[impə́:rviəs]

↔ permeable, vulnerable

a. 불침투성의 = **impenetrable**, **impermeable**, **resistant**, impassable
We fairly enjoyed climbing in the rain thanks to our jackets that were **impervious** to water.

⇨ clue: im (not) + per (through) + via (way) 통과시키지 않는
immature 미숙한 〈im=not + mature 성숙한〉
immoderate 무절제한, 과도한 〈im=not + moderate 절제하는〉
improper 부적당한, 부도덕한 〈im=not + proper 적당한〉
impolitic 무분별한, 현명하지 못한 〈im=not + politic 현명한〉

05 작은 새들은 둥지에서 얽히게 되는 수가 있다.   06 추운 날씨에 따뜻함을 유지하기 위해서, 냉혈 동물들은 자신들을 직접적인 직사광선과 같은 온기의 공급원에 노출시켜야만 한다.   07 그는 구조식들을 이해하지는 못했지만 어쨌든 그것들을 설명하려 했다.   08 우리는 물이 스며들지 않는 옷옷 덕분에 빗속에서도 상당히 즐거운 등반을 하였다.

unit 17

09 ingenuous
[indʒénjuːəs]

↔ disingenuous

a. 순진한, 솔직한 = naive, artless, honest, candid, frank

He was so **ingenuous** that he didn't realize she was paying him all those phony compliments to get something out of him.

⇒ clue: in (in) + gen (birth) 태어날 때 같은

ingenious 독창적인, 영리한 〈in + gen=birth : 태어날 때부터 갖고 있는〉
homogeneous 동질의 〈homo=same + gen=birth : 같이 생겨나다〉
heterogeneous 이질적인, 여러 다른 종류로 이루어진 〈hetero=other + gen=birth: 다른 종류에서 생기다〉
engender 생기게 하다 〈en=make + gen=birth : 생기게 하다〉

10 inhabitant
[inhǽbətənt]

n. 주민 = **resident**, **citizen**, dweller, denizen

Nearly 3% of the **inhabitants** of Seoul are resident foreigners.

⇒ clue: in (in) + hab (have) 일정한 지역 안에 있다

inhabit 살다, 거주하다 〈in=in + hab=have : 안에 있다〉
behave 행동하다 〈be=make + have : 몸에 지니고 있다〉
behavior 행동, 태도 〈be=make + hav=have : 몸에 지니고 있다〉
belittle 과소평가하다, 경시하다 〈be=make + little : 작게 만들다〉

11 manufacture
[mǽnjəfǽktʃər]

v. 제조하다 = **make**, fabricate, form, produce, construct, build

He works for a company that **manufactures** noble metals.

⇒ clue: manu (hand) + fac (make) 손으로 만들다

maneuver 조종하다, 연습시키다, 작전 〈man=hand : 다루다〉
manageable 관리할 수 있는 〈man=hand : 다루다〉
maintain 유지하다, 주장하다 〈main=manu=hand + tain=hold : 손으로 잡고 있다〉
legerdemain 요술, 속임수 〈legerd=light + main=hand : 손을 가볍게 움직이다〉

12 oppress
[əprés]

v. 억압하다, 학대하다 = suppress, subdue, abuse, maltreat, persecute

The fascist leader was eventually charged with violently **oppressing** his citizens.

⇒ clue: op<ob (against) + press 반대하여 누르다

oppression 억압 〈op=ob=against + press : 반대하여 누르다〉
depressed 풀이 죽은, 움푹 들어간 〈de=down + press : 내리 눌리다〉
depress 우울하게 하다 〈de=down + press : 내리 누르다〉
press 누르다, 압박을 가하다, 언론, 기자, 보도, 인쇄

09 그는 자신으로부터 무엇인가 얻어내기 위해 그녀가 거짓 칭찬을 하고 있다는 사실을 깨닫지 못할 만큼 순진했다.   10 서울 시민의 대략 3%가 상주 외국인이다.
11 그는 귀금속을 만드는 회사에서 일하고 있다.   12 파시즘의 지도자는 폭력적으로 국민을 억압하여 결국 기소되었다.

13 overcome

[òuvərkʌ́m]

↔ surrender

v. 이겨내다 = **defeat**, **surmount**, conquer, vanquish

There is some hostility between different racial and ethnic groups, but it can be **overcome** by education and experience.

⇨ clue: over (above) + come 난관 위로 올라가다

overview 개요 〈over=above + view : 전체적으로 보다〉
overthrow 무너뜨리다 〈over=above + shadow + throw : 위로 던져버리다〉
overlook 내려다보다, 간과하다 〈over=above + look : 위에서 보다〉
overtake 따라잡다 〈over=above + take : 위에서 덮쳐서 잡다〉

14 progress

[prágres / prəgrés]

↔ regression

n. 발달 = **strides**, development, advance, headway, improvement
v. 나아가다 = advance, proceed, move on, improve

George is making much **progress** with his Spanish.

⇨ clue: pro (forth) + gress (go) 앞으로 나가다

progression 진행, 진전 〈pro=forth + gress=go : 앞으로 나가다〉
progressive 진보적인, 점진적인 〈pro=forth + gress=go : 앞으로 나가다〉
regressive 퇴보하는 〈re=back + gress=go : 뒤로 가다〉
aggressive 적극적인, 공격적인 〈ag=ad=to + gress=go : 다가가다〉

15 surmise

[sərmáiz]

v. 추측하다 = **guess**, **speculate**, suppose, conjecture, presume

It seems reasonable to **surmise** that these situations breed violence.

⇨ clue: sur (over) + mis (send) 생각을 미리 보내다

demise 서거, 소멸 〈de=away + mis=send : 멀리 보내다〉
premise 전제, 가정 〈pre=before + mis=send : 미리 생각을 보내다〉
promise 약속하다 〈pre=forth + mis=send : 앞으로 다짐을 보내다〉
compromise 타협하다 〈com=together + pro=forth + mis=send : 함께 의견을 앞으로 내놓다〉

16 tactile

[tǽktil]

a. 촉각의 = **tangible, touchable**, tactual

The interactive exhibition for children composed of 50 installations offers many **tactile** experiences to explore one's own skin sensations.

⇨ clue: tact (touch) 접촉하는

tact 재치, 눈치 〈tact=touch : 사람을 잘 다루는 센스〉
tactless 재치 없는, 요령 없는 〈tact=touch + less 없는 : 사람을 다루는 센스가 없다〉
tactics 전술(학) 〈tact=touch : 사람을 다루는 기술〉
touching 감동시키는 〈touch : 마음에 닿다〉

13 서로 다른 인종이나 민족 집단들간에 어느 정도의 적개심이 있는 것은 사실이지만 이것은 교육과 경험으로 극복될 수 있다.　　14 조지의 스페인어가 많이 향상되고 있다.　　15 이러한 상황이 폭력을 야기시킨다고 추측하는 것은 타당한 것 같다.　　16 아이들을 위한 50개의 설치물로 구성된 쌍방향 전시회는 아이들이 자신의 피부 감각을 찾도록 많은 촉각의 경험을 제공한다.

unit 17

17 temperance
[témpərəns]
↔ intemperance

n. 절제 = continence, moderation, abstinence, self-discipline, forbearance, self-restraint

Temperance is considered one of the four cardinal virtues.

⇨ clue: temper (regulate) 조절하다
temperate 절제하는, 온화한 〈temper=regulate : 조절하다〉
intemperate 무절제한, 과음하는 〈in=not + temper=regulate : 조절하지 못하다〉
short-tempered 성마른, 성급한 〈short + temper=regulate : 조절이 부족하다〉
temper 완화시키다, (화를 내는) 성질 〈temper=regulate : 조절하다〉

18 unbridled
[ʌnbráidld]
↔ restrained

a. 억제되지 않은 = **unrestrained**, uncontrolled, unchecked

She had a sudden fit of **unbridled** rage.

⇨ clue: un (not) + bridle 굴레가 없는
undo 취소하다 〈un=not + do 하다〉
unearth 발굴하다 〈un=not + earth 흙을 덮다〉
untangle 풀다, 해결하다 〈un=not + tangle 얽히게 하다〉
unthinkable 상상도 할 수 없는 〈un=not + thinkable 가능하다고 생각되는〉

19 undertake
[ʌndərtéik]

v. 떠맡다= **assume**, take on, shoulder, take upon oneself
착수하다 = **attempt**, set about, commence, enter upon

They are ill-equipped to **undertake** such an expedition to Mt. Everest.

⇨ clue: under + take 자신의 책임 아래에 두다
undertaking 사업, 약속 〈under + take : 자신의 책임 아래에 두다〉
underline 강조하다 〈under + line : 아래에 줄을 긋다〉
underscore 강조하다 〈under + score : 아래에 자국을 남기다〉
score 자국, 악보, 이유, 20, 득점, 점수, 다수(pl.)

20 versatile
[vɝːrsətl]

a. 융통성 있는, 다용도의 = **adaptable**, **flexible**, all-purpose, all-round, many-sided

This Swiss Army knife is the most **versatile** tool I have ever owned.

⇨ clue: vers<vert (turn) 다른 모습으로 돌아 나오다
controversy 논란, 논쟁 〈contro=against + vers=turn : 반대로 돌다〉
controversial 논란이 많은 〈contro=against + vert=turn : 반대로 돌아서다〉
controvert 논쟁하다 〈contro=against + vert=turn : 반대로 돌다〉
incontrovertible 논란의 여지가 없는, 명백한 〈in=not + contro=against + vert=turn + ible : 반대로 돌아설 수 없는〉

---

17 절제는 네 가지 기본 덕목 중 하나로 여겨진다.　18 그녀는 갑작스럽게 격렬한 분노를 터뜨렸다.　19 그들은 에베레스트 산으로 원정을 착수하기에는 준비가 부실하다.　20 이제껏 내가 가져본 도구 중에 Swiss Army knife가 (일명 맥가이버칼) 가장 용도가 다양하다.

Check-up

Choose the closest word or expression of the highlighted word in each question.

1   Early this May, my husband's illness had **aggravated** to such an extent that he was almost past any cure.

   Ⓐ sustain   Ⓑ worsened   Ⓒ consummated   Ⓓ measured

2   Oil when extracted is in its **crude** state and has to be refined before it can be used by consumers.

   Ⓐ discarded   Ⓑ unhealthy   Ⓒ discolored   Ⓓ raw

3   There are quite a few psychology experts who believe that an infant, on forming a bond with a mother figure, reaches **a crucial** stage of emotional development.

   Ⓐ a credible   Ⓑ an optional   Ⓒ an actual   Ⓓ a vital

4   All of a sudden the dolphins became **entangled** in the large fishing net; this outraged the environmental activists who were present at the event.

   Ⓐ escaped   Ⓑ untangled   Ⓒ tangled   Ⓓ infuriated

5   Body builders **facilitate** the improvement of their own physiques by using the technique of positive thinking — imagining what their bodies will look like after exercise.

   Ⓐ fabricate   Ⓑ furnish   Ⓒ ease   Ⓓ elude

6   It is truly glorious when adversity is **overcome** effectively.

   Ⓐ transformed   Ⓑ deprived   Ⓒ rescued   Ⓓ defeated

7   When observed at room temperature, Iodine is a gleaming, solid, blackish gray in color and has a **pungent** odor.

   Ⓐ sharp   Ⓑ pleasant   Ⓒ sweet   Ⓓ peculiar

8   Political instability in strategically significant areas of the world has financial, political and environmental consequences that are nearly impossible to **surmise**.

   Ⓐ guess   Ⓑ survive   Ⓒ coordinate   Ⓓ prevent

9   It is inspirational to see his **unbridled** self-assurance.

   Ⓐ partial   Ⓑ impartial   Ⓒ abundant   Ⓓ unrestricted

10 He has given truly **unprecedented** inputs to the field of astrophysics, which is why he deserved the science award.

   Ⓐ mundane   Ⓑ dedicated   Ⓒ extraordinary   Ⓓ weird

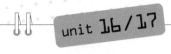

Check-up 정답지

1. B

올해 5월 초에 남편의 병은 악화되어서 그 어떤 치료도 거의 할 수 없는 정도에 이르렀다 .

2. D

기름이 추출되었을 때는 원유상태이며 소비자들이 사용하기 전에 정제해야 한다.

3. D

유아가 어머니와 같은 존재와 유대감을 형성할 때 정서발달에 중대한 단계에 들어간다고 생각하는 심리 전문가들이 상당히 많다.

4. C

갑자기 돌고래가 거대한 어망에 걸려들었고, 이것은 행사에 참여한 환경활동가들을 격분하게 했다.

5. C

보디빌더들은 긍정적인 사고기법을 사용하여 운동 후에 자신의 몸이 어떤 모습일지 상상하며 자신들의 몸매향상을 가능하게 한다.

6. D

역경을 효과적으로 극복할 때 진실로 영광스러운 것이다.

7. A

상온에서 관찰하면 요오드는 빛이 나는 거무스름한 회색의 고체이며 찌르는 듯한 냄새가 난다.

8. A

세계에서 전략적으로 중요한 곳들의 정치 불안정은, 거의 짐작할 수도 없을 정도로 재정적, 정치적, 그리고 환경적으로 중요성을 가지고 있다.

9. D

그의 억제되지 않은 강한 자기 확신을 보는 것은 고무적이다.

10. C

그는 천체물리학 분야에 정말로 엄청난 조언을 내놓았으며 바로 그 이유로 그는 마땅히 과학상을 받을만했다.

unit 18

antidote	1 •		• a	cure
attribute	2 •		• b	concomitant
concurrent	3 •		• c	size
confine	4 •		• d	limit
dimension	5 •		• e	ascribe

enormous	6 •		• a	achieve
equivalent	7 •		• b	equal
erect	8 •		• c	upright
fulfill	9 •		• d	please
gratify	10 •		• e	huge

impugn	11 •		• a	disbelieving
incredulous	12 •		• b	harmless
innocuous	13 •		• c	challenge
marvelous	14 •		• d	wonderful
modest	15 •		• e	small

primitive	16 •		• a	primeval
remarkable	17 •		• b	strong
robust	18 •		• c	increase
surge	19 •		• d	land
terrain	20 •		• e	notable

1 a 2 e 3 b 4 d 5 c 6 e 7 b 8 c 9 a 10 d 11 c 12 a 13 b 14 d 15 e 16 a 17 e 18 b 19 c 20 d

unit 18

01 antidote
[ǽntidòut]

↔ poison, venom

n. 해독제, 해결책 = **cure**, **remedy**, corrective

Regular exercise is the best **antidote** to tiredness and depression.

⇒ clue: anti (against) + don (give) 반대 효과를 주는 것
antibody 항체 〈anti=against + body : 항원의 침입에 대항하다〉
antisocial 비사교적인 〈anti=against + soci=companion 동료 : 동료와 대항하다〉
antipollution 공해 방지 〈anti=against + pollution 공해 : 공해에 대항하다〉
antagonist 적대자 〈anti=against + agon=struggle : 대항해서 맞붙다〉

02 attribute
[ətríbjuːt / ǽtrəbjùːt]

v. ~의 탓으로 돌리다 = **ascribe**, **assign**, refer, impute
n. 특성 = **characteristic**, **feature**, **trait**, **quality**, **property**, character

I **attribute** my success to his encouragement.

⇒ clue: at<ad (to) + tribut (give) 원인을 ~에게 넘겨주다
attributed to ~의 덕분인, ~에 기인한
contribution 기부 〈con=together + tribut=give : 모두를 위해 주다〉
retribution 보복, 앙갚음 〈re=back + tribut=give : 다시 되돌려 주다〉
distribution 분배 〈dis=apart + tribut=give : 조각조각 나누어서 주다〉

03 concurrent
[kənkə́ːrənt]

ad. 동시에 일어나는 = **concomitant**, synchronous, simultaneous, coincident, coexisting

The allies launched **concurrent** attacks by land, sea and air.

⇒ clue: con (together) + cur (run 달리다, 흐르다) 함께 달리다
concur 동시에 일어나다, (의견이) 일치하다 〈con=together + cur=run : 함께 달리다〉
current 흐름, 경향, 현재의 〈cur=run : 흐르다〉
curriculum vitae 이력(서) 〈cur=run + vi=life : 삶의 흐름〉
discursive 산만한, 두서 없는 〈dis=apart + cur=run: 다른 곳으로 흘러가다〉

04 confine
[kənfáin]

v. 제한하다 = **limit**, restrict, circumscribe, restrain
n. 경계, 범위 = boundary, limit

Both amphibians and reptiles are paralyzed by cold, and are therefore **confined** to the temperate zones and tropics.

⇒ clue: con<com (completely) + fin (end 한계, 끝) 한계를 정하다
confined 제한된, 갇힌 〈con=completely + fin=end : 한계를 정하다〉
define 정의하다, 규정하다 〈de=completely + fin=end : 한계를 정하다〉
refine 정제하다, 개선하다 〈re=again + fin=end : 끝마무리를 반복하다〉
refinement (작은 변화를 통한) 개선, 세련 〈re=again + fin=end : 끝마무리를 반복하다〉

---

01 규칙적으로 운동을 하는 것이 피로하고 우울할 때 가장 좋은 방법이다.   02 내가 성공한 것은 그의 격려 덕분이라고 생각한다.   03 연합국은 육지, 해상, 공중에서 동시에 공격을 가했다.   04 양서류와 파충류는 추위에서는 활동을 하지 못하므로 온대 지방과 열대 지방에 제한되어 있다.

05 **dimension**
[diménʃən]

n. 크기, 규모 (pl.) = **size**, measurement, bulk, proportions

Please specify the **dimensions** of your lost baggage.

⇨ clue: di<dis (away) + mens (measure) 떨어져 재다
displace 해임하다; 대신하다 〈dis=away + place 두다 : 멀리 두다〉
dismissal 해고, 해산 〈dis=away + mis=send : 멀리 보내다〉
dispel 쫓아버리다 〈dis=away + pel=drive : 멀리 몰아내다〉
disport 놀다, 즐기다 〈dis=away + port=carry : 일상에서 멀어지다〉

06 **enormous**
[inɔ́ːrməs]

a. 거대한 = **huge**, **immense**, **tremendous**, **vast**, colossal, gigantic

The passive smoking issue holds **enormous** fears for the tobacco industry.

⇨ clue: e<ex (out) + norm (rule) 표준을 벗어난
norm 표준, 규범 〈norm=rule : 표준〉
normal 표준적인, 정상의 〈norm=rule : 표준〉
abnormal 비정상적인, 변칙의 〈ab=away + norm=rule : 표준에서 멀어지다〉
autonomous 자율적인 〈auto=self + nom=rule : 자신이 스스로 통치하다〉

07 **equivalent**
[ikwívələnt]

a. 동등한 = **equal**, alike, comparable, commensurate, corresponding

Is $100 **equivalent** to about £60?

⇨ clue: equ (equal) + val (worth) 같은 가치를 가지다
equivocal 애매한, 불분명한 〈equ=equal + voc=call : 동시에 소리내어 부르다〉
unequivocal 명료한 〈un=not + equ=equal + voc=call : 동시에 부르지 않다〉
adequate 알맞은, 충분한 〈ad=to + equ=equal : 주어진 상황과 같은〉
inadequate 부적당한, 불충분한 〈in=not + ad=to + equ=equal : 주어진 상황과 같지 않은〉

08 **erect**
[irékt]

a. 똑바로 선 = upright, vertical, perpendicular, straight
v. 세우다 = **build**, **construct**, set up, put up

Humans have been standing **erect** for tens of thousands of years.

⇨ clue: e<ex (out) + rect (right) 똑바로 하다
erection 직립, 건설 〈e=ex=out + rect=right : 똑바로 하다〉
rectify 개정하다 〈rect=right : 똑바로 하다〉
correct 옳은, 바로잡다 〈cor=together + rect=right : 모두 바르게 하다〉
incorrigible 고칠 수 없는, 구제불능의 〈in=not + cor=together + rig=right : 바르게 고칠 수 없다〉

05 분실한 가방의 크기를 자세히 기록해 주십시오. 06 간접 흡연 문제는 담배 산업에 엄청난 공포를 주고 있다. 07 100달러가 60파운드와 같은 가치인가요?
08 인류는 수 만년동안 직립보행을 해왔다.

unit 18

09 fulfill
[fulfíl]

v. 성취하다, 이행하다 = **achieve**, **accomplish**, complete, execute, carry out

Great things were expected of this course, but it didn't **fulfill** all my expectations.

⇒ clue: full + fill 완전히 충족시키다

full-blown 만발한, 성숙한 〈full + blown : 완전히 부푼〉
full-fledged 깃털이 다 난, 완전히 성장한 〈full + fledged : 완전히 깃털이 다 난〉
full 완전한, 최대한의, 배부른
fulsome (칭찬, 감사 등이) 너무 지나친 〈full + some=tend to ~하는 경향이 있다 : 넘치는 경향이 있는〉

10 gratify
[grǽtəfài]

v. 기쁘게 하다 = **please**, delight, give pleasure, indulge

Finally being able to meet so many of the people I only knew through correspondence was especially **gratifying**.

⇒ clue: grat (thankful) 감사하는

grateful 감사하는 〈grat=thankful : 감사하는〉
gratitude 감사 〈grat=thankful : 감사하는〉
ingratitude 배은망덕 〈in=not + grat=thankful : 감사를 모르다〉
congratulate 축하하다 〈con=together + grat=thankful : 완전히 감사하다〉

11 impugn
[ìmpjú:n]

v. 이의를 제기하다, 비난하다 = challenge, question, criticize, slander, attack

I did not mean to **impugn** your competence as a professional dancer.

⇒ clue: im (against) + pugn (fight) 대항하여 싸우다

pugnacious 싸우기 좋아하는 〈pugn=fight : 싸우다〉
repugnant 싫은, 불쾌한 〈re=back + pugn=fight : 등 돌리고 싸우다〉
oppugn 비난하다 〈op=ob=against + pugn=fight : 대항하여 싸우다〉
pugilist 권투 선수 〈pug=fight : 주먹으로 싸우다〉

12 incredulous
[inkrédʒələs]

a. 의심 많은 = disbelieving, distrustful, suspicious, dubious, doubtful

As Jane was telling the incident, her friends appeared **incredulous**.

⇒ clue: in (not) + credulous (쉽게 믿는) 쉽게 믿지 않는

credulous 쉽게 믿는, 속기 쉬운 〈cred=believe : 믿다〉
credible 믿을 수 있는 〈cred=believe + ible : (사실을) 믿을 수 있는〉
creditable 칭찬할만한, 훌륭한 〈cred=believe + able: (실력을) 믿을 수 있는〉
creed 신조 〈creed=cred=believe : 믿다〉

---

09 나는 이 교육과정에 많은 기대를 했었지만 내 모든 기대를 채워주지 못했다.　10 서면으로만 알고 지내던 많은 분들을 마침내 만나 뵙게 되어 특히 기뻤다.　11 전문적인 무용가로서 당신의 능력에 이의를 제기하려던 것은 아닙니다.　12 제인이 그 사건에 대해서 이야기 하고 있을 때 그녀의 친구들은 의심하는 듯 했다.

13 innocuous
[inákjuːəs]

↔ harmful

a. 무해한 = **harmless**, innoxious, inoffensive, safe

Some mushrooms look **innocuous** but are in fact poisonous.

⇨ clue: in (not) + nocuous (유해한) 해가 없는

innoxious 무해한 〈in=not + noxious 유해한〉
inconsequential 중요하지 않은, 하찮은 〈in=not + consequential 중요한〉
invulnerable 상처입지 않는, 무적의 〈in=not + vulnerable 상처입기 쉬운〉
indeterminate 불확정의, 막연한 〈in=not + determinate 결정된, 확실한〉

14 marvelous
[máːrvələs]

a. 놀라운 = **wonderful**, phenomenal, miraculous, amazing, astonishing, fabulous

It took me ages to get it right, but it was a **marvelous** feeling when I did.

⇨ clue: mar (wonder) 놀라운

marvel 놀라운 일 〈mar=wonder : 놀라움〉
miracle 기적 〈mir=wonder : 놀라움〉
miraculous 기적인 〈mir=mr=wonder : 놀라움〉
admire 감탄하다 〈ad=to + mir=wonder : 놀라움〉

15 modest
[mádist]

↔ impudent

a. 겸손한 = unpretentious, humble, unassuming, self-effacing
(별로) 많지 않은 = **small, limited**, moderate

They appreciate the fact that he is **modest** about all of his impressive achievements.

⇨ clue: mod (measure) (행동이나 양을) 조정하다

modesty 겸손, 정숙 〈mod=measure : 행동을 조정하다〉
modify 수정하다, 조정하다 〈mod=measure : 조정하다〉
modification 수정, 변경 〈mod=measure : 조정하다〉
commodious (집, 방이) 넓고 편리한 〈com=together + mod=measure : 모두 조정하다〉

16 primitive
[prímətiv]

↔ modern, civilized

a. 원시의, 초기의 = **primeval, pristine, earliest**

The axe is an example of a tool that uses **primitive** technology but is still in use today.

⇨ clue: prim (first) 맨 처음의

primeval 원시의 〈prim=first : 맨 처음의〉
pristine 자연 그대로의, 오염되지 않은 〈prin=first : 맨 처음 초기상태의〉
prime 최고의, 주요 〈prim=first : 맨 처음의〉
prior to ~보다 전에 〈pri=first : 맨 처음〉

13 일부 버섯들은 해가 없어 보이지만 사실은 독성이 있다.   14 이것을 제대로 하는데 오랜 시간이 걸렸지만, 해냈을 때 기분은 최고였다.   15 사람들은 그가 자신의
훌륭한 업적들에 대해서 겸손하다는 사실을 높이 평가한다.   16 도끼는 원시적인 기술을 이용하지만 오늘날에도 사용되는 도구의 예시이다.

17 **remarkable**
[rimá:rkəbəl]

a. 주목할 만한, 훌륭한 = **notable**, **noteworthy**, **outstanding**, **prominent**, **extraordinary**, distinguished

What makes Shakespeare's play live is its dramatic power and its **remarkable** language.

⇒ clue: re (again) + mark 다시 표시하다

remark 주목하다, 말하다 〈re=again + mark : 다시 표시하다〉
hallmark 특징, 보증 〈hall + mark : Goldsmith's hall의 표시가 있다〉
marked 뚜렷한, 두드러진 〈mark 표시하다〉
markedly 현저하게, 두드러지게 〈mark 표시하다〉

18 **robust**
[roubʌ́st]

a. 튼튼한 = **strong**, **sturdy**, **vigorous**, hearty, healthy, stout, fit as a fiddle, solid, stalwart

She was small and robust, with dark hair and dark eyes.

⇒ clue: rob (strong) 힘이 센

robustious (사람, 태도가) 거친, (폭풍, 기후가) 사나운 〈rob=strong : 힘이 세다〉
corroborate 확실히 하다, 확증하다 〈cor=con=intensive + rob=strong : 아주 확고히 하다〉
collaborate 협력하다 〈col=com=together + labor : 함께 애쓰다〉
laborious 힘드는 〈labor : 애쓰다〉

19 **surge**
[sə:rdʒ]

v. 급격히 오르다 = **increase**, **rise**, swell

Stocks **surged** last week following positive economic reports.

⇒ clue: surg (rise) 오르다

source 원천, 출처 〈source=rise : 물, 정보 등이 올라오는 곳〉
upsurge 급증하다 〈up + surg=rise : 위로 솟구쳐 오르다〉
resurge 부활하다, 소생하다 〈re=again + surg=rise : 다시 일어나다〉
insurgent 반란을 일으키는, 폭도 〈in=into + surg=rise : 안에서 들고 일어나다〉

20 **terrain**
[təréin]

n. 지역 = **land**, ground, country, territory, area

The **terrain** changed quickly from arable land to desert.

⇒ clue: terra (land) 땅, 지면

territory 영토, 지역 〈terra=land : 땅〉
territorial 영토의 〈terra=land : 땅〉
extraterritorial 치외 법권의 〈extra=outside + terra=land : 나라 법 밖에 있는〉
terra incognita 미지의 땅, 미개척 분야 〈terra=land + in=not + co=together + gno=know : 전혀 알 수 없는 땅〉

17 셰익스피어의 희곡을 오늘날까지 살아남게 만든 것은 극적인 힘과 탁월한 언어이다. 18 그녀는 작고 튼튼했으며 검은 머리에 검은 눈동자를 갖고 있었다. 19 긍정적인 경제 보도에 뒤이어 주식이 지난주에 급등했다. 20 그 지역은 경작지에서 황무지로 급격하게 변했다.

1 **celerity** [səlérəti] 신속성
   celebrity [səlébrəti] 명성, 유명인

2 **credible** [krédəbəl] 믿을 수 있는 (↔ incredible)
   credulous [krédʒələs] 쉽사리 믿는
   (↔ incredulous)

3 **equivocal** [ikwívəkəl] 애매한, 불분명한
   equivalent [ikwívələnt] 동등한, 상당하는

4 **hostility** [hástílǝti] 적의, 전쟁 행위 (pl.)
   hospitality [hàspitǽləti] 환대

5 **impugn** [ìmpjúːn] 비난하다, 의문을 제기하다
   impute [impjúːt] ~의 탓으로 돌리다

6 **inhibit** [inhíbit] 금지하다, 방해하다, 억제하다
   inhabit [inhǽbit] 살다, 서식하다

7 **ingenious** [indʒíːnjəs] 독창적인, 영리한
   ingenuous [indʒénjuːəs] 순진한, 솔직한

8 **momentous** [mouméntəs] 중대한
   momentary [móuməntèri] 순간적인

9 **progeny** [prádʒəni] 자손
   prodigy [prádədʒi] 천재, 경이
   prodigal [prádigəl] 낭비하는, 방탕한

10 **slander** [slǽndər] 비방
   slender [sléndər] 호리호리한, 적은, 홀쭉한

11 **touching** [tʌ́tʃiŋ] 감동시키는
   touchy [tʌ́tʃi] 까다로운, 과민한

12 **trait** [treit] 특성
   trite [trait] 진부한

혼 동 어 휘 Check-up

다음의 각 문장에서 괄호 안의 단어 중 알맞은 것을 고르시오.

1   His version of the story is not (credible / credulous) because it changes every time he tells it.
    이야기에 대한 그의 의견은 믿을 수가 없는데, 이유는 그가 얘기할 때마다 다르기 때문이다.

2   Her (equivocal / equivalent) speech made it difficult to ascertain the main point she was trying to make.
    애매모호한 표현으로 인해 그녀가 주장하려고 했던 요점을 알아내기 어려웠다.

3   To reveal a military secret is (equivocal / equivalent) to treason.
    군사기밀을 폭로하는 것은 반역과 같다.

4   I did not mean to (impugn / impute) your competence as a professional dancer.
    전문적인 무용가로서 당신의 능력에 이문을 제기하려던 것은 아닙니다.

5   Several thousand police have been committed to an attempt to (inhabit / inhibit) the armed insurrection.
    무장 폭동을 막기 위해서 수천 명의 경찰들이 투입되었다.

6   It was Lin who thought of an (ingenuous / ingenious) solution to the problem.
    그 문제에 대한 독창적인 해결책을 생각해 낸 사람은 린이었다.

7   Meeting Professor Brown was a (momentary / momentous) event which changed his life.
    브라운 교수를 만난 것은 그의 인생을 바꾸어 놓은 중대한 사건이었다.

8   This (prodigy / progeny) of nature is nothing short of a blessing.
    이러한 자연에 대한 경이로움은 신의 은총이나 다름없다.

9   You will have to economize for months to make up for that one (prodigal / frugal) shopping spree.
    그 한 번의 낭비적인 쇼핑 재미를 메우기 위해서 너는 몇 달 동안 절약을 해야 할 것이다.

10 Much of modern art is nothing more than (trite / trait), dull copies of old works.
    현대미술의 상당부분이 예전작품의 진부하고 따분한 모방에 지나지 않는다.

〈정답〉
1.credible   2.equivocal   3.equivalent   4.impugn   5.inhibit
6.ingenious   7.momentous   8.prodigy   9.prodigal   10.trite

unit 19

analogous 1 •	• a use
application 2 •	• b obvious
circumvent 3 •	• c bypass
countervail 4 •	• d comparable
decided 5 •	• e offset

discard 6 •	• a irrelevant
evident 7 •	• b obvious
extraneous 8 •	• c disinterested
impartial 9 •	• d increase
increment 10 •	• e throw away

ineffectively 11 •	• a exploration
massive 12 •	• b huge
omnipresent 13 •	• c ubiquitous
presumption 14 •	• d without any result
probe 15 •	• e assumption

simultaneous 16 •	• a surrender
submit 17 •	• b total agreement
transfer 18 •	• c move
unanimity 19 •	• d concurrent
utilize 20 •	• e employ

1 d 2 a 3 c 4 e 5 b 6 e 7 b 8 a 9 c 10 d 11 d 12 b 13 c 14 e 15 a 16 d 17 a 18 c 19 b 20 e

unit 19

01 analogous
[ənǽləgəs]

a. 유사한 =**similar, comparable, like**, equivalent

Timbre in music is **analogous** to color in painting.

⇒ clue: ana (according to) + log=speak ~에 일치하여 말하는

eulogy 찬사, 추도연설 〈eu=good + log=speech : 좋게 말하다〉
neology 신조어 〈neo=new + log=speak : 새로운 말〉
grandiloquent 과장된 〈grand=big + loqu=speak : 크게 말하다〉
magniloquent 과장된, 호언장담하는 〈magn=great + loqu=speak : 크게 말하다〉

02 application
[æ̀plikéiʃən]

n. 이용, 적용 = **use**, utilization, appliance

There are various **applications** of genetic engineering in agriculture.

⇒ clue: ap<ad (to) + pli (fold) ~에 접어 넣다

apply 적용하다, 이용하다, 신청하다, 바르다, 전념하다 〈ap=to + pli=fold : ~에 접어 넣다〉
applicable 적용 가능한, 적절한 〈ap=to + pli=fold : ~에 접어 넣다〉
applicability 적응성, 적절함 〈ap=to + pli=fold : ~에 접어 넣다〉
appliance 가전제품, 기기 〈ap=to + pli=fold : 기술을 접어 넣다〉

03 circumvent
[sə̀ːrkəmvént]

v. 우회하다 = **bypass**, go around, detour
회피하다 = evade, elude, sidestep, bypass

They went north in order to **circumvent** the Mississippi River.

⇒ clue: circum (circle) + vent (come) 돌아서 오다

circumspect 신중한 〈circum=circle + spect=look : 주위를 둘러보다〉
circumscribe 주위에 경계선을 긋다, 제한하다 〈circum=circle + scrib=write : 둘레에 원을 그리다〉
circuitous 우회하는 〈circle : 돌아서 가다〉
encircle 에워싸다, 일주하다 〈en=make + circle : 원을 만들다〉

04 countervail
[kàuntərvéil]

v. 상쇄시키다 = **offset**, counterbalance, counteract

Affirmative action is a policy to **countervail** racial discrimination in the United States.

⇒ clue: counter (against) + vail<val (value) 대항할 정도의 가치가 있다

avail 쓸모가 있다, 도움이 되다 〈a=ad=to + vail=val=value : 가치가 있다〉
available 쓸모 있는, 이용할 수 있는 〈a=ad=to + vail=val=value : 가치가 있다〉
unavailable 이용할 수 없는 〈un=not + available 이용할 수 있는〉
evaluate 평가하다 〈e=ex=out + val=value : 가치를 밖으로 드러내다〉

01 음악에서 음질은 그림에서 색과 유사하다.　02 유전 공학은 농업에 다양하게 적용된다.　03 그들은 미시시피 강을 우회하기 위해 북쪽으로 갔다.　04 차별 철폐 조처는 미국 내 인종 차별을 상쇄시키기 위한 정책이다.

05 decided
[disáidid]

↔ questionable

a. 단호한 = determined, resolute, assertive, decisive, firm
명확한 = **obvious**, definite, distinct, unequivocal, express

His ignorance of the subject put him at a **decided** disadvantage.

⇒ clue: de (down) + cide (cut) 잘라 내버린
rescind 폐지하다 〈re=back + scind=cut : 잘라서 뒤로 던지다〉
suicide 자살 〈sui=self + cid=cut : 자신을 베다〉
homicide 살인 〈homo=man + cid=cut : 사람을 베다〉
genocide 대량학살 〈gen=birth + cid=cut : 같이 태어난 민족을 베다〉

06 discard
[diská:rd]

↔ keep

v. 버리다 = **throw away**, **abandon**, dispose of, cast aside, get rid of, dump

Modern architecture has **discarded** the flamboyant trimming on buildings and emphasized simplicity of line.

⇒ clue: dis (away) + card 카드를 멀리 던지다
dissuade 설득하여 단념시키다 〈dis=away + suad=persuade : 설득해서 멀리 보내다〉
dispraise 비난하다 〈dis=away + praise=price : 가치와는 멀어지다〉
dispose of 처리하다 〈dis=away + pos=put : 멀리 두다〉
disguise 위장하다, 감추다 〈dis=away + guise=manner : 원래의 방식에서 벗어나다〉

07 evident
[évidənt]

↔ ambiguous

a. 명백한 = **obvious**, **apparent**, manifest, plain, palpable, tangible, noticeable

The full extent of his injuries did not become **evident** until we tried to move him.

⇒ clue: e<ex (out)+ vid (see) 밖으로 보이다
evidence 증거, 증거가 되다 〈e=ex=out + vid=see : 밖으로 보이다〉
visual 시각의 〈vis=see : 보다〉
visage 얼굴, 외관 〈vis=see : 보다〉
vista 전망, 경치 〈vis=see : 보다〉

08 extraneous
[ikstréiniəs]

↔ essential

a. 관계없는 = irrelevant, foreign, unrelated, unconnected

His point was **extraneous** to the argument.

⇒ clue: extra (outside) 밖에 있는
extreme 극단적인, 극도의 〈extr=outside : 밖으로 나가다〉
extravagance 낭비, 사치 〈extra=outside + vag=wander : 밖으로 빗나가다〉
extricate 탈출시키다, 구출하다 〈ex=out + trick : 속임수 안에서 벗어나다〉
external 외부의, 대외적인 〈exter=outside : 밖의〉

05 그 문제를 몰랐던 것이 그를 결정적으로 불리하게 만들었다.　06 현대 건축은 건물에 화려한 장식을 버리고 윤곽의 단순함을 강조한다.　07 우리가 그를 옮기려 하기 전까지는 그의 부상 정도를 명확하게 알 수 없었다.　08 그의 논지는 그 주장과는 관련이 없었다.

unit 19

09 impartial
[impá:rʃəl]
↔ partial

a. 공평한 = **disinterested**, neutral, detached, unbiased, unprejudiced, just, fair

A good system must be **impartial**, speedy, open, and effective.

⇒ clue: im (into) + part 각자의 몫으로 나누다
impart 나누어 주다 〈im=into + part : 각자의 몫으로 나누다〉
impartially 공평하게 〈im=into + part : 각자의 몫으로 나누다〉
partially 부분적으로 〈part : 부분〉
repartee 재치있는 응답 〈re=back + part : 말 한조각을 다시 돌려주다〉

10 increment
[ínkrəmənt]

n. 증가, (정기적인) 임금인상 = **increase**, gain, supplement

You will receive annual salary **increment**s every December.

⇒ clue: in(in) + cre (grow) 안에서 자라나다
increase 증가(하다), 인상 〈in=in + cre=grow : 계속 안에서 자라나다〉
recreation 휴양, 기분전환 〈re=again + cre=grow : 다시 힘이 생기다〉
excrete 배설하다 〈ex=out + cre=grow : 만들어 밖으로 내보내다〉
recruit (신병, 신입 사원을) 모집하다 〈re=again + cru=grow : 다시 힘이 생기다〉

11 ineffectively
[iniféktivli]

ad. 효과 없이 = **without any result**, uselessly, fruitlessly, futilely, vainly, inefficiently, unproductively

The committee dealt with the problem of homelessness in the city rather **ineffectively**.

⇒ clue: in (not) + ef<ex (out) + fec<fac (make) 성과를 만들어 내지 못하는
effective (기대대로) 효과적인 〈ef=out + fec=fac=make : 성과를 만들어 내다〉
effectual 효과적인 〈ef=out + fec=fac=make : 성과를 만들어 내다〉
efficacious 효과적인 〈ef=out + fic=fac=make : 성과를 만들어 내다〉
efficient (낭비않고) 효율적인 〈ef=out + fic=fac=make : 성과를 만들어 내다〉

12 massive
[mǽsiv]
↔ puny

a. 거대한 = **huge**, **enormous**, **colossal**, **mammoth**, **bulky**, **immense**, gigantic

If the drought continues, deaths will occur on a **massive** scale.

⇒ clue: mass 덩어리, 다량, 대중
amass 축적하다 〈a=ad=to + mass : 큰 덩어리로 만들다〉
mass-produce 대량 생산하다 〈mass + produce : 대량 생산하다〉
mass communication 대중 전달, 매스컴 〈mass + communication : 대중 전달〉
massacre 대량학살 〈mass : 덩어리, 다량, 대중〉

09 좋은 제도는 공평하고, 신속하고, 개방적이고, 효과적이어야 한다.　10 위원회는 도시의 무주택 문제를 상당히 비효율적으로 다루었다.　11 위원회는 도시의 무주택 문제를 상당히 비효율적으로 다루었다.　12 가뭄이 계속된다면 사망자가 엄청나게 발생할 것이다.

13 omnipresent
[àmnəprézənt]

a. 어디든지 있는 = ubiquitous, everywhere

The **omnipresent** canned music began to irritate me.

↔ meager

⇨ clue: omni (all) + pre (before) + es (exist) 어디든지 앞에 있다

present 참석한, 현재의, 제시하다, 수여하다 〈pre=before + es=exist : 앞에 와 있다〉
presently 곧, 현재 〈pre=before + es=exist : 눈앞에 있다〉
represent 대표하다, 묘사하다 〈re=again + pre=before + es=exist : 계속 앞에 있다〉
representative 대표자, 대리인 〈re=again + pre=before + es=exist : 계속 앞에 있다〉

14 presumption
[prizʌ́mpʃən]

n. 가정 = assumption, conjecture, hypothesis, surmise, guess

There is already much evidence to support the **presumption** that the effects of the oil spill were devastating for wildlife.

⇨ clue: pre (before) + sum (take) 근거가 있기 전에 받아들이다

precaution 예방책, 조심 〈pre=before + cau=care : 미리 조심하다〉
precede 앞서다, 선행하다 〈pre=before + ced=go : 먼저 가다〉
preferable 더 좋은, 바람직한 〈pre=before + fer=carry : 미리 옮겨놓다〉
previously 이전에 〈pre=before + via=road : 앞서 있던 길〉

15 probe
[proub]

n. 탐사, 조사 = **exploration**, examination, inquiry, scrutiny, research
v. 정밀 조사하다 = **search**, explore, examine, scrutinize, look into

There was a congressional **probe** into the scandal involving the government.

⇨ clue: prob (test) 시험하다

proven 증명된 〈prov=test : 시험하다〉
proof 증거 〈proof=test : 시험하다〉
probable 있음직한 〈prob=test : 시험해 볼만한〉
improbable 있을 것 같지 않은, 정말 같지 않은 〈im=not + prob=test : 시험할 필요가 없는〉

16 simultaneous
[sàiməltéiniəs]

a. 동시에 일어나는 = **concurrent**, synchronous, coincident, coinciding

There will be eight **simultaneous** projects being executed this week.

⇨ clue: simul<simil (same) 같이 일어나다

simultaneously 동시에 〈simul=simil=same : 같이 일어나다〉
assimilate 흡수하다, 동화시키다 〈as=ad=to + simil=same : ~와 같게 하다〉
similar 비슷한, 닮은 〈simil=same : 같은〉
simile 직유(표현) 〈simil=same : 같은〉

13 어디에나 있는 레코드 음악이 나를 짜증나게 하기 시작했다. 14 원유 유출로 인한 영향으로 야생 생물들이 황폐화되고 있다는 추정을 뒷받침하는 증거들이 이미 많이 있다. 15 정부가 관련된 추문에 대해 국회의 조사가 있었다. 16 이번 주에 8개의 프로젝트가 동시에 진행될 것이다.

unit 19

17 submit
[səbmít]

v. 복종하다 = surrender, give in, succumb, yield
제출하다 = present, tender, hand in, put forward

Eventually Leo **submitted** to their demands and took the pay cut.

⇨ clue: sub (under) + mit (send) 아래로 보내다

submission 복종, 제출 〈sub=under + mis=send : 아래로 보내다〉
transmission 전송 〈trans=across + mis=send : 건너편으로 보내다〉
transmit (물건 등을) 보내다, (정보, 병 등을) 전하다 〈trans=across + mit=send : 건너편으로 보내다〉
dismissal 해고, 묵살 〈dis=away + mis=send : 멀리 보내다〉

18 transfer
[trænsfə́:r]

v. 옮기다 = **move, shift, change,** relocate, remove

He **transferred** his stock holdings to his children.

⇨ clue: trans (across) + fer (carry) 건너편으로 나르다

suffer 겪다, 고통받다 〈suf=sub=under + fer=carry : 아래서 받치고 있다〉
infer 추론하다 〈in=into + fer=carry : 의미를 가져오다〉
inference 추론 〈in=into + fer=carry : 의미를 가져오다〉
proliferate 급증하다 〈pro=forth + fer=carry : 앞으로 계속 실어 나르다〉

19 unanimity
[jùːnəníməti]

n. 만장일치 = **total agreement,** accord, assent, concord, consensus

I was pleased with the **unanimity** with which my proposals were accepted by them.

⇨ clue: un<uni (one) + anim (mind) 한마음

unanimous 만장일치의 〈un=uni=one + anim=mind : 한마음〉
equanimous 침착한 〈equ=equal + anim=mind : 마음이 항상 같은〉
magnanimous 도량이 큰, 관대한 〈magn=great + anim=mind : 마음이 큰〉
pusillanimous 소심한, 겁 많은 〈pusill=little + anim=mind : 마음이 작은〉

20 utilize
[júːtəlàiz]

v. 이용하다 = **employ,** make use of, use, make the most of, take advantage of

For thousands of years, people have **utilized** some kind of refrigeration to cool beverages and preserve food.

⇨ clue: uti (use) + il (easy) 유용하게 쓰다

utility 유용, 실용 〈uti=use + il=easy : 유용하게 쓰다〉
utilitarian 실용적인 〈uti=use + il=easy : 유용하게 쓰다〉
utensil 기구, 도구, 가정용품 〈uti=use + il=easy : 유용하게 쓰다〉
usurp (부정하게) 빼앗다, 강탈하다 〈us=use + rap=seize : 빼앗아 쓰다〉

---

17 결국 리오는 그들의 요구에 굴복하여 임금 삭감을 받아들였다.　18 그는 자신의 주식 소유권을 자녀들에게로 넘겼다.　19 나는 나의 제안이 그들에 의해 만장일치로 가결된 것에 기뻤다.　20 수천 년 동안 사람들은 음료수를 차게 하고 음식을 보존하기 위해서 일종의 냉장법을 사용해 왔다.

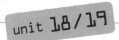
Choose the closest word or expression of the highlighted word in each question.

1   She **attributed** her discomfiture to her lack of confidence.

Ⓐ conceded   Ⓑ blamed   Ⓒ ascribed   Ⓓ blamed

2   The last seven years have seen her completely **confined** to her own residence.

Ⓐ emancipated   Ⓑ aided   Ⓒ restricted   Ⓓ independent

3   The bird breaks open the hard shell of the seed and **discards** it through the skilful use of both beak and tongue.

Ⓐ eats   Ⓑ breaks   Ⓒ finds out   Ⓓ abandons

4   At the time of its launch in 1946, it was impossible to predict the **enormous** influence that the first-ever general computer would have subsequently.

Ⓐ dangerous   Ⓑ historical   Ⓒ tremendous   Ⓓ practical

5   To enhance voice quality and range, professional singers ensure that they keep their upper bodies **erect**, whether sitting or standing.

Ⓐ stable   Ⓑ inflated   Ⓒ flexible   Ⓓ straight

6   The organizers should have done away with all **extraneous** events if they really wanted people to enjoy the evening's program.

Ⓐ irrelevant   Ⓑ excessive   Ⓒ overextended   Ⓓ exceptional

7   Jurors are supposed to be **impartial**; they aren't supposed to make up their minds until they've heard all the evidence.

Ⓐ unchangeable   Ⓑ unbiased   Ⓒ flawless   Ⓓ senseless

8   Although the gas was proven to be **innocuous**, we quickly covered our mouths upon entering the mine.

Ⓐ obnoxious   Ⓑ pernicious   Ⓒ harmless   Ⓓ noxious

9   In spite of the **massive** rise in production as a result of technological advancements in agriculture, the weather continues to be a significant limiting factor for this sector in many parts of the world.

Ⓐ abrupt   Ⓑ colossal   Ⓒ long-term   Ⓓ overdue

10 With so many **surging** emotions, there is a sense of faintness.

Ⓐ fluctuating   Ⓑ immerging   Ⓒ submerging   Ⓓ rising

1. C

그녀는 자신이 당황해한 것은 자신감이 부족한 탓이라고 생각했다.

2. C

지난 7년 동안 그녀는 완전히 자신의 주택에 갇혀서 살았다.

3. D

새는 씨앗의 단단한 껍질을 깨고 열어서 부리와 혀를 둘 다 능숙하게 사용해서 껍질을 버린다.

4. C

1946년 컴퓨터가 처음으로 선보인 그 시기엔, 나중에 이 최초의 일반 컴퓨터가 가질 엄청난 영향력을 예측하는 것은 불가능했다.

5. D

목소리의 질감과 음역을 향상시키기 위해서 전문 가수들은 앉아 있을 때나 서 있을 때 반드시 상체를 똑바로 세운다.

6. A

주최자들은 관객들이 저녁 공연을 재미있게 보기를 정말 원했다면 관련 없는 행사들은 없앴어야 했다.

7. B

배심원들은 공정해야 한다. 배심원들은 모든 증언을 들을 때까지는 결정을 내리지 않아야 한다.

8. C

그 가스가 무해하다고 입증 되었지만 우리는 광산에 들어갈 때 재빨리 입을 막았다.

9. B

농업기술 향상의 결과로 엄청나게 생산량이 늘었지만, 세계의 많은 지역에서 날씨는 여전히 이 분야의 중요한 제한 요인이다.

10. D

여러 가지 많은 감정들이 밀려와서 정신이 멍해졌다.

unit 20

aberrant 1 •	• a abnormal
ascribe 2 •	• b limitless
boundless 3 •	• c affectionate
concentrate 4 •	• d pay attention to
cordial 5 •	• e attribute

disintegrate 6 •	• a create
embellish 7 •	• b fall apart
engage 8 •	• c pledge
exception 9 •	• d exclusion
found 10 •	• e decorate

improve 11 •	• a means
influential 12 •	• b enhance
intent 13 •	• c purpose
interrupt 14 •	• d hinder
medium 15 •	• e important

majestic 16 •	• a magnificent
prevalent 17 •	• b intolerable
retaliate 18 •	• c reciprocate
sustain 19 •	• d widespread
unbearable 20 •	• e maintain

1 a 2 e 3 b 4 d 5 c 6 b 7 e 8 c 9 d 10 a 11 b 12 e 13 c 14 d 15 a 16 a 17 d 18 c 19 e 20 b

unit 20

01 aberrant
[əbérənt]

a. 정도를 벗어난 = **abnormal**, deviant, eccentric, erratic

Your somewhat **aberrant** behavior requires an explanation.

⇨ clue: ab (away) + err (wander) 멀리 헤메다

error 실수, 잘못 〈**err=wander** : 헤메다〉
err 실수를 범하다 〈**err=wander** : 헤메다〉
errant (행동이) 잘못된, 바람을 피우는 〈**err=wander** : 헤메다〉
erroneous (의견, 방법 등이) 잘못된, 틀린 〈**err=wander** : 헤메다〉

02 ascribe
[əskráib]

v. ~탓으로 돌리다 = **attribute**, impute, assign, refer

You are **ascribing** your failure to everyone except yourself.

⇨ clue: as<ad (to) + scrib (write) 자신 잘못에 다른 사람의 이름을 적다

subscribe 서명하다, 기부하다, 구독하다 〈**sub=under + scrib=write** : 서류 아래에 이름 적다〉
describe 묘사하다 〈**de=down + scrib=write** : 아래로 써내려가다〉
scribble 낙서하다, 갈겨쓰다 〈**scrib=write** : 적다〉
script 손으로 쓴 글, 대본 〈**scrib=write** : 적다〉

03 boundless
[báundlis]

a. 무한한 = **limitless**, **infinite**, immense, vast, unlimited, endless

Zoe has **boundless** energy and enthusiasm for such a scheme.

⇨ clue: bound + less 경계선이 없는

bound (pl.) 경계, 범위
boundary 경계(선) 〈**bound** : 경계, 범위〉
unbounded 무한한 〈**un=not + bound** : 한계가 없는〉
bound for ~행의, ~로 향하는

04 concentrate
[kánsəntrèit]

↔ dissipate

v. 집중하다 = **focus one's attention on,** be engrossed in, pay attention to

The ability to **concentrate** and to use your time well is everything if you want to make it.

⇨ clue: con (together) + centr (center) 전부 가운데 모으다

eccentric 별난, 이상한 〈**ec=ex=out + centr=center** : 중심에서 벗어나다〉
egocentric 이기적인 〈**ego=self + centr=center** : 자기중심인〉
centrifugal 원심력의 〈**centr=center + fug=flee** : 중심에서 도망치다〉
decentralize (중앙의 권력을) 분산시키다 〈**de=away + centralize** 중앙집권화하다〉

---

01 다소 정도를 벗어난 너의 행동은 설명이 필요하다. 02 너는 자신의 실패를 너를 제외한 모든 사람들의 탓으로 돌리고 있다. 03 조는 그러한 계획에 대해 무한한 힘과 열정을 가지고 있다. 04 만약 성공하기를 원한다면, 집중력과 시간을 잘 활용하는 능력이 가장 중요하다.

05 cordial
[kɔ́:rdʒəl]

a. 진심의 = **hearty**, **affable**, warm, affectionate, wholehearted

His invitation seemed **cordial** but there was certainly an ulterior motive.

⇨ clue: cord (heart) 마음에서 나오는
core 핵심, 중심 〈cor=heart : 마음〉
record 기록(하다), 최고기록 〈re=again + cord=heart : 마음속에 다시 불러들이다〉
accord 일치하다, 주다 〈ac=to + cord=heart : 마음이 같은 쪽으로 가다〉
concordat 협약, 조약 〈con=together + cord=heart : 마음이 같다〉

06 disintegrate
[disíntigrèit]

v. 분해되다 = **fall apart**, break up, go to pieces, crumble, shatter

Economics is pushing nations to **disintegrate** and regions to integrate simultaneously.

⇨ clue: dis (not) + integrate (통합하다) 통합하지 않다
disagree 의견이 다르다 〈dis=not + agree 동의하다〉
disclaim 부인하다, 포기하다 〈dis=not + claim 주장하다〉
disband 해산시키다 〈dis=not + band 모으다〉
disregard 무시하다 〈dis=not + regard 존중〉

07 embellish
[imbéliʃ]

v. 장식하다 = **decorate**, **ornament**, **adorn**, beautify, embroider

She has a tendency to **embellish** the truth.

⇨ clue: em (make) + bell (beauty) 아름답게 만들다
beautify 미화하다 〈beau=beauty + fy=make : 아름답게 만들다〉
beauty 아름다움, 좋은 점
belle 미인 〈bell=beauty〉
beauteous 아름다운 〈beauty + ous=full of : 아름다움으로 가득 찬〉

08 engage
[ingéidʒ]

v. 약속하다 = pledge, promise, vow
관여시키다, 참여시키다 = involve, take part in
고용하다 = hire, recruit, take on
예약하다 = reserve, book
사로잡다, 매혹하다 = attract, arrest, engross

They attempted to **engage** me in conversation.

⇨ clue: en (in) + gage (pledge) 약속하다
engagement 약속, 약혼, 참여, 교전, 고용 〈en=in + gage=pledge : 약속하다〉
entreat 간청하다 〈en=in + treat=trac=draw : 마음속에 당기다〉
endow 주다, 부여하다 〈en=in + dow=don=give : 안에 넣어주다〉
endorse 이서하다, 승인하다, 지지하다 〈en=in, on + dors=back : 뒷면에 이름을 적다〉

05 그의 초대는 진심으로 보였지만 분명히 다른 속셈이 있었다. 06 경제적 측면이 국가를 붕괴시키고 동시에 지역을 통합시키고 있다. 07 그녀는 사실을 꾸며내는 경향이 있다. 08 그들은 나를 대화에 참여시키려고 했다.

unit 20

09 **exception**
[iksépʃən]

n. 예외, 제외 = **exclusion**, debarment
이의 = objection, opposition

There is no rule without an **exception**.

⇒ clue: ex (out) + cept (take) 잡아서 뽑아내다

exceptional 예외적인, 뛰어난 〈ex=out + cept=take : 잡아서 뽑아내다〉
unexceptional 예외가 아닌, 보통의 〈un=not + ex=out + cept=take : 뽑지 않다〉
exceptionable 반대할 만한, 바람직하지 않은 〈ex=out + cept=take + able : 뽑아낼 수 있는〉
inception 시작, 개시 〈in=in + cept=take : 잡아 손에 넣다〉

10 **found**
[faund]

↔ dismantle

v. (기초를) 세우다 = **create**, set up, establish, institute, erect, construct, organize

Founded by the Spanish as Yerba Buena, what is now San Francisco was taken over by the United States and later renamed.

⇒ clue: found (bottom 기초) 기초를 세우다

foundation 기초 〈found=bottom : 기초〉
fund 자금, 기금 〈fund=bottom : 기초가 되는 돈〉
fundamental 기본적인, 중요한 〈fund=bottom : 기초가 되는〉
profound (지식, 영향 등이) 깊은, 심오한 〈pro=forth + found=bottom : 계속 바닥으로 향해 나아가는〉

11 **improve**
[imprú:v]

↔ deteriorate

v. 개선하다 = **enhance**, **enrich**, ameliorate, better, upgrade

If you have great talents, industry will **improve** them :
if you have but moderate abilities, industry will supply their deficiency.

⇒ clue: im (into) + prov (test) 평가하여 더 좋게 하다

reprove 비난하다 〈re=against + prov=test : 적대적으로 평가하다〉
disprove 반증하다 〈dis=not + prov=test : 잘못됨을 평가하다〉
approve 승인하다, 찬성하다 〈ap=ad=to + prov=test : 가치를 평가하다〉
disapprove 승인하지 않다, 찬성하지 않다 〈dis=not + ap=ad=to + prov=test : ~에 대해 안 된다고 평가하다〉

12 **influential**
[ìnfluénʃəl]

a. 영향력이 있는, 유력한 = **important**, **powerful**, potent, significant

This management program has gained the support of several **influential** businessmen.

⇒ clue: in + flu (flow) 안으로 힘이 미치다

influence 영향력 〈in + flu=flow : 안으로 힘이 미치다〉
confluence (강, 하천의) 합류 〈con=together + flu=flow : 함께 흐르다〉
fluency 유창 〈flu=flow : 물 흐르듯〉
influx 유입 〈in=into + flu=flow : 안쪽으로 흐르다〉

---

09 예외 없는 규칙은 없다.　10 스페인 사람들에 의해서 Yerba Buena라는 이름으로 설립된 지금의 샌프란시스코는 미국이 점령했고 그 이후에 명칭이 바뀌었다.
11 만약 당신이 뛰어난 재능의 소유자라면, 근면은 재능을 더욱 키워 줄 것이다. 만약 당신이 단지 평범한 재능의 소유자라면, 근면은 그 결점을 보완해 줄 것이다.　12 이 관리 프로그램은 몇몇의 영향력 있는 사업가들의 지지를 얻었다.

13 intent
[intént]

↔ accident

n. 의도 = **purpose**, intention, design

At times, without ill **intent**, we overburden ourselves.

⇒ clue: in (to) + tent (stretch) 마음이 ~쪽으로 향하다

intend 의도하다, ~할 작정이다 〈in=to + tend=stretch : 마음이 ~쪽으로 향하다〉
intention 의도, 의향 〈in=to + tent=stretch : 마음이 향하다〉
intentional 의도적인, 고의적인 〈in=to + tent=stretch : 마음이 향하다〉
intensify 강화하다 〈in=into + tens=tent=stretch : 마음이 향하다〉

14 interrupt
[ìntərʌ́pt]

a. 방해하다, 가로막다 = **hinder**, obstruct, disturb, intrude, interfere with

Please don't **interrupt** me. If you have something to say, withhold your comment until I have finished speaking.

⇒ clue: inter (between) + rupt (break) 중간에 깨고 들어오다.

interpret 설명하다, 통역하다 〈inter=between + pret=press : 중간에서 강조하다〉
interpretation 통역, 해석 〈inter=between + pret=press : 중간에서 강조하다〉
interchange 교환하다 〈inter=between + change : 중간에서 바꾸다〉
intermingle 섞다, 섞이다 〈inter=between + mingle 섞다 : 중간에서 섞다〉

15 medium
[mí:diəm]

n. 중간 = middle, average, center
   수단, 매개(물) = **means**, instrument, avenue, agency

Film is the director's **medium**, television the writer's, but the theater is the actor's.

⇒ clue: med (middle) 중간

mediocre 보통의, 평범한, 2류의 〈med=middle : 중간에 있다〉
mediate 조정하다 〈med=middle : 중간에 있다〉
intermediate 중간의, 중개자 〈inter=between + med=middle : 중간에 있다〉
Mediterranean 지중해(의) 〈med=middle + terra=land : 대륙과 대륙 사이의 끼인 바다〉

16 majestic
[mədʒéstik]

a. 장엄한, 위엄있는 = **magnificent**, august, sublime, grand

The **majestic** scenery will leave you breathless.

⇒ clue: majest<major (great) 엄청난

mastery 지배(력), 숙달 〈magis= to a greater extent 더욱 많이〉
magnum opus 걸작, 대작 〈mag=great + op=work : 위대한 작품〉
mainstay 주요 의지물, 대들보 〈main=power + stay=stand : 힘있게 서 있는 것〉
mainly 주로, 대부분 〈main=power : 많은 부분에 작동하다〉

13 때때로 우리는 악의 없이 우리 스스로에게 과중한 짐을 지운다.   14 내 말을 가로막지 마십시오. 할 말이 있으면 내가 발언을 마칠 때까지 보류하십시오.   15 영화는 감독의 매개체이고, TV는 작가의 매개체이지만, 극장은 배우의 매개체이다.   16 그 장엄한 풍경에 숨을 쉴 수 없을 것이다.

unit 20

17 **prevalent**
[prévələnt]

↔ rare, uncommon

a. 널리 퍼진 = **widespread**, **current**, **broadly accepted**, universal, ubiquitous, dominant, prevailing

These diseases are more **prevalent** among infants.

⇒ clue: pre (before) + val (strong) 앞으로 힘차게 나가다

prevail 우세하다, 유행하다 〈pre=before + vail=strong : 앞으로 힘차게 나가다〉
countervail 상쇄하다, 대항하다 〈counter=against + vail=strong : 반대로 힘을 쓰다〉
valiant 용감한 〈val=strong : 힘 있는〉
ambivalent 상반되는 감정을 가진, 양면가치의 〈ambi=both + val=value : 양쪽 가치가 모두 있는〉

18 **retaliate**
[ritǽlièit]

v. 보복하다 = reciprocate, pay back, take revenge

The country may **retaliate** with sanctions on other products if the bans are disregarded.

⇒ clue: re (back) + tali (punish) 벌을 되돌려주다

rescind 폐지하다 〈re=back + scind=cut : 잘라서 뒤로 던지다〉
recant 취소하다 〈re=back + cant=sing : 뒤로 불러들이다〉
responsive 대답하는, 반응하는 〈re=back + spons=answer : 답변을 되돌려주다〉
resilient 탄력이 있는, 금방 회복하는 〈re=back + sil=leap : 뒤돌아서 뛰어오르다〉

19 **sustain**
[səstéin]

v. 유지하다 = **maintain**, **continue**, **support**, uphold
떠받치다 = support, bear, uphold
격려하다 = encourage, assist, buoy up
(손해, 충격을) 받다 = suffer, endure, undergo, bear

Use audio-visual aids to help children sustain their interest.

⇒ clue: sus<sub (under) + tain (hold) 아래서 붙잡고 있다

sustained 지속적인 〈sus=sub=under + tain=hold : 아래서 잡고 있다〉
sustenance 음식, 양식 〈sus=sub=under + tain=hold : 생명을 잡고 있게 하는 것〉
abstain 삼가다 〈abs=away + tain=hold : 멀리 두다〉
abstemious 절제하는 〈abs=away + tem=tain=hold : 멀리 두다〉

20 **unbearable**
[ʌnbɛ́ərəbəl]

↔ bearable

a. 참을 수 없는 = intolerable, unendurable, insufferable, insupportable

Three passions have governed my life: the longing for love, the search for knowledge, and **unbearable** pity for the suffering of mankind.

⇒ clue: un (not) + bearable (견딜 수 있는) 견딜 수 없는

unleash 해방하다 〈un=not + leash 속박, 가죽끈 : 속박이 없다〉
untouchable 손댈수 없는, 비판할 수 없는 〈un=not + touch : 닿지 않다〉
unscrupulous 비양심적인 〈un=not + scrupulous 양심적인, 꼼꼼한〉
uncompromising 타협하지 않는, 강경한 〈un=not + compromise 타협하다〉

17 이러한 질병들은 갓난아이들에게 더욱 퍼져있다. 18 금지령을 무시하면, 그 나라는 다른 물품에 대한 제재 조치로 보복할 수도 있다. 19 학생들의 흥미를 지속시키기 위해서 시청각 교육자료를 사용하시오. 20 사랑에 대한 동경, 지식의 추구 그리고 인류의 고통에 대한 참을 수 없는 연민이라는 세 가지 열정이 내 삶을 지배해 왔다.

1 **census** [sénsəs] 인구조사
   consensus [kənsénsəs] 일치, 합의

2 **corroborate** [kərábərèit] 확증하다
   collaborate [kəlǽbərèit] 협동하다

3 **dissuade** [diswéid] 설득하여 단념시키다
   persuade [pəːrswéid] 설득하다

4 **disapprove** [dìsəprúːv] 찬성하지 않다
   disprove [disprúːv] 그릇됨을 증명하다, 논박하다
   deprive [dipráiv] 빼앗다
   derive [diráiv] 이끌어내다, 기원을 찾다

5 **intent** [intént] 의도
   intend [inténd] ~할 작정이다, 의도하다

6 **proceed** [prousíːd] 나아가다
   precede [priːsíːd] 선행하다, 앞서다

7 **proof** [pruːf] 증거
   prove [pruːv] 증명하다
   probe [proub] 조사, 정밀조사하다

8 **propose** [prəpóuz] 제안하다
   purpose [pə́ːrpəs] 목적, 의지

9 **rapture** [rǽptʃər] 큰 기쁨
   rupture [rʌ́ptʃər] 파열, 불화

10 **responsive** [rispánsiv] 대답하는, 반응하는
   responsible [rispánsəbəl] 책임이 있는, 원인이 되는

11 **shatter** [ʃǽtər] 산산이 부수다
   scatter [skǽtər] 흩어버리다

12 **wan** [wɑn] 창백한
   wane [wein] 쇠퇴하다

혼 동 어 휘 Check-up

다음의 각 문장에서 괄호 안의 단어 중 알맞은 것을 고르시오.

1. Has the city council reached a (census / consensus) regarding the decision of whether or not to retreat?
시의회는 물러날 것인지 아닌지에 대한 결정에 대해 합의를 했나요?

2. We would be honored if your team would (collaborate / corroborate) with us on the upcoming economic development project.
만약 당신의 부서가 다가오는 경제 개발 계획에 대해 저희와 협력해 주신다면 큰 영광일 것입니다.

3. She persistently tried to (persuade / dissuade) her husband from smoking.
그녀는 끈덕지게 남편의 흡연을 단념시키려고 노력했다.

4. In Charles Dickens' *A Christmas Carol*, Scrooge (disproves / disapproves) a raise for his assistant Bob Cratchit despite his enormous wealth.
찰스 디킨스의 <크리스마스의 캐롤>에서 스크루지는 엄청난 부에도 불구하고 그의 조수인 밥 크래친의 월급인상을 찬성하지 않는다.

5. English (deprives / derives) from many different languages.
영어는 많은 여러 언어로부터 유래하고 있다.

6. Several skirmishes (preceded / proceeded) the big war between the two tribes.
두 부족간에 큰 전쟁이 발생하기 전에 여러 차례 작은 충돌이 있었다

7. We felt a feeling of intense (rapture / rupture) as we jumped out of the plane with our parachutes on our backs.
낙하산을 등에 메고 비행기에서 뛰어 내렸을 때 우리는 큰 기쁨을 느꼈다.

8. It is impossible to prove conclusively that the company is (responsive / responsible) for the accident.
회사가 그 사고에 책임이 있다고 확정적으로 증명하는 것은 불가능하다.

9. The (scattered / shattered) vase required a large amount of glue to be repaired.
박살 난 꽃병을 수리하는 데는 엄청난 양의 접착제가 필요하다.

10. The flowers fell and (scattered / shattered) on the ground.
꽃이 떨어져서 바닥에 흩어졌다.

〈정답〉
1. consensus 2. collaborate 3. dissuade 4. disapproves 5. derives
6. preceded 7. rapture 8. responsible 9. shattered 10. scattered

unit 21

ambivalent	1 •	• a	mixed
confidential	2 •	• b	impartial
confront	3 •	• c	face
disinterested	4 •	• d	effectiveness
efficacy	5 •	• e	secret

emissary	6 •	• a	messenger
essential	7 •	• b	imposing
exude	8 •	• c	ooze
impressive	9 •	• d	keen
incisive	10 •	• e	vital

introspective	11 •	• a	inward-looking
magnificent	12 •	• b	early
perceive	13 •	• c	discern
predicament	14 •	• d	gorgeous
premature	15 •	• e	difficult situation

refrain	16 •	• a	viewer
spectator	17 •	• b	appropriate
suitable	18 •	• c	avoid
unsurpassed	19 •	• d	airing
ventilation	20 •	• e	superior

1 a 2 e 3 c 4 b 5 d 6 a 7 e 8 c 9 b 10 d 11 a 12 d 13 c 14 e 15 b 16 c 17 a 18 b 19 e 20 d

unit 21

01 **ambivalent**
[æmbívələnt]

↔ unambivalent, definite

a. 상반되는 감정을 가진, 불확실한 = **mixed, unsure, uncertain**, conflicting, contradictory, equivocal

They are both somewhat **ambivalent** about having children.

⇒ clue: ambi (both) + val (value) 양쪽의 가치가 모두 존재하는
ambivalence 양면가치, 상반되는 감정 〈ambi=both + val=value : 양쪽의 가치가 모두 있다〉
amphibian 양서류 〈amphi=both : 바다와 육지 양쪽에서 살다〉
ambiguous 애매모호한 〈ambi=both + ig=drive : 입장이 양쪽으로 왔다 갔다 하다〉
ambitious 야심있는 〈ambi=both + it=go : 양쪽 길을 다 가다〉

02 **confidential**
[kànfidénʃəl]

↔ public

a. 비밀의 = **secret, classified, private**, off the record

He is alleged to have leaked **confidential** information on the project.

⇒ clue: con (together) + fid (trust) 함께 믿는 사람들끼리만 알고 있는
confide 신뢰하다, 비밀을 털어놓다 〈con=together + fid=trust : 모두 믿다〉
confident 확신하는, 자신있는 〈con=together + fid=trust : 모두 믿다〉
diffident 자신 없는 〈dif=dis=away + fid=trust : 믿음이 달아나다〉
fidelity 충실, 정절 〈fid=trust : 믿다〉

03 **confront**
[kənfrʌ́nt]

v. 직면하다, 대항하다 = **face, encounter**, challenge, defy

If you **confront** your problems honestly and openly, instead of trying to hide them, you will have a better chance of solving them.

⇒ clue: con (together) + front 함께 앞에 나오다
front 앞쪽, 전선, 향하다
frontier 국경 (지방), 한계
affront 모욕하다 〈af=ad=to + front : 면전에서 욕하다〉
effrontery 철면피, 뻔뻔스러움 〈ef=ex=out + front : 얼굴이 없는 듯이 행동하다〉

04 **disinterested**
[disíntəristid]

↔ prejudiced

a. 공평한 = **impartial**, detached, unprejudiced, unbiased, even-handed, equitable, neutral

A judge must be **disinterested** in the cases he tries.

⇒ clue: dis (not) + interest (이익) 자신의 이익을 찾지 않는
dissimilar 닮지 않은 〈dis=not + similar 닮은〉
disobedient 복종하지 않는 〈dis=not + obedient 복종하는〉
disinclined 하고 싶지 않은 〈dis=not + inclined 하고 싶은〉
disastrous 불행한, 비참한 〈dis=not + astr=star : 하늘의 별이 사라지는〉

---

01 그들은 둘 다 아이를 갖는 것에 대해 다소 상반되는 감정을 갖고 있다.　02 그는 프로젝트와 관련된 기밀 정보를 유출했다는 의혹을 사고 있다.　03 문제를 숨기는 대신 솔직하게 터놓고 그 문제에 직면하면 그것을 해결할 가능성이 더 높아진다.　04 판사는 자신이 재판하는 소송에서 공평해야 한다.

05 **efficacy**
[éfikəsi]

n. 효능 = **effectiveness**, usefulness, potency

The company recently ran a series of tests to measure the **efficacy** of the drug.

⇨ clue: ef<ex (out) + fic (make) 작용하여 밖으로 나타나다

effective (기대대로) 효과적인 〈ef=ex=out + fec=make : 작용하여 밖으로 나타나다〉
efficient (낭비 않고) 효율적인 〈ef=ex=out + fic=make : 작용하여 밖으로 나타나다〉
affect 영향을 주다, 감동시키다, 병이 나게 하다, ~인 체하다 〈af=ad=to + fec=make : ~에게 작용하다〉
affectation 가장, 꾸밈 〈af=ad=to + fec=make : ~에게 작용하다〉

06 **emissary**
[éməsèri]

n. 사절, 밀사 = **messenger**, envoy, legate, courier

An **emissary** was sent to negotiate a temporary ceasefire.

⇨ clue: e<ex (out) + mis<mit (send) 밖으로 보내는 사람

emission 발산, 방출 〈e=out + mis=send : 밖으로 보내다〉
emit 발산하다, 방출하다 〈e=out + mit=send : 밖으로 보내다〉
omit 빼다, 빠뜨리다 〈o=ob=away + mit=send : 멀리 보내다〉
omission 생략, 누락 〈o=ob=away + mit=send : 멀리 보내다〉

07 **essential**
[isénʃəl]

a. 필수적인 = **vital**, **fundamental**, **prerequisite**, requisite, indispensable, necessary

Cellular phones have become an **essential** part of our lives.

⇨ clue: ess (exist 존재하다) 중심에 있는

essence 핵심, 본질 〈ess=exist : 중심에 있다〉
in essence 본질적으로 = essentially
presence 존재, 출석 〈pre=before + es=exist : 앞에 있다〉
absence 부재, 결석 〈ab=away + es=exist : 멀리 있다〉

08 **exude**
[igzú:d]

v. 스며나오다 = ooze, seep, leak, secrete, excrete, emit, emanate

He always **exudes** great confidence in every way.

⇨ clue: ex (out) + ud<sud (sweat) 밖으로 땀이 나오다

exempt 면제된, 면역의 〈ex=out + empt=take : 잡지 않다〉
estrange 멀리하다, 떼어놓다 〈e=ex=out + strange : 관계가 끝나서 낯설어지다〉
ecstasy 무아경, 황홀경 〈ec=ex=out + sta=stand : 지구 밖에 서 있는 느낌〉
exploit 이용하다, 착취하다 〈ex=out + ploi=plex=fold : 접지 않다, 중지하지 않다〉

05 그 회사는 최근에 약의 효능을 측정하게 위해 일련의 실험을 했다. 06 임시 휴전을 교섭하기 위해 밀사를 보냈다. 07 휴대 전화는 우리 생활의 필수적인 부분이 되었다. 08 그는 항상 모든 면에서 자신감이 넘친다.

09 **impressive**
[imprésiv]

a. 인상적인, 감동적인 = **imposing**, **striking**, grand, moving, stirring, affecting, touching

This **impressive** achievement gives me a great deal of satisfaction and fills me with confidence with regard to the future.

⇨ clue: im (on) + press (누르다) 마음에 자국을 눌러놓다

impression 인상 〈im=on + press : 마음에 자국을 눌러 놓다〉
impress 인상을 주다, 감동시키다 〈im=on + press : 마음에 자국을 눌러 놓다〉
express 표현하다, 명백한, (우편, 열차의) 급행의 〈ex=out + press : 생각을 밖으로 밀어내다〉
expressly 명백히 〈ex=out + press : 생각을 밖으로 밀어내다〉

10 **incisive**
[insáisiv]

a. 날카로운 = **keen**, **acute**, sharp, penetrating, piercing

Incisive remarks revealed her attitude of contempt.

⇨ clue: in (in) + cis (cut) 잘라낸

incise 절개하다, 새기다 〈in=in + cis=cut : 자르다〉
excise 잘라내다, 삭제하다 〈ex=out + cis=cut : 잘라 내버리다〉
decisive 단호한, 결정적인 〈de=away + cis=cut : 잡념을 잘라 내버리다〉
decide 결심하다, 결정하다 〈de=away + cide=cut : 잡념을 잘라 내버리다〉

11 **introspective**
[ìntrəspéktiv]

a. 자기를 돌아보는, 성찰하는 = **inward-looking**, **contemplative**, meditative, brooding

You sometimes need to have your **introspective** moments during which you examine your soul.

⇨ clue: intro (inward) + spect (look) 마음 속을 보다

introspect 성찰하다, 자기 반성하다 〈intro=inward + spect=look : 마음 속을 보다〉
retrospect 회고하다 〈retro=backward + spect=look : 되돌아 보다〉
prospect 전망, 예상 〈pro=forth + spect=look : 앞을 내다보다〉
aspect 관점, 모습 〈as=ad=to + spect=look : 보는 시선〉

12 **magnificent**
[mægnífəsənt]

a. 장엄한, 멋진 = **gorgeous**, splendid, glorious, majestic, grandiose, sublime

His **magnificent** speaking ability enabled him to effectively express his demands for social justice.

⇨ clue: magn (great) + fic (make) 크게 만들다

magnificence 장엄 〈magn=great + fic=make : 크게 만들다〉
significant 중요한, 뜻깊은 〈sign + fic=make : 표시를 만들다〉
sufficient 충분한 〈suf=sub=under + fic=make : 아래서 계속 만들어 내다〉
suffice 충분하다 〈suf=sub=under + fic=make : 아래서 계속 만들어 내다〉

09 나는 이처럼 훌륭한 업적에 대해 매우 만족하고 있으며 미래에 대해서 자신감을 갖게 되었다.　　10 날카로운 그녀의 말에 경멸하는 듯한 태도가 드러났다.　　11 때로는 마음을 점검해 보는 자기 성찰의 시기를 갖는 것이 필요하다.　　12 그의 훌륭한 말솜씨는 그로 하여금 사회 정의를 위한 요구들을 효과적으로 표현할 수 있도록 해주었다.

13 **perceive**
[pərsíːv]

v. 인식하다 = discern, notice, recognize, see, apprehend

It is only when one gets ill that one **perceives** the value of health.

➡ clue: per (through) + ceive (take) 확실히 의미를 잡다
receive 받다, (제안에) 응하다 〈re=again + ceive=take : 다시 잡다〉
receptacle 그릇, 저장소 〈re=again + ceive=take : 물건을 계속 잡고 있다〉
perceptibly 알아차릴 정도로, 상당히 〈per=through + cept=take + ibly : 의미를 잡을 수 있다〉
imperceptible 인식할 수 없는, (변화, 차이가) 미세한 〈im=not + per=through + cept=take + ible : 의미를 잡을 수 없다〉

14 **predicament**
[pridíkəmənt]

n. 곤경 = **difficult situation**, dilemma, plight, quandary

The decision will leave us in an economic **predicament**.

➡ clue: pre (before) + dic (say) 앞서 말을 많이 해서 어렵게 되다
indicate 지적하다, 암시하다 〈in=to + dic=say : ~에게 말하다〉
contradict 부정하다, 반박하다 〈contra=against + dic=say : 반대로 말하다〉
interdict 막다 〈inter=between + dic=say : 사이에 끼어들어 말하다〉
vindicate 정당성을 입증하다 〈vin=force :+ dic=say : 힘이 되게 말하다〉

15 **premature**
[prìːmətjúər]
↔ overdue

a. 조숙한, 너무 이른 = **early**, unseasonable, untimely

I decided not to make **premature** judgments, and tried to listen as sympathetically as I could.

➡ clue: pre (before) + mat (ripe) 성숙되기 전의
maturity 성숙 〈mat=ripe : 익은〉
mature 익은, 성숙한, 심사숙고한 〈mat=ripe : 익은〉
immature 미숙한 〈im=not + mat=ripe : 익지 않은〉
demure 얌전한, 새치름한 〈de=intensive + mur=mature=ripe : 잘 익은, 성숙한〉

16 **refrain**
[rifréin]

v. ~을 삼가다 = **avoid**, abstain, hold back, stop

The sign on the wall said "Please **refrain** from smoking."

➡ clue: re (back) + fra (break) ~을 깨서 뒤로 던진다
infringe 위반하다, 침해하다 〈in=in + fri=break : 창문을 부수고 남의 집에 들어가다〉
frangible 깨지기 쉬운 〈frang=break : 부서지다〉
fragile 부서지기 쉬운, 약한 〈frag=break : 부서지다〉
frail 약한 〈fra=break : 부서지다〉

13 우리는 아프고 나서야 건강의 가치를 알게 된다. 14 그 결정은 우리를 경제적 곤경에 처하게 할 것이다. 15 나는 조급하게 결정을 내리지 않으려고 결심했으며 가능한 호의적으로 들으려고 노력했다. 16 벽의 표지판에 "흡연을 삼가해주시기 바랍니다."라고 쓰여있다.

unit 21

17 **spectator**
[spékteitər]

n. 구경꾼 = **viewer**, observer, onlooker, looker-on, beholder

At the beginning of the performance, **spectators** danced and clapped to the beat of the band.

⇨ clue: spect (see) 보는 사람

scope 시야, 범위 〈scop=look : 눈에 보이는 것〉
spectrum 범위 〈spect=look: 눈에 보이는 것〉
spectacle 광경, 안경 (pl.) 〈spect=look : 눈에 보이는 것〉
spectacular 장관의 〈spect=look : 눈에 보이는〉

18 **suitable**
[súːtəbl]

a. 적절한 = **proper**, **appropriate**, apt, fitting, befitting

These toys are **suitable** for childern under 10.

⇨ clue: suit = sequ (follow) 상황에 따라가다

pursuit 추적, 추구, 취미 〈pur=pro=forth + su=sequ=follow : 앞으로 따라 나아가다〉
execute 실행하다, 처형하다 〈ex=out + secut=sequ=follow: 계획에 따라서 나아가다〉
executive 경영간부 〈ex=out + secut=sequ=follow: 계획에 따라서 나아가다〉
intrinsic 고유한, 본질적인 〈intra=within + secu=follow : 안의 깊은 곳에서 따라 나오다〉

19 **unsurpassed**
[ʌnsərpǽst]

a. 탁월한 = **superior**, superlative, unequaled, matchless

Nature has given Jeju-do some of the country's most beautiful scenery as well as an **unsurpassed** climate for healthful living.

⇨ clue: un (not) + sur (over) + pass 넘어갈 수 없는

unintentionally 고의가 아닌, 무심코 〈un=not + intentionally 고의로〉
unbalanced 균형이 잡히지 않은, 불안정한 〈un=not + balanced 균형이 잡힌〉
untamed 길들지 않은, 거친 〈un=not + tame 길들인〉
undoubtedly 확실히 〈un=not + doubt 의심〉

20 **ventilation**
[vèntəléiʃən]

n. 통풍 = **airing, freshening**

By opening up the skylights, we increased the **ventilation** of the studio.

⇨ clue: ven (come) 공기가 나오다

ventilate 환기하다, 토론하다 〈vent=come : (공기, 이야기가) 나오다〉
venture 모험(적 사업), 과감히 ~하다 〈vent= come : 세게 나오다〉
convenient 편리한 〈con=together + ven=come : 모두 오다〉
convene 모으다, 소집하다 〈con=together + ven=come : 모두 오다〉

17 공연 초반에 구경꾼들은 악단의 박자에 맞추어 춤을 추고 손뼉을 쳤다. 18 이 장난감들은 10세 미만의 아이들에게 적합하다. 19 자연은 제주도에 건강한 생활을 위한 타의 추종을 불허하는 기후뿐만 아니라 한국의 가장 아름다운 경치 중의 일부를 주었다. 20 천장의 채광창을 열었더니 작업실의 환기가 잘 되었다.

Choose the closest word or expression of the highlighted word in each question.

1 Often the characters of great novels are **ambivalent** and hard to figure out.

Ⓐ moody   Ⓑ ambient   Ⓒ uncertain   Ⓓ resolute

2 We knew the little girl was not entirely responsible for her ill-mannered and unruly conduct; clearly it was to be **ascribed** to her parents' lack of care.

Ⓐ impugned   Ⓑ imputed   Ⓒ enunciated   Ⓓ denounced

3 In the process of nuclear fission, heavy uranium atoms **disintegrate** and form elements that are lighter.

Ⓐ dry up   Ⓑ speed up   Ⓒ break up   Ⓓ heat up

4 One strategy that a competent storyteller often uses is to **embellish** the action and happenings being described, in order to capture the interest of the listeners.

Ⓐ nullify   Ⓑ corroborate   Ⓒ enumerate   Ⓓ adorn

5 This is not the time for striking back-room political deals, nor the time to send **emissaries** to our enemies.

Ⓐ potentates   Ⓑ envoys   Ⓒ sages   Ⓓ directors

6 Nature has always been **an essential** component of the Native American way of life.

Ⓐ a vital   Ⓑ an interesting   Ⓒ a poetic   Ⓓ a unique

7 Empowering us to **perceive** the distinction between true excellence and mediocrity is one of the objectives of education.

Ⓐ distinguish   Ⓑ evaluate   Ⓒ notice   Ⓓ overlook

8 My aim was to have everything proceed as normally as possible, without any sudden intervention or **premature** action.

Ⓐ untimely   Ⓑ impatient   Ⓒ fast   Ⓓ steadfast

9 The demonstrators threw rocks at the police, who **retaliated** by firing blanks into the crowd.

Ⓐ surpassed   Ⓑ reciprocated   Ⓒ simulated   Ⓓ contributed

10 Before beginning to run, it is advisable for joggers to do warm-up exercises if they do not wish to **sustain** any injury.

Ⓐ anticipate   Ⓑ invite   Ⓒ irritate   Ⓓ suffer

1. C

위대한 소설들의 등장인물들은 종종 성격이 애매하고 이해하기 힘들다.

2. B

우리는 그 어린 소녀의 버릇없고 제멋대로 하는 행동이 전적으로 그 아이의 책임이 아니라는 것을 안다. 이것은 분명히 부모가 제대로 보살피지 않은 탓이다.

3. C

핵분열 과정에서 무거운 우라늄 원자가 분해되어 더 가벼운 원소들을 형성한다.

4. D

유능한 이야기 작가들이 청취자들의 관심을 끌기 위해서 종종 쓰는 전략 하나는 묘사하는 행동과 사건들을 아름답게 꾸미는 것이다.

5. B

지금은 우리의 적들에게 막후 정치적 협상을 하거나 밀사를 보낼 시기가 아니다.

6. A

자연은 아메리카 원주민의 생활양식에서 항상 필수적인 부분이었다.

7. C

진정한 탁월함과 평범함을 구별하여 알아볼 수 있게 하는 것이 교육의 목적 중에 하나이다.

8. A

나의 목표는 갑작스러운 개입이나 시기상조적인 조치 없이 가급적 모든 것을 보통 때처럼 진행하는 것이다.

9. B

시위자들은 돌멩이들을 경찰에 던졌고, 경찰은 군중에게 공포탄을 쏘면서 대응했다.

10. D

달리기 전에 조깅하는 사람들은 부상을 입지 않으려면 준비운동을 하는 것이 바람직하다.

unit 22

ascend	1 •	• a	deceptive
complex	2 •	• b	climb
constantly	3 •	• c	incessantly
deceitful	4 •	• d	intricate
dissent	5 •	• e	disagree

efface	6 •	• a	implant
embed	7 •	• b	viable
encroach	8 •	• c	trespass
expertise	9 •	• d	mastery
feasible	10 •	• e	obliterate

imposing	11 •	• a	disease
indispensable	12 •	• b	impressive
intertwine	13 •	• c	interweave
malady	14 •	• d	essential
praiseworthy	15 •	• e	admirable

prejudice	16 •	• a	artificial
simulated	17 •	• b	indifferent
steadfast	18 •	• c	firm
successive	19 •	• d	consecutive
uninterested	20 •	• e	bias

1 b 2 d 3 c 4 a 5 e 6 e 7 a 8 c 9 d 10 b 11 b 12 d 13 c 14 a 15 e 16 e 17 a 18 c 19 d 20 b

unit 22

01 **ascend**

[əsénd]

↔ descend

v. 오르다 = **climb**, **scale**, move up, mount, go up

The quicker we **ascend** the mountain, the less chance there is of a snowstorm catching us on the way down.

⇨ clue; a<ad (to) + scend (climb) 오르다

ascent 상승, 승진 〈a=ad=to + scen=climb : 오르다〉
descent 하강, 혈통 〈de=down + scent=climb : 아래로 가다〉
descend 내려가다 〈de=down + scend=climb : 아래로 가다〉
descendant 자손, 후손 〈de=down + scend=climb : 아래로 가다〉

02 **complex**

[kəmpléks / kɔ́mpleks]

a. 복잡한 = **intricate**, **complicated**, **involved**, **elaborate**, tangled
n. 종합빌딩, 복합체 = **group of buildings**

His new piece of music is a **complex** melody with simple harmonies.

⇨ clue: com (together) + ple (fill) 전부 채우다

complexity 복잡성 〈com=together + ple=fill : 전부 채우다〉
complicate 복잡하게 하다 〈com=together + pli=fill : 전부 채우다〉
complicated 복잡한 〈com=together + pli=fill : 전부 채우다〉
complete 완성하다, 완전한, 전체의 〈com=together + ple=fill : 전부 채우다〉

03 **constantly**

[kánstəntli]

ad. 변함없이 = **incessantly**, **perpetually**, **continuously**, **always**, **continually**, invariably

The metal iron is **constantly** changing position in its molten state due to thermal agitation.

⇨ clue: con<com (together) + sta (stand) 늘 같이 서있는

constant 변함없는, 일정한 〈con=together + sta=stand : 늘 같이 서있는〉
inconstant 변하기 쉬운 〈in=not + con=together + sta=stand : 같이 서있지 않다〉
instantaneous 즉시의, 동시에 일어나는 〈in=on + sta=stand : 일어서자마자〉
instant 즉시의, 순간 〈in=on + sta=stand : 일어서자마자〉

04 **deceitful**

[disítfəl]

↔ truthful

a. 거짓의 = deceptive, deceiving, fallacious, dishonest, untruthful

Her intention was not to be **deceitful** but her words were clearly misleading.

⇨ clue: de (away) + ceit<cept (take) 생각을 빼앗다

deceit 거짓, 사기 〈de=away + ceive=take : 생각을 빼앗다〉
deceive 속이다 〈de=away + ceive=take : 생각을 빼앗다〉
deceptive 현혹시키는, 거짓의 〈de=away + cept=take : 생각을 빼앗다〉
deception 사기 〈de=away + cept=take : 생각을 빼앗다〉

---

01 산에 빨리 오르면 오를수록, 하산할 때 눈보라를 만날 가능성이 더욱 적어진다.　02 그의 새 음악 작품은 단순한 화음이 있는 복잡한 멜로디이다.　03 철이라는 금속은 녹은 상태에서 열운동 때문에 끊임없이 위치를 바꾼다.　04 그녀의 의도는 거짓이 아니었지만, 말은 분명히 오해의 소지가 있었다.

05 dissent
[disént]

v. 의견을 달리하다 = disagree, differ, object

The politician would be wise to listen to some of the **dissenting** voices in his party.

⇨ clue: dis (away) + sent (feel) 느낌이 서로 멀다
- resent 화내다 〈re=back + sent=feel : 반대로 느끼다〉
- resentment 분노 〈re=back + sent=feel : 반대로 느끼다〉
- sentiment 감정, 정서 〈sent=feel: 느낌〉
- **sentimental** 감상적인 〈sent=feel : 느낌대로〉

06 efface
[iféis]

v. 삭제하다 = **obliterate**, **erase**, cancel, delete, expunge, blot out

Amnesty is an act of **effacing** and forgetting past criminal offenses.

⇨ clue: ef<ex (out) + face (면) (활자) 면을 없애다
- **facet** 작은 면, (일의) 양상 〈face : 면〉
- **facade** 정면, 외관 〈face : 면〉
- surface 표면, 외부 〈sur=over + face : 위쪽 면〉
- preface 서문 〈pre=before + face : 책의 앞면〉

07 embed
[imbéd]

↔ extract

v. 묻다, 새겨두다 = **implant**, **fix**, root

Feelings of total isolation are deeply **embedded** in her personality.

⇨ clue: em<en (in) + bed 침대 속에 넣다
- **embody** 구체화하다, 포함하다 〈em=in + body : 형태로 담아내다〉
- embargo 통상금지(하다) 〈em=in + bar 막대기 : 문 안쪽에 막대기를 걸어놓다〉
- **embrace** 껴안다, (생각, 제의를) 받아들이다 〈em=in + brace : 품 안에 넣고 죄다〉
- empathy 감정이입, 공감 〈em=in + path=feel : 상대방 입장이 되어 느끼다〉

08 encroach
[enkróutʃ]

v. 침해하다, 침입하다 = **trespass**, infringe, impinge, invade, intrude

The rights guaranteed us by the Constitution do not permit you to **encroach** on the rights of others.

⇨ clue: en (in) + croach (crook 갈고리) 갈고리를 걸고 안에 들어오다
- **encroachment** 침해, 침입 〈en=in + croach=crook 갈고리: 갈고리를 걸고 안에 들어오다〉
- **enchant** 매혹하다 〈en=in + chant 노래 : 노래속으로 불러들이다〉
- enrapture 황홀하게 하다 〈en=in + rapture 환희 : 큰 기쁨속으로 불러들이다〉
- **entreat** 간청하다 〈en=in + treat=trac=draw : 마음속으로 당기다〉

05 정치가는 정당 내의 일부 반대의 목소리에 귀를 기울여 보는 것이 현명할 것이다.　06 사면이란 범죄를 저지른 사람의 과거 죄를 말소하는 행위이다.　07 완전한 고립감이 그녀의 성격에 뿌리박혀 있다.　08 헌법이 우리에게 보장해 주는 권리는 우리로 하여금 다른 사람들의 권리를 침해하도록 허락하지 않는다.

09 **expertise**

[èkspərtíːz]

n. 전문기술 (지식) = **mastery**, **skill**, **craft**, **art**, proficiency, know-how, adroitness

He is highly respected for his unsurpassed experience and **expertise** as a jurist.

⇨ clue: ex (completely) + per (try out) 철저히 숙련하다

expert 전문가 〈ex=completely + per=try out : 철저히 숙련하다〉
perilous 모험적인, 위험한 〈per=try out : 처음 시도하다〉
peril 모험, 위험 〈per=try out : 처음 시도하다〉
imperil 위험에 빠뜨리다 〈im=in + per=try out : 첫 시도에 들어가다〉

10 **feasible**

[fíːzəbəl]

a. 실행할 수 있는 = **viable**, **possible**, workable, attainable, achievable, practicable

With the extra financial resources, the project now seems **feasible**.

⇨ clue: feas<fac (make) 만들어 낼 수 있는

feat 위업 〈feat=fac=make : 만들어 놓은 것〉
counterfeit 위조하다, 가짜의 〈counter=against + feit=fac=make : 원본에 기대어 만들다〉
surfeit 과식, 과다 〈sur=super=over + feit=fac=make : 넘치게 하다〉
forfeit 상실하다, 몰수되다 〈for=out + feit=fac=make : 만들지 못하게 하다〉

11 **imposing**

[impóuziŋ]

a. 인상적인, 당당한 = **impressive**, magnificent, dignified, majestic, grand, august, stately

The **imposing** Central Library Building has a stately appearance because of its size.

⇨ clue: im (on) + pos (put) 강한 모습을 남기다

impose 강요하다, (세금) 부과하다 〈im=on + pos=put : 강한 모습을 남기다〉
repose 휴식하다 〈re=back + pos=put : 뒤로 물러나다〉
depose 해임하다 〈de=away + pos=put : 멀리 두다〉
interpose 삽입하다, 중재하다 〈inter=between + pos=put : 사이에 두다〉

12 **indispensable**

[ìndispénsəbəl]

↔ dispensable

a. 필수적인 = **essential**, **necessary**, requisite, needed, vital

On our long camping trip, we learned that we could get along without many things that we had considered **indispensable**.

⇨ clue: in (not) + dis (apart) + pens (hang) (저울에) 달아서 나눠줄 수 없는

dispensable 없어도 되는 〈dis=apart + pens=hang : 저울에 달아서 나눠주다〉
dispense 나누어주다 〈dis=apart + pens=hang : 저울에 달아서 나눠주다〉
disseminate 퍼뜨리다 〈dis=apart + semin=seed 씨앗 : 씨를 뿔뿔이 흩어놓다〉
dismantle 분해하다 〈dis=apart + mantle 덮개 : 덮개를 찢다〉

09 그는 법률가로서의 탁월한 경험과 지식으로 매우 존경을 받는다. 10 추가 재원으로 그 계획은 이제 실행 가능해 보인다. 11 인상적인 중앙도서관은그 크기로 인해 위엄 있는 외관을 갖고 있다. 12 오랜 야영 생활에서 우리는 필수적이라고 여겼던 많은 물건들이 없이도 지낼 수 있다는 사실을 알게 되었다.

13 intertwine
[ìntərtwáin]

v. 뒤엉키다 = **interweave**, twine, entangle

The level of unemployment and crime are closely **intertwined**.

⇒ clue: inter (between) + twine (꼬다) 사이사이가 꼬여있다

intermediate 중간의, 중개자, 조정하다 〈inter=between + med=middle : 사이에 들어가다〉
interweave 짜다, 뒤섞다 〈inter=between + weave 엮다 : 사이를 엮다〉
intercourse 교류(교제), 성행위 (sexual intercourse) 〈inter=between + currere=run : 두사람 사이가 계속 이어지다〉
interlock (기계 등이) 서로 맞물리다 〈inter=between + lock 고정하다 : 중간에 고정하다〉

14 malady
[mǽlədi]

n. 병 = disease, ailment, affliction, illness, infirmity

I believe that the only cure for the **malady** of racial prejudice is education and understanding.

⇒ clue: mal (bad) + ad<hab (have) 나쁜 상태를 가지다

malign 유해한, 비방하다 〈mal=bad + gn=gen=birth 낳다 : 나쁜 것을 만들다〉
malevolent 악의 있는 〈mal=bad + vol=will 의도 : 나쁜 의도가 있다〉
maltreated 학대 받는 〈mal=bad + treat 대우하다 : 나쁘게 대우하다〉
malpractice 부정행위, 의료 사고 〈mal=bad + practice 행하다 : 나쁘게 행하다〉

15 praiseworthy
[préizwə̀:rði]

a. 칭찬할 만한 = **admirable**, laudable, commendable, creditable, meritorious

Their attempt to protect young minds from being harmed is **praiseworthy**.

⇒ clue: praise + worthy 칭찬할 만한 가치가 있는

praise 칭찬, 칭찬하다
appraise 평가하다 〈ap=ad=to + praise : 가치를 매기다〉
dispraise 비난하다 〈dis=away + praise : 가치와 멀어져가다〉
prized 가치 있는, 소중한 〈prize=price 가치 있는〉

16 prejudice
[prédʒədis]

n. 편견 = **bias**, preconception, partiality

We, as individuals, must get over our **prejudice** and see the thing in every possible way.

⇒ clue: pre (before) + ju (right) + dic (say) 미리 옳다고 단언하다

judicious 분별 있는 〈ju=right + dic=say : 옳게 이야기하다〉
injudicious 분별 없는 〈in=not + judicious 분별 있는〉
prejudiced 편파적인, 불공평한 〈pre=before + ju=right + dic=say : 미리 옳다고 단언하다〉
unprejudiced 공평한 〈un=not + pre=before + ju=right + dic=say : 미리 단언하지 않다〉

13 실업률과 범죄율은 밀접하게 얽혀있다.　14 나는 인종 편견이라는 병폐의 유일한 해결책이 교육과 이해라고 믿는다.　15 아이들의 정서를 해치는 것을 막아보려는 그들의 시도는 칭찬할 만하다.　16 개인으로서 우리는 편견을 극복하고 가능한 모든 방법으로 사물을 보아야 한다.

unit 22

17 simulated
[símjəlèitid]

a. 모조의, 가짜의 = **artificial**, **synthetic**, fake, imitation, make-believe, phony

He looked at the research paper with **simulated** interest.

⇨ clue: simul (same) 똑같은

simulate 가장하다, 흉내내다 〈simul=same 똑같은〉
simulation 모의시험 〈simul=same 똑같은〉
simultaneous 동시에 일어나는 〈simul=same 똑같은〉
verisimilar 그럴듯한, 정말 같은 〈ver=true + simil=same: 정말 같은〉

18 steadfast
[stédfæst]

a. 확고한 = firm, unwavering, resolute, steady

He was a man of steadfast faith and intended to remain so.

↔ vacillating

⇨ clue: sta (stand) + fast (단단한) 흔들리지 않게 서 있다

steadfastly 확고부동하게 〈sta=stand + fast 단단한: 단단히 자리잡고 서 있다〉
steady 꾸준한, 안정된 〈st=stand : 자리를 잡다〉
steadily 꾸준히, 착실하게 〈st=stand : 자리를 잡다〉
instead 그 대신에 〈in=in + stead=stand : 안에 자리잡고 서다〉

19 successive
[səksésiv]

a. 연속적인 = **consecutive**, serial, sequential, ensuing, in a row

This is the second **successive** monthly fall, following the encouraging improvements between December and March.

⇨ clue: suc<sub (under) + cess (go) 아래로 이어가다

succession 연속, 계승 〈suc=sub=under + cess=go : 아래로 이어가다〉
concession 양보 〈con=together + cess=go : 함께 가다〉
succeed 계속되다, 성공하다 〈suc=sub=under + ceed=go : 아래로 이어가다〉
concede 양보하다, 인정하다 〈con=together + ced=go : 함께 가다〉

20 uninterested
[ʌníntərəstid]

a. 흥미 없는 = **indifferent**, unconcerned, listless, apathetic

She appeared totally **uninterested** because she lacked motivation for improving her skills.

⇨ clue: un (not) + interest 흥미 없는

unavailable 이용할 수 없는 〈un=not + available 이용할 수 있는〉
unconcern 무관심, 태연 〈un=not + concern 관심〉
unstable 불안정한 〈un=not + stable 안정된〉
unwary 부주의한 〈un=not + wary 주의 깊은〉

---

17 그는 흥미가 있는 체하며 연구 논문을 보았다.　18 그는 강한 신념의 소유자였으며 계속 그것을 유지하려고 했다.　19 12월과 3월 사이에 고무적으로 상승한 후에, 두 달 연속해서 하락이다.　20 그녀는 기술을 향상시키려는 동기 부여가 부족했기 때문에 전혀 흥미가 없어보였다.

1
ailment [éilmənt] 병, 우환
alimentary [æ̀ləméntəri] 소화의, 영양의

2
ambivalent [æmbívələnt] 상반되는 감정을 가진,
반대되는 것이 공존하는
ambiguous [æmbígjuəs] 애매모호한

3
ascent [əsént] 상승, 등반
assent [əsént] 동의

4
confidential [kὰnfidénʃəl] 기밀의
confident [kάnfidənt] 확신하는, 자신있는
confidant [kὰnfidǽnt] 친한 친구

5
differ [dífər] 다르다
defer [difə́:r] 늦추다
deter [ditə́:r] 못하게 막다

6
different [dífərənt] 서로 다른
diffident [dífidənt] 자신 없는

7
disinterested [disíntəristid] 공평한
uninterested [ʌníntərəstid] 흥미 없는

8
magnificent [mægnífəsənt] 장엄한
munificent [mju:nífəsənt] 아낌없는

9
praise [preiz] 칭찬(하다)
appraise [əpréiz] 평가하다
apprise [əpráiz] 알리다

10
revolution [rὲvəlú:ʃən] 혁명, 회전
evolution [ὲvəlú:ʃən] 전개, 진화

11
ripe [raip] 익은, 원숙한
rip [rip] 찢다, 쪼개다
reap [ri:p] 수확하다, 획득하다

12
simulate [símjəlὲit] 가장하다, 흉내내다
stimulate [stímjəlὲit] 자극하다

혼 동 어 휘 Check-up

다음의 각 문장에서 괄호 안의 단어 중 알맞은 것을 고르시오.

1 They are both somewhat (ambiguous / ambivalent) about having children.
그들은 둘 다 아이를 갖는 것에 대해 다소 상반되는 감정을 갖고 있다.

2 He is alleged to have leaked (confident / confidential) information on the project.
그는 프로젝트와 관련한 기밀 정보를 유출했다는 의혹을 사고 있다.

3 The (confident / confidential) agreement should be sufficient means to preclude competitors from copying our new technology.
비밀 협정은 우리의 새 기술을 경쟁자가 모방할 수 없도록 막는 충분한 수단이 될 것이다.

4 When she was apprised of the dangerous weather conditions, she decided to (defer / deter) her trip.
그녀는 일기 상태가 나쁘다는 것을 알게 되자 여행을 연기하기로 결정했다.

5 There is some animosity between (diffident / different) racial and ethnic groups, but it can be overcome by education and experience.
서로 다른 인종이나 민족 집단들 간에 어느 정도의 적개심이 있는 것은 사실이지만 이것은 교육과 경험으로 극복될 수 있다.

6 A good system must be (uninterested / disinterested), speedy, open, and effective.
좋은 제도는 공평하고, 신속하고, 개방적이고, 효과적이어야 한다.

7 His (magnificent / munificent) speaking ability enabled him to effectively express the demands for social justice.
그의 훌륭한 말솜씨는 그로 하여금 사회적 정의를 위한 요구들을 효과적으로 표현할 수 있도록 해주었다.

8 Intelligent thinkers are able to identify main issues, recognize underlying assumptions, and (appraise/ apprise) evidence.
영리하게 생각할 줄 아는 사람은 주요 문제를 식별하고, 그것을 기반하는 가정들을 인식하고, 증거를 평가할 수 있는 능력이 있다.

9 His theory of (evolution / revolution) had a history of scoffing at implausible ideas but finally it turned out to be correct.
그의 진화 이론은 받아들이기 어려운 의견이라고 조롱을 받았지만, 결국 옳은 것으로 판명되었다.

10 I've always found his lectures to be most informative, (simulating / stimulating) and interesting.
그의 강의는 항상 유익하고, 자극을 주며 흥미롭다고 느꼈다.

〈정답〉
1. ambivalent 2. confidential 3. confidential 4. defer 5. different
6. disinterested 7. magnificent 8. appraise 9. evolution 10. stimulating

unit 23

attest	1 •	• a	persistent
chronic	2 •	• b	peak
circumstance	3 •	• c	condition
disadvantage	4 •	• d	drawback
height	5 •	• e	anthenticate

hypocrite	6 •	• a	fraud
implicit	7 •	• b	contagious
infectious	8 •	• c	imminent
inimical	9 •	• d	hostile
impending	10 •	• e	implied

notorious	11 •	• a	infamous
omniscient	12 •	• b	all-knowing
outrage	13 •	• c	inhabit
populate	14 •	• d	triumph
prevail	15 •	• e	anger

refine	16 •	• a	improve
standstill	17 •	• b	survival
subsistence	18 •	• c	excessive
superfluous	19 •	• d	retreat
withdraw	20 •	• e	complete stop

1 e 2 a 3 c 4 d 5 b 6 a 7 e 8 b 9 d 10 c 11 a 12 b 13 e 14 c 15 d 16 a 17 e 18 b 19 c 20 d

unit 23

01 attest
[ətést]

v. 증명하다, 입증하다 = **authenticate**, **confirm**, verify, substantiate, witness, testify, prove

A fancy car does not always **attest** to the wealth of the owner.

⇒ clue: ad (to) + test (witness) ~에 대해 입증하다

detest 혐오하다 〈de=down + test=witness : 입증을 거부하다〉
protest 주장하다, 항의하다 〈pro=forth + test=witness : 앞에서 입증하다〉
contest 경쟁하다, 이의를 제기하다 〈con=together + test=witness : 서로 능력을 입증하다〉
testify 증명하다, 증언하다 〈test=witness : 입증하다〉

02 chronic
[kránik]

a. 만성적인, 장기간에 걸친 = **persistent**, **constant**, incessant, inveterate

Her injuries have left her with **chronic** migraine headaches.

⇒ clue: chron (time) 시간을 오래 끌다

chronicle 기록, 연대기 〈chron=time〉
chronological 연대순의 〈chron=time〉
synchronize 동시에 발생하다 〈syn=together+ chron=time : 같은 시간에 일어나다〉
anachronistic 시대 착오적인 〈ana=against + chron=time : 시간에 역행하는〉

03 circumstance
[sə́:rkəmstæ̀ns]

n. 상황 = **condition**, **situation**, **position**

I made allowances for her special **circumstances**.

⇒ clue: circum (circle) + sta (stand) 주위를 둘러싸고 있는 것

circular 원의, 순환하는 〈circul=circle : 원〉
circulate 순환하다 〈circul=circle : 돌다〉
circulation 순환, 유통 〈circul=circle : 돌다〉
circumference 원주, 주변 〈circum=circle : 원〉

04 disadvantage
[disədvǽntidʒ]
↔ advantage

n. 불리한 점 = **drawback**, handicap, liability

It is difficult for Korean golfers, who are generally at a **disadvantage** in terms of physique and training environment, to win a PGA title.

⇒ clue: dis (not) + advantage (이익) 이익이 없다

disgrace 불명예(를 주다) 〈dis=not + grace 명예〉
discredit 불신, 불명예 〈dis=not + credit 신용, 영예〉
disquiet 불안, 걱정 〈dis=not + quiet 평온한〉
dispirited 기가 죽은, 의기소침한 〈dis=not + spirited 생기가 넘치는〉

---

01 멋진 차가 항상 그 주인의 부유함을 입증하는 것은 아니다.   02 그녀는 부상으로 인해서 만성적인 편두통이 생겼다.   03 나는 그녀의 특수한 상황을 참작했다.
04 일반적으로 체격과 훈련 환경 면에서 불리한 조건에 있는 한국의 골퍼들이 PGA 선수권에서 우승하기란 어렵다.

05 height
[hait]

↔ nadir

n. 정상, 절정 = **peak**, **crest**, **summit**, **pinnacle**, zenith, apex

The flared trousers were at the **height** of fashion in the mid-20th century.

⇒ clue: high 높은
heighten 높이다, 늘리다 〈high : 높은〉
highlands 고지, 산악지 〈high + land : 높은 지면〉
high-spirited 기운찬 〈high + spirit : 높은 기운〉
highlight 가장 중요한 부분, 강조하다 〈high + light : 가장 높이 빛나는〉

06 hypocrite
[hípəkrìt]

n. 위선자 = **fraud**, dissembler, pretender

We tend to associate politicians with **hypocrites**.

⇒ clue: hypo (under) + cri (criticize) 밑에서는 비난하다
hypocrisy 위선 〈hypo=under + cri=criticize : 밑에서는 비난하다〉
hypodermic 피하의 〈hypo=under + derm=skin : 피부 밑의〉
hypothesis 가설 〈hypo=under + thes=put : 학설 아래에 놓여 있다〉
hypothetical 가설의, 가정의 〈hypo=under + thes=put : 학설 아래에 놓여 있다〉

07 implicit
[implísit]

a. 암시적인, 무언의 = implied, inferred, tacit, unspoken

Even though they have not mentioned it, there seems to be an **implicit** trust between them.

⇒ clue: im<in (into) + pli (fill) 안에 의미를 채우다
implication 암시 〈im=into + pli=fill : 안에 의미를 채우다〉
imply 암시하다, 함축하다 〈im=into + ply=fill : 안에 의미를 채우다〉
comply 동의하다, (법, 요구 등에) 따르다 〈com=together + ply=fill : 함께 채우다〉
compliance 승낙 〈com=together + pli=fill : 함께 채우다〉

08 infectious
[infékʃəs]

a. 전염성의 = **contagious**, communicable, catching, infective

Smiles and laughter are very **infectious**. Share them with your friends.

⇒ clue: in (into) + fec (make) 몸 안에 바이러스가 생기다
infection 감염 〈in=into + fec=make : 몸 안에 바이러스가 생기다〉
infect 감염시키다 〈in=into + fec=make : 몸 안에 바이러스가 생기다〉
perfect 완벽한, 완성하다 〈per=completely + fec=make : 완벽하게 만들다〉
imperfect 불완전한, 결함이 있는 〈im=not + per=completely + fec=make : 완벽히 만들지 못하다〉

05 나팔 바지가 20세기 중반에 크게 유행하였다. 06 우리는 정치가와 위선자를 연관지어 생각하는 경향이 있다. 07 그것에 관해 이야기를 하지는 않았지만, 그들 사이에는 암묵적인 신뢰가 있는 듯하다. 08 미소와 웃음은 매우 잘 전파된다. 친구들과 이것을 나누어라.

unit 23

09 inimical
[inímikəl]
↔ friendly

a. 적의가 있는 = **hostile**, **unfriendly**, opposed, antagonistic, adverse, unfavorable

Her demeanor generally seems rather **inimical** to new acquaintances.

⇒ clue: in (not) + im<am (love, friend) 사랑이 없는

inapt 부적당한 〈in=not + apt=fit : 적당하지 않은〉
inertia 무력(감), 활발치 못함 〈in=not + ert=art=skill : 기술이 없는〉
integrate 통합하다 〈in=not + teg=touch : 만져서 손상시키지 않다〉
insuperable 극복할 수 없는 〈in=not + super=over + able : 넘어갈 수 없는〉

10 impending
[impéndiŋ]

a. 절박한, 임박한 = **imminent**, **forthcoming**, coming, approaching

On the morning of the expedition I awoke with a feeling of **impending** disaster.

⇒ clue: : im (in) + pend (hang, weigh) 절벽에 매달려 있다

depend 의존하다 〈de=down + pend=hang : 아래에 매달리다〉
penchant 경향, 애호 〈pen=hang + chant=sing : 노래에 매달리다〉
preponderate 우세하다, 능가하다 〈pre=before + pond=weigh: 무게가 앞서다〉
preponderance (수, 양, 중요성에서) 우세, 능가 〈pre=before + pond=weigh: 무게가 앞서다〉

11 notorious
[noutɔ́:riəs]

a. 악명 높은 = **infamous**, disreputable, ill-famed

Los Angeles is **notorious** for its smog.

⇒ clue: not (known) 나쁜 일로 알려진

ignore 무시하다 〈in=not + gno=know : 알지 못하다〉
ignorant 무지한 〈in=not + gno=know : 알지 못하다〉
agnostic 불가지론자 〈a=not + gno=know : (신의 존재여부를 인간은) 알지 못한다〉
connoisseur 전문가, 감정가 〈con=together + gno=know : 모두 알다〉

12 omniscient
[amníʃənt]

a. 박식한, 전지의 = **all-knowing**, all-wise

God is **omniscient**.

⇒ clue: omni (all)+ sci (know) 모든 것을 알고 있는

prescient 미리 아는, 선견지명이 있는 〈pre=before + sci=know : 앞서 알고 있는〉
nescient 무지한, 알지 못하는 〈ne=not + sci=know : 알지 못하는〉
conscious 알고 있는, 의식이 있는 〈con=together + sci=know : 알고 있는〉
subconscious 잠재의식의 〈sub=under + sci=know : 인식하는 의식세계의 아래〉

09 일반적으로 그녀의 태도는 새로 알게 된 사람에게는 다소 적의가 있는 것처럼 보인다. 10 원정 날 아침에 재난이 임박했다는 느낌으로 잠이 깼다. 11 로스엔젤레스는 스모그로 악명이 높다. 12 신은 모든 것을 알고 계신다.

13 outrage
[áutrèidʒ]
↔ placate

v. 격분시키다 = **anger**, infuriate, offend, incense, madden, enrage

Human rights groups are **outraged** at the expulsion of the two refugees, saying it is in defiance of international law.

⇨ clue: out + rage (격노) 화가 나오게 하다
outrageous 난폭한 〈out + rage 격노 : 화가 나오게 하다〉
outburst 폭발 〈out + burst 파열 : 밖으로 터져 나오다〉
outflow 유출 〈out + flow 흐름 : 밖으로 흘러나오다〉
outlying 외진, 중심에서 떨어진 〈out + lying : 밖에 놓인〉

14 populate
[pápjəlèit]

v. 거주시키다 = **inhabit**, live in, people, settle

The northeast is the most densely **populated** part of the city.

⇨ clue: popul (people) 사람들이 있다
populace 민중, 대중 〈**popul=people** : 사람들〉
populous 인구가 조밀한, 붐비는 〈**popul=people** : 사람들이 있다〉
publish 발표하다, 출판하다 〈**publ=people** : 사람들에게 알리다〉
publication 발표, 출판 〈**publ=people** : 사람들에게 알리다〉

15 prevail
[privéil]

v. 이기다, 우세하다 = **triumph**, **win**, **dominate**, overcome, predominate

In history, evil has never **prevailed**, because when it has **prevailed**, it has always changed its name to "good."

⇨ clue: pre (before) + vail (strong) 앞서 강하게 나가다
prevailing 우세한 〈**pre=before + vail=strong** : 앞서 강하게 나가다〉
valor 용기, 용맹 〈**val=strong** : 강한〉
valorous 용감한 〈**val=strong** : 강한〉
valiant 용감한 〈**val=strong** : 강한〉

16 refine
[rifáin]

v. 개선하다, 정제하다 = **improve**, perfect, polish, purify, clarify

The methods have been **refined** over the years, but not radically changed.

⇨ clue: re (again) + fin (end 끝,한계) 끝마무리를 다시 하다
refined 정제한, 세련된, 정교한 〈**re=again + fin=end** : 끝마무리를 다시 하다〉
confined 제한된, 갇힌 〈**con=completely + fin=end** : 한계를 정하다〉
affinity 유사성, 인척, 친밀감 〈**af=ad=to + fin=end** : 경계가 같은 방향으로 가다〉
finis 끝, 마지막 〈**fin=end** : 끝, 한계〉

13 인권단체들은 두 망명자의 추방 사건에 대해 분개하고 있으며, 이것이 국제법을 무시하는 처사라고 주장한다. 14 이 도시의 동북쪽이 인구 밀도가 가장 높은 지역이다. 15 역사에서 악은 절대로 승리하지 못한다. 그 이유는 악이 이기면, 항상 선으로 이름을 바꾸었기 때문이다. 16 수 년 동안 방식은 다듬어져 왔지만, 근본적으로 변하지는 않았다.

17 standstill
[stǽndstìl]

n. 정지, 막힘 = **complete stop**, halt, cessation, deadlock, impasse

Work came to a complete **standstill** due to a general strike.

⇨ clue: stand + still (정지한) 움직이지 않고 서 있다

still 정지한, 조용한 〈st=stand : 서 있다〉
standpoint 관점 〈stand + point : 자신이 서 있는 곳에서의 입장〉
standing 신분, 지위 〈stand : 서 있는 곳〉
outstanding 뛰어난, 미결제의 〈out + stand : 쑥 나와서 서 있다〉

18 subsistence
[səbsístəns]

n. 생존, 생계 = **survival**, existence, living, sustenance, maintenance, livelihood

Many of the families are forced to live at the **subsistence** level.

⇨ clue: sub (under) + sist (stand) 아래에 서 있다

subsist 생존하다 〈sub=under + sist=stand : 아래에 서 있다〉
exist 존재하다, 살다 〈ex=out + sist=stand: 밖에 나와 서 있다〉
coexist 공존하다 〈co=together + ex=out + st=stand : 함께 밖에 서 있다〉
insist 주장하다 〈in=on + sist=stand : 자기 생각 위에 서 있다〉

19 superfluous
[su:pərfluəs]

a. 여분의, 불필요한 = excess, redundant, extra, surplus, dispensable, needless

You'd better try not to take any **superfluous** luggage when you travel.

⇨ clue: super (over) + flu (flow) 넘쳐흐르는

fluid 액체, 유동체 〈flu=flow : 물 흐르듯〉
fluent 유창한 〈flu=flow : 물 흐르듯〉
affluent 풍부한, 부유한 〈af=ad=to + flu=flow : ~쪽으로 흘러 들어가는〉
effluent 방출하는, 폐수 〈ef=ex=out + flu=flow : 흘러 나오는〉

20 withdraw
[wiðdrɔ́ː]

↔ advance

v. 물러나다 = **retreat**, retire, back off, pull back, recede
(신청, 약속을) 철회하다 = retract, recall, revoke, recant, take back

Most of the disagreement was on whether he should **withdraw** when the scandal hit the press.

⇨ clue: with (back) + draw 뒤로 당기다

withdrawal 물러나기, 취소, 탈퇴, (예금의) 인출 〈with=back + draw : 뒤로 당기다〉
outdraw (인기, 청중) 더 많이 끌다 〈out=more + draw : 더 많이 끌다〉
drawback 결점, 장애 〈draw + back : 뒤로 끌어당기다〉
backbone 중추, 척추 〈back + bone : 뒤쪽에 있는 뼈대〉

---

17 총파업으로 작업이 완전히 중단되었다.   18 많은 가정이 최저 생활 수준으로 살 수 밖에 없다.   19 여행을 갈 때는 불필요한 짐을 가져가지 않도록 애쓰는 것이 좋다.   20 대부분의 논쟁은 스캔들이 언론을 강타했을 때 그가 물러나야 하는가에 관해서였다.

Choose the closest word or expression of the highlighted word in each question.

1   I found myself unable to follow the **complex** mechanism of a computer's central processing unit, although Jason did his best to explain it to me.

Ⓐ rudimental   Ⓑ definite   Ⓒ intricate   Ⓓ abstract

2   While he did not openly **dissent**, he voiced a certain reservation that had been troubling him for a while.

Ⓐ disagree   Ⓑ distress   Ⓒ distract   Ⓓ discourage

3   The builders are **encroaching** upon our farm property gradually but steadily.

Ⓐ trespassing   Ⓑ bypassing   Ⓒ encompassing   Ⓓ surpassing

4   To be a good historian one requires **expertise** in several areas of learning.

Ⓐ interpretation   Ⓑ clarification   Ⓒ recount   Ⓓ proficiency

5   The band was at the **height** of its fame in the late 1970s.

Ⓐ peak   Ⓑ limit   Ⓒ nadir   Ⓓ stature

6   Judging by the way his actions go against his own words, it is clear that the man is a **hypocrite**.

Ⓐ bachelor   Ⓑ fraud   Ⓒ snatcher   Ⓓ delinquent

7   I believe that orthodoxy of any kind is **inimical** to art, and that is why the writer must be free.

Ⓐ tenacious   Ⓑ amicable   Ⓒ hostile   Ⓓ conspicuous

8   Being **outraged**, the president admonished the privileged class and chastised lawmakers accused of corruption.

Ⓐ infuriated   Ⓑ eulogized   Ⓒ refined   Ⓓ augmented

9   It is highly **praiseworthy** for a child to contribute something out of its pocket money to the poor relief fund.

Ⓐ reprehensible   Ⓑ contemptible   Ⓒ laudable   Ⓓ condemnable

10   Giordano enlisted the help of two coworkers in 2019 to verify her theory that the **prevailing** mode of thinking on certain matters was incorrect.

Ⓐ predominating   Ⓑ convincing   Ⓒ quirky   Ⓓ instructive

Check-up 정답지

1. C

제이슨이 최선을 다해서 나에게 설명을 해주었지만 나는 컴퓨터의 중앙처리장치의 복잡한 작용을 이해할 수 없다는 것을 깨달았다.

2. A

그는 공개적으로 반대하지는 않았지만, 한동안 자신을 괴롭힌 의구심을 약간 드러냈다.

3. A

건축업자들이 우리 농장의 소유지를 느리지만 꾸준하게 잠식하고 있다.

4. D

훌륭한 사학자가 되기 위해서는 여러 학습분야에서의 전문지식이 필요하다.

5. A

그 밴드는 1970년대 후반에 명성이 절정에 달했다.

6. B

그의 행동과 말이 반대인 것으로 판단해 볼 때, 그는 위선자임이 틀림없다.

7. C

나는 어떤 종류의 것이든 정통파적인 관행은 예술에 적대적이라고 생각하며, 그러한 이유 때문에 작가는 자유로워야 한다.

8. A

화가 난 대통령은 기득권층에게 강력한 충고를 하였고 부패 의혹을 받고 있는 국회의원들은 질책하였다.

9. C

어린이가 용돈을 절약해서 빈민구제기금에 기부하는 것은 크게 칭찬할만한 일이다.

10. A

지오다노는 특정한 문제에 관한 지배적인 사고 방식이 틀렸다는 자신의 이론을 증명하기 위해서 2019년 동료들 두 명의 협조를 얻었다.

unit 24

accomplished	1 •	• a	verification
allocate	2 •	• b	assign
confirmation	3 •	• c	wary
defect	4 •	• d	shortcoming
distrustful	5 •	• e	skilled

emerge	6 •	• a	bankrupt
establish	7 •	• b	institute
groundless	8 •	• c	appear
impassive	9 •	• d	unfounded
impoverish	10 •	• e	unemotional

induce	11 •	• a	persuade
justify	12 •	• b	view
monitor	13 •	• c	check
neglect	14 •	• d	prove
perspective	15 •	• e	ignore

retain	16 •	• a	earthly
scrutiny	17 •	• b	examination
solitary	18 •	• c	keep
subsequently	19 •	• d	later
terrestrial	20 •	• e	remote

1 e 2 b 3 a 4 d 5 c 6 c 7 b 8 d 9 e 10 a 11 a 12 d 13 c 14 e 15 b 16 c 17 b 18 e 19 d 20 a

unit 24

01 accomplished
[əkámpliʃt]

↔ unaccomplished, unskilled

a. 숙련된 = **skilled**, **proficient**, **expert**, adept, consummated

She is so **accomplished** a teacher that she can elicit some degree of interest from even the most withdrawn students.

⇨ clue: ac<ad (to) + com (completely) + pli (fill) 완전히 충족시키다

accomplish 성취하다 〈ac=ad=to + com + pli=fill : 완전히 충족시키다〉
plentiful 풍부한 〈ple=fill : 가득 채우다〉
plenteous 풍부한 〈ple=fill : 가득 채우다〉
amplitude 크기, 규모 〈am=ad=to + ple=fill : 채우다〉

02 allocate
[ǽləkèit]

v. 할당하다 = **designate**, assign, apportion, allot, earmark

He **allocated** the same amount of workload to each employee.

⇨ clue: al<ad (to) + loc (place) 위치를 정하다

allocation 할당 〈al=ad=to + loc=place : 위치를 정하다〉
relocate 재배치하다 〈re=again + loc=place : 다시 위치를 정하다〉
location 장소, 위치 〈loc=place 위치〉
locate 위치하다, (위치, 장소를) 찾아내다 〈loc=place 위치〉

03 confirmation
[kànfərméiʃən]

n. 확인 = verification, validation, corroboration

Reservations are required 24 hours in advance and **confirmations** will be available on the spot.

⇨ clue: con (completely) + firm 아주 확고하게 하다

confirm 확인하다 〈con=completely + firm : 아주 확고하게 하다〉
affirm 단언하다, 확인하다 〈af=ad=to + firm : 확고하게 하다〉
affirmative 확언적인, 긍정의 〈af=ad=to + firm : 확고하게 하다〉
affirmative action 차별 철폐 조처 〈소수 민족이나 여성의 고용, 고등 교육 등을 적극 추진하는 정책〉

04 defect
[difékt]

↔ merit, excellence

n. 결점 = **shortcoming**, **flaw**, drawback, imperfection, fault, blemish
v. (정당, 국가를) 버리다, 도망가다 = abandon, **desert**

Although every system has its own **defects**, we believe that our system has more pluses and fewer minuses than any other.

⇨ clue: de (away) + fec (make) 잘 만든 것과는 거리가 멀다

defective 결함이 있는 〈de=away + fec=make : 잘 만든 것과는 거리가 멀다〉
deficient 부족한 〈de=away + fec=make : 잘 만든 것과는 거리가 멀다〉
deficiency 부족, 결함 〈de=away + fic=make : 잘 만든 것과는 거리가 멀다〉
deficit 부족(액), 적자 〈de=away + fic=make : 잘 만든 것과는 거리가 멀다〉

01 그녀는 매우 숙련된 교사이기 때문에 가장 의기소침한 학생들로부터라도 어느 정도의 흥미와 주의를 끌어낼 수 있다. 02 그는 직원 각자에게 같은 업무량을 할당하였다. 03 24시간 전에 예약하는 것이 필수적이고 예약시 확인을 하실 수 있습니다. 04 모든 조직이 자체적인 결점이 있지만, 우리 조직은 그 어떤 조직보다 장점이 많고 단점이 적다고 믿고 있다.

05 distrustful
[dístrʌstfəl]

a. 의심 많은 = **wary**, skeptical, suspicious, dubious

Judging by her **distrustful** glance, she was suspicious of his actions.

⇨ clue: dis (not) + trust 쉽게 믿지 않는
distrust 믿지 않다 〈**dis=not + trust** 신뢰 : 신뢰가 없다〉
trustful 믿는 〈**trust** : 신뢰하다〉
trustworthy 신뢰할 수 있는 〈**trust + worthy** : 믿을만한 가치가 있다〉
truism 당연한 이치, 뻔한 말(소리) 〈**trust** : 신뢰하다〉

06 emerge
[imə́:rdʒ]

v. 나타나다 = **appear**, **arise**, **come out**, **spring up**

The first tooth usually **emerges** when an infant is about six months old.

⇨ clue: e<ex (out) + merg (dip 담그다) 담겨 있다가 밖으로 나오다
merge 합치다 〈**merg=dip** : 물속에 담가 녹이다〉
emergent 떠오르는, 긴급한 〈**e=out + merg=dip** : 담겨 있다가 나오다〉
emergence 출현 〈**e=out + merg=dip** : 담겨 있다가 나오다〉
emergency 비상사태 〈**e=out + merg=dip** : 담겨 있다가 나오다〉

07 establish
[istǽbliʃ]

v. 설립하다 = **institute**, **constitute**, **organize**, **set up**, found

My goal is to **establish** a humanitarian foundation in Third World nations.

↔ abrogate

⇨ clue: e (모음첨가) + sta (stand) 자리를 잡다
established 확립된, 확실한 〈**sta=stand** : 자리를 잡다〉
stable 안정된 〈**sta=stand** : 자리를 잡다〉
stabilize 안정시키다 〈**sta=stand** : 자리를 잡다〉
install 설치하다 〈**in=in + sta=stand** : 안에 자리잡다〉

08 groundless
[gráundlis]

a. 근거 없는 = **unfounded**, baseless, unjustified, unsupported

He took advantage of his post to make **groundless** accusations of the opposition party.

⇨ clue: ground (근거) + less (없는) 근거 없는
groundwork 토대, 준비(작업) 〈**ground + work** : 기초가 되는 작업〉
well-grounded 근거가 충분한 〈**well + ground** : 기초가 잘된〉
foreground 전경, 중요한 위치 〈**fore=before + ground** : 앞쪽 영역〉
background 배경, 출신 〈**back + ground** : 뒤쪽 영역〉

05 그녀의 의심스러운 눈짓으로 판단할 때, 그녀는 그의 행동을 수상쩍어 했다. 06 첫 번째 유치는 주로 아기가 생후 6개월 정도 되었을 때 나타난다. 07 나의 목표는 제3세계 국가들에서 인도주의적인 재단을 설립하는 것이다. 08 그는 야당의 당수에 대한 근거 없는 비난을 하기 위해 자신의 지위를 이용했다.

unit 24

09 **impassive**

[impǽsiv]

a. 감정이 없는 = unemotional, aloof, apathetic, callous, indifferent

People who seem to be unusually **impassive** are often the ones most likely to lose emotional control of themselves under stress.

⇨ clue: im (not) + pass<path (feel) 감정이 없는

imprecise 부정확한 〈im=not + pre=before + cis=cut : 미리 잘라놓지 않다〉

impasse 막다른 골목, 곤경 〈im=in=not + pass : 빠져 나가지 못하다〉

impotent 무력한 〈im=not + pot=power : 힘이 없다〉

impudent 건방진 〈im=not + pud=modest : 겸손하지 않은〉

10 **impoverish**

[impárəriʃ]

↔ enrich

v. 가난하게 하다 = beggar, bankrupt, break, ruin

The sect is attracting most of its membership from the **impoverished** majority rather than from the privileged few.

⇨ clue: im (into) + pover (poor) 가난해지다

implant (생각, 태도를) 심다, (인공물질을 몸에) 주입하다 〈im=into + plant : 안에 심다〉

impeach 탄핵하다 〈im=into + peach=fetter 족쇄 : 족쇄를 채우다〉

impel 재촉하다, 추진시키다 〈im=into + pel=drive : 몰다〉

impart 나누어 주다 〈im=into + part : 각자의 몫으로 나누다〉

11 **induce**

[indʒúːs]

v. 설득하다, 야기하다 = **persuade**, talk into, incite, instigate, prompt, bring about

As we ascended the mountain, I had a feeling of dizziness and fatigue **induced** by the thin air.

⇨ clue: in (into) + duc (lead) ~쪽으로 이끌다

educe 끌어내다, 추출하다 〈e=ex=out + duc=lead : 밖으로 이끌다〉

seduce 부추기다, 유혹하다 〈se=away + duc=lead : 멀리 이끌다〉

deduce 추론하다, 연역하다 〈de=down + duc=lead : 주어진 사실 아래에서 결론을 이끌어내다〉

reproduce 복제하다, 번식하다 〈re=again + pro=forth + duc=lead : 계속 앞으로 이끌어내다〉

12 **justify**

[dʒʌ́stəfài]

↔ convict

v. 정당함을 증명하다, 정당화하다 = **prove**, vindicate, confirm, exculpate, exonerate, warrant

The end does not always **justify** the means.

⇨ clue: jus (right) 옳다고 하다

just 정당한, 타당한 〈just=right : 올바른〉

judicious 분별 있는 〈judic=right : 올바른〉

prejudice 편견, 선입관 〈pre=before + ju=right + dic=say : 미리 옳다고 단언하다〉

unprejudiced 편견이 없는, 공평한 <un=not + prejudiced 편견을 가진>

09 남달리 냉담해 보이는 사람들이 스트레스를 받는 상황에서는 스스로의 감정 통제를 잃기 쉽다. 10 그 종파는 소수의 특권층보다는 다수의 빈곤층 사이에서 회원들을 유치하고 있다. 11 우리가 산을 오르면서 나는 희박한 공기에서 오는 현기증과 피로감을 느꼈다. 12 목적이 항상 수단을 정당화하지는 않는다.

13 **monitor**
[mánitər]

v. 감시하다 = **check**, keep an eye on, keep tabs on, observe, oversee, supervise

Doctors constantly **monitor** the patient's condition to prevent complications to breathing and circulation.

⇒ clue: mon (advice) 충고하다

admonish 충고하다 〈ad=to + mon=advice : 충고하다〉
admonition 훈계, 충고 〈ad=to + mon=advice : 충고하다〉
premonition (특히 불길한) 예감, 사전경고 〈pre=before + mon=advice : 미리 앞선 충고〉
summon 소환하다, (의무, 일) 요구하다 〈sum=sub=under + mon=advice : 충고하다〉

14 **neglect**
[niglékt]

v. 무시하다 = ignore, disregard
(해야 할 일을) 잊다, 소홀히 하다 = fail, forget, omit

the government should not **neglect** the rights of labor.

⇒ clue: neg (not) + lect (choose) 선택하지 않다

negligent 태만한, 부주의한 〈neg=not + lig=choose : 선택하지 않다〉
predilection 편애, 좋아함 〈pre=before + lect=choose : 먼저 골라오다〉
eclectic 폭 넓은, 절충적인 〈ec=ex=out + lect=choose : 밖에서 골라오다〉
select 고르다, 선택하다 〈se=apart + lect=choose : 따로 골라놓다〉

15 **perspective**
[pəːrspéktiv]

n. 전망, 관점 = view, vista, prospect, outlook, viewpoint, angle

Seeing things from another's **perspective** breaks down biased stereotypes, and so breeds tolerance and acceptance of differences.

⇒ clue: per (completely) + spec (look) 전부 보이는

prospective 장래의, 가망 있는 〈pro=forth + spec=look : 앞이 보이는〉
conspicuous 눈에 띄는 〈con=completely + spic=look : 잘 보이는〉
perspicuous (언어, 문체가) 명료한 〈per=through + spic=look : 전체가 다 보이는〉
speculate 사색하다, 추측하다, 투기하다 〈spec=look : 마음속으로 보다〉

16 **retain**
[ritéin]

v. 유지하다 = **keep**, **maintain**, **preserve**, reserve, hold

Some gases let a certain amount of radiation from the sun in, but also **retain** heat in the atmosphere.

⇒ clue: re (back) + tain (hold) 뒤에서 잡고 있다

abstain 삼가다 〈abs=away + tain=hold : 멀리 두다〉
abstinent 절제하는 〈abs=away + tin=hold : 멀리 두다〉
sustain 유지하다, 떠받치다, 격려하다, (손해, 충격을) 받다 〈sus=sub=under + tain=hold : 아래서 잡고 있다〉
sustained 지속적인 〈sus=sub=under + tain=hold : 아래서 잡고 있다〉

13 의사들은 호흡과 혈액 순환의 합병증을 방지하기 위해서 환자의 상태를 지속적으로 관찰한다. 14 정부는 노동자의 권리를 무시해서는 안된다. 15 타인의 관점에서 사물을 보는 것은 편협한 고정 관념을 깨뜨리며, 이를 통해 서로의 차이에 대한 관용과 수용이 생기게 된다. 16 어떤 기체는 태양으로부터 일정량의 방사를 받아들이고 대기 중에 열을 보존한다.

unit 24

17 scrutiny
[skrúːtəni]

n. 정밀 조사 = **examination**, inspection, investigation, search, study

The government's record will be subjected to **scrutiny** in the weeks before the election.

⇨ clue: scrut (examine) 조사하다

examine 조사하다
scrutinize 자세히 조사하다 〈scrut=examine : 조사하다〉
scrutable (정밀 조사에 의해서) 이해할 수 있는 〈scrut=examine + able : 조사해서 알 수 있는〉
inscrutable 불가사의한 〈in=not + scrutable : 이해할 수 있는, 해독할 수 있는〉

18 solitary
[sálitèri]
↔ gregarious

a. 외딴, 외로운 = **remote, isolated, secluded**, desolate, lone, lonely, alone

Most otters are **solitary**, but these rich warm waters can support large family groups.

⇨ clue: soli<sol (alone) 혼자인

sole 유일한, 독점적인 〈sol=alone : 혼자인〉
solitude 고독 〈soli=alone : 혼자인〉
soliloquy 독백 〈sol=alone + loqu=speak : 혼잣말〉
desolate 외로운, 황폐한 〈de=completely + sol=alone : 완전히 혼자인〉

19 subsequently
[sʌ́bsikwəntli]
↔ antecedently

ad. 그 후에 = **later, afterward**, consequently

He **subsequently** realized that the man he had defended was actually guilty.

⇨ clue: sub (under) + sequ (follow) 아래서 따라오는

succumb 굴복하다 〈suc=sub=under + cumb=lie : 아래에 눕다〉
suburban 시외의, 도시 주변의 〈sub=under + urban : 도시 아래쪽의〉
urbane 도시풍의, 세련된, 예의바른
urban 도시의

20 terrestrial
[təréstriəl]
↔ celestial

a. 지상의, 지구의 = **earthly**, global, terrene

He has written much about the diversity of **terrestrial** organisms, especially the rich life associated with tropical rain forest habitats.

⇨ clue: terr<terra (land, earth) 지면의

extraterrestrial 우주의, 우주인 〈extra=outside + terrestri=land : 지구의 지면 밖의〉
territory 영토, 지역 〈terra=land, earth : 땅〉
extraterritorial 치외 법권의 〈extra=outside + terra=land, earth : 나라 법 밖에 있는〉
subterranean 지하의 〈sub=under + terra=land, earth : 지면 아래의〉

17 선거를 하기 몇 주 전에 정부 기록에 대한 정밀 조사가 있을 것이다.　18 대부분의 수달은 독립 생활을 하지만 이처럼 따뜻하고 풍요로운 물에는 대가족의 수달이 살 수 있다.　19 그는 그 후에 자신이 변호했던 사람이 사실 유죄라는 사실을 깨달았다.　20 그는 지구상의 생명체들의 다양성, 특히 열대 우림 서식지에 관련된 풍부한 생명체들에 관해서 많은 글을 썼다.

1
advice [ədváis] 충고
advise [ædváiz] 충고하다

2
chronic [kránik] 만성의
choleric [kálərik] 성난

3
conspicuous [kənspíkjuəs] 눈에 띄는
perspicuous [pəːrspíkjuəs] (언어·문체) 명쾌한, 명료한

4
favor [féivər] 호의, 부탁
flavor [fléivər] 맛, 풍미
fervor [fə́ːrvər] 백열, 열정

5
emergence [imə́ːrdʒəns] 출현
emergency [imə́ːrdʒənsi] 비상사태
emerge [imə́ːrdʒ] 나오다
merge [məːrdʒ] 합병하다, 융합하다
margin [máːrdʒin] 가장자리, 판매수익

6
endure [endjúər] 견디다, 참다
ensure [enʃúər] 보증하다

7
exhausted [igzɔ́ːstid] 다 써 버린, 지쳐 빠진
exhaustive [igzɔ́ːstiv] 전부를 다 하는, 철저한

8
immerge [imə́ːrdʒ] 뛰어들다
immerse [imə́ːrs] 담그다

9
precious [préʃəs] 귀중한
precise [prisáis] 정확한

10
prospective [prəspéktiv] 장래의, 가망 있는
perspective [pərspéktiv] 전망, 관점

11
solitude [sálitjùːd] 고독
solicitude [səlísətjùːd] 근심, 걱정
solicitation [səlìsətéiʃən] 간원, 간청

12
terrestrial [təréstriəl] 지상의, 지구의
territorial [tèrətɔ́ːriəl] 영토의
torrential [tɔːrénʃəl] 급류의

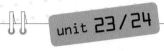
다음의 각 문장에서 괄호 안의 단어 중 알맞은 것을 고르시오.

1 (Chronic / Choleric) fatigue syndrome is a specific clinical diagnosis that includes symptoms of a sore throat, joint pain, and muscle pain.
만성피로 증후군은 특수한 임상진단으로 목이 아프거나, 관절부위의 통증, 그리고 근육통과 같은 증상들을 포함한다.

2 Bring attention upon yourself and continue to remain as (conspicuous / prospective) as possible throughout the dinner ball.
만찬 무도회 동안 사람들의 이목을 끌고, 계속해서 눈에 띄도록 해라.

3 Seeing things from another's (perspective / prospective) breaks down biased stereotypes, and so breeds tolerance and acceptance of differences.
타인의 관점에서 사물을 보는 것은 편협한 고정 관념을 깨뜨리며, 이를 통해 서로의 차이에 대한 관용과 수용이 생기게 된다.

4 Companies visit university campuses to find (perspective / prospective) employees.
기업체는 장래의 직원들을 찾기 위해 대학 캠퍼스를 방문한다.

5 The motivational speech worked the crowd into a (favor / fervor) of energy.
의욕을 불러일으키는 연설로 인해 군중들은 열정적인 기운을 갖게 되었다.

6 Those two neighboring countries agreed to help one another in times of (emergency / emergence)
인접한 그 두 국가는 유사시에 서로 돕기로 합의했다.

7 As you (emerge / merge) onto the freeway, match the flow of traffic.
고속도로에 진입할 때는 교통의 흐름을 따라야 한다.

8 The (precious / precise) cause of this serious disease is still unknown.
이 중병에 대한 정확한 원인은 아직도 알려지지 않았다.

9 His (solitude / solicitude) about his upcoming exams prevented him from having a restful sleep.
다가오는 시험에 대한 근심이 편안한 수면을 방해했다.

10 Every gesture they make exudes (solicitude / solicitation).
그들이 하는 모든 몸짓에 간청이 배어 나온다.

〈정답〉
1. Chronic 2. conspicuous 3. perspective 4. prospective 5. fervor
6. emergency 7. merge 8. precise 9. solicitude 10. solicitation

unit 25

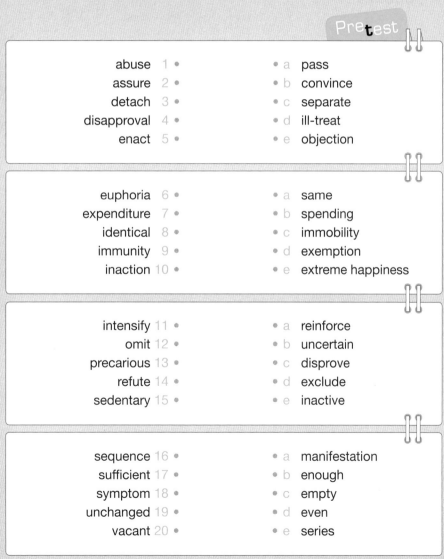

abuse	1 •		• a	pass
assure	2 •		• b	convince
detach	3 •		• c	separate
disapproval	4 •		• d	ill-treat
enact	5 •		• e	objection

euphoria	6 •		• a	same
expenditure	7 •		• b	spending
identical	8 •		• c	immobility
immunity	9 •		• d	exemption
inaction	10 •		• e	extreme happiness

intensify	11 •		• a	reinforce
omit	12 •		• b	uncertain
precarious	13 •		• c	disprove
refute	14 •		• d	exclude
sedentary	15 •		• e	inactive

sequence	16 •		• a	manifestation
sufficient	17 •		• b	enough
symptom	18 •		• c	empty
unchanged	19 •		• d	even
vacant	20 •		• e	series

1 d 2 b 3 c 4 e 5 a 6 e 7 b 8 a 9 d 10 c 11 a 12 d 13 b 14 c 15 e 16 e 17 b 18 a 19 d 20 c

unit 25

01 abuse
[əbjúːz]

↔ esteem, honor

v. 학대하다 = ill-treat, mistreat, maltreat
오용하다 = misuse, misapply

He **abused** his privileges as mayor to make himself rich.

⇨ clue: ab (away) + use 바른 사용에서 벗어나다

abusive 학대하는, 욕하는 〈ab=away + use : 바른 사용에서 벗어나다〉
misuse 오용하다 〈mis=bad + use : 잘못되게 사용하다〉
peruse 정독하다 〈per=completely + use : 책을 꼼꼼히 이용하다〉
usual 보통의, 흔한 〈us=use : 사람들이 많이 사용하다〉

02 assure
[əʃúər]

↔ discomfit

v. 확신시키다 = **convince, persuade, satisfy,** reassure

His success is well-**assured**.

⇨ clue: as<ad (to) + sure (확실한) 확실하게 하다

reassure 안심시키다 〈re=again + assure : 다시 한번 확신시키다〉
reassuring 안심시키는, 기운을 북돋는 〈re=again + sure : 다시 확신시키다〉
ensure 안전하게 하다, 보증하다 〈en=make + sure : 안전하게 하다〉
insure 보험에 들다, 보증하다 〈in=en=make + sure : 안전하게 하다〉

03 detach
[ditǽtʃ]

v. 떼어내다 = **separate,** disengage, disjoin, dissociate, disconnect, sever

The lizard has the ability to **detach** its own tail if a predator catches it.

⇨ clue: de (apart) + tach (touch) 닿은 것을 떼다

detached 떨어진, 초연한 〈de=apart + tach=touch : 닿은 것을 떼다〉
attach 붙이다, 애착심을 갖다 〈at=ad=to + tach=touch : 닿다〉
attached 부착된, 애착을 가진 〈at=ad=to + tach=touch : 닿다〉
attachment 부착, 애정 〈at=ad=to + tach=touch : 닿다〉

04 disapproval
[dìsəprúːvəl]

n. 불찬성, 비난 = objection, displeasure, censure, condemnation, reproach

Her decision had been greeted with almost universal **disapproval**.

⇨ clue: dis (not) + ap<ad (to) + prov (test) 안 된다고 평가하다

disapprove 찬성하지 않다, 승인하지 않다 〈dis=not + approve 찬성하다, 승인하다〉
discontent 불만인 〈dis=not + content 만족하는〉
dispassionate 냉정한 〈dis=not + passionate 열렬한〉
disreputable 평판이 나쁜, 창피한 〈dis=not + reputable 평판이 좋은〉

01 그는 부자가 되기 위해서 시장으로서의 자신의 특권을 남용했다.   02 그의 성공을 매우 확신한다.   03 도마뱀은 포식 동물에게 잡혔을 때 자신의 꼬리를 떼어낼 수 있다.   04 그녀의 결정은 거의 모든 사람들의 비난을 받았다.

05 enact

[enǽkt]

↔ annul, abolish, repeal

v. (법률) 제정하다 = **pass, make into law**, legislate, establish

Congress **enacted** a tax reform bill that will benefit part-time, low-paid workers.

⇒ clue: en (make) + act (법령) 법령으로 만들다

enlarge 확대하다 〈en=make + large : 크게 만들다〉
entrap (함정, 위험에) 빠뜨리다 〈en=make + trap : 덫에 걸리게 만들다〉
enduring 지속되는, 오래가는 〈en=make + dur=continue : 계속되게 하다〉
endure 지속하다, 견디다 〈en=make + dur=continue : 계속되게 하다〉

06 euphoria

[juːfɔ́ːriə]

n. 행복감 = **extreme happiness**, elation, bliss, exhilaration, jubilation, ecstasy

We felt a feeling of intense **euphoria** as we reached the summit of the mountain.

⇒ clue: eu (good) + phor (carry) 좋은 기분을 옮기다

euphemism 완곡어법 〈eu=good + phe=say : 좋게 이야기 하다〉
eulogize 칭찬하다 〈eu=good + log=speak : 좋게 이야기 하다〉
euphony 듣기 좋은 소리 〈eu=good + phon=sound : 좋은 소리〉
euthanasia 안락사 〈eu=good + thanas=death : 편안하게 죽다〉

07 expenditure

[ikspéndit∫ər]

n. 지출 = **spending, consumption**, expense, cost

Limit your **expenditure** to what is necessary.

⇒ clue: ex (out) + pend (pay) 돈을 꺼내 지불하다

expensive 비싼 〈ex=out + pend=pay : 돈을 꺼내 지불하다〉
expense 지출, 비용 〈ex=out + pend=pay : 돈을 꺼내 지불하다〉
expend 쓰다, 소모하다 〈ex=out + pend=pay : 돈을 꺼내 지불하다〉
expand 확장하다 〈ex=out + pand=spread : 밖으로 뻗다〉

08 identical

[aidéntikəl]

↔ different

a. 동일한 = **same, indistinguishable**, equal, twin, alike

Identical colors may appear to be quite different when they are viewed against different backgrounds.

⇒ clue: ident (same) 같은

identity 동일성 〈ident=same : 같은〉
identify (본인, 동일한 것임을) 확인하다 〈ident=same : 같은〉
identification 신원확인 〈ident=same : 같은 사람이라는 증명〉
identification card 신분증

---

05 의회는 임시직의 저소득 노동자들에게 이익이 될 세법 개정안을 제정했다.   06 산의 정상에 올랐을 때 우리는 강렬한 행복감을 느꼈다.   07 소비를 필수적인 것에만 국한시켜라.   08 같은 색깔은 다른 배경에 대비되어 보일 때는 꽤 다르게 보일 수도 있다.

09 **immunity**

[imjú:nəti]

n. 면제 = exemption, release, impunity

He was granted diplomatic **immunity** against crimes in his post.

⇨ clue: im (not) + mun (function) 기능(직무)을 하지 않다

impatient 안달하는, 짜증내는 〈im=in=not + pati=bear : 참지 못하다〉
immaculate 깨끗한, 오류가 없는 〈im=not + macula=spot (점) : 반점 하나 없는〉
improvident 선견지명이 없는 〈im=not + pro=forth + vid=see : 앞을 내다보지 못하다〉
imperceptible 인식할 수 없는, (변화, 차이가) 미세한 〈im=not + per=completely + cept=take + ible : 완전히 잡을 수 없는〉

10 **inaction**

[inǽkʃən]

n. 활동하지 않음 = **lack of action**, inactivity, immobility, inertia

The consequence of **inaction** are far worse than what comes from taking a risk.

⇨ clue: in (not) + action (활동) 활동하지 않음

inappropriate 부적당한 〈in=not + appropriate 적절한〉
incompatible 양립할 수 없는 〈in=not + compatible 양립할 수 있는, 호환되는〉
intractable 고집 센 〈in=not + tractable 유순한〉
invisible 눈에 보이지 않는 〈in=not + visible 보이는〉

11 **intensify**

[inténsəfài]

v. 강화하다 = **reinforce, strengthen, heighten**, increase

The players' resolve was **intensified** by their coach's rousing cheers.

⇨ clue: in (into) + tens (stretch) 힘을 뻗다

intense 강렬한 〈in=into + tens=stretch : 힘을 뻗다〉
intensive 집중적인 〈in=into + tens=stretch : 힘을 뻗다〉
ostensible 표면상의, 겉보기만의 〈ob=before + tens=stretch + ible : 앞으로 내밀 수 있는〉
ostentatious 과시하는 〈ob=before + tent=stretch : 앞에서 펼쳐 보이는〉

12 **omit**

[oumít]

v. 빼다 = **exclude, eliminate**, except, leave out, pass over, skip

Question Twelve on the test was **omitted** because it was poorly worded.

⇨ clue: o<ob (away) + mit (send) 멀리 보내다

transmit (물건 등을) 보내다, (정보, 지식을) 전하다 〈trans=across + mit=send : 건너편으로 보내다〉
admit 입장시키다, 인정하다 〈ad=to + mit=send : 안으로 들여보내다〉
permit 허락하다 〈per=completely + mit=send : 전부 들여보내다〉
commit 위임하다, 맡기다 〈com=together + mit=send : 일을 모두 보내다〉

09 그는 임지에서 위법 행위에 대한 외교관 면책 특권을 받았다.　10 아무것도 하지 않는 것보다 위험을 무릅쓰고라도 모험을 하는 편이 훨씬 낫다.　11 선수들의 열의는 코치의 고무적인 격려로 강렬해졌다.　12 시험문제 12번이 잘 진술되지 않아서 그 문제는 생략되었다.

13 precarious
[prikέəriəs]

a. 불안정한, 위험한 = **unstable**, insecure, hazardous, perilous, risky

It was quite a **precarious** solution to the conflict in the border area.

↔ stable, secure

⇨ clue: pre (before) + care 미리 염려하는

precaution 예방책, 조심 〈pre=before + cau=care : 미리 조심하다〉
carefree 걱정 없는, 태평한 〈**care + free** : 걱정이 없는〉
careless 부주의한 〈**care + less** : 조심성이 없는〉
care 걱정, 조심, 관심

14 refute
[rifjú:t]

v. 반박하다 = **disprove**, prove false, rebut

She **refuted** any allegations of malpractice.

⇨ clue: re (back) + fut (beat) 돌아서서 공격하다

resident 거주자 〈re=back + sid=sit : 깊숙이 들어와 앉다〉
relic 유물, 나머지 〈re=back + lic=leave : 뒤에 남겨진 것〉
relay 전달하다, 중계하다 〈re=back + lay=leave : 지친 말을 남겨두고 새 말로 대신하다〉
responsive 응답하는, 반응하는 〈re=back + spons=promise : 답변을 되돌려주다〉

15 sedentary
[sédəntèri]

a. 앉아 있는, 정착하는 = **inactive**, **stationary**

Her health problem may be caused by her **sedentary** occupation.

⇨ clue: sed (sit) 앉아있다

sediment 침전물, 침전하다 〈sed=sit : 가라앉다〉
sedate 침착한 〈sed=sit : 가라앉다〉
sedative 가라앉히는, 진정제 〈sed=sit : 가라앉다〉
supersede 대신하다 〈super=over + sede=ced=go : 남의 자리 위로 올라가다〉

16 sequence
[síːkwəns]

n. 연속 = **series**, **succession**, progression
순서 = **order**

There is a particular **sequence** in which you have to perform these tasks.

⇨ clue: sequ (follow) 뒤따라 옴

sequent 연속적인, 잇따라 일어나는 〈sequ=follow : 따라오다〉
sequel 계속, 후편 〈sequ=follow : 따라오다〉
ensue 뒤이어 일어나다 〈en=on + su=sequ=follow : 계속 따라오다〉
pursue 추구하다, 추적하다, 실행하다 〈pur=pro=forth + su=sequ=follow : 따라서 앞으로 나아가다〉

---

13 이것은 국경 지대의 분쟁에 대해 상당히 위험한 해결책이었다.　14 우그녀는 위법행위에 대한 어떤 주장이든 반박했다.　15 그녀의 앉아서 일하는 직업으로 인하여 건강 문제가 발생했는지도 모른다.　16 이러한 업무에 반드시 따라야 하는 특정한 순서가 있다.

17 sufficient
[səfíʃənt]

a. 충분한 = **enough**, **adequate**, ample, satisfactory

The office needs **sufficient** room to permit ease of movement.

↔ insufficient, deficient

⇨ clue: suf<sub (under) + fic (make) 아래서 계속 만드는

insufficient 불충분한 〈in=not + suf=under + fic=make : 아래서 만들지 않다〉
self-sufficient 자급자족하는 〈self + suf=under + fic=make : 스스로 만들다〉
deficiency 부족 〈de=away + fic=make : 잘 만든 것과는 거리가 멀다〉
deficient 부족한 〈de=away + fic=make : 잘 만든 것과는 거리가 멀다〉

18 symptom
[símptəm]

n. 징후 = **manifestation**, **indication**, sign, evidence

Dental problems may be a **symptom** of other illness.

⇨ clue: sym (together) + ptom (fall) 같은 상태가 나타나다

sympathy 동정, 공감 〈sym= together + path=feel : 같이 느끼다〉
symbiosis 공생 〈sym=together + bio=life : 같이 살다〉
symmetry 균형, 대칭 〈sym=together + metr=measure : 같은 크기이다〉
asymmetry 불균형, 비대칭 〈a=not + sym=together + metr=measure : 크기가 같지 않다〉

19 unchanged
[ʌntʃéindʒd]

a. 불변의 = **even**, constant, steady, uniform

The umpire's decision was **unchanged**, despite loud protests from the spectators.

⇨ clue: un (not) + change 변하지 않는

unruly 감당할 수 없는, 난폭한 〈un=not + rule : 통제할 수 없다〉
untenable 지킬 수 없는, 유지할 수 없는 〈un=not + ten=tain=hold : 잡고 있을 수 없다〉
uncharted 미지의, 지도에 없는 〈un=not + chart (지도) : 지도에 없다〉
unpin 핀을 빼다 〈un=not + pin : 핀을 빼다〉

20 vacant
[véikənt]

a. 비어있는 = **empty**, void, unoccupied, unfilled

His **vacant** stare suggested that he was completely uninterested in any of the suggestions I made.

↔ occupied

⇨ clue: vac (empty) 비어있는

vacancy 공허, 빈자리 〈vac=empty : 비어있는〉
vain 공허한, 헛된, 허영심이 강한 〈va=empty : 비어있는〉
vainglory 허영심 〈vain 헛된 + glory 영광〉
evacuate 비우다, 대피시키다 〈e=ex=out + vac=empty : 밖으로 다 내보내다〉

17 사무실에는 움직임을 편안하게 할 충분한 공간이 필요하다.　18 치과적인 문제들은 다른 질병의 징후일지도 모른다.　19 관중들의 시끄러운 항의에도 불구하고 심판의 결정은 변함이 없었다.　20 그의 공허한 시선은 내가 하는 그 어떤 제안에도 전혀 관심이 없다는 것을 암시했다.

Choose the closest word or expression of the highlighted word in each question.

1   The most serious controversy over euthanasia is whether people might **abuse** their rights to decide whether others live or die.

ⓐ apply   ⓑ petition   ⓒ settle   ⓓ misuse

2   It's possible that she will decide to **allocate** her money among investment schemes that assure higher safety.

ⓐ apportion   ⓑ combine   ⓒ organize   ⓓ take off

3   Being a cynic, he was innately **distrustful** of any inclination to philanthropy in others.

ⓐ averse   ⓑ reluctant   ⓒ suspicious   ⓓ aloof

4   Penury and impoverishment were **established** facts of existence in troubled areas.

ⓐ eradicated   ⓑ emerging   ⓒ originated   ⓓ organized

5   Penicillin is not used widely because it is known to **induce** allergic reactions in many more patients than other drugs.

ⓐ bring about   ⓑ stop   ⓒ interact with   ⓓ increase

6   An artery close to the skin's surface is usually the best location to have the pulse **monitored**.

ⓐ located   ⓑ infected   ⓒ revived   ⓓ checked

7   How can people remain motivated and maintain a balanced **perspective**? "Learn to take each day as it comes, slow down and avoid trying to measure up to others."

ⓐ outlay   ⓑ outlook   ⓒ permission   ⓓ permutation

8   There was no way of knowing exactly how **precarious** the conditions were.

ⓐ hazardous   ⓑ ludicrous   ⓒ facetious   ⓓ marvelous

9   More detailed **scrutiny** proved the theory to be false.

ⓐ hypothesis   ⓑ testimony   ⓒ examination   ⓓ audition

10   Reading an e-book is certainly not **sufficient** for those who love the smell of books or strolling through secondhand bookstores.

ⓐ ample   ⓑ belligerent   ⓒ eloquent   ⓓ innocuous

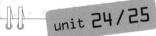

1. D

안락사에 관한 가장 심각한 논쟁은 타인의 삶과 죽음을 결정하는 권리를 혹시라도 사람들이 남용할지도 모른다는 것이다.

2. A

그녀가 좀 더 높은 안정성을 보장하는 투자계획들에 자금을 책정하기로 결심할 가능성이 있다.

3. C

냉소적인 그는 태어날 때부터 타인에 대한 박애주의적인 그 어떤 성향도 믿지 않는다.

4. D

빈곤과 궁핍은 문제가 많은 지역에 존재하는 기정사실이다.

5. A

페니실린은 다른 약들보다 더 많은 환자들에게 알레르기 반응을 야기한다고 알려졌기 때문에 널리 사용되지 않는다.

6. D

피부 표면에 가까운 동맥은 보통 맥박을 재는데 가장 좋은 자리이다.

7. B

어떻게 변함없이 의욕적이고 균형 잡힌 관점을 유지할 수 있나요?
"하루하루를 있는 그대로 받아들이고, 속도를 늦추고, 다른 사람에게 견주려고 애쓰는 것을 피하도록 익혀라."

8. A

상태가 얼마나 위태로운지 정확히 알 방법이 없다.

9. C

좀 더 상세한 정밀한 조사로 그 이론이 거짓임이 밝혀졌다.

10. A

전자책을 읽는 것은 책 냄새를 맡는 것을 좋아하거나 중고서점을 거니는 것을 좋아하는 사람들에게 분명히 만족스러운 것은 아니다.

unit 26

abridge	1 •	• a	discussion
anonymous	2 •	• b	shorten
clamor	3 •	• c	noise
debate	4 •	• d	release
discharge	5 •	• e	unknown

encourage	6 •	• a	ultimately
erode	7 •	• b	wear out
eventually	8 •	• c	hearten
inconceivable	9 •	• d	unimaginable
intervention	10 •	• e	interference

maladjusted	11 •	• a	preacher
missionary	12 •	• b	abdication
partial	13 •	• c	fragmentary
predominate	14 •	• d	outweigh
resignation	15 •	• e	alienated

suppose	16 •	• a	assume
supremacy	17 •	• b	firm
surmount	18 •	• c	overcome
unshakable	19 •	• d	fluctuation
variation	20 •	• e	dominance

1 b 2 e 3 c 4 a 5 d 6 c 7 b 8 a 9 d 10 e 11 e 12 a 13 c 14 d 15 b 16 a 17 e 18 c 19 b 20 d

unit 26

01 **abridge**
[əbrídʒ]

v. 요약하다 = **shorten**, abbreviate, compress, condense, curtail

This article is an **abridged** version of his speech, given at the seminar yesterday.

⇨ **clue: a<ab (off) + bridge<brev (short) 잘라내 짧게 하다**
unabridged 생략하지 않은, 완전한 〈un=not + a=off + bridge=short : 짧게 하지 않다〉
brevity 짧음, 간결 〈brev=short : 짧은〉
brief 짧은, 간결한 〈brief=brev=short : 짧은〉
abbreviate 줄여 쓰다 〈ab=off + brev=short : 짧게 하다〉

02 **anonymous**
[ənánəməs]

a. 익명의 = **unknown**, **unnamed**, nameless, innominate

For reasons of personal safety, the informant wishes to remain **anonymous**.

⇨ **clue: an (not) + onym (name) 이름이 없는**
nominate 지명하다, 임명하다 〈nom=name : 이름을 올리다〉
anonymity 익명 〈an=not + onym=name : 이름이 없다〉
antonym 반의어 〈ant=anti=against + onym=name : 반대 이름〉
synonym 동의어 〈syn=same + onym=name : 같은 이름〉

03 **clamor**
[klǽmər]

n. 소란 = noise, uproar, din, exclamation, shout, vociferation

The stadium was filled with the rising **clamor** of shouting voices.

↔ serenity

⇨ **clue: clam<claim (call out) 소리치다**
clamorous 시끄러운 〈clam=call out : 소리치다〉
exclaim 외치다 〈ex=out + claim=call out : 밖으로 소리치다〉
proclaim 선언하다 〈pro=forth + claim=call out : 앞에서 소리치다〉
reclaim 교정하다, 개선하다 〈re=back + claim=call out : 오류를 다시 불러들이다〉

04 **debate**
[dibéit]

n. 토론, 논쟁 = **discussion**, **argument**, **controversy**, **dispute**, altercation, contention

The public **debate** on the economy consisted of a wide range of discussion topics.

⇨ **clue: de (completely) + bat (beat) 마구 치다**
debatable 논쟁의 여지가 있는 〈de=completely + bat=beat : 마구 치다〉
combat 싸우다, 전투 〈com=together + bat=beat : 서로 치다〉
abate 줄이다, 약해지다 〈a=away + bat=beat : 쳐서 멀리 보내다〉
rebate 환불, 할인 〈re=back + bat=beat : 쳐서 되돌려 보내다〉

---

01 이 기사는 그가 어제 세미나에서 했던 연설의 요약본이다. 　 02 정보 제공자는 신변의 안전을 위해 익명으로 남기를 바란다. 　 03 경기장은 점점 커지는 환호의 아우성 소리로 가득했다. 　 04 경제 문제에 대한 공개 토론회는 매우 광범위한 토론 주제들로 구성되었다.

05 discharge
[distʃáːrdʒ]

v. (의무, 속박을) 면제하다 = **release**, absolve, free, set free, liberate
배출하다 = **release**, emit, give off, pour forth, excrete, exude

More than half of all prisoners **discharged** are convicted again within three years.

⇨ clue: dis (not) + charge 부담을 주지 않다

charge 부담시키다, 고발하다, (일을) 맡기다, 요금, 책임, 비난, 기소, 충전
disentangle (엉킨 것을) 풀다 〈dis=not + entangle 얽히게 하다〉
disappear 사라지다 〈dis=not + appear 나타나다〉
disable 무력하게 하다, 장애를 입히다 〈dis=opposite + able (할 수 있는) : 할 수 없게 하다〉

06 encourage
[enkə́ːridʒ]
↔ discourage

v. 격려하다 = **hearten**, **cheer, stimulate, prompt, spur**, inspire, embolden

The government has adopted policies designed to **encourage** private investment.

⇨ clue: en (make) + cour (heart) 마음을 잡도록 하다

enforce (법률 등) 시행하다, 강요하다 〈en=make + force 효력 : 법적 효력이 생기게 하다〉
ennoble 품위 있게 하다 〈en=make + noble 고상한 : 고상하게 만들다〉
enroll 등록하다, 병적에 넣다 〈en=make + roll 명단 : 명단에 이름을 올리다〉
enact (법률) 제정하다 〈en=make + act (법령) :법령으로 만들다〉

07 erode
[iróud]

v. 침식(부식)시키다, 약화시키다 = **wear out**, **wear away**, **wear down**, abrade

The cliffs on this coast have been **eroded** by the sea.

⇨ clue: e=ex (out)+ rod (gnaw) 갉아먹어 버리다

elicit (정보, 반응을) 이끌어내다 〈e=ex=out + lacere=entice: 밖으로 유도하다〉
erudite 박식한, 학식 있는 〈e=ex=out + rude : 교양없음, 무례함을 벗다〉
exhaust 다 써버리다, 지치게 하다, 철저하게 검토하다 〈ex=out + haur=drain : 전부 빼내다〉
evacuate 비우다, 대피시키다 〈e=ex=out + vac=empty : 밖으로 다 내보내고 비우다〉

08 eventually
[ivéntʃuəli]

ad. 결국 = **ultimately**, **finally**, **in the end**, after all, in the long run

An agreement on arms reduction will be reached **eventually**.

⇨ clue: e<ex (out) + vent (come) 밖으로 나타난 것을 보니

event 사건, 행사 〈e=ex=out + vent=come : 밖으로 나타나다〉
invent 발명하다, (거짓말, 핑계를) 날조하다 〈in=in + vent=come : 새로운 생각이 들어오다〉
advent 출연, 도래 〈ad=to + vent=come : ~로 다가오다〉
adventitious 우연의 〈ad=to + vent=come : ~로 다가오다〉

05 석방된 재소자들 중의 절반 이상이 3년 이내에 다시 유죄를 선고받는다.   06 정부는 민간 투자를 장려하기 위해 마련한 정책을 채택했다.   07 이 해변의 절벽들은 해수로 침식이 되었다.   08 결국 무기 감축에 대한 협정이 이루어졌다.

unit 26

09 inconceivable
[ìnkənsíːvəbəl]

a. 상상할 수 없는 = **unimaginable**, unthinkable

It is **inconceivable** for her to stay anywhere but with the family.

⇨ clue: in (not) + con (together) + ceiv (take) + able 전부 마음에 담을 수 없는

conceivable 상상할 수 있는 〈con=together + ceiv=take + able : 전부 마음에 담을 수 있는〉
conceive 상상하다, 임신하다 〈con=together + ceiv=take : 전부 마음(몸)에 담다〉
concept 개념 〈con=together + cept=take : 마음에 담다〉
misconception 잘못된 생각, 오해 〈mis=bad + con=together + cept=take : 잘못 담은 것〉

10 intervention
[ìntərvénʃən]

n. 간섭, 조정 = interference, interposition, mediation, intercession

Repeated **interventions** in the foreign exchange markets have failed to prevent the value of the currency falling.

⇨ clue: inter (between) + ven (come) 중간에 들어오다

intervene 중재하다, 끼어들다 〈inter=between + ven=come : 중간에 들어오다〉
contravene 위반하다, 모순되다 〈contra=against + ven=come : 반대로 나오다〉
convene 모이다, 소집하다 〈con=together + ven=come : 모두 오다〉
adventure 모험 〈ad=to + ven=come : 나에게 다가 온 일〉

11 maladjusted
[mæ̀lədʒʌ́stid]

a. 부적응의 = alienated, estranged, disturbed

Maladjusted children are often the target of abuse from their friends.

⇨ clue: mal (bad) + ad (to) + jus (right) 잘 맞추지 못하다

malcontent 불만스러운 〈mal=bad + content 만족하는〉
malapropos 부적절한 〈mal=bad + apropos 적절한〉
malnutrition 영양실조 〈mal=bad + nutrition 영양〉
maltreat 학대하다 〈mal=bad + treat 다루다〉

12 missionary
[míʃənèri]

n. 전도사 = **preacher**, evangelist, apostle

Gene was a **missionary** in Kenya for 10 years to share the word of God.

⇨ clue: mis (send) 하느님 말씀을 전하다

omission 생략 〈o=ob=away + mis=send : 멀리 보내다〉
commission 위임하다 〈com=together + mis=send : 임무를 모두 보내다〉
promising 유망한, 촉망되는 〈pro=forth + mis=send : 앞으로 보내다〉
unpromising 가망이 없는 〈un=not + promising 유망한〉

09 그녀가 가족들 없이 다른 곳에 있을 것이라고는 상상할 수 없다.   10 통화 시장에 대한 거듭된 조정으로도 통화 가치의 하락을 막지 못했다.   11 환경에 부적응하는 아이들은 종종 친구들로부터 학대의 대상이 된다.   12 진은 하느님의 말씀을 나누기 위해 케냐에서 10년동안 전도사로 있었다.

13 partial
[páːrʃəl]

↔ whole

a. 부분적인 = fragmentary, incomplete, imperfect
편파적인 = prejudiced, biased, discriminatory, unfair

I am making only a **partial** payment at the present time and will pay off the balance in installments.

⇒ clue: part 한쪽만 취하다
impartial 공평한 〈im=into + part : 각자의 몫을 잡다〉
participate 참여하다 〈part + cip=take : 한쪽을 잡다〉
participant 참가자 〈part + cip=take : 한쪽을 잡다〉
partake 참여하다 〈part + take : 한쪽을 잡다〉

14 predominate
[pridámənèit]

v. 우세하다, 지배하다 = **outweigh**, prevail, get the upper hand, overrule, reign

Hoping to **predominate** the market before its rivals, the company has launched a massive promotional campaign.

⇒ clue: pre (before) + domin (rule) 앞에서 지배하다
predominately 지배적으로, 주로 〈pre=before + domin=rule : 앞에서 지배하다〉
predominant 우세한, 탁월한 〈pre=before + domin=rule : 앞에서 지배하다〉
domineering 횡포한 〈domin=rule : 지배하다〉
domain 영역 〈dominus=rule, lord : 지배자의 것〉

15 resignation
[rèzignéiʃən]

↔ inauguration

n. 사직 = abdication, leaving, departure

His sudden **resignation** was announced at the general staff meeting.

⇒ clue: re (back) + sign 표시판을 뒤로 당기다
resign 사직하다 〈re=back + sign : 표시판을 뒤로 당기다〉
assign 할당하다, 임명하다, ~탓으로 하다 〈as=ad=to + sign : ~에게 주도록 표시하다〉
signify 의미하다, 중요하다 〈sign : 표시, 기호〉
signature 서명, 특징적인 〈sign : 표시가 되는 것〉

16 suppose
[səpóuz]

v. 추측하다, 가정하다 = **assume**, **presume**, conjecture, surmise, infer

We **suppose** that he is innocent and will be released soon.

⇒ clue: sup<sub (under) + pos (put) 어떤 상황 아래 내려놓다
presuppose 예상하다 〈pre=before + sup=sub=under + pos=put : 어떤 상황아래 미리 생각을 갖다놓다〉
pose (질문 등을) 제기하다, (위협, 문제 등를) 일으키다, ~인 체하다 〈pos=put 두다〉
compose 구성하다, 작곡하다, (마음, 정서를) 가라앉히다 〈com=together + pos=put : 함께 놓다〉
decompose 분해하다, 부패하다 〈de=opposite + com=together + pos=put : 함께 놓지 않다〉

13 지금은 일부만 지불하고 나머지는 분할로 갚겠습니다.   14 경쟁사들보다 앞서 시장의 주도권을 잡기 위해, 그 회사는 대대적인 홍보전을 시작했다.   15 전체 직원 회의에서 그의 갑작스러운 사직이 발표되었다.   16 우리는 그가 결백하며 곧 풀려날 것이라고 생각한다.

unit 26

17 supremacy
[səprémasi]

n. 우월 = domination, dominance, predominance, primacy, preeminence

Michael Jordan's **supremacy** during his NBA career is still unrivaled.

⇒ clue: super (over) 위에 있는

superb 훌륭한, 당당한 〈super=over : 위에 있는〉
supreme (계급, 위치, 정도 면에서) 최고의 〈super=over : 위에 있는〉
superable 이길 수 있는 〈super=over + able : 위로 넘어갈 수 있는〉
insuperable 무적의, 극복할 수 없는 〈in=not + super=over +able : 위로 넘어갈 수 없는〉

18 surmount
[sərmáunt]

↔ surrender

v. (산을) 오르다, (곤란을) 극복하다 = **overcome**, **conquer**, prevail over, vanquish

You must **surmount** these difficulties if you hope for a better job in this field.

⇒ clue: sur (over) + mount 산을 올라가다

insurmountable 극복할 수 없는 〈in=not + sur=over + mount + able : 올라갈 수 없는〉
paramount 최고의 〈para=beside + mount : 옆의 것을 뛰어넘는〉
tantamount 동등한, 같은 〈tant=as much + amount : 같은 양에 달하다〉
amount 합계가 ~에 이르다 〈a=to + mount : ~에 달하다〉

19 unshakable
[ʌnʃéikəbəl]

a. 흔들리지 않는 = **firm**, fixed, unwavering, steadfast, rigid

Her resolve to find out the truth was **unshakable**.

⇒ clue: un (not) + shakable (흔들 수 있는) 흔들 수 없는

unsettle 동요시키다 〈un=not + settle 안정시키다〉
unnerve 용기를 잃게 하다, 불안하게 하다 〈un=not + nerve 용기를 북돋다〉
unyielding 단호한 〈un=not + yielding 유연한〉
yield 양보하다, 굴복하다, 생기게 하다

20 variation
[vɛ̀əriéiʃən]

n. 변화 = **variance**, **fluctuation**, change, alteration, variety

There has been much **variation** among the results of the tests.

⇒ clue: var (change) 변하다

vary 변화하다, (크기, 모양 등이) 서로 다르다 〈var=change〉
varied 다양한 〈var=change〉
variegated (꽃, 잎 등이) 얼룩덜룩한 〈var=change〉
at variance 불화하여, 일치하지 않는

17 NBA 시절 마이클 조던의 뛰어남은 여전히 독보적이다. 18 네가 이 분야에서 더 좋은 직장을 갖기 위해서는 이러한 난관들을 극복해야 한다. 19 진실을 밝히려는 그녀의 결심은 변함없었다. 20 실험 결과에 변화가 매우 컸다.

1 **adventurous** [ædvéntʃərəs] 모험적인
adventitious [æ̀dvəntíʃəs] 우연의, 외래의

2 **censor** [sénsər] 검열하다
censure [sénsər] 비난하다

3 **deduct** [didʌ́kt] 공제하다, 빼다
deduce [didjúːs] 추론하다

4 **definite** [défənit] 명확한
definitive [difínətiv] 최종적인
deficient [difíʃənt] 부족한, 불완전한

5 **difference** [dífərəns] 다름, 불화
deference [défərəns] 복종, 존경

6 **enforce** [enfɔ́ːrs] 실시하다
endorse [endɔ́ːrs] 배서하다, 승인하다

7 **exclude** [iksklúːd] 제외하다
extrude [ikstrúːd] 밀어내다

8 **expend** [ikspénd] 쓰다, 소모하다
expand [ikspǽnd] (크기, 용적, 정도를) 넓히다

9 **extensive** [iksténsiv] 광대한
intensive [inténsiv] 강한, 집중적인

10 **flout** [flaut] 비웃다
flaunt [flɔːnt] 자랑하다

11 **precautious** [prikɔ́ːʃəs] 조심하는
precarious [prikɛ́əriəs] 불확실한, 불안정한

12 **wave** [weiv] 파도
waive [weiv] 포기하다, 보류하다

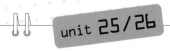

다음의 각 문장에서 괄호 안의 단어 중 알맞은 것을 고르시오.

1　Lions are amoral: they can't be (censored / censured) for killing other animals.
사자에게는 도덕적 관념이 없다; 다른 동물을 죽인 것에 대해서 비난할 수 없다.

2　The government made an (definite / deficient) statement on the issue of taxes.
정부는 세금 문제에 대한 분명한 성명서를 발표했다.

3　They decided to marry in church in (difference / deference) to their parents' wishes.
그들은 부모님의 바람을 존중하여 교회에서 결혼하기로 결정했다.

4　Our vice president for marketing is expected to (enforce / endorse) a new strategy for increasing our sales.
마케팅 부서 부서장님께서 판매를 증진시킬 새로운 전략을 승인해 주실 것을 기대하고 있다

5　Due to the accident last year, the country has decided to (endorse / enforce) stricter safety laws across the country.
작년의 사고 때문에, 나라에서는 전국적으로 더 엄격한 안전법규를 시행하기로 결정했다.

6　Electronic goods, one of the hottest issues, was (excluded / extruded) from the negotiation.
가장 뜨거운 문제 중의 하나인 전자제품은 협상에서 배제되었다.

7　The sunset over the (extensive / intensive) horizon left the spectators gasping for breath.
드넓은 수평선 너머의 일몰은 보는 사람들을 숨 막히게 했다.

8　The situation in Iraq is quite (precautious / precarious) at the moment.
현재 이라크의 상황은 상당히 불안정하다.

9　Cool weather from Canada mitigated the heat (waive/ wave) in New York.
캐나다의 서늘한 날씨가 뉴욕의 열의 파동을 누그러뜨렸다.

10　They decided to (waive / wave) the fee for an initial consultation.
그들은 첫 상담 비용을 받지 않기로 결정했다.

〈정답〉
1. censured　2. definite　3. deference　4. endorse　5. enforce
6. excluded　7. extensive　8. precarious　9. wave　10. waive

unit 27

ambiguous	1 •		• a	unclear
ascertain	2 •		• b	exist at the same time
attempt	3 •		• c	try
capricious	4 •		• d	changeable
coincide	5 •		• e	find out

detect	6 •		• a	divert
disdain	7 •		• b	scorn
distract	8 •		• c	apply
endure	9 •		• d	suffer
exert	10 •		• e	discover

gradually	11 •		• a	eliminate
infrequent	12 •		• b	slowly
ingenious	13 •		• c	creative
overwhelm	14 •		• d	overpower
remove	15 •		• e	rare

revival	16 •		• a	restoration
secluded	17 •		• b	infinite
unlimited	18 •		• c	noisy
visionary	19 •		• d	imaginary
vociferous	20 •		• e	remote

1 a 2 e 3 c 4 d 5 b 6 e 7 b 8 a 9 d 10 c 11 b 12 e 13 c 14 d 15 a 16 a 17 e 18 b 19 d 20 c

unit 27

01 **ambiguous**
[æmbígjuəs]

↔ unambiguous

a. 애매모호한 = unclear, obscure, equivocal, vague, indefinite, uncertain

Her **ambiguous** speech made it difficult to ascertain the main point she was trying to make.

⇨ clue: ambi (both) + ag (drive) 입장이 양쪽으로 왔다 갔다 하다

unambiguous 명백한 〈un=not + ambi=both + ag=drive : 왔다 갔다 하지 않다〉
ambience (어떤 장소의) 분위기 〈ambi=both : 양쪽(주위)의 상황〉
ambidextrous 양손잡이의 〈ambi=both + dextr=right-hand : 양손을 쓰다〉
dexterity 솜씨 좋음, 재주 〈dextr=right-hand : 오른손처럼 능숙하게 쓰다〉

02 **ascertain**
[æsərtéin]

v. 알아내다, 확인하다 = **find out**, **establish**, confirm, identify, verify, make certain

The police **ascertained** that arson played a role in the fire.

⇨ clue: as<ad (to) + certain=sure 확실해지다

certain 확실한, 일정한
certainly 꼭, 확실히
certitude 확신, 확실성 〈certus=sure + tude=state : 확실한 상태〉
uncertain 불확실한 〈un=not + certain 확실한〉

03 **attempt**
[ətémpt]

v. 시도하다 = **try**, **seek**, **endeavor**, essay, undertake

A fast and professional rescue was **attempted** by Korea Mountain Guide, and it was successful in saving the climber who had fallen from a sheer wall of rock and ice.

⇨ clue: at<ad (to) + tempt (try) 시도하다

tempt 유혹하다 〈tempt=try : 마음을 얻으려고 애쓰다〉
tentative 시험적인, 잠정적인 〈tanta=try : 시도하고 있는〉
tentativeness 시험적임, 망설임 〈tanta=try : 시도하고 있는〉
tentatively 망설이며 〈tanta=try : 시도하고 있는〉

04 **capricious**
[kəprí∫əs]

a. 변덕스러운 = **changeable**, mercurial, erratic, unpredictable

The weather has been **capricious** recently.

⇨ clue: cap (head) + ricco (hedgehog) 고슴도치 털처럼 바짝 서서 발작적으로 마구 흔들리는

capitulate 항복하다 〈capitulum= small head 작은 머리가 되다〉
recapitulate 요약하다 〈re=again + cap=head : 머리 부분을 다시 모으다〉
decapitate 목을 베다, 해고하다 〈de=off + cap=head : 머리를 베다〉
precipitate 재촉하다, 촉진하다 〈pre=before + cip=head : 머리가 먼저가다, 저돌적으로 돌진하다〉

01 애매모호한 표현으로 인해 그녀가 주장하려고 했던 요점을 알아내기 어려웠다.　02 경찰은 화재의 원인이 방화인 것을 알아냈다.　03 KMG(코리아마운틴가이드)에 의한 신속하고 전문적인 구조가 이루어졌으며, 깍아지는 듯한 빙벽에서 추락한 등반가를 구조하는데 성공적이었다.　04 최근의 날씨는 변덕스러웠다.

05 **coincide**
[kòuinsáid]

v. 동시에 일어나다 = **exist at the same time**, occur simultaneously, synchronize, be concurrent

High stress levels and the Christmas shopping season often **coincide**.

⇒ clue: co (together) + in + cid (fall) 동시에 떨어지다

coincidence 동시발생, 우연의 일치 〈co=together + in + cid=fall : 동시에 떨어지다〉
decadence 쇠퇴 〈de=down + cad=fall : 아래로 떨어지다〉
occasion 사건, 행사 〈oc=ob=to + cas=fall : 떨어지다〉
incident 사건, 분쟁 〈in=on + cid=fall : ~에 떨어지다〉

06 **detect**
[ditékt]

v. 발견하다, 알아채다 = **discover**, **find**, **recognize**, **sense**, espy, track down, notice, perceive

Many economists have **detected** signs that the economy is starting to deteriorate.

⇒ clue: de (off) + tect (cover) 덮개를 벗기다

detective 탐정 〈de=off + tect=cover : 덮개를 벗기다〉
protect 보호하다 〈pro=forth + tect=cover : 앞에서 덮어주다〉
protective 보호하는 〈pro=forth + tect=cover : 앞에서 덮어주다〉
protege 제자, 후배 〈pro=forth + tect=cover : 도움, 보호를 받는 사람〉

07 **disdain**
[disdéin]

v. 경멸하다 = scorn, contemn, despise, spurn, look down on

Some classical musicians **disdain** the new, rock-influenced music.

↔ respect, look up to

⇒ clue: dis (not) + dain<dign (worth) 가치 없는 듯 대하다

disdainful 경멸하는, 무시하는 〈dis=not + dain=worth : 가치 없는 듯 대하다〉
dignified 고귀한 〈dign=worth : 가치가 있다〉
dignity 위엄, 품위 〈dign=worth : 가치가 있다〉
indignity 모욕 〈in=not + dign=worth : 가치가 없다〉

08 **distract**
[distrǽkt]

v. (마음, 주의를) 흩트리다, 딴데로 돌리다 = divert, sidetrack, turn aside

Don't **distract** people by talking on your cell phone during the movie.

⇒ clue: dis (apart) + tract (draw) 당겨서 따로따로 놓다

distraction 주의 산만, 기분 전환 〈dis=apart + tract=draw : 당겨서 따로 놓다〉
subtraction 삭감, 공제 〈sub=under + tract=draw : 밑으로 당겨내다〉
contraction 수축, 축소 〈con=together + tract=draw : 함께 당기다〉
contract 수축시키다, 계약하다 〈con=together + tract=draw : 함께 당기다〉

05 높은 스트레스 지수와 성탄절 쇼핑 기간은 대개 동시에 일어난다.   06 많은 경제 전문가들은 경제가 악화되기 시작했다는 징후를 감지했다.   07 일부 클래식 음악가들은 현대적이고 로큰롤의 영향을 받은 음악을 경멸한다.   08 영화를 보는 동안 휴대전화로 통화를 하면서 어수선하게 하지 마라.

unit 27

09 **endure**
[endjúər]

v. 견디다 = **suffer**, **survive**, **tolerate**, bear, undergo, sustain, withstand

We seek the truth, and will **endure** the consequences.

⇒ clue: en (make) + dur (continue) 계속 있게 만들다

energize 에너지를 주다 〈en=make + erg=work : 움직이게 만들다〉
enmesh 그물로 잡다, (곤란) 빠뜨리다 〈en=make + mesh 그물 : 그물에 걸리게 만들다〉
enable 가능하게 하다 〈en=make + able : 가능하게 만들다〉
engulf (불, 파도, 깊은 곳이) 삼켜버리다, (감정이) 사로잡다 〈en=make + gulf 소용돌이: 소용돌이 속으로 빨아들이다〉

10 **exert**
[igzə́ːrt]

v. (힘, 능력을) 발휘하다 = **apply**, **exercise**, **employ**, **use**, wield, bring to bear, put forth

If you never **exert** yourself, you'll never realize your full potential.

⇒ clue: ex (out) + ert (join) 힘을 모아 밖으로 쏟아내다

exertion 노력 〈ex=out + ert=join : 힘을 모아 밖으로 쏟아내다〉
insert 끼워 넣다 〈in=in + sert=join : 모아서 안에 넣다〉
assert 주장하다, 단언하다 〈as=ad=to + sert=join : 생각을 모아서 내놓다〉
dissertation 논문 〈dis=apart + sert=join : 조각조각을 한 주제로 연결해서 놓은 글〉

11 **gradually**
[grǽdʒuəli]

ad. 점차적으로 = **slowly**, **little by little**, progressively, steadily, moderately, bit by bit

Gradually studying a language is the most effective way to become fluent.

⇒ clue: grad (go) 천천히 나아가다

retrogress 되돌아가다 〈retro=backward + gress=go : 뒤로 가다〉
transgress (한계) 넘다, (법) 어기다 〈trans=across + gress=go : 건너가다〉
digress 빗나가다 〈di=away + gress=go : 벗어나서 가다〉
egress 밖으로 나감, 출구 〈e=ex=out + gress=go : 밖으로 나가다〉

12 **infrequent**
[infríːkwənt]

a. 드문 = **rare**, sporadic, uncommon, occasional, few and far between, once in a blue moon

Seeing a yellow car in Korea is an **infrequent** occurrence.

⇒ clue: in (not) + frequent (repeated) 자주 일어나지 않는

frequent 자주, 자주 가다 〈frequentem=frequent=repeated〉
ineffective 효과 없는 〈in=not + effective 효과적인〉
inaccurate 부정확한 〈in=not + accurate 정확한〉
indisputable 논의할 여지가 없는, 명백한 〈in=not + disputable 논의할 여지가 있는〉

---

09 우리는 진실을 추구하며 이에 따른 결과를 견뎌낼 것이다.　10 노력하지 않는다면 절대로 너의 잠재 능력을 완전히 알 수 없을 것이다.　11 언어를 꾸준히 공부하는 것이 언어를 유창하게 할 수 있는 가장 효과적인 방법이다.　12 한국에서 노란차를 보는 것은 드문 경우이다.

13 ingenious
[indʒíːnjəs]

↔ unoriginal

a. 독창적인 = **creative**, **inventive**, **clever**, **innovative**, original

He conceived an **ingenious** solution to all of our problems.

⇨ clue: in (in) + gen (birth) 자기 안에서 만들어 낸
ingenuity 독창성, 교묘한 장치 〈in=in + gen=birth : 자기 안에서 만들어내다〉
genuine 순수한, 진짜의 〈gen=birth : 갓 태어난〉
malign 유해한, 비방하다 〈mal=bad + gn=gen=birth : 나쁜 것을 만들다〉
benign 자비로운, 온화한 〈ben=good + gn=gen=birth : 좋은 것을 만들다〉

14 overwhelm
[òuvərhwélm]

v. 압도하다 = **overpower**, overcome, render speechless, take one's breath away

Joy **overwhelmed** him when he realized that he had passed the test with flying colors.

⇨ clue: over (above) + whelm (press) 위에서 누르다
overwhelmingly 압도적으로 〈over=above + whelm : 위에서 누르다〉
overly 지나치게 〈over=above + ly : 넘치다〉
overall 전부의 〈over=above + all : 위에서부터 모두〉
overturn 전복시키다 〈over=above + turn : 위로 뒤집다〉

15 remove
[rimúːv]

v. 제거하다 = **eliminate**, erase, expunge, do away with, get rid of, wipe out

It is customary to **remove** your shoes before entering a house in Korea.

⇨ clue: re (back) + move 뒤로 옮겨 놓다
motivate 동기를 부여하다 〈mot=move : 마음을 움직이다〉
momentum 운동량, 힘 〈mo=move : 움직이다〉
momentary 순간적인, 잠깐의 〈moment=move : 작은 입자들이 움직이는 순간〉
momentous 중대한 〈moment=move : 작은 입자들이 움직이는 순간〉

16 revival
[riváivəl]

n. 회복, 부활 = **restoration**, **recovery**, **renewal**, rebirth, resurrection

There has been some **revival** of interest in old music recently.

⇨ clue: re (again)+ viv (life) 다시 생명을 얻다
revive 회복하다, 소생하다(시키다) 〈re=again + viv=life : 다시 생명을 얻다〉
survive 생존하다 〈sur=over + viv=life : 극복하고 살아남다〉
survival 생존 〈sur=over + viv=life : 극복하고 살아남다〉
bon vivant 호사스럽게 사는 사람, 미식가 〈bon=bene=good + viv=life : 좋은 인생을 사는 사람〉

13 그는 우리의 모든 문제에 대해 독창적인 해결책을 생각해 냈다.　14 자신이 시험에 당당히 합격한 것을 알았을 때 그는 기쁨이 넘쳤다.　15 한국에서는 관습적으로 집에 들어가기 전에 신발을 벗는다.　16 최근에 예전 음악에 대한 관심이 다시 살아나고 있다.

17 secluded
[siklú:did]

a. 외딴 = **remote**, **solitary**, isolated, sequestered, lonely, unfrequented

The hermit stayed in a **secluded** house in the forest during a period of self-discipline.

⇨ clue: se (apart)+ clud (close) 떼어놓고 문을 닫다

seclude 고립시키다, (다른 사람들로부터) 은둔하다 〈se=apart + clud=close : 떼어놓고 문을 닫다〉
disclose 드러내다, 폭로하다 〈dis=opposite + close : 닫지 않다〉
enclose 둘러싸다, (편지)동봉하다 〈en=in + close : 울타리를 쳐서 닫다〉
claustrophobia 폐소공포증 〈claus=close + phobia=fear : 닫힌 공간에 대한 공포감〉

18 unlimited
[ʌnlímitid]

a. 끝없는 = **infinite**, endless, boundless, limitless, extensive, immeasurable

Sometimes it seems like guns in movies have **unlimited** ammo because you rarely see the hero reload.

⇨ clue: un (not) + limit 한계선이 없는

undress 옷을 벗기다 〈un=not + dress 옷을 입다〉
uncontrollable 통제할 수 없는 〈un=not + control 통제하다〉
undisputed 반박의 여지가 없는, 모두가 인정하는 〈un=not + dispute 논쟁하다〉
unpredictable 예측할 수 없는 〈un=not + predict 예측하다〉

19 visionary
[víʒənèri]

a. 환상의 = **imaginary**, fanciful, illusory, idealistic

Many are hailing his ideas as **visionary**.

↔ realistic

⇨ clue: vis (see) 눈에 보이는 듯

visible 보이는, 명백한 〈vis=see : 보이다〉
invisible 보이지 않는 〈in=not + vis=see : 보이지 않는〉
vision 시력, 통찰력 〈vis=see : 보다〉
envision 상상하다 〈en=make + vision : 마음속에 만들어서 보다〉

20 vociferous
[vosífərəs]

a. 소란한 = **noisy**, clamorous, loud, uproarious, clamant

Since the new project was introduced, there have been some **vociferous** disagreements.

↔ quiet

⇨ clue: voc (call) 큰소리로 부르는

equivocal 애매한, 불분명한 〈equ=equal + voc=call : 동시에 소리내어 부르다〉
revocable 취소할 수 있는 〈re=back + voc=call : 다시 불러올 수 있다〉
irrevocable 취소할 수 없는, 돌이킬 수 없는 〈ir=not + re=back + voc=call : 다시 불러올 수 없다〉
irrevocably 돌이킬 수 없게 〈ir=not + re=back + voc=call : 다시 불러올 수 없다〉

17 수행자의 수양을 하는 동안 숲속의 외진 가옥에 있었다.　18 영화에서 주인공이 재장전하는 경우는 거의 보기 힘들기 때문에 때로는 영화에 나오는 총은 탄약이 무한한 것처럼 보인다.　19 많은 사람들이 그의 생각이 환상적이라고 기꺼이 환영하고 있다.　20 새로운 프로젝트가 소개된 이후에 다소 소란스러운 논쟁이 있어 왔다.

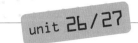

Choose the closest word or expression of the highlighted word in each question.

1 I discovered that the work prescribed for study had been written by an **anonymous** poet.

Ⓐ unknown   Ⓑ perilous   Ⓒ extraneous   Ⓓ foreign

2 Not many people know that when the silver three-cent coin was minted in 1851, it **coincided with** the issue of the three-cent stamp.

Ⓐ was similar to   Ⓑ collided with
Ⓒ was necessitated by   Ⓓ occurred simultaneously with

3 Satellites can **detect** small changes in Earth's magnetic field induced by the movement of water.

Ⓐ sense   Ⓑ project   Ⓒ extract   Ⓓ compute

4 I succeeded in reconstructing my life without psychiatric intervention after being **discharged** from the hospital at the age of 18.

Ⓐ charted   Ⓑ released   Ⓒ consulted   Ⓓ berated

5 It can be pretty discouraging, in one's freshman year at university, to fail three consecutive exams; but I kept trying and **eventually** succeeded in passing all my mathematics tests.

Ⓐ superficially   Ⓑ skillfully   Ⓒ finally   Ⓓ initially

6 Failing to understand exactly what had happened, I finally ascribed it to an unfathomable Divine **intervention**.

Ⓐ mention   Ⓑ mediation   Ⓒ meditation   Ⓓ medication

7 Swallows generally look for **secluded** spots in storehouses and shacks to build their nests.

Ⓐ isolated   Ⓑ high   Ⓒ comfortable   Ⓓ rural

8 More than anything else, it was **unshakable** trust in each other that contributed to the strength of their relationship.

Ⓐ negligible   Ⓑ pleasing   Ⓒ outrageous   Ⓓ firm

9 The water table is a good seasonal and annual index of climate, being particularly sensitive to **variations** in it.

Ⓐ events   Ⓑ changes   Ⓒ disturbances   Ⓓ realities

10 Many scholars believe that racism has not disappeared and morphed into a highly subtle form that is not **visible**.

Ⓐ outgoing   Ⓑ discouraging   Ⓒ noticeable   Ⓓ perceptive

Check-up 정답지

unit 26/27

1. A

나는 연구하기로 정해진 작품이 무명시인이 쓴 것이라는 사실을 발견했다.

2. D

1851년 3센트 은화 동전이 만들어졌을 때, 이것이 3센트 우표 발행과 동시에 일어났다는 것을 아는 사람이 많지 않다.

3. A

인공위성은 물의 움직임으로 야기된 지구 자기장의 작은 변화도 감지할 수 있다.

4. B

나는 18살에 병원에서 나온 이후로 정신과 치료 없이 내 삶을 재건하는데 성공했다.

5. C

대학 1학년 때, 세 번 연속으로 시험에서 떨어졌다는 것은 상당히 실망스러울 수 있지만 난 계속 노력했고 마침내 모든 수학시험을 통과하는 데 성공했다.

6. B

정확히 어떤 일이 일어났는지 이해하지 못한 채, 결국 나는 이것은 헤아릴 수 없는 신의 개입 때문이라고 여겼다.

7. A

일반적으로 제비들은 둥지를 만들기 위해서 창고나 오두막집에서 외진 자리를 찾는다.

8. D

무엇보다도 그들의 관계가 단단해지는데 기여한 것은 서로에 대한 흔들리지 않은 믿음이었다.

9. B

지하수위(지하 수면의 위치)는 계절별 그리고 연간 기후를 나타내는 좋은 지표이며 특히나 내부의 변화에 민감하다.

10. C

많은 학자는 인종차별이 사라지지 않았고, 보이지 않는 매우 교묘한 형태로 변했다고 여긴다.

unit 28

Pretest

alienate 1 •	• a	pleasant
amiable 2 •	• b	decisively
ancestry 3 •	• c	ancestors
composition 4 •	• d	make-up
conclusively 5 •	• e	estrange

consecutive 6 •	• a	impertinent
esteem 7 •	• b	unavoidable
fame 8 •	• c	renown
inevitable 9 •	• d	successive
insolent 10 •	• e	respect

literally 11 •	• a	really
malediction 12 •	• b	curse
mortal 13 •	• c	old-fashioned
outdated 14 •	• d	fatal
overstate 15 •	• e	exaggerate

pedestrian 16 •	• a	return
recur 17 •	• b	unstable
unambiguous 18 •	• c	clear
undergo 19 •	• d	experience
uneasy 20 •	• e	walker

1 e 2 a 3 c 4 d 5 b 6 d 7 e 8 c 9 b 10 a 11 a 12 b 13 d 14 c 15 e 16 e 17 a 18 c 19 d 20 b

unit 28

01 alienate
[éiljənèit]

a. 멀리하다, 떼어놓다 = estrange, set against, separate

His tendency to utter acrimonious remarks **alienated** his audience.

⇨ clue: ali<alter (other) 다른 곳으로 가나
altruism 이타주의 〈alt=other : 다른 사람을 생각하다〉
alternate 번갈아 하는, 교대하다 〈alter=other : 다른 사람이 하다〉
altercate 언쟁하다 〈alter=other : 달리하다〉
alibi 현장 부재 증명, 알리바이 〈ali=other : 사건시 다른 곳에 있었다는 확인〉

02 amiable
[éimiəbəl]
↔ unfriendly

a. 상냥한 = pleasant, affable, agreeable, genial, friendly, obliging, congenial

Her **amiable** disposition drew the attention of many people.

⇨ clue: ami (friend) 친구처럼 행동하다
amicable 우호적인, 타협적인 〈ami=friend : 친구 같은〉
amenity 기분 좋음, 편의시설 〈ame=ami=friend : 친구 같은〉
amity 친목 〈ami=friend : 친구가 되는〉
inimical 적대적인 〈in=not + imi=ami=friend : 친구가 아닌〉

03 ancestry
[ǽnsestri]
↔ descendants

n. 조상(집합적) = **ancestors**, antecedents
(현상, 양식의) 발단, 기원 = **origin**, root, genealogy

Quebec residents trace their **ancestry** back to France.

⇨ clue: an<ante (before) + ces<ced (go) 먼저 간 사람
antecede 선행하다 〈ante=before + ced=go : 먼저 가다〉
antecedent 선행하는, 선례, 선조 〈ante=before + ced=go : 미리 가다〉
antedate (시기적으로) ~에 앞서다 〈ante=before + date : 날짜가 앞서다〉
ante meridiem 오전의 〈ant=before + meridiem=midday : 정오 이전〉

04 composition
[kàmpəzíʃən]

n. 구성(물) = **make-up**, formation, structure, organization, constitution

Both parties agreed over the **composition** of the temporary committee on security affairs.

⇨ clue: com (together) + pos (put) 함께 놓다
compose 구성하다, (시, 글, 작품을) 만들다, (마음, 정서를) 가라앉히다 〈com=together + pos=put : 함께 놓다〉
composed 침착한 〈com=together + pos=put : 함께 놓다〉
component 성분 〈com=together + pon=put : 함께 놓다〉
compound 정도를 더하다, 악화시키다 〈com=together + pound=put 함께 올려 놓다〉

---

01 그는 신랄한 발언을 하는 경향이 있기 때문에 청중은 그를 싫어했다.　02 그녀의 상냥한 성격은 많은 사람의 관심을 끌었다.　03 퀘벡 주의 주민들의 조상은 거슬러 올라가면 프랑스인이다.　04 양당은 임시 안보 위원회의 구성에 동의했다.

05 **conclusively**
[kənklú:sivli]

ad. 결정적으로 = **decisively**, definitively, indisputably, irrefutably

It is impossible to prove **conclusively** that the company is responsible for the accident.

⇒ clue: con (together) + clus<clud (close) 모두 마무리하다

conclude 끝내다, 결론짓다 〈con=together + clud=close : 모두 마무리하다〉
conclusive 결정적인, 확실한 〈con=together + clus=close : 모두 마무리하다〉
exclusive 배타적인, 독점적인 〈ex=out + clus=close : 다른 사람은 밖에 두고 문을 닫다〉
inclusive 포괄적인 〈in=in + clus=close : 안에 넣고 문을 닫다〉

06 **consecutive**
[kənsékjətiv]

a. 연속적인 = **successive**, sequential, uninterrupted, running

It rained for five **consecutive** days.

⇒ clue: con (together) + secu<sequ (follow) 함께 뒤따라 오다

collide 충돌하다 〈col=com=together + laedere=strike : 같이 부딪치다〉
congeal 굳다, 응고하다 〈com=together + geal=freeze : 모두 얼리다〉
contemplate 심사 숙고하다 〈con=together + temple : 사원에서 생각을 모으다〉
compelling 설득력 있는, 강력한 〈com=together + pel=drive : 원하는 방향으로 모두 몰고가다〉

07 **esteem**
[istí:m]

↔ despise

v. 존경하다 = **respect**, revere, admire, venerate
중하게 여기다 = **value, prize, treasure**, think highly of

Society knows what it **esteems** and what it despises.

⇒ clue: esteem (value) 가치가 있다

estimate 평가하다 〈estim=value : 가치를 정하다〉
overestimate 과대평가하다 〈over=too much + estim=value : 지나치게 높게 가치를 정하다〉
underestimate 과소평가하다 〈under + estim=value : 낮게 가치를 정하다〉
inestimable 평가할 수 없을만큼 귀중한 (큰) 〈in=not + estimate 평가하다〉

08 **fame**
[feim]

↔ infamy

n. 명성 = **renown**, **reputation**, celebrity, honor, prestige, glory

Thanks to his research on the causes of cancer, Karl won international **fame** and fortune.

⇒ clue: fa (talk) 사람들이 이야기하다

defame 비방하다 〈de=down + fa=talk : 깎아 내려 이야기하다〉
infamous 악명 높은 〈in=not + fa=talk : 좋게 이야기하지 않는〉
affable 상냥한 〈af=ad=to + fa=talk : 가깝게 이야기하는〉
effable 말할 수 있는, 표현할 수 있는 〈ef=ex=out + fa=talk : 입 밖으로 말할 수 있는〉

05 회사가 사고에 책임이 있다고 결정적으로 증명하는 것은 불가능하다.   06 비가 5일간 계속해서 내렸다.   07 사회는 무엇을 존중하고 무엇을 무시해야 하는지 알고 있다.   08 암의 원인에 대한 연구 덕분에 칼은 국제적인 명성과 부를 얻었다.

09 **inevitable**

[inévitəbəl]

↔ avoidable

a. 피할 수 없는 = **unavoidable**, **certain**, inescapable, ineluctable

Bankruptcy appears **inevitable** for the company.

⇒ clue: in (not) + e<ex (out) + vi (road) + able 길 밖으로 나갈 수 없는

inevitably 불가피하게 〈in=not + e=ex=out + vi=road + ably : 길 밖으로 나갈 수 없는〉
inaccurate 부정확한 〈in=not + accurate 정확한〉
ineffective 효과 없는 〈in=not + effective 효과적인〉
intolerant 편협한 〈in=not + tolerant 관대한〉
incomparable 비할데 없는, 빼어난 〈in=not + comparable 비슷한〉

10 **insolent**

[ínsələnt]

↔ polite, deferential

a. 무례한 = **impertinent**, **impudent**, rude, insulting

He was often inattentive, sometimes even **insolent**, and showed relatively little interest in his work.

⇒ clue: in (not) + sol (comfort) 편안하지 않은

insane 미친 〈in=not + sane 제정신의〉
independent 독립한 〈in=not + dependent 의존하는〉
incomplete 불완전한 〈in=not + complete 완전한〉
inexhaustible 다 쓸 수 없는, 지칠 줄 모르는, 끈기 있는 〈in=not + exhaustible 다 쓸 수 있는〉

11 **literally**

[lítərəli]

ad. 글자 그대로 = **really**, exactly, to the letter

She said she felt like quitting, but she didn't mean it **literally**.

⇒ clue: liter (letter 글자) 글자 그대로

obliterate 지우다 〈ob=against + liter=letter : 글자를 없애다〉
literate 읽고 쓸 수 있는 〈liter=letter : 글자〉
literacy 읽고 쓰는 능력, 교육 〈liter=letter : 글자〉
delete 지우다, 삭제하다 〈de=away + lete=letter : 글자를 없애다〉

12 **malediction**

[mæ`lədíkʃən]

↔ benediction

n. 악담 = curse, execration, imprecation

The witch uttered **maledictions** against people.

⇒ clue: mal (bad) + dic (say) 나쁘게 말하다

malfeasance 부정 (행위) 〈mal=bad + feas=make : 나쁜 짓을 하다〉
malignant 악의 있는, 악성의 (↔ benign) 〈mal=bad + gn=gen=birth : 나쁜 것을 일으키다〉
malicious 악의 있는 〈mal=bad : 나쁜〉
malaise 불쾌, 침체 〈mal=bad + aise=ease (편안함) : 편치 않음〉

09 그 회사의 파산은 불가피할 것 같다.　10 그는 종종 태만하고 때로는 무례하기도 했으며 공부에는 거의 관심이 없었다.　11 그녀는 그만두고 싶다고 했지만, 실제로 그런 의미는 아니었다.　12 그 마녀는 사람들에게 저주를 퍼부었다.

13 **mortal**
[mɔ́ːrtl]

↔ immortal

a. 치명적인 = **fatal**, **deadly**, lethal, terminal, killing

The soldier who suffered a **mortal** wound didn't seem to have much time to live.

⇨ clue: mort (death) 죽음이 오는
immortal 불멸의, 신의 〈im=not + mort=death : 죽지 않다〉
mortify 굴욕감을 주다, 억제하다 〈mort=death + fy=make : 욕망을 죽이다〉
mortality 사망 〈mort=death〉
remorse 후회, 가책 〈re=back + mors=death : 다시 되돌아오는 죽음 같은 것〉

14 **outdated**
[autdeitid]

a. 구식의 = **old-fashioned**, antiquated, archaic, outmoded

Nowadays this technique is completely **outdated**.

⇨ clue: out + dated 시대에 뒤떨어진
outlook 전망, 견해 〈out + look : 밖으로 내다보다〉
outward 밖을 향한, 외부의 〈out + ward 바깥쪽의〉
outermost 가장 바깥의 〈outer=comparative of out + most 가장 바깥쪽의〉
outer 외부의

15 **overstate**
[òuvərstéit]

v. 과장하다 = **exaggerate**, **play up**, overemphasize

The importance of the new legislation has been considerably **overstated**.

⇨ clue: over (too much) + state (말하다) 지나치게 이야기하다
overtax 지나치게 과세하다 〈over + tax : 지나치게 과세하다〉
overbearing 거만한 〈over + ber=carry : 지나치게 자부심을 갖다〉
overcharge 과잉 청구하다 〈over + charge : 지나치게 부과하다〉
overcrowded 혼잡한 〈over + crowded : 지나치게 붐비다〉

16 **pedestrian**
[pədéstriən]

n. 보행자 = **walker**, foot-traveler
a. 평범한 = banal, commonplace, ordinary

Pedestrian deaths caused by being hit by cars rose to 7.5% last year.

⇨ clue: ped (foot) 걸어가다
peddle 행상하다 〈ped=foot : 걷다〉
pedestal 받침돌, 기초 〈ped=foot : 발을 두다〉
impeach 기소하다, 탄핵하다 〈im=into +peach=ped=foot : 발을 묶다〉
expedition 신속, 원정 〈ex=out + ped=foot : 발을 뻗어 나가다〉

13 치명상을 입은 군인은 오래 살지 못할 것 같았다. 14 요즘 이런 기술은 완전히 구식이다. 15 새로운 법률 제정의 중요성이 상당히 과장되었다. 16 자동차로 인한 보행자들의 사망률이 지난해 7.5 퍼센트 증가했다.

17 recur
[rikə́ːr]

v. 재발하다 = **return**, reappear, happen again, revert, persist

Love is a **recurring** theme in many books.

⇒ clue: re (back) + cur (flow) 도로 흘러나오다

recurrent 되풀이 하는 〈re=back + cur=flow : 도로 흘러나오다〉
current 흐름, 경향, 현재의 〈cur=flow : 흐르다〉
currency 유통, 통화 〈cur=flow : 흐르다〉
occurrence 발생, 사건 〈oc=to + cur=flow : 흘러나오다〉

18 unambiguous
[ʌ̀næmbígjuəs]

a. 명백한 = **clear**, **obvious**, distinct, apparent, definite

The government made an **unambiguous** statement on the issue of taxes.

⇒ clue: un (not) + ambiguous (애매한) 애매하지 않은

unalterable 불변의 〈un=not + alterable 바꿀 수 있는〉
unblemished 흠이 없는, 결백한 〈un=not + blemish 결점〉
unconditional 무조건의 〈un=not + conditional 조건부의〉
conditional 조건부의 〈condition 상태, 조건, (~하도록) 길들이다〉

19 undergo
[ʌ̀ndərgóu]

v. (영향, 변화, 검사) 받다, 참다 = **experience**, suffer, go through, bear, endure

The manufacturing industry has **undergone** some major changes over the past 10 years.

⇒ clue: under + go 상황 아래에 처하다

underrate 과소평가하다 〈under=inferior + rate 평가하다 : 보다 못하게 평가하다〉
underestimate 과소평가하다 〈under=inferior + estimate 평가하다 : 보다 못하게 평가하다〉
understate 줄여서 말하다 〈under + state 말하다 : 보다 못하게 말하다〉
state 상태, 국가, 주, 위엄, 공식적인, 분명히 말하다, (문서에) 명시하다

20 uneasy
[ʌ̀níːzi]

a. 불안한 = **unstable**, **apprehensive**, disturbed, anxious, perturbed, ill at ease

Nobody can predict how long this **uneasy** peace between the two countries will last.

⇒ clue: un (not) + easy (편안한) 편안하지 않다

unpredictable 예언할 수 없는 〈un=not + predictable 예언할 수 있는〉
unethical 비윤리적인 〈un=not + ethical 윤리적인〉
untimely 때가 아닌, 시기상조의 〈un=not + timely 때맞춘〉
unveil (비밀) 밝히다 〈un=not + veil 덮다〉

---

17 사랑은 많은 책에서 되풀이하여 나오는 주제이다.   18 정부는 세금 문제에 대한 분명한 성명서를 발표했다.   19 지난 10년 동안 제조업은 상당한 변화를 겪었다.
20 두 나라간의 불안한 이 평화가 얼마나 오래갈 것인지는 아무도 예상할 수 없다.

1	**alternate** [ɔ́:ltərnit] 번갈아 하는, 교대하다 **altercate** [ɔ́:ltərkèit] 언쟁하다	7	**moral** [mɔ́(:)rəl] 도덕(의), 도덕적인 **morale** [mouǽl] 사기, 의욕 **mortal** [mɔ́:rtl] 죽을 운명의, 인간의, 치명적인
2	**discipline** [dísəplin] 훈련(하다) **disciple** [disáipəl] 제자	8	**overstate** [òuvərstéit] 과장하다 **overtake** [òuvərtéik] 따라잡다
3	**energize** [énərdʒàiz] 활기를 주다 **enervate** [énərvèit] 기력을 빼앗다	9	**remove** [rimú:v] 옮기다, 제거하다 **remote** [rimóut] 먼, 동떨어진
4	**imaginary** [imǽdʒənèri] 상상의 **imaginative** [imǽdʒənətiv] 상상력이 풍부한 **imaginable** [imǽdʒənəbəl] 상상할 수 있는	10	**repute** [ripjú:t] 평판 **refute** [rifjú:t] 논박하다
5	**insolvent** [insálvənt] 파산한 **insolent** [ínsələnt] 무례한 **indolent** [índələnt] 나태한	11	**vague** [veig] 어렴풋한 **vogue** [voug] 유행 **vagary** [véigəri] 예측불허의 변화
6	**literal** [lítərəl] 글자 그대로의 **literate** [lítərit] 읽고 쓸 수 있는 **literary** [lítərèri] 문학의	12	**weird** [wiərd] 이상한 **wield** [wi:ld] (칼, 권력 등을) 휘두르다

혼 동 어 휘 Check-up

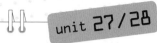

다음의 각 문장에서 괄호 안의 단어 중 알맞은 것을 고르시오.

1 Jack, a (discipline / disciple) of George, has worked on several Broadway productions.
조지의 제자인 잭은 몇 편의 브로드웨이 작품에서 작업을 했다.

2 I always relish a challenge in the mountains and feel (energized / enervated) from contact with the soil.
나는 항상 산에서의 도전을 즐기며 흙에 접촉함으로써 힘을 얻는다.

3 Seoul has hot, humid and (energizing / enervating) weather in summer.
여름에 서울 날씨는 매우 덥고 습하며 사람을 무기력하게 만든다.

4 Daniel is a formidably gifted writer whose work has allured the readers into his (imaginative / imaginable / imaginary) world.
다니엘은 엄청난 천부적인 재능 있는 작가이며 그의 작품은 독자들을 자신의 상상의 세계로 유혹한다.

5 It's not (imaginable / imaginary / imaginative) that Americans would vote for a Republican candidate again.
미국 사람들이 또다시 공화당 후보에게 투표할 것이라고는 상상할 수 없다.

6 Over 100 students will become computer (literary / literal / literate) and be able to do their homework with computer in two weeks.
100명이 넘는 학생들이 컴퓨터에 대해 알게 되고 2주 만에 컴퓨터로 숙제를 할 수 있을 것이다.

7 They don't think that birth control and abortion are (moral / morale / mortal).
그들은 산아제한과 낙태가 도덕적이라고 생각하지 않는다.

8 They were supposed to be (moral / morale / mortal) enemies.
그들은 죽을 운명의 적들이었다.

9 The soldier who suffered a (moral / morale / mortal) wound didn't seem to have much time to live.
치명상을 입은 군인은 오래 살지 못할 것 같았다.

10 Their trip to the (remote / remove) regions of the Himalayas turned out to be the most rewarding part of their whole round-the-world trip.
히말라야 산맥의 외딴 지역으로의 여행은 그들의 세계 일주 여행에서 가장 보람된 부분이 되었다.

〈정답〉
1. disciple   2. energized   3. enervating   4. imaginary   5. imaginable
6. literate   7. moral   8. mortal   9. mortal   10. remote

unit 29

Pretest

adopt	1 •		• a	take up
antagonize	2 •		• b	fake
connect	3 •		• c	offend
counterfeit	4 •		• d	standard
criterion	5 •		• e	link

curative	6 •		• a	the study of human populations
demography	7 •		• b	involve
diffident	8 •		• c	shy
entail	9 •		• d	healing
graphic	10 •		• e	vivid

invaluable	11 •		• a	precious
livelihood	12 •		• b	firm
peaceful	13 •		• c	support
repudiate	14 •		• d	reject
resolute	15 •		• e	serene

underlying	16 •		• a	fundamental
uneven	17 •		• b	unlimited
unrestricted	18 •		• c	dizziness
vertigo	19 •		• d	rough
via	20 •		• e	through

1 a 2 c 3 e 4 b 5 d 6 d 7 a 8 c 9 b 10 e 11 a 12 c 13 e 14 d 15 b 16 a 17 d 18 b 19 c 20 e

unit 29

01 **adopt**
[ədápt]

v. 채택하다 = **take up**, choose, accept, embrace
양자로 삼다 = foster

The board of directors **adopted** a "wait-and-see" attitude toward the proposed merger.

⇨ clue: ad (to) + opt (choose) 선택하다

adoptable 채택 가능한 〈ad=to + opt=choose : 선택하다〉
optional 선택의 〈opt=choose : 선택하다〉
option 선택 〈opt=choose : 선택하다〉
opt 선택하다 〈opt=choose : 선택하다〉

02 **antagonize**
[æntǽɡənàiz]

v. 반감을 사다 = offend, irritate, provoke, anger, annoy, alienate

He began to **antagonize** the other artists with his insolence.

⇨ clue: ant (against) + ag (drive) 반대로 가다

antagonistic 반대의, 적대하는 〈ant=against + ag=drive : 반대로 가다〉
antagonism 반대, 적대(감) 〈ant=against + ag=drive : 반대로 가다〉
antagonist 적, 적대자 〈ant=against + ag=drive : 반대로 가다〉
protagonist 주역, 주창자 〈pro=forth + ag=drive : 앞에서 끌고 가다〉

03 **connect**
[kənékt]

v. 연결하다 = **link**, **join**, unite, couple

The two ideas are closely **connected**, and should be dealt with together.

⇨ clue: con (together) + nect (bind) 함께 묶다

connection 연결, 관계 〈con=together + nect=bind : 함께 묶다〉
disconnect (연락, 전원, 전화 등을) 끊다, 분리하다 〈dis=not + con=together + nect=bind : 함께 묶지 않다〉
annex 첨부하다, 합병하다 〈an=ad=to + nex=bind : ~에 묶다〉
nexus 결합, 연결 〈nex=bind : 묶다〉

04 **counterfeit**
[káuntərfit]
↔ genuine

v. 위조하다 = fake, forge, fabricate, feign, copy, imitate
a. 가짜의 = **fake**, **bogus**, forged, feigned

There is a lot of difference between imitating a good man and **counterfeiting** him.

⇨ clue: counter (against) + feit<fac (make) 원본에 기대어 만들다

counterattack 반격 〈counter=against + attack : 공격에 대항하다〉
counterbalance 균형을 맞추다, 상쇄하다 〈counter=against + balance : 반대쪽으로 균형을 잡다〉
countermand (주문을) 취소하다, (명령을) 철회하다 〈counter=against + mand=order : 다른 명령을 내려서 앞의 명령을 철회하다〉
pros and cons 찬반양론 〈pro=for + con=against : 찬성과 반대〉

01 이사회는 제의된 합병에 대해 관망하는 태도를 채택했다. 02 그는 자신의 오만 때문에 다른 예술가들의 반감을 사기 시작했다 03 두 가지 의견은 밀접하게 연관되어 있으며, 같이 다루어져야 한다. 04 좋은 사람을 모방하는 것과 좋은 사람으로 위장하는 것은 큰 차이가 있다.

05 criterion
[kraitíəriən]

n. 기준, 표준 = **standard**, **norm**, **barometer**, measure, gauge

The policy has to meet three **criteria** to succeed.

⇨ clue: cri (decide) 결정을 내리는 근거
criticize 비판하다, 비평하다 〈**cri=decide** : 결정을 내리다〉
critical 비판적인, 중요한, 위기의 〈**cri=decide** : 결정을 내리다〉
critically 결정적으로, 위태롭게 〈**cri=decide** : 결정을 내리다〉
crisis 위기 〈**cri=decide** : 결정을 내려야 하는 순간〉

06 curative
[kjúərətiv]
↔ harmful, hurting

a. 치유적인 = **healing**, therapeutic, remedial, medicinal, restorative

Aloe leaves have long been recognized for their **curative** properties.

⇨ clue: cur (cure=care 돌봄, 치료) 치료하는
curable 치료 가능한 〈**cur=cure + able** : 치료할 수 있는〉
incurable 불치의 〈**in=not + cur=cure + able** : 치료할 수 없는〉
cure-all 만병통치약 〈**cure + all** : 모두 고치다〉
curator 관리자 (전시책임자) 〈**cure=care** : 돌보다〉

07 demography
[dimágrəfi]

n. 인구(통계)학 = the study of human populations

The **demography** of the Mayan civilization is a vital academic pursuit.

⇨ clue: demo (people) + graph (write) 인구에 관해서 적다
epidemic 전염병, 유행성(의) 〈**epi=outside + dem=people** : 밖의 사람들에게 퍼지다〉
demonstrate 입증하다, 분명히 나타내다, 시위운동하다 〈**dem=people + monstr=show** : 사람들에게 보여주다〉
demonstration 설명, 시위 〈**dem=people + monstr=show** : 사람들에게 보여주다〉
demagogue 선동 정치가 〈**dem=people + agog=lead** : 사람들을 이끌다〉

08 diffident
[dífidənt]

a. 자신 없는, 소심한 = **shy**, reserved, withdrawn, self-effacing, backward

He looks rather sheepish and **diffident**, a nervous grin on his face.

⇨ clue: dif=dis (away) + fid (trust) 믿음이 달아나다
confident 확신하는, 자신 있는 〈**con=together + fid=trust** : 모두 믿다〉
self-confident 자신감 있는 〈**self + con=together + fid=trust** : 자신에 대해 모두 믿는〉
fidelity 충실, 정절 〈**fid=trust** : 믿다〉
infidelity 불신, 배반 〈**in=not + fid=trust** : 믿지 않다〉

05 정책이 성공하기 위해서는 세가지 기준을 충족시켜야 한다. 06 알로에 잎은 오랫동안 치유적인 특성이 있는 것으로 인정되었다. 07 마야 문명의 인구 통계학은 학문적으로 중요한 연구이다. 08 그는 얼굴에 초조한 웃음을 짓고 다소 주저하며 자신없어 보였다.

unit 29

09 entail
[intéil]

v. 수반하다, 일으키다 = **involve**, cause
필요로 하다 = **require**, need, demand

This situation may **entail** considerable risks.

⇨ clue: en (make) + tail 꼬리를 만들어 내다 (일이 따라오게 되다)

encapsulate 요약하다 〈en=make + capsule : 작은용기 (캡슐) 안에 넣다〉
enliven 더 재미있게 만들다, 활기차게 하다 〈en=make + live=life : 활기있게 만들다〉
encode 암호로 바꾸다 〈en=make + code : 암호로 만들다〉
encipher 암호로 바꾸다 〈en=make + cipher : 암호로 만들다〉

10 graphic
[grǽfik]

a. 생생한 = **vivid**, clear, picturesque

The witnesses gave a **graphic** account of the earthquake's destruction.

⇨ clue: graph (write) 새겨 놓은 것처럼

biography 전기 〈bio=life + graph=write : 생애를 적다〉
autograph (유명인의) 사인 〈auto=self + graph=write : 직접 쓰다〉
autobiography 자서전 〈auto=self + bio=life + graph=write : 자기 생애를 적다〉
geography 지리(학) 〈geo=earth + graph=write : 땅 모양을 기록하다〉

11 invaluable
[invǽljuəbəl]

↔ worthless

a. 매우 귀중한 = **precious**, priceless, valuable, inestimable

His financial expertise has played an **invaluable** role in the success of the project.

⇨ clue: in (not) + val (worth) 가치를 정할 수 없을 만큼의

valuable 귀중한, 값비싼 〈val=worth : 가치 있는〉
overvalue 과대평가하다 〈over=too much + val=worth : 과하게 가치를 정하다〉
undervalue 과소평가하다 〈under + val=worth : 낮게 가치를 정하다〉
priceless 매우 귀중한, 값을 매길 수 없는 〈price + less ~이 없는 : 값을 매길 수 없는〉

12 livelihood
[láivlihùd]

n. 생계 = **support**, living, sustenance

He could lose his **livelihood** because of the economic downturn.

⇨ clue: live + hood (state) 살아가는 형편

lively 기운찬, 생생한
livestock 가축 (집합적) 〈live + stock 군체 : 살아있는 군체〉
outlive ~보다 오래 살다 (살아남다) 〈out + live : live longer 보다 오래 살다〉
enliven 더 재미있게 만들다, 활기 띠게 하다 〈en=make + live : 활기있게 만들다〉

09 이번 사태는 상당한 위험을 일으킬 수 있다.   10 목격자들은 지진의 파괴에 대해 생생하게 설명하였다.   11 재정에 대한 그의 전문적인 지식은 이 프로젝트의 성공에 매우 귀중한 역할을 했다.   12 그는 경기 침체 때문에 생계를 잃을 수도 있다.

13 **peaceful**
[píːsfəl]

↔ dissipate

a. 평화로운 = **serene**, tranquil, placid, calm, still, quiet, undisturbed

Non-cooperation and **peaceful** resistance were Gandhi's "weapons" in the fight against injustice.

⇨ clue: peace 평화

pacify 달래다 〈pac=peace + fy=make : 평온하게 만들다〉
pacific 평온한, 태평양의 (the Pacific) 〈pac=peace : 평화〉
appease 달래다 〈ap=ad=to + pease=peace : 평온하게 하다〉
appeasement 달램, 유화정책 〈ap=ad=to + pease=peace : 평온하게 하다〉

14 **repudiate**
[ripjúːdiéit]

v. 거부하다, 부인하다 = **reject**, disclaim

She has **repudiated** policies associated with previous party leaders.

⇨ clue: re (back) + pud<ped (foot) 발걸음을 돌리다

replicate 복제하다, 모사하다 〈re=back + fold : 뒤로 똑같이 접다〉
rebound 되튀다, 다시 일어나다 〈re=back + bound : 다시 튀어오르다〉
revolutionize 대변혁(혁명)을 일으키다 〈re=back + volu=turn : 거꾸로 뒤집다〉
repercussion (사건, 행동 등의) 영향 〈re=back + percute=strike : 타격 후 되돌아 오는 것〉

15 **resolute**
[rézəlúːt]

a. 확고한, 굳게 결심한 = **firm**, determined, decided, unswerving

She's utterly **resolute** in her refusal to apologize.

⇨ clue: re (back) + solu (loose) 느슨함을 뒤로 던져 버리다

irresolute 우유부단한 〈ir=in=not + resolute 확고한〉
resolution 결심 〈re=back + solu=loose : 느슨함을 뒤로 던져버리다〉
solvent 지급능력이 있는 〈solv=loose : 금전 문제를 풀다〉
insolvent 지급불능의, 파산의 〈in=not + solv=loose : 금전문제를 풀지 못하다〉

16 **underlying**
[ʌndərláiiŋ]

a. 근본적인 = **fundamental**, **basic**, elementary, intrinsic, primary

Language is one of the **underlying** media through which we understand the society.

⇨ clue: under + lying (누워있는) 아래에 누워있는

underlie ∼의 기초가 되다 〈under + lie : 아래에 있다〉
undermine 약화시키다 〈under + mine : 아래쪽 기반를 몰래 파내다〉
underscore 강조하다 〈under + score : 아래에 자국을 남기다〉
underprivileged 불우한, (사회, 경제적으로) 혜택을 못 받는 〈under + privilege 특권, 혜택〉

---

13 비협조와 비폭력은 부정에 대항해서 싸우는 간디의 수단이었다.   14 그녀는 이전 당 대표와 관련된 정책들을 거부했다.   15 사과하기를 거부하는 그녀의 의지는 아주 확고하다.   16 언어는 우리가 세상을 이해하는데 기초가 되는 수단 중의 하나이다.

unit 29

---

17 uneven

[ʌníːvən]

↔ even

a. 울퉁불퉁한 = **rough**, **rugged**, bumpy, not flat, not smooth
균등하지 않은 = **unequal**, unfair, one-sided

The **uneven** surface of the cobblestone road made driving extremely difficult.

⇨ clue: un (not) + even 평탄하지 않은

even 평평한, 한결같은, (수량, 득점 등이) 같은, 짝수의, 차분한
evenly 고르게, 일관되게
even-handed 공평한 〈**even** 같은 + **hand** 손, 일손, 도움, 역할, (시계)바늘, 박수갈채〉
even-tempered 침착한, 차분한 〈**even** 차분한 + **temper** 기질〉

---

18 unrestricted

[ʌnristríktid]

↔ restricted

a. 제한 없는 = **unlimited**, **unbridled**, unchecked, uncontrolled

Reporters are given **unrestricted** access to detailed information about the incident.

⇨ clue: un (not) + strict (tie) 묶지 않은

unfasten 풀다, 늦추다 〈**un**=not + **fasten** 묶다〉
uncover 폭로하다 〈**un**=not + **cover** 덮어 가리다〉
uncivilized 야만의 〈**un**=not + **civilized** 문명화 된〉
unerring 틀림없는, 항상 정확한 〈**un**=not + **err** 실수하다〉

---

19 vertigo

[vɜ́ːrtigòu]

n. 현기증 = **dizziness**, giddiness, light-headedness

He can't stand heights and has always suffered from **vertigo**.

⇨ clue: vert (turn) 돌아가는

version 번역, 각색, 판 〈**vers**=vert=turn : 다른 모습으로 돌아 나오다〉
diversion 전환, 주의를 딴 데로 돌리게 하는 것 〈**di**=away + **vert**=turn: 딴 데로 돌리다〉
averse 싫어하는 〈**a**=ab=away + **vers**=turn : 돌아서며 멀어지다〉
perverse 심술궂은, 삐뚤어진 〈**per**=completely + **turn** : 완전히 돌아서다〉

---

20 via

[víːə]

prep. (어떤 장소를) 경유하여 = **through**, by way of, by

We flew to Paris **via** Tokyo.

⇨ clue: via (way) 길을 거쳐서

convey 전달하다, 나르다 〈**con**=together + **vey**=way : 함께 실어 나르다〉
convoy 호송, 호위 〈**con**=together + **voy**=way : 함께 실어 나르다〉
envoy 사절, 특사 〈**en**=in + **voy**=vey=way : 나라 안의 임무를 전하다〉
voyage 항해, 여행 〈**via**=way : 길을 떠나다〉

---

17 조약돌이 깔린 울퉁불퉁한 도로 표면 때문에 운전이 몹시 힘들었다.   18 기자들은 사건에 대한 상세한 정보를 자유롭게 이용할 수 있다.   19 그는 높은 곳에 서 있지 못하고 항상 현기증으로 고생한다.   20 우리는 도쿄를 경유하여 파리까지 비행기로 갔다.

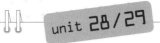
Choose the closest word or expression of the highlighted word in each question.

1. English, which they **adopted**, is now their native language.
   - Ⓐ wanted
   - Ⓑ made
   - Ⓒ had
   - Ⓓ chose

2. Conversation with her is always delightful because it reveals her intelligence, self-confidence and **amiable** sincerity.
   - Ⓐ militant
   - Ⓑ mild
   - Ⓒ friendly
   - Ⓓ tolerant

3. More than half of English words are of Latin or Greek **ancestry**.
   - Ⓐ antecedent
   - Ⓑ envoy
   - Ⓒ emissary
   - Ⓓ anecdote

4. Mr. Jones resolved to use his commercial skills to **connect** math to real-life situations.
   - Ⓐ assimilate
   - Ⓑ capitalize
   - Ⓒ maximize
   - Ⓓ link

5. Company rules require that your absence from work for more than three **consecutive** days on account of illness be supported with a medical certificate.
   - Ⓐ successive
   - Ⓑ sporadic
   - Ⓒ stagnant
   - Ⓓ spotty

6. History shows us that fierce uprisings become **inevitable** when rulers ignore peaceful demands for reforms in government and allow social conflicts to simmer.
   - Ⓐ unmistakable
   - Ⓑ undesirable
   - Ⓒ unavoidable
   - Ⓓ undisputed

7. I must acknowledge his **invaluable** guidance that helped sharpen my views.
   - Ⓐ incremental
   - Ⓑ worthless
   - Ⓒ priceless
   - Ⓓ shapeless

8. Weathering is the name given to the modifications that rocks **undergo** as a result of being exposed to the elements.
   - Ⓐ repeat
   - Ⓑ support
   - Ⓒ experience
   - Ⓓ encourage

9. There are two fundamental differences between geography and history : the **underlying** principle of the former is space rather than time, and the subject of attention is the earth rather than human society.
   - Ⓐ intriguing
   - Ⓑ fundamental
   - Ⓒ irrevocable
   - Ⓓ current

10. **Uneven** wealth distribution makes it more difficult to cope with ethnic conflicts and natural calamities.
    - Ⓐ unfair
    - Ⓑ inimical
    - Ⓒ amenable
    - Ⓓ unsurpassed

1. D

그들이 채택한 영어는 지금 그들의 모국어가 되었다.

2. C

그녀와의 대화는 지성과 자신감 그리고 호감을 주는 그녀의 진심이 드러나기 때문에 항상 즐겁다.

3. A

영어단어의 절반 이상은 라틴어나 그리스어에서 유래한다.

4. D

존스는 수학을 실제상황에 연결하기 위해서 자신의 상업적 기술을 쓰기로 결심했다.

5. A

회사 규정상 질병으로 인해서 3일 이상 연속으로 결근할 경우에는 진단서로 입증해야 한다.

6. C

역사에서 알 수 있듯이 통치자가 정부 개혁에 대한 평화적 요구를 무시하고 사회적 충돌이 폭발하도록 내버려둘 때 거센 반란이 일어나는 것은 불가피하다.

7. C

나의 관점을 날카롭게 하는 데 도움을 준 그의 소중한 가르침에 감사를 표해야 한다.

8. C

풍화는 암석이 비바람에 노출되고 그 결과 생긴 변화에 붙여진 이름이다.

9. B

지리학과 역사는 두 가지 근본적인 차이점이 있는데, 전자의 근본원리는 시간보다는 공간이고, 관심의 대상은 인간사회보다는 땅이다.

10. A

균등하지 않은 부의 분배는 인종적 마찰과 자연재해에 대한 대처를 더욱 어렵게 만든다.

unit 30

abhor	1 •	• a	apprehend
active	2 •	• b	loathe
antiseptic	3 •	• c	energetic
arrest	4 •	• d	clean
audition	5 •	• e	hearing

combine	6 •	• a	innocent
displace	7 •	• b	supplant
far-sighted	8 •	• c	wise
guiltless	9 •	• d	incorporate
haphazard	10 •	• e	random

incidentally	11 •	• a	by chance
ludicrous	12 •	• b	live
operate	13 •	• c	function
reside	14 •	• d	holy
sacred	15 •	• e	ridiculous

shortcoming	16 •	• a	erect
sophisticated	17 •	• b	defect
unpretentious	18 •	• c	humble
unquestionable	19 •	• d	definite
vertical	20 •	• e	complex

1 b 2 c 3 d 4 a 5 e 6 d 7 b 8 c 9 a 10 e 11 a 12 e 13 c 14 b 15 d 16 b 17 e 18 c 19 d 20 a

unit 30

01 abhor
[æbhɔ́ːr]

↔ admire

v. 혐오하다 = **loathe**, detest, abominate, hate

I wouldn't say that I **abhor** housework, but I must admit that I avoid it whenever I can.

⇨ clue: ab (away) + hor (horrify) 무서워 멀리가다

horrendous 무서운 〈hor=horrify 무섭게 하다〉
horrible 무서운, 불쾌한 〈hor=horrify 무섭게 하다〉
horrid 무서운, 불쾌한 〈hor=horrify 무섭게 하다〉
horror 공포, 혐오 〈hor=horrify 무섭게 하다〉

02 active
[ǽktiv]

a. 활동적인 = energetic, animated, lively, vigorous, on the go

My father has always led a very **active** life.

⇨ clue: act 행동하다

activate 촉진하다 〈act : 행하다〉
radioactive 방사능의 〈radio=light + act : 빛을 발하다〉
inactive 활발하지 않는, 비활성의 〈in=not + act : 활동하지 않다〉
interactive 상호적인 〈inter=between + act : 둘 사이에서 행하다〉

03 antiseptic
[æ̀ntəséptik]

a. 청결한, 방부성의 = **clean**, hygienic, sanitary, sterile, germ-free

She was given **antiseptic** treatment by paramedics.

⇨ clue: anti (against) + sep (rotten 썩은) 썩지 않게 하는

antithesis 정반대 〈anti=against + thes=put : 반대로 놓다〉
antibiotic 항생물질(의) 〈anti=against + bio=life : 번식을 막다〉
antidote 해독제, 해결책 〈anti=against + do=give : 문제에 대항 할 수 있는 것을 주다〉
antarctic 남극 〈ant=anti=against + arctic 북극 : 북극의 반대〉

04 arrest
[ərést]

v. 체포하다 = apprehend, detain, catch, capture, seize

He was **arrested** and charged with the attempted murder of the Pope.

⇨ clue: ar<ad (to) + re (back) + st (stand) 등을 돌려 세우다

contrast 대조, 대비 〈contra=against + st=stand : 마주 서다〉
systematic 체계적인 〈sy=syn=together + st=stand : 모든 계통이 서다〉
distant (시간, 공간적으로) 먼 〈di=away + st=stand : 멀리 서 있다〉
obstacle 장애물 〈ob=against + sta=stand : 반대방향으로 서 있다〉

01 집안일을 싫어하는 것은 아니지만 가급적이면 기피한다는 사실은 인정해야겠습니다.   02 나의 아버지는 항상 매우 활동적인 생활을 하셨다.   03 그녀는 진료 보조원으로부터 살균 치료를 받았다.   04 그는 체포되어 교황에 대한 살인 미수로 기소되었다.

05 audition
[ɔːdíʃən]

n. 청력 = hearing
(음성) 테스트 = tryout

The director is holding **auditions** in two weeks for the major parts in the movie.

⇨ clue: aud (listen) 들어보는 것
inaudible 들리지 않는 〈in=not + audible 들리는〉
audible 들리는 〈aud=listen : 듣다〉
auditory 청력의 〈aud=listen : 듣다〉
audience 청중, 청취 〈aud=listen : 듣다〉

06 combine
[kəmbáin]
↔ part

v. 결합시키다 = **incorporate**, **mix**, unite, integrate, amalgamate

Two atoms of hydrogen **combine** with one atom of oxygen to form a molecule of water.

⇨ clue: com (together) + bin (bind) 함께 묶다
company 회사, 단체, 동행, 친구 〈com=together + pan=bread : 함께 빵을 먹다〉
accompany 동반하다, 동행하다 〈ac=to + com=together + pan=bread : 함께 빵을 먹다〉
compassion 동정 〈com=together + pass=feel : 어려움을 함께 느끼다〉
commemorate 기념하다 〈com=intensive + memor=remember : 다시 기억하다〉

07 displace
[displéis]

v. 대신하다 = **supplant**, **replace**, **supersede**, take the place of

Christianity has **displaced** many native religions over the last millennium.

⇨ clue: dis (away) + place 밀어내 멀리 두다
replace 대신하다, (원래 장소, 지위로) 돌려놓다 〈re=back + place : 다시 갖다 두다〉
misplace 제자리에 두지 않다 (그래서 찾지를 못하다) 〈mis=bad + place : 잘못 두다〉
commonplace 흔한, 보통의 〈common + place : 공공 장소에 두다〉
place 두다, 배치하다

08 far-sighted
[fáːrsáitid]

a. 분별 있는 = **wise**, sage, judicious, prudent, provident, canny

Far-sighted leaders are the most effective people to head societies.

⇨ clue: far 멀리 + sight (시야) 멀리 내다보다
far-reaching 광범위한 〈far + reach : 멀리 이르게 하는〉
short-sighted 근시안적인 〈short + sighted : 가까운 것만 보다〉
near-sighted 근시안의 〈near + sighted : 가까운 것만 보다〉
insight 통찰력 〈in=into + sight : 내면을 보다〉

05 감독은 2주 내에 영화의 주요 배역에 대한 오디션을 할 것이다.   06 두 개의 수소 원자와 한 개의 산소 원자가 결합하여 한 개의 물 분자를 형성한다.   07 지난 천 년에 걸쳐 기독교가 많은 토착 신앙들을 대체했다.   08 선견지명이 있는 지도자들이 사회를 이끌어 나가는데 가장 유능한 사람들이다.

unit 30

09 guiltless
[gíltilis]

↔ guilty

a. 죄 없는 = innocent, blameless, sinless, spotless

I'm sure he is a man **guiltless** of any evil intent.

⇨ clue: guilt + less 죄가 없는

tireless 지칠 줄 모르는 〈tire 지치다 + less 없는〉
peerless (뛰어나기가) 비할 데 없는 〈peer 동등한 사람 + less 없는〉
listless 무기력한, 열의 없는 〈list 목록 + less 없는〉
reckless 무모한, 신중치 못한 〈reck=care + less : 조심성 없는〉

10 haphazard
[hǽphæzərd]

a. 되는대로, 우연한 = **random**, unsystematic, casual, accidental, chance

Books are piled against each other in some **haphazard** fashion.

⇨ clue: hap (chance, luck) + hazard (danger) 운과 위험이 섞여 있는

hap 운, 우연한 일
mishap 불운, 재난 〈mis=bad + hap : 나쁜 운〉
hapless 불운한 〈hap + less : 운 없는〉
happen 우연히 ~하다, (일, 사건이) 일어나다 〈hap + en 동사접미사: 우연히 일어나다〉

11 incidentally
[ìnsədéntəli]

ad. 우연히 = **by chance**, accidently, casually, fortuitously
그런데 = by the way, by the by, speaking of which

Quite **incidentally**, he got some detailed information about the project at the party.

⇨ clue: in (on) + cid (fall) 툭 떨어지다

deciduous 낙엽성의 〈de=down + cid=fall : 잎이 아래로 떨어지다〉
decadent 쇠퇴하는 〈de=down + cad=fall : 아래로 떨어지다〉
occasional 이따금씩 〈oc=ob=to + cas=fall : 툭 떨어지다〉
casualty 재난, 사상자 〈cas=fall : 갑자기 툭 떨어지다〉

12 ludicrous
[lú:dəkrəs]

a. 웃기는, 터무니 없는 = **ridiculous**, **absurd**, preposterous, farcical

The court granted him the **ludicrous** sum of $100 in damages.

⇨ clue: lud (play) 놀고 있는

collude 공모하다 〈col=com=together + lud=play : 함께 갖고 놀다〉
delude 현혹시키다, 속이다 〈de=from + lud=play : 갖고 놀다〉
prelude 서곡, 전조 〈pre=before + lud=play : 앞서 연주되는 것〉
elusive 잘 피하는, 파악하기 어려운 〈e=ex=out + lus=play : 밖으로 빠져 나가 놀다〉

---

09 그는 어떤 악의도 품지 않는 결백한 사람이라고 확신한다.　10 책들이 아무렇게나 서로 쌓아 올려져 있다.　11 정말 우연하게도, 그는 파티에서 그 프로젝트에 관한 몇 가지 세부 정보를 얻었다.　12 법원은 피해보상금으로 터무니 없는 금액인 총 100불을 인정했다.

13 operate
[ápərèit]

↔ malfunction

v. 작동하다 = **function**, **run**, work, act, perform, be in action

The specially equipped machine is **operating** in a safe manner.

⇨ clue: oper (work) 움직이다, 일하다

operation 작동, 작전, 작업과정, 수술 〈**oper=work** : 일하다〉
cooperate 협력하다 〈**co=together + oper=work** : 함께 일하다〉
copious 많은, 풍부한 〈**co=com=together + op=work** : 함께 애를 쓰다〉
opulent 부유한, 호화로운 〈**op=work** : 애를 많이 쓰다〉

14 reside
[riːsáid]

v. 살다 = **live**, **inhabit**, dwell, abide, stay

North Korean defectors can **reside** and acquire job skills in the camp.

⇨ clue: re (back) + sid (sit) 깊숙이 들어와 앉다

preside 의장이 되다, 통솔하다 〈**pre=before + sid=sit** : 앞에 앉다〉
residue 나머지 〈**re=back + sid=sit** : 뒤에 앉다〉
subsidiary 종속적인, 보조의 〈**sub=under + sid=sit** : 아래에 앉아 있다〉
besiege 포위하다, (질문 등) 퍼붓다 〈**be=be + siege=sit** : 자리잡고 앉다〉

15 sacred
[séikrid]

↔ profane, sinful

a. 신성한 = **holy**, **divine**, blessed, hallowed, consecrated

He has no respect for anything I hold **sacred**.

⇨ clue: sacr (holy) 신성한

sacrifice 희생하다, 제물 〈**sacr=holy+ fic=make** : 신의 것으로 만들다〉
sacrilege 신성모독 〈**sacr=holy + leg=choose** : 신에게 바친 것을 털어가다〉
sanctuary 신성한 장소 〈**sanct=holy** : 신성한〉
saint 성인 〈**saint=holy** : 신성한〉

16 shortcoming
[ʃɔ́ːrtkʌ̀miŋ]

↔ advantage

a. 결점 = defect, failing, drawback, flaw, weakness, imperfection

A close inspection revealed some serious **shortcomings** in the software.

⇨ clue: short (부족한) + coming 부족한 부분

short-lived 단명의, 일시적인 〈**short + lived** : 짧은 기간〉
shortcut 지름길 〈**short + cut** : 짧은 길〉
shorten 줄이다 〈**short + en=make** : 짧게 하다〉
shortly 즉시, 퉁명스럽게

13 특별 장비를 갖춘 기계가 안전하게 작동하고 있다.　14 탈북자들은 보호 시설에 기거하면서 직업 기술을 익힐 수 있다.　15 그는 내가 신성하게 생각하는 모든 것에 대해 존중하지 않는다.　16 세밀한 검사를 통해 소프트웨어의 몇 가지 심각한 결함이 드러났다.

17 **sophisticated**

[səfístəkèitid]

↔ simple, crude

ad. 복잡한, 세련된 = **complex, complicated, intricate, refined, elaborate**

More **sophisticated** approaches are needed to solve this problem.

⇨ clue: soph (wise) 지혜롭게 만들다

sophisticate 세련되게(정교하게) 하다, 세련된 사람 〈**soph=wise** : 지혜롭게 만들다〉
sophistication 세련, 지식 〈**soph=wise** : 지혜롭게 만들다〉
sophomore (대학, 고교) 2학년생 〈**soph=wise** : 1학년보다 더 지혜롭다〉
philosophy 철학 〈philo=loving + soph=wise : 지혜를 좋아하다〉

18 **unpretentious**

[ʌnpriténʃəs]

a. 겸손한 = humble, modest, unpretending

The **unpretentious** scientist delivered the best presentation thanks to his lack of jargon.

⇨ clue: un (not) + pre (before) + tent (stretch) 앞에 자랑을 늘어놓지 않는

pretentious 허세부리는 〈**pre=before + tent=stretch** : 앞에 자랑을 늘어놓은〉
sententious 무게를 잡는, 훈계조의 〈**sentence=opinion** : 자기 의견을 내세우는〉
contentious 논쟁적인, 논쟁을 불러일으키는 〈**con=together + tent=stretch** : 모두 주장을 늘어놓은〉
contention 논쟁 〈**con=together + tent=stretch** : 모두 주장을 늘어놓은〉

19 **unquestionable**

[ʌnkwéstʃənəbəl]

↔ questionable, doubtful

a. 확실한 = **definite**, certain, absolute, manifest, indisputable, incontrovertible

Korea Mountain Guide is an organization of **unquestionable** integrity and is respected by many climbers.

⇨ clue: un (not) + quest (ask) 물어볼 필요가 없는

question 질문하다, 의심하다 〈**quest=ask** : 물어보는〉
questionable 의심스러운 〈**quest=ask** : 물어보는〉
unreasonable 비합리적인 〈**un=not + reasonable** : 합리적이지 못한〉
reasonable 합리적인
reason 이유, 근거, 이성(판단력) 〈**ratio=thinking** : 분별 있는 생각〉

20 **vertical**

[və́:rtikəl]

a. 수직의 = **upright, erect**, perpendicular, plumb, straight

Young-eun inched up a **vertical** wall of Zodiac on the right side of El Cap in Yosemite National Park .

⇨ clue: : vert(turn) 아래로 돌리다

extrovert 외향적인 사람, 외향적인 〈**extro=extra=outside + vert=turn** : 밖으로 돌아서다〉
introvert 내향적인 사람, 내향적인 〈**intro=intra=inside + vert=turn** : 안으로 돌아서다〉
controvert 논쟁하다 〈**contro=against + vert=turn** : 반대로 돌아서다〉
advert 주의를 돌리다, 언급하다 〈**ad=to + vert=turn** : ~로 관심을 돌리다〉

17 이 문제를 해결하기 위해서는 좀 더 정교한 접근 방법이 필요하다. 18 그 겸손한 과학자는 특수 용어를 사용하지 않음으로써 가장 훌륭한 발표를 하였다. 19 코리아 마운틴 가이드는 나무랄 데 없는 성실한 사람이며 많은 등반가들에게 존경을 받고 있다. 20 영은이는 요세미티 국립공원의 엘케피탄 우측의 조디악의 수직암벽을 조금씩 올라갔다.

1
affect [əfékt] 영향을 주다, 감동시키다
effect [ifékt] 결과, 영향, 초래하다

7
livelihood [láivlihùd] 생계
likelihood [láiklihùd] 가능성

2
argument [á:rgjəmənt] 논쟁
augment [ɔːgmént] 늘리다

8
sensible [sénsəbəl] 분별 있는
sensitive [sénsətiv] 민감한
sensual [sénʃuəl] 관능적인
sensational [senséiʃənəl] 선풍적 인기의, 선정적인
sensory [sénsəri] 지각 기관의
sentimental [sèntiméntl] 감상적인

3
collision [kəlíʒən] 충돌
collusion [kəlúːʒən] 공모

9
serene [siríːn] 고요한, 침착한
serious [síəriəs] 진지한, 중한

4
convey [kənvéi] 나르다, (지식, 소식, 사상 등을) 전하다
convoy [kánvɔi] (군함) 호위하다, 호위

10
temperance [témpərəns] 절제, 절주
temperament [témpərəmənt] 기질

5
epidemic [èpədémik] 전염병, 유행성의
endemic [endémik] (특정지역, 집단의) 풍토성의, 풍토병
pandemic [pændémik] 전국적으로[전세계적으로] 유행하는, 전국적인 [전세계적인] 유행병

11
underlying [ʌndərláiiŋ] 밑에 있는, 근원적인
underline [ʌndərlain] 강조하다

6
invaluable [invǽljuəbəl] 매우 귀중한
valuable [vǽljuːəbəl] 귀중한
valueless [vǽljuːlis] 가치 없는
worthless [wə́ːrθlis] 가치 없는
priceless [práislis] 매주 귀중한

12
avocation [ævoukéiʃən] 부업
vocation [voukéiʃən] 천직
vacation [veikéiʃən] 휴가
evacuation [ivæˌkjuéiʃən] 배설, 피난

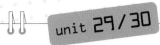

혼 동 어 휘 Check-up

다음의 각 문장에서 괄호 안의 단어 중 알맞은 것을 고르시오.

1　This book has deeply (affected / effected) my way of thinking.
　이 책은 내 사고방식에 깊은 영향을 주었다.

2　As a politician he is trying to (affect / effect) a change in our society.
　정치가로서 그는 우리 사회에 변화를 가져오려고 애쓰고 있다.

3　Hunger has reached (epidemic / endemic) proportions nationwide, leaving up to 20 million people vulnerable to illness.
　기아는 전국적으로 전염병수준에 이르렀고 이천 만 명에 달하는 사람들이 질병에 영향을 받기 쉬운 상황에 처했다.

4　People of less developed countries have to combat sporadic outbreaks of an (endemic / epidemic) as well as famine.
　저 개발 국가의 국민들은 굶주림뿐만 아니라 산발적으로 발생하는 전염병과도 싸워야 한다.

5　Her (priceless / worthless) art collection contained many works by the original artists.
　그녀의 매우 귀중한 미술 소장품에는 원작 예술가들의 작품이 다수 포함되어 있었다.

6　When dealing with (sensible / sensitive) issues, it is a good idea to choose one's words carefully.
　민감한 문제를 다룰 때는 어휘 선택을 주의하는 것이 좋다.

7　What you regard as witticisms is often offensive to (sentimental / sensitive) people.
　자신이 재치 있다고 생각하는 말도 예민한 사람들에게는 종종 불쾌감을 줄 수 있다.

8　How nice it would be if we could be calm and (serious / serene) in the midst of chaos.
　혼돈의 한가운데서 조용하고 침착할 수 있다면 참으로 좋을 텐데.

9　(Temperance / Temperament) is considered as one of the four cardinal virtues.
　절제는 네 가지 기본 덕목 중 하나로 여겨진다.

10　The government issues (avocation/ evacuation) warnings when a natural disaster is anticipated.
　재해가 예상되면 정부는 대피 경고를 발표한다.

〈정답〉
1. affected　2. effect　3. epidemic　4. epidemic　5. priceless
6. sensitive　7. sensitive　8. serene　9. Temperance　10. evacuation

Appendix

주제별 어휘 정리

부록

Anthropology & Archaeology

aboriginal [æ̀bərídʒənəl] 원주민의

anthropologist [æ̀nθrəpálədʒist] 인류학자

artifact [á:rtəfæ̀kt] 인공물, 공예품

burial [bériəl] 매장

cannibalism [kǽnəbəlìzəm] 식인 (풍습) 〈사람 고기를 먹는 풍습〉

coffin [kɔ́:fin] 관

connoisseur [kànəsə́:r] 감정가, 전문가

conservation [kànsə:rvéiʃən] 보존, 관리

corpse [kɔ:rps] 시체

cultural heritage 문화 유산

date [deit] 연대를 추정하다, 날짜가 적혀있다

demographic transition 인구학적 천이 〈출생률, 사망률의 주된 변화〉

demography [dimágrəfi] 인구 통계학

ethnic [éθnik] 민족의

ethnography [eθnágrəfi] 민족학

excavate [ékskəvèit] 발굴하다

extramarital [èkstrəmǽrətəl] 혼외의, 불륜의

fabric [fǽbrik] 직물, 조직

horticulture [hɔ́:rtəkÀltʃər] 원예

imperative [impérətiv] 긴급한

linear [líniər] 직선의

marital [mǽrətl] 결혼의

outcrop [áutkràp] (광맥 등의) 노출, 발생

philanthropic [filənθrápik] 박애주의의

physical anthropology 자연 인류학

pictograph [píktəgræ̀f] 상형 문자

Pleistocene [pláistəsì:n] 홍적세(의)(洪積世)

prehistoric [prì:histɔ́:rik] 선사시대의

provenience [prəví:njəns] 기원, 출처

quartzite [kwɔ́:rtsait] 규암

radiocarbon dating 방사성 탄소에 의한 연대 측정법

ritual [rítʃuəl] 의식의

ruin [rú:in] 폐허 (pl.), 파멸(시키다)

sedentary [sédəntèri] 정주성의, 이주하지 않는 〈cf. migratory 이주성의〉

subsistence [səbsístəns] 생존, 생계

Arts

abbey [ǽbi] 대수도원

abstract [æbstrǽkt] 추상파의

acropolis [əkrápəlis] (고대 그리스 도시의 언덕 위에 있는) 성채 (城砦)

adorn [ədɔ́:rn] 장식하다

aesthetic [esθétik] (예술적) 미의, 심미적인 (= esthetic)

aisle [ail] 통로, 복도

ambulatory [ǽmbjulətɔ̀:ri] 보행의, 이동성의

amenity [əménəti] 쾌적한 (오락, 문화, 편의) 시설 (pl.)

andante [ændǽnti] 느리게

andantino [ændæntí:nou] 조금 느리게 (안단테보다 조금 빠른)

antique [æntí:k] 고풍의, 골동품(의)

apartment [əpá:rtmənt] 아파트 (미국) 〈cf. flat 아파트 (영국)〉

appreciation [əprì:ʃiéiʃən] (예술 작품의) 평가, 이해

arch [á:rtʃ] 아치 〈활처럼 가운데 부분은 높고 길게 굽은 모양의 구조물〉

architect [ɑ́ːrkitèkt] 건축가

arrange [əréindʒ] 편곡하다

array [əréi] 배열, 정렬하다

atrium [éitriəm] 중앙 홀, 안뜰

avant-garde [àvɑːntgɑ́ːrd] 아방가르드, 전위파

baptistery [bǽptistəri] 세례 주는 곳

baroque [bəróuk] 바로크 양식(의) 〈17세기에 유행했던 화려하고 웅장한 양식〉

basilica [bəsílikə] 바실리카 〈고대 로마에서 상업 회의소나 재판소로 사용되었던 장방형 회당〉

bead [biːd] 구슬

book [buk] (좌석 등을) 예약하다

bronze [brɑnz] 청동

brushwork [brʌ́ʃwə̀ːrk] 화풍

bust [bʌst] 반신상

buttress [bʌ́tris] 버팀벽, 지지물

cacophony [kækɑ́fəni] 불협화음

canopy [kǽnəpi] 천막, 닫집 〈왕들이 접견시 사용하던 천막에서 유래된 것으로, 신과 왕의 권위를 상징하며 기둥에 의해 지지되는 고정된 구조물〉

caricature [kǽrikətʃùər] 풍자화

carving [kɑ́ːrviŋ] 조각(술)

cast [kæst] 주조하다, 상을 뜨다

ceramics [sərǽmiks] 도예, 도자기류

chancel [tʃǽnsəl] 성단소 〈교회당에서 동쪽 끝에 위치한 성가대와 성직자의 자리〉

chiaroscuro [kiɑ̀ːrəskjúːrou] 명암법

chisel [tʃízl] 조각칼, 조각하다

choral music 합창 음악

choreography [kɔ̀ːriɑ́grəfi] (발레, 무용의) 안무

clerestory [klíərstɔ̀ːri] 채광층 〈고딕 건축 대성당의 복도에서 지붕에 위치하고 높은 창이 달려 있는 층〉

cloister [klɔ́istər] 수도원, 회랑(回廊)

collection [kəlékʃən] 소장품

colonnade [kɑ̀lənéid] 열주 (줄기둥)

column [kɑ́ləm] 기둥

compose [kəmpóuz] 작곡하다

composition [kɑ̀mpəzíʃən] (음악) 작곡, (미술) 구성

condominium [kɑ̀ndəmíniəm] 분양 아파트

connoisseur [kɑ̀nəsə́ːr] (미술품 등의) 감식가, 전문가

conspicuous [kənspíkjuəs] 뚜렷한, 두드러진

cooperative [kouɑ́pərèitiv] 조합식 (공동) 주택

corbel [kɔ́ːrbəl] 무게를 받치는 벽의 돌출부

cornice [kɔ́ːrnis] 코니스 〈벽면에 위치한 수평으로 된 띠 모양 돌출 부분〉

coterie [kóutəri] (공동의 목적, 흥미를 갖는) 한패, 동아리

counterfeit [kɑ̀untərfit] 모조품

crypt [kript] 지하실

Cubism [kjúːbizəm] 입체파

disfigure [disfígjər] (모양, 가치를) 손상시키다

distraction [distrǽkʃən] 기분 전환, 오락

dome [doum] 둥근 천장

dormer [dɔ́ːrmər] 지붕창

duplicate [djúːpləkit] 복제의, 복사의

embedded [imbédid] 박아 넣은

empathy [émpəθi] 감정 이입

emulate [émjəlèit] 흉내내다, 필적하다

enchant [entʃǽnt] 매혹하다

engraving [ingréiviŋ] 조각

etching [étʃiŋ] 부식 동판술

execution [èksikjúːʃən] (예술 작품의) 제작

facade [fəsɑ́ːd] (건물의) 정면

feature [fíːtʃər] 특별 프로그램, 특집물, 특집 기사

festive [féstiv] 축제의

fiesta [fiéstə] 축제

finial [fíniəl] 꼭대기 장식 〈뱃집, 뾰족탑 등의 가장 위에 추가되는 장식〉

flat [flæt] 평지붕 (= flat roof), 아파트 (영국)

flawless [flɔ́:lis] 완벽한

fluting [flú:tiŋ] (고대 그리스 원기둥의) 장식적 세로홈

formative arts 조형 미술

fresco [fréskou] 프레스코 화법 〈갓 바른 회벽에 수채로 그리는 화법〉

gable [géibəl] 박공, 박공 지붕

gargoyle [gá:rgɔil] (고딕 건축에서 낙숫물받이로 만든 괴물 모양의) 이무기돌

glitter [glítər] 빛나다

guest of honor 주빈

handicraft [hǽndikræ̀ft] 수공예

hue [hju:] 색조

illustration [ìləstréiʃən] 삽화

Impressionism [impréʃənìzəm] 인상주의

Improvisation [impràvəzéiʃən] 즉흥 연주

ineffable [inéfəbəl] 말로 표현할 수 없는

inspiration [inspəréiʃən] 영감, 착상

intermission [ìntərmíʃən] 막간, (연극,연주회의 중간) 휴식 시간

intricately [intrikətli] 복잡하게

laid-back (음악,연주 등이) 한가롭고 평온한, 느긋한

laureate [lɔ́:riit] 월계관을 쓴, 계관 시인 〈17세기부터 영국 왕실에서 국가적으로 뛰어난 시인을 이르는 명예로운 칭호〉

lintel [líntl] 상인방 〈창, 입구 등 위에 댄 가로대〉

lithograph [líθəgræ̀f] 석판화

lyre [láiər] (고대 그리스의) 수금

manner [mǽnər] (예술 등의) 양식, 수법

matinee [mæ̀tənéi] 마티네, (연주회, 음악 등의) 낮 공연

medium [mí:diəm] 수단, 매개

metronome [métrənòum] 박자기

moderato [mɑ̀dərá:tou] 중간 속도로

mold [mould] 주조하다, 반죽하여 만들다

monochrome [mánəkòum] 단색화(법)

movement [mú:vmənt] (정치적, 사회적인) 운동, (시대의) 동향

mural [mjúərəl] 벽화

mystic [místik] 신비적인

narthex [ná:rθeks] 나르텍스 〈고대 기독교 교회당에서 본당 입구 앞에 위치한 넓은 홀〉

nocturne [náktə:rn] 야상곡

oil painting 유화

ornamental [ɔ̀:rnəméntl] 장식의

overture [óuvərtʃər] 서곡, 전주곡

pagoda [pəgóudə] 탑

pantheon [pǽnθiàn] 판테온 〈신들을 모신 신전〉

perspective [pə:rspéktiv] 원근법

picturesque [pìktʃərésk] 그림과 같은

piece [pi:s] 작품

pigment [pígmənt] 그림물감

pilaster [pilǽstər] 벽기둥 〈벽면에 드러나게 만든 장식용 기둥〉

plaster cast 석고상

portrait [pɔ́:rtrit] 초상화, 인물화 (= picture)

pottery [pátəri] 도기

prodigy [prádədʒi] 천재, 비범

prom [prɑm] 고등학교 졸업파티 (미국)

property [prápərti] 자산

pyramid [pírəmìd] 피라미드, 뾰족탑 모양의 것

quoin [kwɔin] (벽, 건물의) 외각

railing [réiliŋ] 난간

Realism [ríːəlìzəm] 사실주의

Renaissance [rènəsáːns] 르네상스, 문예 부흥

renovation [rénəvéiʃən] 수리, 복원

rib [rib] 리브, 서까래

Romanesque [ròumənésk] 로마네스크식 〈중세 초기 유럽에서 유행한 건축 및 예술 양식〉

Romanticism [roumǽntəsìzəm] 낭만주의

rotunda [routʌ́ndə] (지붕이 둥근) 원형 건물

routine [ruːtíːn] 틀에 박힌 연기, 판에 박힌 일

sanctuary [sǽŋktʃuèri] 신성한 장소

school [skuːl] 학파

sculpture [skʌ́lptʃər] 조각

sizable [sáizəbəl] 상당한 크기의

sonata [sənáːtə] 소나타 〈바로크 초기 이후에 발달한 악곡의 형식으로, 기악을 위한 독주곡 또는 실내악〉

spacious [spéiʃəs] 넓은

spatial [spéiʃəl] 공간의

spectacular [spektǽkjələr] 눈부신, 장관의

spire [spaiər] 뾰족탑

still life 정물화

stupa [stúːpə] 사리탑

stylize [stàilaiz] (도안 등을) 일정한 양식에 맞추다

sublime [səbláim] 웅장한

suite [swiːt] 조곡, 모음곡

symmetry [símətri] (좌우의) 대칭

symphony [símfəni] 교향곡

tenant [ténənt] (토지, 가옥 등의) 차용인, 거주자 〈cf. landlord 집주인〉

tenement [ténəmənt] 주택, 보유 재산

theatrical [θiǽtrikəl] 극장의, 연극의

the strings 현악기 (연주자들)

tracery [tréisəri] 트레이서리 〈고딕식 창의 격자 장식〉

tune [tjuːn] 곡조

urban congestion 도시 밀집

urban fringe 도시 주변

vault [vɔːlt] 둥근 천장, 지하실

virtuoso [və̀ːrtʃuóusou] (예술의) 거장, (예술에) 정통한 사람

water-color 수채물감

weld [weld] 용접하다, 결합시키다

woodwind [wúdwìnd] 목관악기

workshop [wə́ːrkʃɑ̀p] 작업장, 공동 연구회

Biology

acid rain 산성비

aerial [ɛ́əriəl] 공기의, 공중의

alga [ǽlgə] 조류, 해조

alluvium [əlúːviəm] 충적층

alternation of generations 세대 교체

alternative energy 대체 에너지

amber [ǽmbər] 호박(琥珀), 황갈색의

amoeba [əmíːbə] 아메바

amphibian [æmfíbiən] 양서류(의)

anatomy [ənǽtəmi] 해부학, 해부

annual ring 나이테

antenna [ænténə] 더듬이

aqueduct [ǽkwədʌ̀kt] 수로

aquifer [ǽkwəfər] 대수층 〈지하수를 함유한 다공질 삼투성 지층〉

artesian well (지하수의 수압을 이용한) 분수, 우물

arthropod [áːrθrəpɑ̀d] 절지동물, 절족 동물

assemblage [əsémblidʒ] 집단

assimilate [əsíməlèit] 동화시키다

atmospheric pollution 대기 오염

atomic energy 핵 에너지

bark [bɑːrk] 나무껍질

beak [biːk] (갈고리 모양의) 부리

bedrock [bédràk] 기반, 근저

bill [bil] (가늘고 납작한) 부리

biochemistry [bàioukéməstri] 생화학

biodiversity [báioudivə́ːrsəti] 생물의 다양성

biogeography [bàioudʒiágrəfi] 생물 지리학

biological clock 체내 시계

biosphere [báiousfìər] 생물권

biotechnology [bàiouteknálədʒi] 생명 공학

bloom [bluːm] 개화하다

botany [bátəni] 식물학

breed [briːd] 품종, 품종을 개량하다, (동물을) 기르다

breeding [bríːdiŋ] 번식, 품종 개량

broadleaf tree 활엽수

brood [bruːd] (한배의) 새끼들

bud [bʌd] 싹, 봉오리, 발아하다

buffer zone 완충 지대

burrow [bə́ːrou] 굴, 굴을 파다

bush [buʃ] 관목

camouflage [kǽmuflàːʒ] 위장(하다)

capillary [kǽpəlèri] 모세관의

capillary action 모세관 작용

capillary vessel 모세 혈관

carapace [kǽrəpèis] (갑각류의) 갑각, 껍질

carbon dioxide 이산화탄소

carnivorous [kɑːrnívərəs] 육식성의

catastrophe [kətǽstrəfi] 큰 재해, 재난

caterpillar [kǽtərpìlər] 모충 〈나비, 나방 등의 유충〉

cellular [séljələr] 세포의

cellulose [séljuəlòus] 섬유소

centipede [séntəpìːd] 지네

chameleon [kəmíːliən] 카멜레온, 경박한 사람

chick [tʃik] 병아리, 새끼 새

chloroplast [klɔ́ːrouplæ̀st] 엽록체

chromatin [króumətin] 염색질

chromosome [króuməsòum] 염색체

chrysanthemum [krisǽnθəməm] 국화

cicada [sikéidə] 매미

clam [klæm] 조개

claw [klɔː] 갈고리 발톱

climax community 극상 군락

cloning [klóuniŋ] 클로닝 〈미수정란의 핵을 체세포의 핵으로 변형시켜 유전적으로 동일한 생물을 얻는 기술〉

cobweb [kábwèb] 거미집

cocoon [kəkúːn] (누에)고치

colony [káləni] 군체

community [kəmjúːnəti] 군집

condense [kəndéns] 응축하다, 압축하다

coniferous tree 침엽수

conjugation [kàndʒəgéiʃən] (세포간의) 접합

contamination [kəntæ̀mənéiʃən] 오염

coral [kɔ́ːrəl] 산호

corrosion [kəróuʒən] 부식

cosmopolitan [kàzməpálətən] 전세계에 분포하는

crane [krein] 학, 두루미

cricket [kríkit] 귀뚜라미

cryogenics [kràiədʒéniks] 저온학

cub [kʌb] (여우, 곰, 사자 등의) 새끼

culture [kʌ́ltʃər] 배양

cytology [saitálədʒi] 세포학

deciduous tree 낙엽수

decomposition [diːkampəzíʃən] 분해, 부패

defoliation [di(ː)fóulièiʃən] 낙엽

deforestation [diːfɔ̀ːristéiʃən] 삼림 벌채

demise [dimáiz] 소멸

desalinate [diːsǽlənèit] 염분을 제거하다, 담수화하다 (= desalt)

disposable [dispóuzəbəl] 일회용의, 일회용품

disposal [dispóuzəl] 처리, 처분

diurnal [daiə́ːrnl] 주행성의 〈↔ nocturnal〉

DNA   deoxyribonucleic acid 디옥시리보핵산 〈유전 정보를 포함하는 유전 물질〉

dominant [dámənənt] 우성의 〈↔ recessive〉

drawdown [drɔ́ːdàun] 삭감, 축소

drift [drift] 표류, 흐름

earthworm [ə́ːrθwə̀ːrm] 지렁이

ecology [iːkálədʒi] 생태학

ecosystem [íːkousìstəm] 생태계

ecotype [íːkoutàip] 생태형

edible [édəbəl] 식용의

eel [iːl] 뱀장어

effluent [éfluənt] 유출물, 폐수

embryo [émbriòu] 태아

emission [imíʃən] 배출, 발산

encroach [enkróutʃ] 침식하다

endemic [endémik] 풍토성의, 지역 특유의

energy conservation 에너지 보존

energy-efficient 에너지 효율이 높은

energy-intensive 에너지 집약적인

entomology [èntəmálədʒi] 곤충학

environmental disruption 환경 파괴

environmentalist contingent 환경 보호 단체

enzyme [énzaim] 효소

erode [iróud] 부식하다, 침식하다

evacuation [ivæ̀kjuéiʃən] 배설(물), 배출

evaporate [ivǽpərèit] 증발시키다, 증발하다

evaporation [ivæ̀pəréiʃən] 증발 (작용)

evergreen tree 상록수

evolution [èvəlúːʃən] 진화

extinct [ikstíŋkt] 멸종된, 절멸한

extinction [ikstíŋkʃən] 멸종, 절멸

family [fǽməli] 과(科)

fang [fæŋ] 송곳니

fauna [fɔ́ːnə] (일정한 지방 또는 시대의) 동물군 〈cf. flora 식물군〉

ferment [fɔ́ːrment] 효소, 발효시키다

fermentation [fɔ̀ːrmentéiʃən] 발효

fern [fəːrn] 양치류

fertile [fɔ́ːrtl] 비옥한 (= productive)

fertilization [fɔ̀ːrtəlizéiʃən] 수정

fin [fin] 지느러미

flock [flɑk] (양, 염소, 새의) 떼, 무리

flora [flɔ́ːrə] (한 지방이나 한 시대 특유의) 식물군 〈cf. fauna 동물군〉

foliage [fóuliidʒ] 잎

food chain 먹이 사슬

forage [fɔ́ːridʒ] 먹이, (먹이를) 찾아 헤매다

fossil [fásl] 화석

fungus [fʌ́ŋgəs] 진균류, 효모균

gamut [gǽmət] 전범위, 전반

gene [dʒi:n] 유전자

genesis [dʒénəsis] 발생

genetic engineering 유전 공학

genetic manipulation 유전자 조작

genetics [dʒinétiks] 유전학

genotype [dʒénoʊtàip] 유전자형

genus [dʒí:nəs] (생물학의 분류 중에서) 속(屬) 〈과(family)와 종 (species) 사이〉

germinate [dʒə́:rmənèit] 발아하다

geyser [gáizər] 간헐천

gill [gil] 아가미

global warming 지구 온난화 (현상)

glucose [glú:kous] 포도당

graze [greiz] 방목하다

greenhouse effect 온실 효과 〈대기 중에 있는 수증기, 이산화탄 소, 오존 등이 지표에서 우주 공간으로 향하는 적외선 복사를 대부분 흡수하 여 지표의 온도를 비교적 높게 유지하는 작용〉

ground water 지하수

habitat [hǽbətæt] 서식지

hardness [há:rdnis] 단단함, 경도

hardy [há:rdi] 내한성의, 고난에 견딜 수 있는

harness [há:rnis] (폭포 등 자연력을) 이용하다

hatch [hætʃ] 부화하다

headwaters [hédwɔ̀:tərz] (강의) 상류, 원류

heath [hi:θ] 히스 〈황야에 자생하는 관목〉

hemophilia [hì:məfíliə] 혈우병

herbivore [há:rbəvɔ̀ər] 초식 동물

herbivorous [há:rbívərəs] 초식의

herd [hə:rd] 가축의 떼

hibernation [háibə́:rnéiʃən] 동면

hippopotamus [hìpəpátəməs] 하마

hive [haiv] 꿀벌통

hoof [huf] 발굽

host [houst] (기생 동식물의) 숙주

hover [hʌ́vər] 하늘을 떠다니다

hybridization [hàibridizéiʃən] 교배

hydroelectric power 수력 발전

impermeable layer 불침투성 층

inbreeding [ínbrí:diŋ] 근친 교배, 동종 번식(하다)

incubate [ínkjəbèit] 부화하다, 배양하다

inheritance [inhéritəns] 유전

insecticide [inséktəsàid] 살충제

insectivore [inséktəvɔ̀:r] 식충 동물

invertebrate [invə́:rtəbrit] 무척추 동물의

irrigation [ìrəgéiʃən] 관개, 물을 끌어들임

ivory [áivəri] 상아

jellyfish [dʒélifiʃ] 해파리

larva [lá:rvə] 애벌레

leaching [lí:tʃiŋ] 여과, 걸러내기

levee [lévi] (강의) 제방

LNG Liquefied Natural Gas 액화 천연 가스

locust [lóukəst] 메뚜기, 매미

LPG Liquefied Petroleum Gas 액화 석유 가스

lush [lʌʃ] 초목이 무성한

mammal [mǽməl] 포유류

mate [meit] 배우자, 상대, (동물이) 교미하다

meiosis [maióusis] 감수 분열

metabolism [mətǽbəlìzəm] 물질대사, 신진대사, 변형

metamorphosis [mètəmɔ́:rfəsis] 변태, 변형 (= change)

microbe [máikròub] 미생물

microorganism [màikrouɔ́:rgənìzəm] 미생물

migrant [máigrənt]　이주하는, (새가) 이주성의

migration [maigréiʃən]　이동

mineral [mínərəl]　광물, 무기물

mole [moul]　두더지

mollusk [máləsk]　연체 동물

moss [mɔ(:)s]　이끼

mutant [mjú:tənt]　돌연변이체

natural selection　자연 선택 (도태)

nectar [néktər]　화밀, 과즙

nest [nest]　(새, 곤충, 물고기, 짐승 등의) 보금자리

nocturnal [nɑktə́:rnl]　야행성의

nuclear fission　핵분열

nuclear reactor　원자로

nucleus [njú:kliəs]　핵

nutrition [nju:tríʃən]　영양

occur [əkə́:r]　서식하다

offspring [ɔ́(:)fsprìŋ]　자식, 새끼

oil well　유정

omnivorous [ɑmnívərəs]　잡식성의

organic [ɔ:rgǽnik]　유기체의

osmosis [ɑzmóusis]　삼투, 침투

otter [átər]　수달

outfall [áutfɔ:l]　강어귀

oviparous [ouvípərəs]　난생(卵生)의

oxidization [àksədizéiʃən]　산화

ozone depletion　(대기 오염이나 화학 물질에 의한 오존층의 파괴 때문에 발생하는) 오존 감소

ozone layer　오존층

paleontology [pèiliəntálədʒi]　고생물학

parasite [pǽrəsàit]　기생 동물

parasitism [pǽrəsàitizəm]　기생

pasture [pǽstʃər]　목초지

pathogen [pǽθədʒən]　병원체

paw [pɔ:]　동물의 발

penetrate [pénətrèit]　침투하다

perch [pəːrtʃ]　(새의) 횃대 (= roost)

percolation [pə̀:rkəléiʃən]　여과, 삼투

perennial [pəréniəl]　다년생의 (식물)

permeability [pə̀:rmiə:bíləti]　투과성

pest [pest]　해충, 유해물

pesticide [péstəsàid]　농약 〈살충제, 살균제, 제초제, 살서제 등〉

petal [pétl]　꽃잎

petroleum [pitróuliəm]　석유

pheasant [fézənt]　꿩

phenotype [fí:nətàip]　표현형 〈육안으로 볼 수 있는 생물의 형질〉

photosynthesis [fòutousínθəsis]　광합성

phylogenetic tree　계통수

phylum [fáiləm]　(동물 분류상의) 문(門)

physiology [fìziálədʒi]　생리학

plume [plu:m]　깃털

pollen [pálən]　꽃가루

pollinate [pálənèit]　수분하다, 가루받이하다

pollution [pəlú:ʃən]　오염

population [pàpjəléiʃən]　개체군

poultry [póultri]　가금류 〈닭, 거위, 칠면조, 집오리 등〉

power plant　발전소

precipitation [prisìpətéiʃən]　강수(량)

predator [prédətər]　포식 동물

prey [prei]　먹이, 잡아먹다

primates [praiméiti:z]　영장류

progeny [prɑ́dʒəni] 자손

proliferate [proulifərèit] 증식하다

protective coloring 보호색

protein [próuti:in] 단백질

protoplasm [próutəplæ̀zəm] 원형질

protozoa [pròutəzóuə] 원생 동물 〈세포 분열을 통해 번식하는 단세포의 하등한 원시적 동물〉

prowl [praul] (먹이를) 찾아 헤매다

proximity [prɑksíməti] 근접

pupa [pjú:pə] 번데기

radiation [rèidiéiʃən] (빛, 열 등의) 방사, 복사

radioactive substance 방사능 물질

rat [ræt] 쥐

rear [riər] 재배하다, 기르다

recessive [risésiv] 열성의 〈↔ dominant〉

reclaimed wastewater 재생 폐수

recombination [ri:kɑmbənéiʃən] 재결합, 재조합

recycle [ri:sáikəl] 재활용하다

reef [ri:f] 암초

replication [rèpləkéiʃən] 복제

reproduction [rì:prədʌ́kʃən] 번식, 생식

reptile [réptil] 파충류

reservoir [rézərvwà:r] 저수지, 저장소

respiration [rèspəréiʃən] 호흡 (작용)

rhinoceros [rainɑ́sərəs] 코뿔소

RNA ribonucleic acid 리보핵산 〈오탄당의 하나인 리보오스를 함유하는 핵산〉

ruminant [rú:mənənt] 반추 동물(의)

runoff [rʌ́nɔ̀:f] (땅 위를 흐르는) 빗물

saline [séili:n] 소금의, 염분이 있는

scale [skeil] 비늘

school [sku:l] (물고기 등의) 떼

scrub [skrʌb] (관목) 덤불

secretion [sikrí:ʃən] 분비 (작용)

sediment [sédəmənt] 침전물

seepage [sí:pidʒ] 누출, 스며나온 양

sewage treatment plant 하수 처리장

sewer [sjú:ər] 하수구

skylark [skáilà:rk] 종달새

snail [sneil] 달팽이

solar energy 태양열 에너지

species [spí:ʃi(:)z] 종(種)

species diversity 종의 다양성

specimen [spésəmən] 표본

sperm and egg 정자와 난자

sponge [spʌndʒ] 해면 (동물)

squirrel [skwɔ́:rəl] 다람쥐

starfish [stɑ́:rfiʃ] 불가사리

stem [stem] (풀, 나무의) 줄기

stump [stʌmp] 그루터기, (잎을 따낸) 밑동줄기

subsidence [sabsàidns] 침전

subspecies [sʌ́bspí:ʃi(:)z] 아종

succession [səkséʃən] 천이 〈일정 지역의 식물 군락이나 군락을 구성하는 종들이 시간에 따라 변천하는 현상〉

surface tension 표면 장력

survival of the fittest 적자생존

swamp [swɑmp] 늪 (= wetland)

swarm [swɔ:rm] (벌, 개미 등의) 떼

synthesis [sínθəsis] 합성, 통합

tadpole [tǽdpòul] 올챙이

taxidermy [tǽksidə̀:rmi] 박제술

taxonomy [tæksánəmi] 분류학

thermal pollution (원자력 발전소의 폐기물 등에 의한) 열공해

tissue [tíʃuː] 조직

toad [toud] 두꺼비

torpid [tɔ́ːrpid] 동면 중인 (= dormant)

toxic [táksik] 독성의

transformation [trænsfərméiʃən] 변형, (곤충 등의) 변태, 형질 변환

transpiration [trænspəréiʃən] 증발, 발산

tributary [tríbjətèri] (강의) 지류(의)

tropical rain forest 열대 우림

trout [traut] 송어

trunk [trʌŋk] (나무의) 줄기

turbidity [təːrbídəti] 혼탁(도)

tusk [tʌsk] 엄니, 뻐드렁니

vascular plant 관다발 식물 〈조직 내에 관다발을 가지고 있는 식물 을 총칭하는 말〉

venom [vénəm] 독

verdure [və́ːrdʒər] 신록

vermin [və́ːrmin] 해로운 작은 동물, 해충

vertebrate [və́ːrtəbrèit] 척추 동물

viviparity [vìvəpǽrəti] 태생

vulture [vʌ́ltʃər] 독수리

waste [weist] 폐기물

water cycle 물의 순환

water table 지하 수면 〈땅속의 대수층 표면〉

watershed [wɔ́tərʃèd] 분수령, 유역

weasel [wíːzəl] 족제비

wildlife [wíːzəl] 야생 생물

zoology [zouálədʒi] 동물학

Chemistry

acid [ǽsid] 산

alchemy [ǽlkəmi] 연금술

alloy [ǽlɔi] 합금

anode [ǽnoud] 양극 〈↔ cathode〉

antimony [ǽntəmòuni] 안티몬 〈금속 원소; 기호 Sb; 번호 51〉

atomic nucleus 원자핵

bauxite [bɔ́ːksait] 보크사이트 〈알루미늄의 원광〉

brew [bruː] 양조하다

carbohydrate [kàːrbouháidreit] 탄수화물

carbon [káːrbən] 탄소 〈비금속 원소; 기호 C; 번호 6〉

catalyst [kǽtəlist] 촉매

catalyze [kǽtəlàiz] (화학 반응을) 촉진시키다

cathode [kǽθoud] 음극 〈↔ anode〉

chemical reaction 화학 반응

chromite [króumait] 크롬철광

cobalt [kóubɔːlt] 코발트 〈금속 원소; 기호 Co; 번호 27〉

component [kəmpóunənt] 성분

composition [kàmpəzíʃən] 합성(물)

compound [kámpaund] 화합물, 혼합물

compression [kəmpréʃən] 압축

condensation [kàndənséiʃən] 액화

convection [kənvékʃən] 대류

copper [kápər] 구리 〈금속 원소; 기호 Cu; 번호 29〉

corrosive [kəróusiv] 부식성의

density [dénsəti] 밀도

dilute [dilúːt] 희석하다

dissolve [dizálv] 용해하다

distill [distíl] 증류하다

electron [iléktrɑn] 전자

emanate [émənèit] (냄새, 빛, 소리, 증기, 열 등이) 나오다 (= emerge)

evaporation [ivæpəréiʃən] 증발 (작용), (수분의) 발산

explosive [iksplóusiv] 폭발성의

extract [ikstrǽkt] 추출하다

fission [fíʃən] 분열

insulate [ínsəlèit] 절연하다

iron ore 철광석

isotope [áisətòup] 동위원소

lead [li:d] 납 〈금속 원소; 기호 Pb; 번호 82〉

malleability [mæliəbíləti] (금속의) 가단성(可鍛性)

molecule [máləkjù:l] 분자

molybdenum [məlíbdənəm] 몰리브덴 〈금속 원소; 기호 Mo; 번호 42〉

neutron [njú:trɑn] 중성자

nitric acid 질산

nitrogen [nàitrədʒən] 질소 〈기호 N; 번호 7〉

nitrogen fixation 질소 고정 〈공기 속의 질소를 사용하여 질소 화합물로 만드는 일〉

oxygen [áksidʒən] 산소 〈비금속 원소; 기호 O; 번호 8〉

palladium [pəléidiəm] 팔라듐 〈금속 원소; 기호 Pd; 번호 46〉

particle [pá:rtikl] 입자

platinum [plǽtənəm] 백금 〈금속 원소; 기호 Pt; 번호 78〉

protein [próuti:in] 단백질

proton [próutɑn] 양자

radiation [rèidiéiʃən] 복사

saturate [sǽtʃərèit] 포화 상태로 하다

sodium [sóudiəm] 나트륨 〈금속 원소; 기호 Na; 번호 11〉

solidify [səlídəfài] 응고시키다

solution [səljú:ʃən] 용액, 용해

solvent [sálvənt] 용제, 용매

sparkle [spá:rkəl] 불꽃을 내다

structural formula 구조식

sulfur [sʌ́lfər] 황 〈비금속 원소; 기호 S; 번호 16〉

synthetic [sinθétik] 합성의

synthetic fiber 합성 섬유

tallow [tǽlou] 수지, 짐승 기름

tin [tin] 주석 〈금속 원소; 기호 Sn; 번호 50〉

vaporization [vèipərizéiʃən] 기화

volatile [válətil] 휘발성의

wick [wik] (양초) 심지

yeast [ji:st] 효모

zinc [ziŋk] 아연 〈금속 원소; 기호 Zn; 번호 30〉

Computer Science

access [ǽkses] 액세스 〈기억 장치에 정보를 넣고 빼는 것〉

account [əkáunt] 계정 〈인터넷 서비스 공급 업체나 pc통신 서비스 등에 가입시 부여되는 사용자 ID와 암호〉

algorithm [ǽlgərìðəm] 알고리즘 〈프로그램 해법 수순〉

applet [ǽplit] 애플릿 〈특히 자바 프로그래밍에 이용되는 간단한 모듈〉

artificial intelligence 인공 지능 (= AI)

ASP Application Service Provider 애플리케이션 서비스 제공업체 〈소프트웨어 기반의 서비스 및 솔루션들을 광역 통신망을 통해 중앙 데이터 센터로부터 고객들에게 배포하고 관리하는 회사〉

authentication [ɔ:θéntikèiʃən] 인증

bandwidth [bǽndwìdθ] 대역폭 〈데이터 통신 기기의 전송 용량〉

binary [báinəri] 2진수 〈컴퓨터 내에서 데이터를 표현하기 위해 사용되는 2를 기반으로 하는 숫자 체계〉

bit [bit] 비트 (binary digit) 〈컴퓨터 데이터의 가장 작은 단위〉

boot [bu:t] 기억 장치로 스타트하다

browser [brauzər] 브라우저 〈월드 와이드 웹에서 정보를 활용할 수 있게 해 주는 응용 프로그램〉

byte [bait] 바이트 〈대부분의 컴퓨터 시스템에서 8비트 길이를 가지는

정보의 기본 단위〉

cache memory 캐시 기억 장치 〈주기억 장치에 포함되어 데이터 일부를 일시적으로 보관하는 고속 기억 장치〉

CGI Common Gateway Interface 〈웹서버에서 사용자의 요구를 응용 프로그램에 전달하고 그 결과를 사용자에게 되돌려주는 표준적인 방법〉

cognitive science 인지 과학 〈정신적 작업의 질과 그것을 가능케 하는 뇌의 기능을 연구〉

configuration [kənfìgjəréiʃən] (기계) 구성, (시스템의) 환경 설정

cookie [kúki] 쿠키 〈인터넷 접속시 PC의 하드 드라이브에 저장되는 사용자의 개인 신상 파일〉

CPU Central Processing Unit 중앙 처리 장치

cursor [ká:rsər] 커서 〈화면에서 문자가 입력되는 위치를 표시하는 이동 깜박이 점〉

cybernetics [sàibərnétiks] 인공두뇌학

directory [diréktəri] 디렉토리 〈외부 기억 장치에 들어있는 파일 목록〉

dragging [drǽgiŋ] 드래깅 〈마우스 버튼을 눌러가며 화면상을 이동시키는 것〉

encode [enkóud] 인코드 〈부호화하다〉

FAQ Frequently Asked Questions 많은 사람들이 빈번히 하는 질문들

feed [fi:d] (정보 등이 컴퓨터에) 들어가다

file compression 파일 압축 〈데이터 크기를 줄이는 것〉

firewall [faiərwɔ:l] 방화벽 〈일종의 컴퓨터망 보안 시스템〉

floppy disk 플로피 디스크 〈컴퓨터용 데이터를 담는 플라스틱제 자기 원판〉

fuzzy logic 퍼지 이론

GIF Graphic Interchange Format 〈월드 와이드 웹에서 지원되는 그래픽 파일 형식 중의 하나〉

hard disk 하드 디스크 〈디스크 표면을 전자기적으로 변화시켜 대량의 데이터를 저장하고 비교적 빠르게 접근할 수 있는 보조 기억 매체〉

heuristic approach 발견적 해결 방법 〈복잡한 문제를 풀 때 시행착오를 반복 평가하여 자기 발견적으로 문제를 해결하는 방법〉

HTML Hypertext Markup Language 〈인터넷의 하이퍼텍스트를 표현하기 위한 언어〉

incompatible [ìnkəmpǽtəbl] 호환성이 없는

infiltration [ìnfiltréiʃən] 침입, 침입물

information retrieval 정보 검색

interactive [ìntərǽktiv] 대화식의 〈컴퓨터가 출력한 내용에 따라 사용자가 적절한 입력을 하는 식으로, 입력과 출력이 공존하는 프로그램〉

ISDN Integrated Services Digital Network 종합 정보 통신망

Java 자바 〈Sun Microsystems사의 제품, 컴퓨터 프로그램 언어 소프트웨어〉

modem [móudèm] 모뎀 〈전화 회선을 통하여 인터넷에 접속하는 장치〉

NIC Network Interface Card 네트워크 카드 〈네트워크 접속을 위해 컴퓨터 내에 설치되어 있는 확장카드〉

operating system 운영 체계 〈컴퓨터 관리를 위한 프로그램〉

password [pǽswə̀:rd] 암호

protocol [próutəkàl] 프로토콜 〈컴퓨터 상호간의 대화에 필요한 통신 규약〉

resolution [rèzəlú:ʃən] 해상도

retrieve [ritrí:v] (정보를) 검색하다

save [seiv] (파일, 데이터를) 보존하다

server [sá:rvər] 서버 〈다른 프로그램에게 서비스를 제공하는 컴퓨터 프로그램〉

slot [slɑt] 슬롯, 꽂이틈 〈핀 홀 접속의 형태로 컴퓨터에 기능을 추가하기 위해 설계된 기술, 일부 특화된 기능을 제공하는 확장 카드를 끼우기 위한 장소〉

software [sɔ́(:)ftwɛ̀ər] 소프트웨어 〈컴퓨터나 관련 장치들을 동작시키는데 사용되는 다양한 종류의 프로그램을 지칭〉

store [stɔ:r] 기억, 데이터를 기억 장치에 저장하는 것

streaming [strí:miŋ] 스트리밍 〈전송되는 데이터를 끊김없이 지속적으로 처리할 수 있는 기술〉

TCP/IP Transmission Control Protocol/ Internet Protocol 〈인터넷상의 컴퓨터들 사이에서 데이터를 메시지의 형태로 보내기 위해 사용되는 프로토콜〉

undo [ʌndú:] (바로 전의 조작을 취소하고) 원래로 되돌리다

unzip [ʌnzíp] (컴퓨터 파일의) 압축을 풀다

URL Uniform Resource Locator 〈인터넷에서 접근 가능한 자원의 주소를 일관되게 표현할 수 있는 형식〉

virtual reality 가상 현실 (= VR)

Earth Science

abyss [əbís] 심연

accretion [əkríːʃən] 융합, 부착

affluence [ǽflu(ː)əns] 풍부함, 유입

albedo [ælbíːdou] 알베도 〈달, 행성이 반사하는 태양 광선의 율〉

Alpha [ǽlfə] 알파별 〈별자리 중 빛이 가장 밝은 별〉

altitude [ǽltətjùːd] 고도

angstrom [ǽŋstrəm] 옹스트롬 〈빛의 파장의 측정 단위〉

antarctic [æntáːrktik] 남극(의)

apex [éipeks] 정점, 향점(向點)

aphelion [æfíːliən] 원일점 〈cf. perihelion 근일점〉

apogee [ǽpədʒìː] 원지점 〈cf. perigee 근지점〉

aquaculture [ǽkwəkʌ̀ltʃər] (어류, 패류의) 수산 양식

aquanaut [ǽkwənɔ̀ːt] 잠수 기술자

aquarium [əkwɛ́əriəm] 수족관

aquatic [əkwǽtik] 수상의

archipelago [ɑ̀ːrkəpéləgòu] 군도

arctic [áːrktik] 북극(의)

arid [ǽrid] 건조한 (= dry, barren)

asteroid [ǽstərɔ̀id] 소행성

astronaut [ǽstrənɔ̀ːt] 우주 비행사

astrology [əstrálədʒi] 점성학

astronomy [əstránəmi] 천문학

astrophysics [ǽstroufíziks] 천체 물리학

Atlantic [ətlǽntik] 대서양(의)

atmosphere [ǽtməsfìər] 대기

aurora [ərɔ́ːrə] 오로라, 극광

avalanche [ǽvəlæ̀ntʃ] 눈사태

axis [ǽksis] 지축

ballast [bǽləst] 바닥짐 〈배의 균형을 위하여 바닥에 싣는 돌이나 모래〉

barometric pressure 기압

basin [béisən] 분지, 유역

bathometer [bəθámitər] 측심기

beacon [bíːkən] 신호소, 항로 (수로, 교통, 항공) 표시

big bang theory 우주 폭발 기원론

binary star 연성 〈두 별의 공통된 무게 중심을 도는 천체〉

black hole 블랙홀 〈강력한 중력장을 가진 천체로 빛, 에너지, 전파 등이 빨려든다는 우주의 가상적인 구멍〉

blizzard [blízərd] 강한 눈보라 〈풍설, 혹한을 동반하는 폭풍〉

boggy [bági] 습지의

bolide [bóulaid] 화구, 폭발 유성

bow shock 바우 쇼크 〈태양풍과 행성 자장의 상호 작용으로 발생하는 충격파〉

breeze [briːz] 미풍

brig [brig] 쌍돛대의 범선

buoy [búːi] 부표

caldera [kældíːrə] 칼데라 〈화산 폭발 등으로 생긴 대규모 함몰 지형〉

carbonate [káːrbənèit] 탄산염, 탄산염화하다

cave [keiv] 동굴

cavern [kǽvərn] 동굴

celestial [siléstʃəl] 천체의

Celsius [sélsiəs] 섭씨의

centigrade [séntəgrèid] 섭씨의 〈cf. Fahrenheit 화씨의〉

channel [tʃǽnl] 해협, 수로를 통해 나르다

chasm [kǽzəm] 깊게 갈라진 틈

chilly [tʃíli] 쌀쌀한

chromosphere [króuməsfìər] 채층 〈태양의 주변을 덮은 붉은색 가스층〉

cinder [síndər] (화산에서 분출한) 분석(噴石), 재

cinder cone 분석구

circumpolar [sə̀ːrkəmpóulər] 극지방의

cirrus [sírəs] 권운, 새털구름

clay [klei] 점토

cliff [klif] 절벽

clipper [klípər] 쾌속 범선

cluster [klʌ́stər] 성단(星團), 무리

cold front 한랭전선 〈cf. warm front 온난전선〉

collide [kəláid] 충돌하다

colonialism [kəlóuniəlìzm] 식민지화 정책

coma [kóumə] 코마 〈혜성 핵 둘레의 대기〉

comet [kámit] 혜성

composite volcano 복식 화산

configuration [kənfìgjəréiʃən] 천체의 배치, 성위(星位)

congregate [káŋgrigèit] 모이다 (= gather)

constellation [kànstəléiʃən] 별자리

contour [kántuər] 윤곽, 등고선

core [kɔːr] (지구의) 중심핵

corona [kəróunə] (해, 달 둘레의) 광환 〈천체 등의 주위에 펼쳐져 보이는 발광체〉

cosmic ray 우주선(線)

cosmology [kazmálədʒi] 우주론

cosmos [kázməs] 우주

county [káunti] 군 〈State 밑의 행정 구획〉

coup d'etat 쿠데타, 무력 정변

coxswain [káksən] (보트의) 키잡이

crack [kræk] 갈라진 틈

craft [kræft] (소형의) 선박, 비행기

crater [kréitər] 분화구

craton [kréitan] 대륙괴 〈지각의 안정 부분〉

crayfish [kréifiʃ] 가재

cretaceous period 백악기 〈1억 3,500만 ~ 6,500만 년 전〉

crew [kruː] 승무원

crude oil 원유

crush [krʌʃ] 눌러 부수다

crust [krʌst] 지각

crustaceology [krʌstèiʃiálədʒi] 갑각류학

crystal [krístl] 결정

cumulonimbus [kjùːmjəlounímbəs] 적란운, 소나기 구름

cyclone [sáikloun] 사이클론, (인도양 등의) 열대성 저기압

dale [deil] 골짜기

damp [dæmp] 습기

debris [dəbríː] 부스러기, 파편

declination [dèklənéiʃən] 편위(偏位), 편차 (variation)

delta [déltə] 삼각주

deluge [déljuːdʒ] 대홍수

deposit [dipázit] 침전물, 퇴적물, 가라앉히다

deposition [dèpə] 퇴적(물)

depression [dipréʃən] (지반의) 함몰

desertification [dizə̀ːrtəfikéiʃən] 사막화

dielectric constant 유전율

ditch [ditʃ] 수로, 호(濠)

doldrums [dóuldrəmz] (적도 부근의) 무풍대

Doppler Effect 도플러 효과 〈음원과 관측자의 상대적인 운동에 의하여 소리의 고저가 변하는 현상〉

drain [drein] 배수하다

drainage [dréinidʒ] 배수

drench [drentʃ] 흠뻑 적시다

drizzle [drízl] 이슬비

droplet [dráplit] 작은 물방울

drought [draut] 가뭄

earth's axis 지축

ebb [eb] 썰물, 간조 ⟨cf. flow 밀물⟩

eccentricity [èksentrísəti] 이심률

eclipse [iklíps] (해, 달의) 식(蝕)

ecliptic [iklíptik] 황도

El Ni ño 엘니뇨 현상 ⟨페루 앞바다 적도 부근의 중부 태평양 해역의 해면 온도가 급상승하는 현상⟩

elevation [èləvèiʃən] 고도

ellipse [ilíps] 타원

endangered [indéindʒərd] 멸종 위기의

epicenter [épisèntər] 진앙, 진원지

equator [ikwéitər] 적도

eruption [irʌ́pʃən] (화산의) 폭발, 분화, (용암의) 분출

estuary [éstʃuèri] 강어귀

ethnocentrism [èθnouséntrizəm] 자기 민족 중심주의

extragalactic [èkstrəgəlǽktik] 은하계 밖의

Fahrenheit [fǽrənhàit] 화씨(의) ⟨cf. centigrade 섭씨⟩

fallout [fɔ́:làut] 방사성 낙진

famine [fǽmin] 굶주림, 기아

fathom [fǽðəm] (두 팔을 벌린 길이의 의미에서) 길 ⟨길이의 단위, 약 1.8m = 6feet⟩

fault [fɔ:lt] 단층(이 생기다)

fin [fin] 지느러미

fishmonger [fíʃmʌ̀ŋgər] 생선 장수, 생선 가게

fissure [fíʃər] 갈라진 틈, 열구(裂溝)

flare [flɛər] 플레어 ⟨광구면에 순간적으로 생기는 폭발 현상⟩

flounder [fláundər] 넙치류

focal point 초점, 중심

forecastle [fóuksl] 앞 갑판

fraction [frǽkʃən] 파편, 부분

fragile [frǽdʒəl] 부서지기 쉬운

freezing [frí:ziŋ] 몹시 추운

frigate [frígit] 중형전함, 프리깃함

frost [frɔ:st] 서리

galactic halo 은하무리

galactic nebula 은하성운

galaxy [gǽləksi] 은하계

gale [geil] 강풍

gas composition 기체 성분

geyser [gáizər] 간헐천

glaciation [glèiʃiéiʃən] 빙결, 빙하 작용

glacier [gléiʃər] 빙하

globular cluster 구상 성단

glossy [glɔ́(:)si] 광택 있는

glow [glou] 백열, 빛나다

gorge [gɔ:rdʒ] 골짜기

granite [grǽnit] 화강암

gravitation [grævətéiʃən] 중력, 인력, 하강 (sinking)

gravitational collapse 중력 붕괴 ⟨천체가 중력 작용으로 인해 수축하는 현상⟩

gravity [grǽvəti] 중력

gulf [gʌlf] 만 ⟨보통 bay보다 크며 폭에 비해 길이가 넓음⟩

gusty winds 돌풍

gutter [gʌ́tər] 수로

hail [heil] 우박

hazy [héizi] 안개 낀

heliocentric [hì:liouséntrik] 태양 중심의

hemisphere [hémisfìər] (지구, 천체의) 반구

heterogeneity [hètəroudʒiní:əti] 이질, 이종

hinterland [híntərlæ̀nd] 후배지, 오지

hot spot 열지점 〈지각 하부 또는 맨틀 상부에 위치한 고온 물질이 상승하는 부분〉

Hubble's law 허블의 법칙 〈우주의 후퇴 속도는 거리에 비례한다〉

humidity [hju:mídəti] 습도

hummock [hʌmək] 빙구(氷丘), 빙원에 있는 얼음 언덕

hydrofoil [háidrouffɔil] 수중익(선)

iceberg [áisbə:rg] 빙산

icecap [áiskæp] 만년설

icicle [áisikəl] 고드름

igneous [ígniəs] 화성(火成)의 (= fiery, burning, flaming)

immerse [imə́:rs] 가라앉히다

implosion [implóuʒən] (진공관의) 내파

inboard [ínbɔ̀:rd] 배안의

inclination [ìnklənéiʃən] 경사도

Indian Ocean 인도양

inferior planet 내행성 〈지구와 태양 사이에 있는 수성, 금성〉〈cf. superior planet 외행성〉

infrared rays 적외선

infrastructure [ínfrəstrʌ̀ktʃər] 기반 시설, 하부 구조 (= foundation)

inland [ínlənd] 내륙의

inshore [ínʃɔ́:r] 연해의

interstellar [ìntərstélər] 별과 별 사이의

intertidal [ìntərtáidl] 만조와 간조 사이의

inundate [ínəndèit] 범람시키다, 침수시키다

ion [áiən] 이온 〈전하를 띄는 원자나 원자단〉

ionosphere [aiánəsfìər] 이온층, 전리층

isobar [áisəbɑ̀:r] 등압선

isotherm [áisəθə̀:rm] 등온선 〈일정 온도에서의 압력과 체적의 관계〉

jolt [dʒoult] 세게 치다, ~에 충격을 주다

Jupiter [dʒú:pətər] 목성

keel [ki:l] (배나 비행선의) 용골

Kepler s laws 케플러의 법칙 〈1. 타원 궤도의 법칙 – 모든 행성들은 태양을 초점으로 하는 타원 궤도를 그리며 운동한다 2. 면적 속도 일정의 법칙 – 같은 시간 동안에 행성과 태양을 잇는 직선의 면적은 같다 3. 조화의 법칙 – 행성의 공전 주기의 제곱은 행성의 타원 궤도의 긴 반지름의 세 제곱에 비례한다〉

lateen [lætí:n] 삼각범선

latitude [lǽtətjù:d] 위도

launch [lɔ:ntʃ] (로켓 등을) 발사하다

lava [lávə] 용암, 화산암

leap year 윤년

lee [li:] 바람이 불어가는 쪽, 풍하

leeward [lí:wərd] 바람 불어가는 쪽의

life expectancy 기대 수명

light year 광년 〈1광년 = 빛이 일년 동안 간 거리〉

limestone [làimstòun] 석회석

littoral [lítərəl] 해안의

longitude [lándʒətjù:d] 경도

longitudinal [làndʒətjú:dinəl] 경도의

luminosity [lù:mənásəti] (항성의) 광도

lunar eclipse 월식

lunar module 달 착륙선

lunar month 태음월, 음력 달 〈약 29.5일〉

magnetic field 자기장

magnetic pole 자극(磁極)

magnetosphere [mægní:təsfìər] 자기권 〈대기권의 최상층부〉

magnitude [mǽgnətjù:d] (지진의) 진도, (항성의) 광도

malnutrition [mælnjuːtríʃən] 영양 실조

manned [mænd] (우주선 등에) 승무원이 탄, 유인의

mantle [mǽntl] 맨틀 〈지각과 중심핵 사이의 층〉

marble [mɑ́:rbəl] 대리석

margin [mɑ́:rdʒin] 가장자리, (호수 등의) 물가

maritime [mǽrətàim] 바다의

Mars [mɑ:rz] 화성

marsh [mɑ:rʃ] 늪, 습지

marsh fever 말라리아

mass [mæs] 질량

meander [miǽndər] 굽이쳐 흐르다

Mediterranean [mèdətəréiniən] 지중해(의)

Mercury [mə́:rkjəri] 수성

meridian [mərídiən] 자오선

mermaid [mə́:rmèid] 인어

mesosphere [mésəsfìər] 중간권

meteor [mí:tiər] 유성, 운석

meteorite [mí:tiəràit] 운석

meteorological [mì:tiərəládʒikəl] 기상의

meteorology [mì:tiərálədʒi] 기상학

microwave [máikrouwèiv] 극초단파, 마이크로파

minute [mínit] 미세한, 정밀한

mirage [mirá:ʒ] 신기루

mist [mist] 안개

moisture [mɔ́istʃər] 습기

molt [moult] (허물 등을) 벗다

monsoon [mɑnsú:n] 계절풍

moor [muər] 황무지

moraine [mouréin] 빙퇴석 〈빙하에 의해 운반된 후 하류에 쌓인 돌 무더기〉

mostly sunny skies 대체로 맑은 날씨

mountain range 산맥

mouth [mauθ] 강어귀

myriad [míriəd] 무수한

narwhal [nɑ́:rʰwèil] 일각과의 고래 (= narwhale)

NASA National Aeronautics and Space Administration 미국 항공 우주국

navigation [nævəgéiʃən] 항해

nebula [nébjələ] 성운

nepotism [népətìzəm] 친척 등용, 족벌주의

Neptune [néptju:n] 해왕성

neutrino [nju:trí:nou] 중성미자(微子), 뉴트리노

Newtonian mechanics 뉴턴역학

northern hemisphere 북반구

nova [nóuvə] 신성

nuclear fusion 핵융합

observatory [əbzɔ́:rvətɔ̀:ri] 천문대, 관측소

occasional rain showers 때때로 소나기

oceanarium [òuʃənɛ́əriəm] 해양 수족관

oceanography [òuʃiənágrəfi] 해양학

opacity [oupǽsəti] 불투명 (= opaqueness)

opaque [oupéik] 불투명한

orbit [ɔ́:rbit] 궤도

ovoid [óuvɔid] 난형체, 알 모양의 것

oyster bed 굴 양식장

Paleozoic era 고생대

parch [pɑ:rtʃ] (햇볕 등이 땅을) 바짝 마르게 하다

particle [pɑ́:rtikl] 분자

partly cloudy skies 일부 구름 낀 하늘

pass [pæs] 산길

peak [pi:k] 산꼭대기 (= highest point, crest)

pebble [pébəl] 조약돌

pelagic [pelǽdʒik] 원양의

peninsula [pinínʃələ] 반도

penumbra [pinʌ́mbrə] 반영(半影) 〈태양 흑점의 반암부 또는 월식 에서 umbra 주위의 약간 밝은 부분〉

perigee [pérədʒì:] 근지점 〈달, 인공위성이 지구에 가장 가까워지는 점〉 〈cf. apogee 원지점〉

perihelion [pèrəhí:liən] 근일점 〈태양계의 천체가 태양에 가장 가까워지는 위치〉 〈cf. aphelion 원일점〉

permafrost [pə́:rməfrɔ̀:st] 영구 동토층

perturb [pərtə́:rb] 섭동을 일으키다 〈천체의 평형 상태가 다른 천체의 인력에 의해서 교란되는 현상〉

petrifaction [pètrəfǽkʃən] 석화 (작용)

phenomenon [finámənàn] 현상

photoelectric effect 광전 효과

photon [fóutan] 광자(光子) 〈빛의 에너지〉

photosensitive [fóutousénsətiv] 감광성의

photosphere [fóutousfìər] (태양, 항성 등의) 광구

pigment [pígmənt] 색소

Planck's constant 플랑크 상수 〈양자 역학의 기본 상수; 기호 h〉

planet [plǽnət] 행성

planetary nebula 행성 모양의 성운

plasma [plǽzmə] 원형질, 혈장, 전리 기체 〈원자핵과 전자가 분리된 가스 상태〉

plate [pleit] 플레이트 〈지각과 맨틀 상층부의 판상 부분〉

plateau [plætóu] 고원

platypus [plǽtipəs] 오리 너구리

pluralism [plúərəlìzm] 다원론 〈우주를 구성하고 있는 근본적 실체는 하나가 아니고 여럿으로, 모든 존재자는 이러한 실체의 결합으로 이루어져 있다고 설명하는 형이상학적 이론〉 〈cf. monism 일원론〉

Pluto [plu:tou] 명왕성

Polaris [poulǽris] 북극성

polarization [pòulərizéiʃən] 분극

pole [poul] 극(極)

positron [pázətràn] 양전자 〈↔ negatron〉

Precambrian era 선(先)캄브리아기

precipitation [prisìpətéiʃən] 강수량

precipitous [prisípətəs] 절벽의

prominence [prámənəns] (태양의) 홍염

pulsar [pʌ́lsɑ:r] 펄서, 맥동성 〈전파 방사 천체의 하나〉

quarters of the moon (달의) 현(弦)

quasar [kwéisɑ:r] Quasi-Stellar Object 항성상, 준성

quay [ki:] 방파제, 선창

quintal [kwíntl] 무게의 한 단위 〈100kg〉

radial velocity 시선 속도 〈천체가 관측자의 시선 방향에 가까워지거나 멀어지는 속도〉

radian [réidiən] 라디안 〈호도법의 각도 단위; 약 57˚; 기호 rad〉

radio signal 무선 신호

rainfall [réinfɔ̀:l] 강우, 강수량

red tide 적조

refit [ri:fít] (배 등을) 수리하다

resolution [rèzəlú:ʃən] 분해, 분석

retrograde [rétrəgrèid] 역행하는, 역행하다

revolution [rèvəlú:ʃən] 공전

revolve [riválv] 공전하다

rhyolite [ráiəlàit] 유문암

ridge [ridʒ] 산마루, 능선

rift [rift] 단층 (= fault)

rigging [rígiŋ] 삭구 〈돛, 돛대, 로프 등의 총칭〉

right ascension 적경(赤經)

rotation [routéiʃən] 자전

saturate [sǽtʃərèit] 흠뻑 적시다, 포화시키다

Saturn [sǽtərn] 토성

savanna [səvǽnə] 사바나, 대초원 〈열대 지방 등의 나무가 없는 대평원〉

scorching [skɔ́:rtʃiŋ] 아주 뜨거운 (= exceedingly hot)

sea urchin 성게

sea wall 방파제

seafloor [sí:flɔ̀:r] 해저

275

seaquake [síːkwèik] 해진(海震)

seaweed [síːwìːd] 해초, 해조

seaworthy [síːwə̀ːrði] 항해에 적합한

sedimentary [sèdəméntəri] 침전 작용에 의한, 침적의

seism [saizəm] 지진

seismic intensity 진도

seismologist [sàizmáləʤist] 지진학자

seismology [sàizmáləʤi] 지진학

shale [ʃeil] 셰일, 이판암

shatter [ʃǽtər] 박살내다

shatter cone 충격 원뿔(암) 〈분화, 운석 충돌로 인한 원뿔꼴 암석편〉

shield [ʃiːld] 순상지 〈주로 선캄브리아기의 암석으로 된 평평하고 넓은 지역〉

shield volcano 순상 화산

shoal [ʃoul] 얕은 곳, 여울목

sight [sait] (별 등을) 관측하다

silicate [síləkèit] 규산염

singularity [sìŋgjəlǽrəti] 특이, 기묘, 이상(異常)

slab [slæb] 석판, 평석

sleet [sliːt] 진눈깨비

snowstorm [snóustɔ̀ːrm] 눈보라

social stratification 사회 계층(화)

soil erosion 토양 침식

soil exhaustion 토양 소모

solar eclipse 일식

solar system 태양계

southern hemisphere 남반구

spectrometer [spektrámitər] 분광계

sphere [sfiər] 천구, 천체

spin [spin] 회전(시키다)

spiral [spáiərəl] 나선형(의)

sporadic [spərǽdik] 산발적인

squall [skwɔːl] 스콜, 돌풍

starvation [staːrvéiʃən] 기아

stationary front 징체 전선

stellar [stélər] 별의, 항성의

steppe [step] 스텝, 대초원 지대 〈시베리아 등지의 수목 없는 대초원〉

strait [streit] 해협

stratosphere [strǽtəsfìər] 성층권

stratum [stréitəm] 지층, (대기, 해양의) 층 〈pl. strata〉

subarctic [sʌbáːrktik] 북극권에 접한, 아(亞)북극의

submarine ridge 해저산맥

subtropical [sʌbtrápikəl] 아열대의

summer solstice 하지

summit [sʌ́mit] (산의) 정상

sunspot [sʌ́nspàt] 태양 흑점

supergiant star 초거성

superior planet 외행성 〈지구보다 궤도가 바깥쪽에 있는 행성〉

supernova [sùːpərnóuvə] 초신성 〈별의 진화 과정에서 마지막으로 대폭발을 일으켜 태양의 천만 배에서 수억 배까지 밝아지는 별〉

swamp [swɑmp] 소택지, 늪

swirl [swəːrl] 소용돌이(치다)

taiga [táigə] 타이가 〈시베리아, 북아메리카 등의 침엽수림 지대〉

tectonic [tektánik] 건축의, 구조(상)의

tentacle [téntəkəl] 촉수

terra [térə] 흙, 육지, 지구

terrain [təréin] 지역, 지형 (= ground, land)

the Polaris 북극성

thermosphere [θə́ːrməsfìər] 열권, 온도권

thunderstorm [θʌ́ndərstɔ̀ːrm] 폭풍우

tide [taid] 조수

tide rip 거센 파도

tilt [tilt] 경사, 경사지다

topsoil [tápsɔ̀il] 상층토, 표토

tornado [tɔːrnéidou] 토네이도 〈서아프리카와 미국 미시시피강 유역에서 일어나는 맹렬한 선풍〉

trade wind 무역풍

trail [treil] 오솔길

trawl [trɔːl] 트롤 낚싯줄

tremor [trémər] 진동, 떨림

tribalism [tráibəlìzəm] 부족주의

tributary [tríbjətèri] (강의) 지류

troposphere [trápəsfìər] 대류권

trough [trɔ(ː)f] 기압골

tundra [tʌ́ndrə] 툰드라, 동토대

umbra [ʌ́mbrə] (태양 흑점 중앙의) 암영부 〈월식 때 태양 빛이 전혀 닿지 않는 지구, 달의 그림자 부분〉

undulate [ʌ́ndʒəlèit] (땅이) 기복하다, 굽이치다

unleash [ʌnlíːʃ] 속박을 풀다, 억제함을 그치다

upstream [ʌ́pstríːm] 상류

upwind [ʌ́pwínd] 역풍(의)

Uranus [jùərənə] 천왕성

vapor [véipər] 증기

variable star 변광성 〈별의 밝기가 변하는 천체〉

vent [vent] 배출구, 통풍공

Venus [víːnəs] 금성

vernal equinox 춘분

vessel [vésəl] 배

volatile [válətil] 휘발성의, 심하게 변동하는

volcanic ash(es) 화산재

volcano [valkéinou] 화산

wane [wein] (달이) 작아지다

warm front 온난전선 〈cf. cold front 한랭전선〉

waterway [wɔ́ːtərwèi] 수로

wavelength [wéivlèŋkθ] 파장

wax [wæks] (달이) 차다, 커지다 〈cf. wane (달이) 이지러지다, 작아지다〉

weather map 기상도

weather [wéðər] 풍화시키다

weathering [wéðəriŋ] 풍화 작용

wharf [hwɔːrf] 부두

whirl [hwəːrl] 회전하다

white dwarf 백색 왜성

wind velocity 풍속

winter solstice 동지

zoophyte [zóuəfàit] 식충류 〈불가사리, 산호, 해면 등〉

zooplankton [zòuəplǽŋktən] 동물성 플랑크톤

Economics & Business

absenteeism [æ̀bsəntíːzəm] 계획적 결근 〈노동 쟁의 전술 중 하나〉

account number 계좌 번호

accountant [əkáuntənt] 회계원, 경리

accounting [əkáuntiŋ] 회계

affiliate [əfílièit] 계열회사

agency [éidʒənsi] 대리점

aggregate [ǽgrigèit] 총계의

alliance [əláiəns] 동맹, 제휴

allocate [ǽləkèit] 할당하다

analysis [ənǽləsis] 분석

analyst [ǽnəlist] 분석가

antitrust law 독점 금지법

appraise [əpréiz] 평가 견적

appreciation [əprì:ʃiéiʃən] (가격의) 등귀, (수량의) 증가

appropriation [əpròupriéiʃən] 유용, 착복

arbitrage [á:rbətridʒ] 재정 거래

asking price 호가

assessment [əsésmənt] (과세를 위한) 평가

asset [æset] 자산, 재산

ATM Automatic Teller Machine 현금 자동 인출기

audit [ɔ́:dit] 회계 감사(하다)

avocation [ævoukéiʃən] 부업

AWOL Absence without Leave 무단 결석(자), 무단 이탈(병사)

baggage claim area 수화물 찾는 곳

(baggage) claim check (수화물) 보관증

balance [bǽləns] 잔고, 수지

bank book 예금 통장

bank vault 은행 금고

bankruptcy [bǽŋkrʌptsi] 파산

bargain [bá:rgən] 매매 계약, 거래, 싼 물건

barrier to import 수입 장벽

barter [bá:rtər] 물물교환하다

bear market 약세인 증권시장

BEMS Big Emerging Markets 미국이 지정한 성장 잠재력이 높은 10개의 시장

bidding [bídiŋ] 입찰

bearish [bɛ́əriʃ] (증권) 약세의 〈cf. bullish 강세의〉

beneficiary [bènəfíʃièri] 수익자

bill of lading 선하증권 (B/L)

blue chip 우량주, 우량 기업

blue-collar 육체 노동자의

board of directors 이사회

boarding pass 탑승권

bond [bɑnd] (차용) 증서, 채권, 보세창고 유치(留置)

book [buk] 장부

bookkeeper [búkkì:pər] 부기 (장부) 계원

boost [bu:st] 경기를 부양하다

break-even 수입과 지출이 맞먹는

break-even point 손익 분기점

budget bill 예산안

budget cut 예산 절감

budgetary austerity 긴축예산

bull market 강세인 증권시장

bullish [búliʃ] (증권) 상승세의 〈cf. bearish 약세의〉

business card 명함

business correspondence 상업 서신

bypass [báipæs] 우회로

cabin [kǽbin] 객실, 조종실

capital gains 자본 이득, 양도 소득

cargo [ká:rg] 화물

carry-on (luggage) (비행기 내에) 휴대할 수 있는 짐

cash flow 현금 유출입, 현금 자금

CEO Chief Executive Officer 최고 경영자

certified mail 배달 증명 우편

cession [séʃən] 양도

change [tʃeindʒ] 거스름돈, 잔돈

check and balance 견제와 균형

checkbook [tʃékbùk] (당좌 계좌) 수표책

checking account 당좌 예금 계좌

chef [ʃef] 주방장 〈cf. cook 요리사〉

clear [kliər] 결제하다

clockwise [klákwàiz] 시계 방향으로

cockpit [kákpìt] 조종실

COD Cash on Delivery 대금 상환 〈배달된 물건을 받으면서 배달원에게 대금을 지불하는 방식〉

collateral [kəlǽtərəl] 담보(물)

collect money 수금하다

collective bargaining 단체 교섭

commission [kəmíʃən] 위임, 위탁

commodity [kəmádəti] 상품

commodity futures 상품선물(先物)

compound interest 복리

comptroller [kəntróulər] (회계, 은행의) 감사관

concierge [kànsiɛ́rʒ] (아파트) 관리인, (호텔) 접수계

confiscate [kánfiskèit] 몰수하다

conglomerate [kənglámərət] (거대) 복합 기업

consolidate [kənsálədèit] (토지, 회사 등을) 합병 정리하다

consortium [kənsɔ́:rʃiəm] 콘소시엄, 협회, 조합

consume [kənsú:m] 소비하다 (= use up)

consumer goods 소비재

consumer price index 소비자 물가 지수 (CPI)

consumption [kənsʌ́mpʃən] 소비

contraband [kántrəbæ̀nd] 밀수(품)

corner the market 매점 매석하다

corporation [kɔ̀:rpəréiʃən] 회사, 법인

countersign [káuntərsàin] 연서하다, 같은 문서에 두 사람 이상이 서명하다

covenant [kʌ́vənənt] 계약

coverage [kʌ́vəridʒ] (보험) 보상 범위

CPA Certified Public Accountant 공인 회계사

creditor [kréditər] 채권자 〈cf. debtor 채무자〉

cruise [kru:z] 순항(하다)

curb [kə:rb] 억제하다

currency [kə́:rənsi] 통화

curriculum vitae 이력서

curtailment [kə:rtéilmənt] 삭감

DA District Attorney 지방 검사

dealing [dí:liŋ] 거래, 매매

declare [diklɛ́ər] (세관에) 신고하다

deduction [didʌ́kʃən] 공제(액)

deficit [défəsit] 적자 〈cf. surplus 흑자〉

delinquent account 체납 계좌

demote [dimóut] 강등시키다

denomination [dinàmənéiʃən] (도량형의) 단위, 액면 금액

deposit [dipázit] 예금하다

depreciation [deprì:ʃiéiʃən] 감가상각

derivatives [diri] 복합 금융 상품

devalue [di:vǽlju:] 평가 절하하다

developer [divéləpər] 개발자, 택지 개발업자

developing countries 개발도상국

DINK Double Income No Kids 자녀가 없는 맞벌이 부부

dismiss [dismís] 해고하다

diversify [divə́:rsəfài] 다양화하다

dividend [dívidènd] 배당금, 예금이자

DM Direct Mail 광고 우편물

donation [dounéiʃən] 기증

down payment (할부 등의) 계약금, 첫 불입금

drive-up window 승차한 채로 서비스를 받을 수 있는 창구

due [dju:] 지급기일이 된

dump [dʌmp] 투매하다

embargo [embá:rgou] 통상금지

embark [embá:rk] 배에 싣다

endorse [endɔ́:rs] 이서하다, 배서하다

entrepreneur [ɑ̀:ntrəprənə́:r] 기업가

enumerate [inʲú:mərèit] 열거하다

equilibrium [ì:kwəlíbriəm] 평형

equitable [ékwətəbəl] 공평한

equity [ékwəti] 보통 주식, (담보, 세금 등을 뺀) 재산의 순수 가격 (pl.)

estimate [éstəmèit] 견적(을 내다)

exchange rate 환율

executive [igzékjətiv] 임원, 관리직(원)

exhortation [ègzɔːrtéiʃən] 권고, 훈계

exorbitant [igzɔ́:rbətənt] (값이나 요구가) 터무니없는

expenditure [ikspénditʃər] 지출

expire [ikspáiər] 만기가 되다, 종료하다

exploit [éksplɔit] 이용하다, 착취하다

express mail 속달 우편

face value 액면

factory outlet 공장 직판장, 할인점

fare [fɛər] 교통 요금

feasibility [fì:zəbíləti] 타당성, 채산성

fill an order 주문대로 완수하다

fill out a form 양식을 작성하다

finance [finǽns] 재무, 재정학, 자금을 조달하다

financial futures 금융선물(先物)

financial market 금융 시장

financial report 회계 보고

fire [fàiər] 해고시키다

fiscal [fískəl] 회계의, 국고의, 재정의

fiscal and monetary policy 재정 금융 정책

fiscal year 회계 연도 〈미국: 9월 30일, 영국: 3월 31일 끝남〉

flea market 벼룩시장

flier [fláiər] 전단, 광고

flight attendant 객실 승무원

fluctuation [flʌ̀ktʃuéiʃən] 변동

foreign exchange market 외환 시장

foreign exchange reserve 외환 보유고

forward [fɔ́:rwərd] (우편물을 다른 주소로) 보내게 해놓다

four-wheel drive 4륜 구동

framework agreement 일괄적 타협안

free of charge 무료의

fringe benefit 복리 후생 〈본급 외의 유급 휴가, 건강 보험, 연금 등〉

full coverage 종합 보험 〈cf. liability coverage 책임 보험〉

full-time job 정규직

fund [fʌnd] 자금 (= money), 공채

FYI For your information 참고로

gas-guzzler 연료 소비가 많은 차

general strike 총파업

general trading company 종합 상사

ghetto [gétou] 빈민굴

GNP Gross National Product 국민 총생산

gratuitous [grətʲú:ətəs] 무료의

gross income 총수입

hangar [hǽŋər] 격납고

head office 본점, 본사

headquarters [hédkwɔ̀:rtərz] 본부

high-interest rate 고금리

hike [haik] (급료, 가격 등의) 인상

holdings [hóuldiŋs] 소유물

honorarium [ɑ̀nərέəriəm] 사례금

human rights 인권

ignition [igníʃən] 점화 장치

imbalance [imbǽləns] 불균형

immigration office 출입국 관리소

incentive [inséntiv] 장려(금), 격려

income tax 소득세

indemnity [indémnəti] 손해배상

indigenous people 토착민

insolvent [insálvənt] 파산한, 지급 불능의

installment [instɔ́:lmənt] 할부 (불입금)

interest [íntərist] 이자

interest rate 금리

intersection [ìntərsékʃən] 교차로

inventory [ínvəntɔ̀:ri] 목록, 재고품

investment trust 투자 신탁

invoice [ínvɔis] (상품 발송의) 송장

jaywalk [dʒéiwɔ̀:k] 무단 횡단하다

jet lag 시차로 인한 피로(를 주다)

joint venture 합작 투자 (업체)

L/C Letter of Credit 신용장

labor union 노동 조합

labor-intensive 노동 집약적인

landing [lǽndiŋ] 착륙 〈cf. takeoff 이륙〉

languish [lǽŋgwiʃ] 약해지다

lavatory [lǽvətɔ̀:ri] 기내 세면실

lay off (일시적) 해고하다

lease [li:s] 임대 계약

ledger [lédʒər] 원장, 원부

lessee [lesí:] 임차인, 세든 사람

lessor [lésər] 임대인, 빌려 준 사람

leverage [lévəridʒ] 수단, 권력

levy [lévi] 징수하다

liabilities [làiəbíləti:z] 채무, 빚

liable [láiəbl] ~할 의무가 있는

liner [láinər] 정기 항공 노선

liquidate [líkwidèit] (부채, 자산 등을) 청산하다, 정리하다

liquidity [likwídəti] 유동성, 유동 자산 보유

list [list] (증권을) 상장하다

loan [loun] 대부(금)

locksmith [láksmìθ] 자물쇠 기술자

logging [lɔ́:giŋ] 벌목, 벌목 반출업

lost and found 유실물 보관소

lucrative [lú:krətiv] 수익성이 있는

lucre [lú:kər] 이익

lunch break 점심 시간

M & A Mergers and Acquisitions 기업 인수 합병

maintenance [méintənəns] 유지, 정비

make a detour 우회하다

manifest [mǽnəfèst] 적하목록 (송장)

manifold [mǽnəfòuld] 다양한

margin [má:rdʒin] 판매 수익, 여유액

materialize [mətíəriəláiz] 구체화하다

maturity [mətʃúərəti] (어음 등의) 만기일

merger [má:rdʒər] 합병

merit rating 인사 고과, 근무 평정

metropolitan [mètrəpálitən] 대도시의

monetary system 금융제도

money order 우편환

monopoly [mənápəli] 독점(권), 전매

monthly statement 월별 명세서

morale [mouрǽl] 사기, 의욕

mortgage [mɔ́:rgidʒ] 저당, 담보 대출

multilateral [mÀltilǽtərəl] (무역, 결안 등이) 다국간의, 다각적인

multinational corporation 다국적 기업

multiple [mʌ́ltəpəl] 복합적인

national treasure 국고

nationalize [nǽʃənəlàiz] 국영화하다

net income (세금을 제외한) 순수입

niche market 틈새 시장

NNP Net National Product 국민 순생산 〈cf. GNP 국민 총생산〉

nonprofit [nánpráfit] 비영리의

nosedive [nóuzdáiv] 폭락하다

official discount rate 공정 이율 〈중앙 은행이 시중 금융 기관에 대하여 어음 할인이나 대부를 해 줄 경우에 적용하는 기준 금리〉

OJT On the Job Training 직업 현장 교육

on order 주문해 놓은, 발주해 놓은

one-way traffic 일방 통행

operating expenses 운영비

ordinance [ɔ́:rdənəns] 법령, 조례

out of work 실직한 (= out of job, out of employment)

output [áutpùt] 생산, (일정 기간 중의) 생산고

outstanding account (낼 돈이 남아 있는) 미결제 계좌

overdraw [òuvərdrɔ́:] (예금 등을) 초과 인출하다

overhead [óuvərhéd] 간접비

overhead compartment 머리 위의 수화물 선반

overpass [òuvərpǽs] 고가 도로

owe [ou] 지불할 의무가 있다

page [peidʒ] 불러 찾다

part-time job 시간제 노동직

passbook [pǽsbùk] 은행 통장 (= bankbook)

pay off (빚을) 갚다

paycheck [péitʃèk] 급여

payee [peií:] 수취인

pecuniary [pikjú:nièri] 금전상의

pension [pénʃən] 연금

per capita 1인당

personal check 가계 수표

personnel [pə̀:rsənél] 전직원, 인사과

pink slip 해고 통지서

place an order 주문하다

pledge [pledʒ] 담보(물)

ply [plai] 정기적으로 왕복하다

policy [páləsi] 보험 증권

premium [prí:miəm] 보험료, 할증금

price freeze 가격 동결

price hike 가격 인상

principal [prínsəpəl] 원금

productivity [pròudʌktívəti] 생산성

profit and loss 손익

profitability [práfitəbíləti] 수익성

prolong [proulɔ́:ŋ] 연장하다

promissory note 약속 어음

proprietary [prəpráiətèri] 독점의

protectionist [prətékʃənist] 보호 무역론자

proviso [prəváizou] (법령, 조약 등의) 단서, 조건

QC Quality Control 품질 관리

quarantine [kwɔ́:rəntì:n] 검역소, 검역하다

R&D Research and Development 연구 및 개발

raise [reiz] 월급 인상

reach an agreement 합의에 도달하다

real estate agent 부동산 중개인

reasonable price 적정가

rebate [rí:beit] (지불한 금액의 일부를) 환불하다

recruit [rikrúːt] 모집하다

recycle [riːsáikəl] 재활용하다

registered mail 등기 우편

reimburse [rìːimbə́ːrs] (비용을) 상환하다

remit [rimít] 송금하다

re [ríː] ~에 관하여 (= regarding)

retail price 소매가 〈cf. wholesale price 도매가〉

retirement benefits 퇴직금

return [ritə́ːrn] 반환, 수익

revenue [révənjùː] 세입, 수익

right of way 통행권

run over (차가 사람을) 치다

safe deposit (귀중품 등의) 보관소

savings account 보통 예금 계좌

sea mail 선편 우송

securities [sikjúərətiːz] 유가 증권

securities industry 증권 업계

self-addressed stamped envelop 자신의 주소를 명기한 반신용 봉투

sell off 매각하다

seller's market 판매자 시장 〈cf. buyer's market 구매자 시장〉

seniority system 연공 서열제

sequestrate [sikwéstreit] 가압류하다

shareholder [ʃέərhòuldər] 주주 (영국)

shares [ʃέərs] 주식

shift [ʃift] (근무) 교대 시간대

ship [ʃip] 발송하다, 선적하다

shipping and handling charges 발송 및 처리 경비 (우편, 운임, 보험, 포장 등)

shoulder [ʃóuldər] 갓길

shut-down 공장폐쇄

sit-in 연좌 농성 (= sit-down)

skyrocketing price 급등하는 물가

skyscraper [skàiskrèipər] 고층 건물

slow down 속도를 낮추다

sluggish [slʌ́giʃ] 불경기의

small and medium-sized business 중소기업

soar [sɔːr] 급등하다

sold out 매진된

solvent [sálvənt] 지급 능력이 있는 〈cf. insolvent 파산한, 지급 불능의〉

specification [spèsifikéiʃən] 명세서, 내역 (pl.)

speculate [spékjəlèit] 투기하다

spur [spəːr] 박차, 자극

stage a demonstration 데모를 하다

stagnant [stǽgnənt] 정체된, 불경기의

stake [steik] 이해(관계) (interest), (개인적) 관여

stock [stɑk] 주식

stock exchange 증권 거래소

stock market 증권 시장

stock price index 주가 지수

stockholder [stɑ́khòuldər] 주주 (미국)

strike [straik] 파업(하다)

subcontract [sʌbkɑ́ntrækt] 하청 계약을 하다

subsidiary [səbsídièri] 자회사, 보조의

subsidy [sʌ́bsidi] 보조금

subterranean [sʌ̀btəréiniən] 지하의

suite [swiːt] 고급 호텔방 〈침실 외에 거실, 응접실 등이 붙어 있는 것〉

superfluous [suːpərfluəs] 여분의

supplier [səpláiər] 납품업체

supply and demand 수요와 공급

surplus [sə́:rplʌs] 흑자 〈cf. deficit 적자〉

sustainable [səstéinəbl] 유지할 수 있는

swerve [swəːrv] 빗나가다

takeover [téikòuvər] 관리권 (소유권, 지배권) 취득

tardiness [tá:rdinis] 지연

tariff [tǽrif] 관세(표)

tax deduction 세금 공제

tax evasion 탈세

tax return 납세 신고서

telemarketing 통신 판매

teller [télər] (은행의) 현금 출납 계원

tender [téndər] 입찰하다

toll [toul] 통행료

tollbooth [tóulbùθ] (유료 도로의) 통행세 징수소

tow [tou] 견인하다

trade-off 교환, 거래

transaction [trænsǽkʃən] 상거래, 처리

transfer [trænsfə́:r] 이체하다

traveler's check 여행자 수표 (T/C)

trust account 신탁 (계좌)

(labor) turnover [tá:rnòuvər] 노동 이동 〈신규 채용자, 해고자의 평균 노동자에 대한 백분율〉

tycoon [taikú:n] 재벌, 실업계의 거물

underpass [ʌ́ndərpæ̀s] 지하도

unemployment [ʌ̀nimplɔ́imənt] 실업

unemployment benefits 실업 수당

usury [jú:ʒəri] 고리대금(업)

valid [vǽlid] 유효한

vending machine 자동 판매기

vendor [véndər] 노점상

venture [véntʃər] 모험적 사업

venture capital 위험 부담 자금, (사업) 투기 자본

vet [vet] 수의사 (= veterinarian)

via airmail 항공 우편으로

vicious [víʃəs] 악의 있는 〈cf. vicious circle 악순환〉

voluntary retirement 명예 퇴직

voucher [váutʃər] 상품권

wage freeze 임금 동결

walkout [wɔ́:kàut] 파업

warehouse [wέərhàus] 창고

white-collar 사무직의, 두뇌 노동자의

wholesale [hóulsèil] 도매(의)

wire transfer 온라인 송금

withdraw [wiðdrɔ́:] (돈을) 인출하다 〈cf. deposit 입금하다〉

withdrawal slip 인출표

withholding tax 원천 과세

working capital 운영 자본

World Bank 세계 은행

zip code 우편 번호

Education

abstract [æbstrǽkt] 요약

accounting [əkáuntiŋ] 회계학

acoustic disturbance 청각 장애

admission procedure 입학 절차

admission requirement 입학 자격

adolescent [æ̀dəlésənt] 청춘기의 (사람)

aging society 노령화 사회

Alma Mater 모교

alumni [əlʌ́mni:] 동창회

ambivalent [æmbívələnt] 반대되는 것이 공존하는, 서로 용납되지 않는

amentia [eiménʃiə] 정신 박약

anthropology [æ̀nθrəpálədʒ] 인류학

appendix [əpéndiks] 부록

aptitude [ǽptitùːd] 적성, (학문, 공부의) 총명함

archaeology [à:rkiálədʒi] 고고학

assignment [əsáinmənt] 과제물

assumption [əsʌ́mpʃən] 가정, 가설

astrology [əstrálədʒi] 점성술

astronomy [əstránəmi] 천문학

atlas [ǽtləs] 지도책

audit [ɔ́ːdit] (대학 강의를) 청강하다

auditorium [ɔ̀ːditɔ́ːriəm] 강당

autistic [ɔːtístik] 자폐증의

autobiography [ɔ̀ːtəbaiágrəfi] 자서전

bibliography [bìbliágrəfi] 서지학, 참고 문헌 목록

blurb [bləːrb] 선전 문구, 추천사

boarding house 하숙집

botany [bátəni] 식물학

browse [brauz] (책을) 여기저기 읽다, 띄엄띄엄 읽다

business administration 경영학

calligraphy [kəlígrəfi] 서도, 서예

certificate [sərtífəkit] (수료, 이수) 증명서, 면허증

certify [sə́ːrtəfài] 증명하다, 인증하다

circular argument 순환 논법

citation [saitéiʃən] 인용문

coeducation [kòuedʒukéiʃən] 남녀 공학

commencement [kəménsmənt] 졸업식

communication disorder 의사 소통 장애

commute [kəmjúːt] 통근, 통학하다

competence [kámpətəns] 자질, 능력

compulsion [kəmpʌ́lʃən] 강박 (현상), 억제하기 어려운 욕망

compulsory [kəmpʌ́lsəri] 필수의, 의무적인

content [kəntént] 목차, 내용 (pl.)

conversely [kənvə́ːrsli] 반대로

correspondence [kɔ̀:rəspándəns] 통신, 서신 왕래

courtesy [kɔ́ːrtəsi] 예의바름, 호의

cram [kræm] 벼락공부

credit [krédit] 이수 단위, 학점

cultural subject 교양 과목 (= Liberal Arts)

curriculum [kəríkjələm] 교육 과정

dean [diːn] 학장, 학생과장

deduction [didʌ́kʃən] 연역법 〈cf. induction 귀납법〉

deductive reasoning 연역적 추론

degree [digríː] 학위

descriptive approach 묘사적 방법

diploma [diplóumə] 졸업증서

directory [diréktəri] 인명부, 주소 성명록

disinterestedness [disíntərèstidnis] 공평함

dissertation [dìsərtéiʃən] 학위 논문

doctor's degree 박사 학위

documentation [dàkjəmentéiʃən] 증거 자료에 의한 입증, 문서 제시

dormitory [dɔ́ːrmətɔ̀ːri] 기숙사

dropout [drápàut] 중퇴자, 탈락자

edify [édəfài] 교화하다, 가르치다

education for gifted children 영재 교육

educational administration 교육 행정

elective [iléktiv] 선택 과목

elementary school   초등학교

eligibility for entrance   입학 자격

eligible [élidʒəbəl]   적격의, 적임의

embody [embádi]   (사상, 감정 등을 예술이나 말로) 구체화하다, 구현하다

emeritus [imérətəs]   명예 퇴직의

emotional disorder   정서 장애

encyclopedia [ensàikloupí:diə]   백과사전

engineering [èndʒəníəriŋ]   공학

engross [engróus]   몰두시키다, 집중시키다

enlightenment [enláitnmənt]   계발, 교화

enroll [enróul]   등록하다

entail [entéil]   (노력, 비용 등을) 들게 하다, (필연적 결과로서) 일으키다

entrance ceremony   입학식

equal opportunity   기회 균등

essay exam   논술 시험

evaluate [ivæljuèit]   평가하다

explanatory approach   설명적 방법

explicit [iksplísit]   명백한

expository [ikspázitɔ̀:ri]   설명적인

extracurricular activity   과외 활동

facility [fəsíləti]   재능, 솜씨

faculty [fækəlti]   교수단, 학부

final oral defense   (대학 학위 심사의) 최종 구두 시험

fine arts   미술

fire drill   방화 훈련, 소방 연습

flair [flɛər]   재능

flunk [flʌŋk]   낙제하다

footnote [fútnòut]   각주, 보충 설명

forbear [fɔ:rbέər]   삼가다, 자제하다

foreword [fɔ́:rwə̀:rd]   머리말, 서문

foster [fɔ́(:)stər]   육성하다, 촉진하다

genetics [dʒinétiks]   유전학

geography [dʒi:ágrəfi]   지리학

geology [dʒi:álədʒi]   지질학 〈cf. geognosy 지질학, 지구 구조학〉

glossary [glásəri]   용어풀이

governess [gʌ́vərnis]   여자 가정교사

GPA   Grade Point Average 평점

grade [greid]   학년, 성적

graduate school   대학원

graduation [grædʒuéiʃən]   졸업, 졸업식

graduation thesis   졸업 논문

handout [hǽndàut]   (교실, 학회에서 주는) 유인물

hardcover [há:rdkʌ́vər]   두꺼운 표지의 책 (= hardback)

higher education   고등 교육

honor student   우등생

indebted [indétid]   은혜를 입은, 부채가 있는

index card   색인 카드

induction [indʌ́kʃən]   귀납법

inductive reasoning   귀납적 추론

inference [ínfərəns]   추론, 추정

informal education   비정규 교육

inquisitor [inkwízətər]   조사자, 심문자

insight [ínsàit]   통찰력

intelligence test   지능 검사

intelligible [intélədʒəbəl]   이해할 수 있는, 지성적인

intermediate [ìntərmí:diit]   중간의

interpretative [intə̀:rprətèitiv]   통역의, 해석의

IQ   Intelligence Quotient 지능 지수

jack-of-all-trades   팔방미인

junior college　2년제 대학, 전문 대학

learn by heart　암기하다

liberal arts　(대학의) 교양 과목

liberalism [líbərəlìzəm]　자유주의 ⟨17~18세기에 주로 유럽의 신흥 시민 계급에 의하여 주장된 시민적·경제적 자유와 민주적인 여러 제도의 도입을 요구하는 사상이나 운동. 로크, 루소, 벤담, 밀 등이 주창하였으며, 미국과 프랑스 혁명의 원동력이 됨⟩

lifelong education　평생 교육

linguistics [liŋgwístiks]　언어학

literacy [lítərəsi]　읽고 쓰는 능력, 교육

literature [lítərətʃər]　문학

logic [ládʒik]　논리학

logical fallacies　논리적 오류

manual [mǽnjuəl]　안내서

mass communication　매스컴, 대중 전달(수단)

master's degree　석사 학위

MBA　Master of Business Administration 경영학 석사

medical checkups　건강 검진

medicine [médəsən]　의학

memoir [mémwɑːr]　(pl.) 회고록, 자서전

mentally handicapped children education　정신 장애아 교육

mentally retarded　정신 지체의

mentor [méntər]　스승, 정신적 지도자

monograph [mánəgræ̀f]　전공연구 논문

mull [mʌl]　곰곰이 생각하다

multiple-choice　(문제가) 다항 선택식의, 객관식의

muse [mjuːz]　명상하다

nursery school　보육원

oblivion [əblíviən]　망각

outline [áutlàin]　개요

paper [péipər]　논문, 숙제

paperback [péipərbæ̀k]　종이 표지로 된 책

pedagogy [pédəgòudʒi]　교수법

peer group　동료 집단, 또래 집단

philosophy [filásəfi]　철학

physical education　체육

physical fitness test　체력 운동 조사

physically and mentally handicapped child　심신 장애아

physics [fíziks]　물리학

pick up　(저절로 조금씩) 익히다

plagiarism [pléidʒiərìzəm]　표절

polemics [poulémiks]　논증법

political science　정치학

pop quiz　(예고 없이 간단히 보는) 시험

postdoctoral [pòustdáktərəl]　박사 과정 이수 후의 연구자

postgraduate [póustgrǽdʒuit]　대학원생, 연구생

preface [préfis]　서문

prerequisite [priːrékwəzit]　기초 필수 과목, 선행 조건

preschool-education　취학전 교육

primary education　초등 교육

probation [proubéiʃən]　(실격, 처벌 학생의) 가(假)급제 기간, 근신 기간

psychology [saikálədʒi]　심리학

PTA　Parent-Teacher Association 사친회

puberty [pjúːbərti]　사춘기

qualification [kwàləfəkéiʃən]　자격, 자격 증명서

qualify [kwáləfài]　자격을 주다

quarter [kwɔ́ːrtər]　(4학기로 나눈) 1학기

RA　Research Assistant 연구 조교 (실습 조교)

reasoning [ríːzəniŋ]　추론, 논거

reckon [rékən]　생각하다, 판단하다

reference [réfərəns] 추천인, 신원 보증서, 조회서

reference book 참고서 〈사서, 백과사전, 지도 등〉

required subject 필수 과목 (= compulsory subject)

requirement [rikwáiərmənt] 필요 조건

requisite [rékwəzit] 필요 조건

résumé 이력서

reunion [ri:jú:niən] 재회, 동창회 (= alumni association)

scholarship [skάlərʃìp] 장학금

school excursion 수학여행

school for deaf and dumb 농아 학교

secondary education 중등 교육

self evaluation 자기 평가

self-discipline 자기 훈련, 자기 수련

semester system 2학기제

seminar [sémənὰːr] 세미나, 연구집회

sociology [sòusiάlədʒi] 사회학

statement of purpose 학업 계획서, 지원 동기서 (SOP)

statistics [stéitistiks] 통계학

stereotype [stériətàip] 고정 관념

straight scale 절대 평가

style [stail] 문체, 표현 양식 (= mode)

syllabus [síləbəs] (강의의) 개요, 요강

TA Teaching Assistant 조교

table of contents 목차

tact [tækt] 재치, 세련된 감각

take-home exams 학생이 집에 가지고 가서 하는 시험

tenure [ténjuər] 임기, 재직 기간

terse [təːrs] (문체, 표현이) 간결한

thesis [θíːsis] 논문

toddler [tάdlər] 유아, 아장아장 걷는 아이

transcript [trǽnskript] 성적 증명서

transfer [trænsfάːr] 편입학, 전학

tuition [tjuːíʃ ən] 수업료

tutor [tjúːtər] 가정교사(로서 가르치다)

tutorial system (특히 대학의) 개별 지도제

unit [júːnit] (학과목의) 단위, 학점

university entrance examination 대학 입시

visual disturbance 시각 장애

vocational education 직업 교육

vocational school 직업 학교

well-informed 박식한, 잘 알고 있는

Engineering

absorber [æbsɔ́ːrbər] 흡수 장치

absorption coefficient 흡수 계수

air mass 기단

alternating current 교류

ampere [ǽmpiər] 암페어 〈전류의 단위〉

aviation [èiviéiʃ ən] 비행, 항공

battery [bǽtəri] 전지

blur [bləːr] 희미하게 하다, 희미해지다

boron [bɔ́ːrɑn] 붕소

breakdown [bréikdàun] 고장

cell [sel] 전지 〈cell이 모여서 battery를 이룸〉

charging [tʃάːrdʒiŋ] 충전

chlorofluorocarbon 클로로플루오르카본 〈순환성 냉매, 발포제, 용제로서 쓰임〉 (CFC)

cog [kɑg] (톱니바퀴의) 이

combustion [kəmbʌ́stʃ ən] 연소, 산화

compact [kəmpǽkt] 아담한, (자동차가) 작고 경제적인

conduction band 전도대

conversion [kənvə́:rʒən] 변환, 전환

dashboard [dǽʃbɔ̀:rd] (조종석, 운전석 앞의) 계기판

diffusion [difjú:ʒən] 확산, (빛의) 난반사

diode [dáioud] 다이오드, 2극 진공관

direct current 직류 〈cf. alternating current 교류〉

discharge [distʃá:rdʒ] 배출하다

dopant [dóupənt] 반도체에 첨가하는 미세한 불순물

doping [dóupiŋ] 도핑 〈반도체 안에 소량의 불순물을 첨가하여 필요한 전기적 특성을 얻는 것〉

electric charge 전하

electric circuit 전기 회로

electric current 전류

electrodeposition [ilèktroudèpəzíʃən] 전착 〈전기 분해에 의하여 전해질이 갈라져 나와 전극의 표면에 들러붙는 것〉

electrolyte [iléktrəláit] 전해질

fiber [fáibər] 섬유

fuel cell 연료 전지 〈연료의 연소 에너지를 열로 바꾸지 않고 직접 전기 에너지로 바꾸는 전지〉

gallium [gǽliəm] 갈륨 〈희금속 원소; 기호 Ga; 번호 31〉

giga- '10억,무수(無數)'의 뜻의 결합사

glaze [gleiz] 유약을 바르다, 겉칠을 하다

grid [grid] 그리드 〈축전지 안의 활성 물질의 지지물, 도선으로서 쓰이는 금속판〉

hetero- '다른, 이종의'의 뜻의 결합사

homo- '같은, 동종의'의 뜻의 결합사

indium [índiəm] 인듐 〈금속 원소; 기호 In; 번호 49〉

insolation [ìnsouléiʃən] 일사(병)

install [instɔ́:l] 설치하다

insulation [ìnsəléiʃən] 절연체

interchangeable [intərtʃéindʒəbəl] 호환성이 있는

intrinsic semiconductor 진성 반도체 〈N형도 P형도 아닌 반도체〉

inverter [invə́:rtər] 변환 장치

junction [dʒʌ́ŋkʃən] (반도체 내의 전기적 성질이 다른 부분의) 접합

load [loud] 하중, 부하

malfunction [mǽlfʌ́ŋkʃən] 기능 불량

maneuver [mənú:vər] 교묘히 이동시키다, 조종하다

manipulation [mənìpjəléiʃən] 조작

mechanization [mèkənizéiʃən] 기계화

modulate [mádʒəlèit] 조절하다

module [mádʒu:l] (도량의) 단위, 기준치수

monolithic [mànəlíθik] 단일의, 단일 결정으로 된 〈cf. hybrid 혼성의〉

nuclear energy 핵에너지

parallel connection 병렬 회로

patent [pǽtənt] 특허(권)

photovoltaic cell 광전지

polycrystalline [pùlikrístəlain] 다결정의

radioactive waste 방사성 폐기물

rectifier [réktəfàiər] 정류기

semiconductor [sèmikəndʌ́ktər] 반도체

shaft [ʃæft] 자루, 손잡이

silicon [sílikən] 실리콘 〈비금속 원소; 기호 Si; 번호 14〉

solar cell 태양 전지

solar constant 태양 상수 〈지표에 이르는 태양 에너지의 기준치〉

specify [spésəfài] 조건으로 지정하다, 기입하다

transmission line 송전선

ultraviolet radiation 자외선 방사

ultraviolet rays 자외선 〈cf. infrared rays 적외선〉

ventilate [véntəlèit] 환기하다

voltage [vóultidʒ] 전압

History

abolish [əbáliʃ] (법률, 제도 등을) 폐지하다

abolitionism [æbəlíʃənizm] (노예 제도) 폐지론

act [ækt] 법령

adobe [ədóubi] (햇볕에 말려서 만든) 어도비 벽돌

alienate [éiljənèit] (명의, 재산, 권리 등을) 양도하다, 멀리하다

barrier [bǽriər] 장애, 장벽

Civil Rights Movement 민권 운동 〈특히 1950-60년대의 흑인 차별 철폐 운동〉

colonial [kəlóuniəl] 식민지의

Congress [káŋgris] (미국의) 국회

consent [kənsént] 동의(하다)

cooperation [kouàpəréiʃən] 협력, 협동 조합

declaration [dèkləréiʃən] 선언, 공표

delegate [déligit] 대표

Democrat [déməkræt] 민주당원

depression [dipréʃən] 불경기

desegregation [di:ségrigèiʃən] 인종 차별 폐지

diggings [dígiŋ] 발굴물

disparity [dispǽrəti] 불일치, 격차

diversity [divə́:rsəti] 다양성

era [íərə] 시대

eradicate [irǽdəkèit] 근절하다

feudal age 봉건 시대

feudalism [fjú:dəlìzəm] 봉건 제도

fort [fɔːrt] 요새, 상설 주둔지

fossil [fásl] 화석

halt [hɔːlt] 정지(하다)

hieroglyph [hàiəəglíf] 상형문자

hominoid [hámənɔ́id] 유인원

hotbed [hátbèd] 온상, 소굴

immigrant [ímigrənt] 이민, 이주자

inaugural address 취임 연설

inauguration [inɔ̀:gjəréiʃən] 취임(식)

integrate [íntəgrèit] 통합하다, 인종적 차별을 폐지하다

integration [ìntəgréiʃən] 통합, 인종 통합 정책

legislation [lèdʒisléiʃən] 입법, 법률 제정

melting pot 도가니 〈여러 인종과 문화가 융합되어 있는 장소, 특히 미국을 지칭〉

mobility [moubíləti] 유동성

mobilize [móubəlàiz] (군대, 함대를) 동원하다

mound [maund] 고분

New Deal (policy) 뉴딜 정책 〈F. D. Roosevelt 미국 대통령이 1933년에 제창한 경제 부흥 및 사회 보장 증진 정책〉

nomadic [noumǽdik] 유목의

nomination [nàmənéiʃən] 지명, 추천

nullify [nʌ́ləfài] 무효로 하다

patriotism [péitriətìzəm] 애국심

plantation [plæntéiʃən] 농원, 재배지

poverty line 빈곤선 〈최저 생활 유지에 필요한 소득 수준〉

presidency [prézidənsi] 대통령의 지위

primeval [praimí:vəl] 원시의

proponent [prəpóunənt] 제안자, 지지자

provision [prəvíʒən] (법) 조항, 규정

Pueblo [pwéblou] 푸에블로 족 〈돌, 벽돌로 만든 인디언의 부락〉

Puritan [pjúərətən] 청교도(의), 엄격한

racism [réisizəm] 인종 차별주의

racist [réisist] 인종 차별주의자

raid [reid] 습격

recession [riséʃən] 경기 후퇴

relics [rélik] 유물

remedy [rémədi] 구제책

repeal [ripíːl] 폐지

Republican [ripʌ́blikən] 공화당원

Senate [sénət] 상원

slavery [sléivəri] 노예제

specimen [spésəmən] 표본

subterranean [sʌ̀btəréiniən] 지하의

surrender [səréndər] 넘겨주다, 양도하다

tackle [tǽkəl] (일, 문제 등을) 다루다, 달라붙다

thrall [θrɔːl] 노예

unearth [ʌnə́ːrθ] 발굴하다

verge [vəːrdʒ] 가장자리, 경계

a breeze 아주 쉬운 일
Learning Chinese was a breeze for me.

a bunch of 한 다발, (물건, 사람) 떼
A bunch of people thrust their way toward the exit.

a close call 위기일발
That bus almost hit me; that was a close call.

a drop in the bucket 창해일속, 아주 적은 정도 (= a drop in the ocean)
We've saved $500, but that's only a drop in the bucket because we need $100,000.

a far cry from 큰 차이, 아주 다른 것 (= not similar to, not as good as)
The outcome of the test was a far cry from my expectation.

a fish out of water 물 떠난 물고기 (환경이나 장소에 어울리지 못해서 어색한 경우)
I felt like a fish out of water in the seminar because I knew nothing about the topic.

a great deal 상당량, 많이, 훨씬 더 (= a lot)
He has a great deal of experience teaching English.

a host of 많은, 다수의 (= a number of)
This city offers a host of desirable attractions for learning, healthcare and leisure activities.

A is to B what (as) C is to D A가 B에 대한 관계는 C가 D에 대한 관계와 같다
Someone said, "Reading is to the mind what food is to the body."

a lack of ~의 부족
This disease may be caused by a lack of vitamin.

a loaf of (빵 등의) 한 덩어리의
A loaf of bread is better than the song of many birds.

a man of his word 약속을 지키는 사람
I believe he is a man of his word.

a matter of time before ~은 시간 문제이다
It's only a matter of time before things catch up with you.

a number of 다수의, 많은
A large number of people visit this museum everyday.

a pain in the neck 번거로운 사람 (것) (= an irritating person or thing)
Commuting to work in big cities is a pain in the neck.

a pair of 한 쌍, 한 세트
It took about an hour to pick out a pair of boots.

a piece of 한 조각의 (한 장의, 한 개의, 한 편의)
I heard a sad piece of news yesterday.

a piece of cake 아주 쉬운 일
That job is so easy; it's a piece of cake!

a pretty penny 큰 돈 (= a lot of money)
It will cost you a pretty penny to attend the annual conference.

a school of (물고기, 고래 등의) 한 떼
A school is a large group of fish or other sea creatures moving through the water together.

a series of 일련의, 연속된
Staff will hold a series of meetings over the next few days.

a sort of 일종의, ~같은 것
She has a sort of naivety and openness of demeanor.

a steal 헐값, 횡재
I bought a secondhand camera in excellent condition for $100; what a steal!

a stone's throw from (돌을 던지면 닿을만한) 아주 가까운 (= close to)
His office is just a stone's throw from mine.

a wide range of 다양한
My friend and I talked about a wide range of topics: our jobs, our families, religions, and so on.

abandon oneself to ~에 빠지다, 열중하다
He abandoned himself to climbing.

abide by (규칙, 약속 등을) 지키다, 준수하다 (= obey)
I'll abide by her decision on the matter.

abound in 풍부하다, 많이 있다 (= be filled with, be full of)
Deer, birds and squirrels abound in this forest.

about to 막 ~하려고 하는 (= ready to)
Now that he is about to enter college, he has moved out of his parents' place.

above all 무엇보다도, 특히 (= first and foremost)
Make sure that your composition is interesting in content, correct in grammar and spelling, and above all, legible.

according to ~에 따라, ~에 의하면
According to a reliable source, the explosion at the factory has left a number of people injured.

account for 설명하다 (= explain)
Exports and imports account for approximately 75% of the Korean economy.

accuse A of B A를 B로 고소하다, 비난하다 (= blame A for B, criticize A for B)
The police accused him of professional misconduct.

adapt A to B A를 B에 적응시키다
He adapted himself quickly to a changing environment.

add up 이해가 가다, 합계하다
What you say does not add up.
The cashier added up the bill.

adhere to 달라붙다, 고수하다 (= stick to)
They adhered strictly to the principles of the group.

adjust A to B A를 B에 맞추다
She failed to adjust a telescope to her eye.

adjust to 순응하다
He had trouble adjusting to living in America.

affect to do ~인 체하다 (= pretend, feign, make believe)
She affected not to know me.

afford to do ~할 여유가 있다
We can't afford to wait any longer or we'll miss the train.

after a while 잠시 후에, 얼마 후에
After a while, she showed up, apologizing for being late.

after all 결국
Prisoners should be treated with respect — they are human beings after all.

again and again 반복해서 (= repeatedly)
Your injuries are caused by repeating the same motion again and again.

against all the odds 곤란을 무릅쓰고, 역경을 딛고
Against all the odds, she recovered from a severe heart attack.

agree with 동의하다
I couldn't agree with you more.

ahead of ~보다 먼저, 보다 앞에 나아가 (= early, in advance)
Preparing for business presentations ahead of time is necessary for the success of any venture.

akin to 유사한
This is in many ways more akin to art rather than science.

all around 사방에, 모두에게
There was hysteria and panic all around the city.

all at once 갑자기 (= suddenly, without warning, all of a sudden, unexpectedly)
All at once, with the collapse of the stock market, many people found themselves financially ruined.

all but ~를 제외한 전부
All but a few people ran toward the movie star.

all in all 대체로, 대강 말하면 (= everything taken into account)
All in all, environmental concerns have gained considerable attention all over the world.

all of a sudden 갑자기, 뜻밖에 (= all at once, suddenly)
All of a sudden, a flash of lightning hit the ground.

all the more (better) because (for) ~ 때문에 오히려 더 나은
I like him all the better for his defect.

all the same 그렇지만 (부사적으로), 아무래도 좋은 (보통 it을 주어로)
I have a flu, but all the same, I'm going to go ice climbing this weekend.

all the time 그동안 줄곧, 언제나 (= continually, regularly)
She suffers stress-related health problems all the time.

allied with ~와 동맹한, 관련 있는 (= linked to)
Anthropology is closely allied with the field of psychology.

allow for ~을 고려하다 (= take ~into consideration)
It will take you two hours to get to the downtown area, allowing for traffic delays.

along with ~와 함께
Professor Park asked the students to hand in a list of sources along with their reports.

amount to 총계가 ~에 달하다 (= add up to)
Korean exports to the U.S. amount to thirty billion dollars a year.

an ear of (보리 등의) 이삭의
At American barbecues, people eat hamburgers, hot dogs or ears of corn with butter.

an old hand (at) 노련한 사람, 숙련자
An old hand at mountaineering, Jim has climbed the mountains as a hobby for the past 20 years.

and so on 기타 등등 (= and so forth)
He grows many kinds of flowers: roses, sunflowers, violets and so on.

answer for 책임을 지다 (= be responsible for)
You are old enough to answer for your own actions.

apart from ~은 별개로 (= except for)
Apart from the expense, such a trip would be very tiring.

apologize to A for B A에게 B를 사과하다
He apologized to her for losing his temper.

apply for 신청하다, 지원하다
I applied for a visa to travel abroad.

apply to 적용되다, 지원하다
The same rules apply to part-time workers.
He applied to Yale University for admission and was accepted.

approve of 찬성하다 (= to be acceptable)
I'm sure that most employees will approve of the new rules of professional etiquette.

arise from ~에서 비롯되다, 기인하다 (= emerge from)
Insomnia arises from many causes.

around the corner 길모퉁이를 돌면, 임박하여, 다가오는
Christmas is just around the corner.

as if 마치 ~인 것처럼
He looked at her as if he had never seen her before.

as ~ as any 누구 못지않게, 어느 것 못지않게
This tastes as delicious as any restaurant steak. You should go into business.

as ~ as ever 변함없이~, 여전히~
The two sides remained as far apart as ever.
Our friendship is as strong as ever.

as ~ as one can 될 수 있는대로 (= as ~ as possible)
You'd better invest only as much as you can afford to lose.

as a matter of fact 사실상, 실은 (= in fact, in reality, actually)
As a matter of fact, this TV is a state-of-the-art product just out on the market.

as a result (of) ~의 결과로서 (= consequently, therefore, accordingly)
As a result of the elimination of the position of vice-president, she is leaving the company.

as a rule 대개, 일반적으로 (= generally, customarily)
As a rule, Kent keeps his word, but he didn't yesterday.

as a whole 전체로서, 대체적으로
This new method will save both energy and expenses as a whole.

as ~ as any 누구 못지않게
He is as qualified as any other candidate in this election.

as cool as a cucumber 침착한, 냉정한 (= very calm)
The director was yelling at her, but she remained as cool as a cucumber.

as far as ~하는 한, ~까지 (거리)
From the top of the hill, we were able to see as far as the nearest town.

(as) fit as a fiddle 매우 건강한
I've been exercising regularly and I feel as fit as a fiddle.

as if 마치 ~인 것처럼
When I forgot the appointment, he scolded me as very harshly.

as long as ~하는 한
You can stay here as long as you want to.

as much as ~와 같은 정도의, ~만큼의
The taxi fare will go up by as much as 5%.

as soon as ~하자마자 (= on ~ing)
Please give me a ring as soon as you arrive.

as to ~에 관하여, ~에 대하여 (= concerning)
She kept her rivals guessing as to her real intentions.

as usual 평소와 같이 (= typically)
As usual, he has missed the deadline for the submission of the project.

as well as~ ~은 물론, ~뿐만 아니라
Houses should be built so as to admit plenty of light as well as fresh air.

ask a favor of~ ~에게 부탁하다
As for chemistry, you'd better ask Tom about it.

ask for 청구하다, 필요로 하다
He asked for a replacement of his outdated printer.

associate A with B A를 B와 관련시켜 생각하다, A를 B에 가입시키다
Through science, we've gotten the idea of associating progress with the future.

at a cost of ~의 비용으로
That terrible war was won at a cost of 10 million lives.

at a glance 잠깐 보아서, 첫눈에
I could tell at a glance that there was something wrong with the process.

at a loss 당황하여, 어찌할 바를 몰라 (= perplexed)
Oh, that would be a great help. I am really at a loss.

at a time 동시에, 단번에
Let's do one thing at a time.

at any cost 어떤 희생을 치르더라도, 기어코
The president took the position that the law must be enforced at any cost.

at bay 궁지에 빠진
The animal was at bay for it was about to be caught.

at (the) best 기껏해야, 고작
The food was bland at best, and at worst completely inedible.

at cost 원가로
The store provided tea and biscuits at cost just for today.

at ease 마음 편히, 천천히, 여유있게 (= not nervous, calm)
You seemed to be completely at ease when you gave the speech.
Being with her always puts me at ease.

at first 처음에 (= at the beginning)
At first, adjusting to a new environment appeared impossible for me.

at first hand 직접
I experienced making ethnic Indian food at first hand.

at first sight 첫눈에
I found the difference between the two pictures at first sight.

at hand 즉시 쓸 수 있도록 (= available, usable, obtainable, available)
I always keep a radio close at hand to listen to the latest news.

at large 자유로이, 도주 중인, (명사 뒤에 써서) 일반적인
The escaped prisoners are still at large.
Air pollution poses a threat to the people at large.

at last 마침내 (= finally, after a long time)
He had been requesting further information for two months, and, at last, it arrived.

at (the) least 적어도 (= minimum, no less than)
Although the entire staff does not need to attend the meeting, the managers should at least be there.

at (the) most 기껏해야, 많아야 (= maximum, not more than)
A letter sent by first-class mail should take at most two days to travel from Seoul to Busan.

at once 즉시, 곧 (= immediately, directly, instantly, promptly)
His request was taken care of at once.

at one's convenience 편리한 때에
We can meet at your convenience any time next week.

at one's wit's end 어찌할 바를 몰라서 (= at a loss, puzzled)
Her son keeps getting into trouble at school and she is at her wit's end about what to do.

at random 되는대로, 무작위로
In my school days, I read different genres of books at random.

at sea 항해 중의, (비유) 어찌할 바를 몰라서
The boat is at sea now; it left port two days ago.
He is at sea about what to do with his career.

at the cutting edge 최첨단의
His company is at the cutting edge of computer and information technology.

at the end 마침내, 최후에는
What would I find at the end of my journey?

at the expense of ~의 비용으로, ~을 희생하여
She succeeded in business at the expense of her personal life.

at the moment 바로 지금
They are on a holiday in Spain at the moment.

at the same time 동시에 (= simultaneously)
He got the best grade in the class, and at the same time, he won a scholarship to the university.

at times 때때로, 이따금
We get together at times to go fishing.

at will 뜻대로, 마음대로
I don't think the company should just hire and fire people at will.

atone for ~을 보상하다 (= make amends for, compensate for, make up for)
She was anxious to atone for her discourtesy.

attribute A to B A를 B의 탓으로 하다, A를 B의 덕분으로 돌리다
He attributed his success to hard work.

back and forth 앞뒤로, 이리저리
The trees swayed back and forth in the wind.

back out (of) 물러나다, (계획, 약속, 싸움에서) 손을 떼다
She backed out of the business agreement on a spending plan for next year.

back up 후원하다, 후진시키다, (디스크) 카피하다, (교통) 정체하다
He backed me up all through his life.
You must back up your opinion with facts.
The driver backed up his car and stopped.
It's better to back up your work, either on floppy disks or other storage media.
The traffic is backed up for six miles on the road to the east coast.

bank on 의지하다 (= depend on, rely on)
You can bank on her to do what she promises.

be about to do 막 ~하려고 하다
They were about to leave when I arrived.

be absent from ~에 결석하다, ~에 없다 (= be not present)
For some reason, your name is absent from the guest list.

be absorbed in 열중하다 (= be engrossed in)
He seems to be absorbed in deep thought.

be accessible to ~에 접근하기 쉽다, 영향 받기 쉽다
I want my book to be accessible to everyone who studies English.

be accompanied by ~을 동반하다 (= be followed by)
He is accompanied at all times by his family.

be accomplished in doing ~에 숙달하다, ~뛰어나다 (= be good at)
She is accomplished in modern ballet.

be accustomed to ~하는데 익숙하다
He is accustomed to the cold in the Himalayan Mountains.

be acquainted with 아는 사이이다, ~에 정통하다 (= be well aware of)
It's true we were acquainted, but we weren't very close.
He is well acquainted with German literature.

be addicted to (몰두하여) 빠지다 (= be absorbed in)
When she starts watching a soap opera, she immediately becomes hopelessly engrossed in it.

be adjacent to ~에 인접하다 (= adjoin)
The two buildings were adjacent to each other.

be alien to ~와 (성질이) 다르다, 맞지 않다 (= be different from)
His way of life is totally alien to me.

be all ears 열심히 듣다 (= listen with attention)
She was all ears when I told her about the drug's side effects.

be all for ~에 전적으로 찬성하다 (= I support that idea)
I'm all for your idea.

be all in a day's work 아주 당연한 일이다, 일상적인 일이다
It is all in a day's work.

be all thumbs 무디다, 손재주가 없다 (= be all fingers and thumbs)
When it comes to music, he's all thumbs.

be allergic to doing ~을 아주 싫어하다, 알레르기가 있다
I'm allergic to animal fur.

be anxious about (for) 걱정하다
He gave me an anxious look when I told him my plan.

be anxious to do ~을 열망하다
The president is anxious not to have another crisis.

be apt to do ~하기 쉽다
He is apt to make mistakes if you pressure him too much.

be ashamed of ~을 부끄러워하다 (= feel shame)
He who is afraid of asking is ashamed of learning.

be at odds with ~와 사이가 나쁘다 (= disagree with)
John and Sophie argue and are always at odds with each other.

be attributed to ~에 기인하다, ~의 덕분으로 생각하다
The success of your company is attributed to its future-oriented motive.

be averse to ~을 싫어하다
He is averse to using harmful insecticide in the field.

be aware of ~을 알고 있다 (= be familiar with, be conscious of, be sensible of)
He made as though he were not aware of my presence.

be based on ~의 기초를 두다, 근거하다
Marriage should be based on trust and understanding.

be bound for (배, 비행기, 열차가) ~행(行)이다, ~에 가는 길이다
Take a train bound for Inchon and change trains at Bupyung.
I'm bound for home.

be bound to do 확실히 ~하다 (= be sure to)
He is bound to receive a scholarship if he studies harder.

be broke 한 푼도 없다 (= have no money)
I am completely broke after my vacation in Europe.

be busy with ~로 바쁘다 (= be busy doing)
I'm pretty busy with my essay at the moment, but I can talk to you later.

be capable of ~할 능력이 있다, ~이 가능하다
I am confident that our situation is capable of improvement.

be close to 가깝다, 밀접하다
He is close to 80, but still works energetically.
It's getting close to lunchtime.

be coincident with ~와 동시에 일어나다 (= happen at the same time)
The official opening ceremony of the company's headquarters was coincident with the press conference.

be composed of 구성되다
The choir club was composed of six members at the beginning of the year.

be concerned about ~을 걱정하다
Peter is concerned about my lack of sleep.

be concerned with ~에 관계하다
The office was full of businesspeople who were concerned with children's education.

be confident of ~을 확신하다 (= be convinced of)
The director feels confident of the success of her new movie.

be conscious of ~을 의식하다, ~을 알다
He is very conscious of the fact that he has to increase sales.

be content with 만족하다
He can't be content with just earning a living.

be crowded with 혼잡하다 (= be congested with)
That subway was very crowded with passengers.

be curious about 알고 싶어하다
He is always curious about what his girlfriend is doing.

be deficient in ~이 부족하다 (= be lacking in)
Your diet is deficient in calcium and protein.

be derived from ~에서 비롯되다, 유래하다
All our knowledge is derived from experience.

be deprived of ~을 빼앗기다 (= be robbed of)
Most of them have been deprived of a normal home life.

be determined to do ~하기로 결심하다
He is determined not to be treated as an inferior.

be devoid of ~이 없다 (= be bare of)
Your writing is generally devoid of substance.

be devoted to 헌신하다, 몰두하다, 애정이 깊다
She is very devoted to her children's education.

be disappointed at 실망하다
We were disappointed at the results from our experiments on invertebrates.

be disposed to ~하고 싶은 기분이 들다
He is well disposed to buy a new car.

be due to ~하기로 되어 있다, ~예정이다
My book is due to be published in two months.

be eager to do ~하고 싶어 하다
I'm eager to take a family vacation to Florida at the end of July.

be eligible for ~할 자격이 있다 (= be qualified for)
To be eligible for the award, nominees must do over 100 hours of volunteer work.

be engaged in 종사하다
He is engaged in literary work.

be equal to ~와 같다
It's a big responsibility to take on, so I hope he's equal to the task.

be equivalent to ~에 상당하다
One thousand Japanese yen is not equivalent to one thousand U.S. dollars.

be exclusive of ~을 제외하다 (= except)
The rent is $100 a week, exclusive of bills.

be exempt from ~을 면제하다 (= be free from)
Children aged five or under are exempt from the entrance fee.

be faced with ~에 직면하다 (= confront, encounter)
The leader was faced with an unexpected set of problems.

be familiar with ~을 잘 알다, 정통하다
He's familiar with that neighborhood because he lived there all his life.

be famous for ~으로 유명하다 (= be famed for, be reputed for)
Her speeches are famous for her exuberant language and vivid imagery.

be fed up with 진절머리가 나다
I'm completely fed up with all of the false promises and delays.

be fond of ~을 좋아하다
She is very fond of collecting rare stamps.

be forced to do 부득이 ~하다
We will be forced to have your car towed if it's not moved within the next ten minutes.

be foreign to ~와 다르다, 상관없다 (= be alien to, have nothing to do with)
Impatience is completely foreign to her nature.

be free from ~이 없다
This yogurt is free from artificial preservatives.

be free to do 자유롭게 ~하다
If you have any questions, please feel free to contact me at my office.

be full of ~으로 가득 차다 (= be filled with)
The children were full of expectation about their trip to the island.

be good at ~을 잘하다
He's very good at making spaghetti.

be good for 유익하다, 알맞다
She is trying to use products that are good for the environment.

be grateful for ~에 감사하다
I'm grateful for the help that you've given me.

be hard on 모질게 굴다, 학대하다
Don't be too hard on her.

be headed for (toward) ~을 향하다
Where are you headed for?

be immune from ~에 대해서 면제되다 (= be free from)
Some of the board members appeared to be immune from arrest.

be incapable of doing ~을 못하다, 불가능하다
My garage is incapable of holding two cars.

be inconsistent with 모순이다, 어긋나다
His statements are inconsistent with the facts.

be indifferent to ~에 무관심하다
He's quite indifferent to fashion.

be indispensable to ~이 필수불가결 하다 (= be essential to)
Warm clothing is indispensable to those who are interested in outdoor activities.

be informed of ~을 통지받다, ~을 들어서 알고있다
I am not as yet informed of the full details of the car accident.

be inherent in ~타고나다, 내재해 있다 (= be native to)
Love is inherent in a good marriage.

be in the air (분위기가) 감도는, (일이) 벌어질 것 같은
There was great excitement in the air.

be keen on doing 열중하다, 좋아하다
Frank and Gene are keen on playing tennis.

be known as ~로써 알려지다
This is Karl, otherwise known as "Muscleman."

be known to ~에게 알려지다
Jason is known to everybody for his diligence.

be liable to do ~하기 쉽다
If you drive in a bad storm, you are liable to have an accident.

be likely to do ~할 것 같다
Do remind me because I'm likely to forget.

be lost 길을 잃다, 이해 못하다
I'm a bit lost. I don't understand what you mean.

be my guest (청을 받고) 그러세요, 편하게 하세요, 어서 드세요 (= feel free, help yourself)
"May I have a refill?" "Sure, be my guest."

be nobody's fool 영리한 사람, 눈치 빠른 사람 속아 넘어갈 사람이 아니다
He is nobody's fool when it comes to money.

be noted for 유명하다 (= be famous for)
The museum is noted for beautiful 18th-century pictures.

be obliged to A for B A에게 B에 대하여 감사하다
I am much obliged to you for your advice.

be obliged to do 어쩔 수 없이 ~하다, ~하지 않으면 안되다
We are obliged to work hard to meet the deadline.

be obsessed with (by) ~에 사로잡혀 있다
These days, many women are obsessed with their weight.

be occupied with (in) 바쁘다 (= be busy doing)
Her time is fully occupied with taking care of her newborn baby.

be on good terms with ~와 좋은 사이이다
We are on good terms with each other.

be on the air 방송 중인
He'll be on the air as anchorman of a new program.

be opposed to ~에 반대이다, 대립하다
I am definitely opposed to the death penalty.

be pleased at (with) ~에 기뻐하다
He was very pleased at his promotion.

be preoccupied with 열중하다
She is completely preoccupied with writing her thesis at the moment.

be prepared for 준비가 되어있다, 각오가 되어있다
Mentally, I'm well prepared for the training, but physically, my body isn't cooperating.

be proud of ~을 자랑으로 여기다
You must be very proud of your daughter.

be released from ~에서 해방되다
He will be released from the hospital a week from today.

be relevant to 관련이 있다
I don't think this one-year course is relevant to my plan to work in this field.

be responsible for ~에 책임이 있다
He is directly responsible for the efficient running of the office.

be rooted in ~에 원인이다, 뿌리박혀 있다 (= be based on)
The desire to learn and succeed is deeply rooted in human nature.

be rusty *(쓰지 않아) 서툴러지다, 무디어지다 (= need practice)*
He may be a little rusty, but past experience and teaching skills have not been lost.

be satisfied with ~에 만족하다
I'm very satisfied with my final grade.

be scheduled for ~을 예정하다 (= make plan for)
Her first book is scheduled for release in August.

be second to none 누구에게도 (무엇에도) 뒤지지 않는, 첫째가는
He's second to none in the field of religious studies.

be short for ~의 단축형이다, ~이 약어이다
ATM is short for Automatic Teller Machine.

be short of ~이 부족하다 (= not have enough)
The retail outlet where I shop is short of climbing equipment.

be snowed under 아주 바쁘다, 압도되다 (= very busy)
We've been snowed under with work for weeks.

be subject to *영향을 받기 쉽다, 지배를 받다 (= be susceptible to)*
If you don't wear a jacket, you make yourself subject to catching a cold.
Rich or poor, we are all subject to the laws of this country.

be subsequent to 이어서 일어나다 (= follow)
Those eruptions must have been subsequent to my departure, because I didn't hear anything.

be superior to ~보다 낫다, 우수하다 (= be inferior to ~보다 열등하다)
Breast-feeding is said to be far superior to bottle-feeding.

be supposed to do ~하기로 되어있다
You were supposed to be here by 4.

be sure of ~을 확신하다 (= be convinced of)
To succeed in business, you must be sure of yourself.

be susceptible to (~의 영향을) 받기 쉽다 (= be sensitive to)
Infants and older people are more susceptible to infections.

be suspicious about (of) 의심스럽다 (= be distrustful of)
Some of his colleagues at work are suspicious about his past.
She gave him a suspicious glance.

be tied up 몹시 바쁘다 (= be very busy)
Mr. Lee can't come to the phone at the moment because he is tied up in a meeting.

be tired of 넌더리가 나다 (= be sick of, be sick and tired of)
I'm tired of you telling me what to do all the time.

be to blame 책임이 있다, ~이 나쁘다
Poor communications were to blame for the accident.

be touched by ~에 감동하다 (= be moved by)
He was deeply touched by her sweet words.

be true of ~도 마찬가지다, 해당되다
Don't criticize me so much. The same is true of you.

be up in the air 정해지지 않은, 미결의 (= undecided)
My trip to Spain is still very much up in the air.

be used to do ~하는데 사용되다
These brushes are used to paint stone walls.

be used to doing ~에 익숙하다 (= get used to, get accustomed to)
I'm used to sleeping late at night.

be vital to (for) ~에 중요하다 (= be important to)
Exercising on a regular basis is vital for your health.

be wary of ~에 주의깊다, 경계하다
It is important to teach children to be wary of strangers.

be well-off 유복하다, 잘 산다
After years of hard work, Paul is now well-off.

be willing to do 기꺼이 ~하다
He was willing to help me carry the boxes up the stairs.

be worth doing ~할 가치가 있다
This book is well worth reading.

be worthy of ~하기에 족하다, ~에 알맞다
The new movie is worthy of praise.

be wrong with 상태가 나쁘다, 고장이 나다
We have to take it apart to see what's wrong with it.

bear in mind 명심하다 *(= keep in mind)*
Bear in mind that processed food is usually full of salt and sugar.

beat around the bush 넌지시 둘러서 말하다, (요점을) 피하다
Don't beat around the bush. Let's get to the point.

beats me 잘 모르겠다 (= I have no idea.)
Beats me. I don't know anything about science.

beef up 강화하다 (= reinforce, fortify)
We need to beef up the program to satisfy the needs of adult learners.

before long 머지않아, 곧
Clouds appeared, and before long it began to rain.

behind schedule 예정보다 늦게
We are way behind schedule. It should have been completed by Monday.

behind the times 구식의, 시대에 뒤떨어진 (= out of date)
Your opinion about career women is well behind the times.

believe in (존재를) 믿다, 신용하다
Do you believe in the existence of aliens?

belong to ~의 소유이다
Who does this book belong to?

beside (off, away from) the point 요점에서 벗어난 (= beside the mark)
Your argument is beside the point.

better late than never 늦더라도 하지 않는 것보다 낫다 (= better to do it late than not at all)
Better late than never. I'll get started on it right now.

better off 더 잘사는, 형편이 좋은
You'd be better off working for a bigger company.

bite off more than you can chew 힘에 겨운 일을 하려고 하다 (= get in over one's head)
That course in biology was too hard for me; I bit off more than I could chew.

bite the bullet 이를 악물고 견디다
I had no choice but to bite the bullet.

black sheep of the family 집안의 골칫거리
He's always been the black sheep of the family.

blame A for B B에 대해서 A를 비난하다, 책임지우다
He blames his parents for his unhappy childhood.

blot out 가리다, 지우다, 없애다
The fog blotted out our view of the road.

blow down 넘어뜨리다, 떨어뜨리다 (= knock to the ground)
All the trees along the street had been blown down by the hurricane.

blow one's own horn 자화자찬하다
He blew his own horn about getting straight A's.

blow out 불을 끄다
She blew out the candles on the birthday cake.

blow up 폭파하다, 노하다, 부풀다
Soldiers blew up the buildings and bridges.
She is so irritable that she blows up at any little mistake.
The boys blew up balloons for the party.

both A and B A와 B 둘 다
They can both speak and write Japanese.

bound to ～하지 않을 수 없는, ～하게 되어있는
His talent is bound to help him in life sooner or later.

brag about ～을 자랑하다
He's bragging about his success as an actor.

break a leg 잘되길 빌다 (= Good luck on your performance.)
Break a leg! I'll keep my fingers crossed for you.

break down 부서지다, 고장나다 (= stop operating, stop functioning)
My car suddenly broke down on my way home.

break one's heart 슬프게 하다 (= make ~ feel sad)
It's breaking my heart that you're leaving so soon.

break in (짐승, 구두, 자동차) 길들이다, 침입하다, 말참견하다 (= tame ; enter by force)
I have to break in my new shoes; they hurt me.
When I was talking to my sister, George broke in on our conversation.

break into 침입하다, 갑자기 ～하기 시작하다
I saw him trying to break into the building.
Breaking into a smile, he said, "I brought you something."

break out (사건 등이) 갑자기 일어나다, 발생하다 (= occur, start)
After the torrential rain, an epidemic broke out and spread rapidly.

break the ice 어색한 분위기를 깨다
Some music might break the ice at an awkward moment.

break the news (to) (보통 나쁜 소식) ～에게 소식을 알리다 (= inform, give bad news)
I'll break the news to her about my transfer tomorrow.

break through 벗어나다, 탈출하다, 극복하다 (= overcome)
He broke through all the difficulties that he faced.

break up 끝나다, 끝내다 (= come to an end, put to an end, cause to stop)
Their marriage broke up after a year because of personality clashes.

break with 관계를 끊다, (낡은 방식을) 버리다 (= end a friendship with)
It was a very unusual wedding; the couple broke with tradition.

bring about 초래하다 (= cause to happen, lead to)
Effective analyses and recognized techniques can bring about a great improvement.

bring out 출판하다, (제품을) 세상에 내놓다, 나타내다 (= publish ; produce ; make clear, cause to appear)
Samsung just brought out a new, small cellular phone.
Difficulties can bring out a person's best qualities.
Good teachers can bring out the best in their students.

bring up 키우다, (화제를) 꺼내다 (= take care of, raise ; mention)
They brought up Jim as if he were their own son.
Bringing up the constant shortage of the city's water supply would be appropriate at the meeting.

brush up (on) (공부를) 다시 하다, 더욱 연마하다 (= revise, improve, make perfect)
I need to brush up on my Japanese before I go to Tokyo.

bump into ~를 우연히 만나다 (= run into, come across, meet by chance)
They bumped into each other on the street the other day.

burn the candle at both ends 극도로 지치다, 무리를 하다 (= get exhausted)
He stays up late studying and gets up early for class; he's burning the candle at both ends.

burn the midnight oil 밤늦게까지 공부를 하다 (= study late at night)
He burned the midnight oil getting his presentation ready.

burst into (tears / laughter) 갑자기 (울음, 웃음)을 터뜨리다
When Kate heard the news, she suddenly burst into tears.

but for ~이 없다면, ~이 없었더라면
But for your help, I could not have finished the project on time.

butter up 아첨하다, 환심 사다 (= flatter to get the favor)
Jason often butters up to his boss.

by accident 우연히, 뜻밖에
His latent talent was discovered by accident.

by and large 전반적으로 (= generally, in general, mostly)
You made a few mistakes, but by and large you did a good job.

by far 훨씬, 아주 (= far and away, greatly, by a large margin)
This is by far the most beautiful design in your collection.

by force 무력으로
The government decided to break up the mass demonstrations by force.

by heart 외워서, 암기하여
You should know your lines by heart when you perform a play on stage.

by means of ~에 의하여, ~으로
Thoughts are expressed by means of words.

by mistake 잘못하여, 실수로
I drove past the park by mistake.

by nature 날 때부터, 본래
He is an easygoing person by nature.

by no means 결코 ~않다 (아니다) (= not at all)
Life is by no means smooth sailing.

by the book 규칙대로, 정식으로
He does everything by the book.

by the way 그런데, 그건 그렇고 (= incidentally)
Miss Lee, could you cancel the meeting tomorrow? By the way, there is no need to reschedule.

by virtue of ~의 덕분에
He became an American resident by virtue of his marriage.

by way of ~를 지나서, ~를 경유하여 (= via)
We flew from Seoul to Hawaii by way of Tokyo.

call after ~의 이름을 따서 이름을 짓다
They called the road after the mayor.

call at (집에) 들르다 (= visit, drop in)
He was to call at my house after the seminar.

call for 요구하다
This project will call for a lot of investment.

call forth 일으키다, 야기시키다 (= cause to appear)
The movie called forth memories of my childhood.

call in sick 아파서 결근하겠다고 전화로 알리다
She called in sick with the flu.

call it a day 하루 일을 마치다, 퇴근하다 (= stop working for the day, go home)
Let's call it a day and go out for a drink.

call someone names 욕하다 (= abuse)
It's very rude of you to call him names behind his back.

call off 취소하다 (= cancel, abandon)
The field trip was called off because a thunderstorm was forecast for the area.

call on 방문하다 (= visit)
Maybe we should call on Jane to see her newly born baby.

call up 전화를 걸다 (= ring up)
Be sure to call me up when you arrive in London.

calm down (노여움, 흥분을) 가라앉히다 (= relax)
Take a deep breath to calm down.

cannot believe one's ears (eyes) 자기 귀(눈)를 의심하다, 사실이라고 믿지 않다
I couldn't believe my ears when she said they were getting divorced.

cannot make heads or tails of 전혀 이해하지 못하다
I cannot make heads or tails of this issue.

cannot stand it 견딜 수 없다, 참을 수 없다
This professor constantly uses vulgar expressions. I cannot stand it any longer.

capitalize on ~을 이용하다 (= take advantage of)
He started a successful store, then capitalized on its success by opening more of them in other cities.

care for 돌보다, 좋아하다, 바라다 (= tend : feel affection for ; take care of)
This type of movie is not my favorite. Actually, I don't care for horror movies at all.

carry on 계속하다 (= continue, maintain)
He told his assistant to carry on the project while he was away.

carry out 실행하다 (= perform, put into practice)
He is expected to carry out many different duties in this position.

carry too far 도가 지나치게 ~하다
I don't mind a joke, but this is carrying it too far.

cash a check 수표를 현금으로 바꾸다
I cashed a $500 check at the bank.

catch a glimpse of 힐끗 보다 (= glance, glimpse)
I only caught a fleeting glimpse of her, sitting behind me.

catch on 인기를 얻다, 유행하다 (= become popular)
The play was not very popular at first, but now it's starting to catch on.

catch on (to) 이해하다 (= understand)
She is really smart; she catches on to new things quickly.

catch one's breath 숨을 돌리다, (놀라움으로) 숨을 죽이다
She stopped and tried to catch her breath.

catch up (with) 따라잡다 (= overtake)
Japan is making efforts to catch up with Korea in the field of semiconductor research.

chances are that 아마 ~일 것이다
Chances are that you will make things worse.

change one's mind 마음을 바꾸다 (= alter an earlier decision)
He thinks that changing his mind about even minor issues signifies failure.

change one's tune (생각과 태도 등을) 바꾸다 (= sing another tune)
At first she didn't want to come to the party; then she changed her tune and came.

check in (into) 투숙하다, 등록하다 (= register at a hotel)
We can go out for lunch as soon as we check in.

check into 조사하다 (= investigate)
I'll check into this paperwork and call you right back.

check out (of) (책 등을) 빌리다, 조사하다, (호텔 등에서) 셈을 치르고 나오다
I'm sorry, these books are checked out.
The advertised offer isn't as good as it appears, but it is certainly worth checking out.

check up (on) 조사하다 (= investigate)
He checked up on the missing items and found that they had been stolen.

cheer up 격려하다, 힘내다 (= become cheerful, be happy)
He tried to cheer Jane up but she was really upset with him.

chip in (on / for) 기부하다, 돈을 추렴하다
We all chipped in and bought Zoe a birthday present.

claim to do ~한다고 주장하다
No responsible therapist will claim to cure your disease.

clean up 깨끗이 하다 (= make clean and organized)
You can't leave until you clean up this mess you made.

clear of (방해, 지장이) 없는, (도로 등에) 차가 없는
The sides of the roads are kept clear caused by cars in case of emergencys.

clear up (문제, 의심을) 해결하다, 날씨가 개다 (= become clear, explain ; become nice and sunny)
He cleared up the misunderstanding caused by cultural differences.
The sky is clearing up and the sun is coming out.

cling to 매달리다, 집착하다 (= stick to, adhere to)
Some people cling to the idea that to read a book is in itself a worthier activity than to talk to your neighbor.

coincide with 동시에 일어나다, 일치하다
My trip to Paris coincided with Christmas, so I went to a big party there.

come across 우연히 만나다, 발견하다 (= happen to meet, encounter, meet by chance)
I came across this table at a garage sale, and it was only $5.

come along 오다, 잘 진행되다
I'm going there right now. Why don't you come along with me?
How is she coming along after the operation on her knee?

come around (to) (다른 의견으로) 바꾸다, 의식을 회복하다 (= begin to change one's opinion ; come back to consciousness)
He will come around to our way of thinking.
He came around a few hours after the surgery.

come back 돌아오다, 기억에 다시 떠오르다 (= return ; remember, recall)
He may not be able to come back to the office today.
Even events that people consider long forgotten can come back to mind under the right circumstances.

come by 손에 넣다 (= get, acquire, obtain)
First editions of "Meditations for Woman" are hard to come by.

come down to 총계가 ~이 되다, 결국은 ~이 되다 (= amount to)
The more we learn about human behavior, the more it comes down to heredity being a predominant factor.

come down with 병에 걸리다 (= catch, become sick with)
I think I'm coming down with a cold.

come in handy 편리하다 (= to prove useful)
A flashlight sure comes in handy when the power goes out.

come out 나오다, 드러나다, 출판하다, (꽃이) 피다 (= appear ; publish ; bloom)
This stain won't come out.
Did the picture come out well?
No doubt the truth will come out one day.
What is bred in the bone will come out in the flesh.
I tried to explain everything to her, but it came out all wrong.
When is the new edition coming out?

come over 오다
My friends came over to my house to play games.

come to 의식을 회복하다 (= wake up, come to oneself, become conscious)
Jane fainted but came to in a few minutes.

come to a conclusion 결론에 이르다
She came to a conclusion that her son's behavior was influenced by what he saw on TV.

come to a head 사태가 위기에 처하다, 악화되다
Yet, even as this crisis came to a head, the president remained unrepentant.

come to terms with 타협하다, (체념하여) 길이 들다 (= settle an agreement)
She had come to terms with the fact that she would never have children.

come to the point 요점에 이르다 (= reach the central fact)
Will you come straight to the point?

come to think of it 생각해보니
Come to think of it, he looks a little bit tired.

come true 실현되다 (= realize)

I hope all my resolutions will come true this year.

come up (일이) 일어나다 (= show up)

I can't make it today. Something's come up at work.

come up with (해답 등을) 생각해내다, 제안하다 (= think of an idea)

He came up with a good solution to the problem.

compare A with B A를 B와 비교하다

Don't compare my sister with me. We are totally different.

compensate A for B A에게 B에 대해 보상하다

The company compensated him for his injuries.

comply with ~에 따르다, 응하다 (= obey, follow)

You should comply with the terms of the contract.

concentrate on 집중하다 (= focus on)

During exams, students concentrate hard on answering the questions.

conclude to do ~하려고 결정하다 (= resolve to do)

We've concluded to sell our boat.

congratulate A on B A에게 B를 축하하다

I would like to congratulate you on your promotion to director.

consent to do ~에 동의하다 (= assent to doing)

He reluctantly consented to do an interview.

consist of ~로 이루어져 있다 (= comprise)

The human body consists of billions of tiny cells.

contribute to doing 기부하다, 공헌하다

They gladly contributed funds to help the disabled.

cope with 처리하다 (= deal with)

To lead successful and healthy lives, we should cope with the stresses of life normally rather than avoid them.

cost an arm and a leg 굉장히 비싸다 (= be very expensive)

It cost me an arm and a leg to get the computer repaired.

count for nothing 중요치 않다 (= be unimportant)

Everything he had done counted for nothing.

count on 의지하다 (= rely on, depend on, bank on)

You can count on me. I won't let you down.

count out ~을 제외하다 (= exclude, leave somebody out, eliminate)

You can count me out because your plan doesn't seem reliable.

counter to 반대로, 거꾸로 (= in opposition to)
He acted counter to her wishes by quitting piano lessons.

cover up ~을 감싸다, 비밀로 하다 (= take under one's wings)
The company covered up a series of financial scandals over the deal.

crack down (on) ~을 엄하게 단속하다 (= enforce rules severely)
The police are cracking down on drunken drivers.

crop up (갑자기) 나타나다, (= crop out, appear, come with notice)
Some problems cropped up while I was away.

cross one's fingers 행운을 빌다 (두 손가락을 겹쳐 행운을 비는 동작)
I will cross my fingers for you.

cut back 줄이다
Cut back on your work and get more exercise.

cut corners 절약하다, 지름길로 가다 (= cut a corner)
The company cut corners on building the new bridge and now it's falling apart.

cut off 잘라내다, (가스, 수도, 전기) 중단하다 (= stop, discontinue a service)
The supply of electricity was cut off, because the bill was two months overdue.

cut out for ~하는 재주가 있다 (= be qualified for, have an aptitude for)
He is cut out for a career in business.

date from ~로 거슬러 올라가다 (= originate in)
These cultural traditions date from the 13th Century.

day and night 밤낮, 자지도 쉬지도 않고
I have been working on the project day and night.

day in and day out 날이면 날마다, 언제나 (= constantly, for a long time)
I am sick and tired of the same routines of the school day in and day out.

day off 비번인 날, 휴일
I need to reschedule my working hours in order to have classes on my day off.

deal in (상품을) 취급하다
He deals in second-hand appliances.

deal with 다루다
My job is dealing with customer complaints.
This book deals with computer and information technology.

depend on ~을 의지하다, ~에 달려있다 (= rely on, reckon on)
We depend on you to be on time.
Tomorrow's picnic depends on our having good weather.

deprive A of B A에게서 B를 빼앗다
The worst natural disaster in history deprived people of their homes.

derive A from B B에서 A를 끌어내다, 얻다
She derives her income from freelance work.

design to do ~할 작정이다, 목적을 품다 (= intend to do)
These exercises are designed to strengthen muscles.

devote oneself to 전념하다 (= dedicate to)
He gave up his part-time job to devote himself entirely to his studies.

die down 잠잠해지다, 희미해지다 (= quiet down, become less severe)
It's raining cats and dogs out there. You'd better wait until the shower dies down.

die of ~로 죽다
Both Johnson and his sister died of cancer.

die out 사멸하다
Dinosaurs died out millions of years ago.

differ from ~와 다르다
An aphorism differs from an adage in that it is more philosophical or scientific.

dispense with ~없이 지내다 (= do without)
They dispensed with speeches altogether at the wedding.

dispose of 처리하다, 버리다
You did me a great favor by disposing of the problem.
After your picnic, please dispose of the trash.

distinguish A from B A와 B를 구별하다, 구분하다
There is something about Steve that distinguishes him from all other students.

do A a favor A의 부탁을 들어주다
She did me a favor by helping me find a new house.

do A good A에게 도움이 되다, ~의 몸에 좋다
Maybe some fresh air would do me good.
I'll talk to him but I don't think it will do any good.

do away with 폐지하다, 제거하다 (= abolish, get ride of, put an end to, stop)
Our new boss did away with weekly meetings.

do harm (to) 손해를 끼치다
To cut taxes would probably do the economy more harm than good.

do more harm than good 백해무익하다
Smoking does more harm than good.

do nothing but ~만 하고 있다
He does nothing but watch television on weekends.

do over 되풀이 하다 (= do again, repeat)
Her essay was so poorly written that she had to do it over.

do with 바라다, 처리하다 (= need ; cope with, deal with)
I'm cold; I could do with a cup of tea.

do without ~없이 지내다 (= live without, work without, manage without having)
City dwellers cannot do without private transportation in this city.

Don't get me wrong 오해하지 마세요 (= Don't misunderstand me.)
Don't get me wrong. I didn't mean to bother you.

dos and don'ts 할 일과 하지 말아야 할 일
The handbook lists the dos and don'ts of caring for patients.

down in the mouth 풀이 죽어, 의기소침하여
He looks down in the mouth.

dream up 발명하다, 생각해내다 (= invent, come up with, think of)
Ralph certainly dreamed up a unique Halloween mask.

dress up 옷을 잘 차려 입다 (= put on best clothes)
You're all dressed up today.

drop (someone) a line 편지를 보내다, 몇 줄 적어 보내다 (= send someone a letter)
Drop me a line to let me know how you're doing.

drop by 잠깐 들리다 (= drop in, visit informally)
Whenever you are in town, please feel free to drop by.

drop off (차 등에서) 내리게 하다 (= get off)
Will you drop me off at the post office on your way home?

drop out (of) ~을 그만두다, 중퇴하다 (= quit, stop attending, leave)
He had to drop out of school because of health problems.

drum up 불러 모으다, (관심, 지지를) 획득하다
We are planning to use the event to drum up business.

due to ~ 때문에, ~에 기인하는
I sneeze a lot due to my cold.

dwell on 생각하다, (상세히) 이야기하다
You'd better not dwell on the mistake you made yesterday.

dying to ~하고 싶어 못 견디는 (= strongly desiring to)
I'm dying to see your new TV.

easy as pie 아주 쉬운 (= very simple, a piece of cake)
Driving a car is as easy as pie.

Easy does it 조심해 (특히 물건을 옮길 때)
Easy does it! That vase is very fragile.

either A or B A이거나 B이거나
Hundreds of people will either die from the cold or starve to death.

enable A to do A가 ~할 수 있게 하다
His earnings enabled him to retire early.

end up 끝나다, 마침내 ~으로 되다 (= finish, come to and end)
He tripped on the steps and ended up with scrapes on his face.

engage to do ~한다고 약속하다 (= promise to do)
She engaged to complete the program within two months.

every other day 하루 걸러서, 격일로 (= every second day)
He is expected to undergo physical therapy every other day.

except for ~을 제외하면
Three types of cookies were prepared, the same in all respects except for salt content.

exempt A from B A에게 B를 면제하다
You will be exempted from taking mandatory English courses.

extract A from B B에서 A를 뽑아내다
The prosecutor extracted a confession from the criminal.

eyes bigger than one's stomach 먹을 수 있는 양보다 더 많은 음식을 가져가는 사람
Craig never eats it all. His eyes are bigger than his stomach.

face to face 정면으로, 마주 대하여
I could not say anything to her face to face.

fade away 사라지다 (= diminish, die away)
Old soldiers never die; they only fade away.

fair and square 정정당당하게, 올바르게 (= honestly)
There were no excuses. He was beaten fair and square.

fall asleep 잠들다
After taking a hot bath, I soon fell asleep.

fall behind 뒤떨어지다, 체납하다 (= lag behind ; be overdue)
If you continue to miss your classes, you will fall behind.

fall through 실패로 돌아가다 (= fail, not be done)
The deal that he made fell through at the last minute.

far from 조금도 ~하지 않다, ~에서 멀리
We are far from happy with the result of the game.

feel blue 우울하다
For some reason, I feel blue today.

feel free 마음대로 ~해도 좋다
Feel free to give me a call if you need any help.

feel left out 소외감을 느끼다 (= feel isolated)
New fathers often feel left out after babies arrive.

feel like a million dollars 매우 건강하다, 기분이 아주 좋다 (= feel very good)
I just got back from working out, and I feel like a million dollars this morning.

feel like doing ~하고 싶은 기분이 들다 (= be inclined to, want to)
Whatever you feel like doing, we have everything you need and more.

feel up to doing ~을 해낼 수 있을 것 같다 (= feel equal to, feel capable of)
Having spent the entire month editing my paper, I feel up to discussing it right now.

few and far between 아주 드문 (= uncommon and infrequent)
Convenience stores are few and far between on rural routes.

figure out 이해하다, 해결하다 (= understand ; work out, solve)
He dedicated himself to figuring out the sequence of events that led to a particular outcome.
The tax laws are so complex that it takes an accountant to figure out all the intricacies.

fill (fit) the bill 요구를 만족시키다
If you fill the bill, send a CV to Daniel Lee.

fill (someone) in ~에게 ~을 알려주다
She missed the conference, so I filled her in on all the details.

fill in (빈곳을) 기입하다 (= write in)
I filled in the blanks on the job application form.

fill in for (someone) 대역을 하다, 대신하다 (= substitute for)
I'm glad you are available to fill in for her while she is in the hospital.

fill out (서류에) 써넣다 (= write in)
Please read the instructions before you begin filling out the application form.

find out 발견하다, 깨닫다 (= discover ; learn)
Astronomers and physicists have tried to find out how the earth was created.

first and foremost 무엇보다도, 맨 먼저 (= above all, to begin with)
First and foremost, we must improve the job market situation in order to give birth to a Korea which would have stronger international competitiveness.

first thing in the morning 아침에 제일 먼저
I'll give you a call first thing in the morning.

follow in one's footsteps ~의 자취를 따르다, 선례를 따르다
Susan is proud that her daughter followed in her footsteps and became a lawyer.

follow suit ~를 따라하다, 선례를 따르다 (= do the same thing)
She dove into the lake and he followed suit.

follow up 계속해서 행하다, 한층 더 철저히 하다 (= pursue tenaciously)
You should start with sales visits, and then follow up with telephone calls.

for a change 변화를 위해, 기분 전환을 위해
Let's go get some fresh air for a change.

for a while 잠시 동안
I can live on my severance pay for a while.

for ages 오랫동안 (= for a long time)
I haven't seen you for ages.

for better or for worse 좋든 나쁘든
He is my boss, for better or for worse.

for good 영원히 (= forever, permanently)
She's gone for good and won't be back.

for instance 예를 들면 (= for example)
There are many things I would like to learn: for instance, how to play tennis.

for lack of ~의 부족하기 때문에
He was acquitted for lack of evidence.

for nothing 무료로, 이유 없이, 헛되이
Why pay a mechanic when I can do it for nothing?

for one thing 하나는, 첫째로는 (= as one of the things)
She is not that wonderful: she's short-tempered for one thing.

for one's age 나이에 비해서
She looks very mature for her age.
She looks very young for her age.

for one's part ~로서는 (= as far as one is concerned)
For my part, I prefer living in London for the time being.

for sure 확실하게 (= for certain, certainly)
This is going to be a great barbecue party, for sure.

for the better 보다 나은 쪽으로 (= in a better way)
There was a change for the better in the patient's condition.

for the sake of ~을 위해서 (= for the purpose of)
Change for the sake of change is usually not effective.

for the time being 당분간 (= for a while, for now, temporarily)
For the time being, because of a series of budget cuts, we have to postpone the acquisition of a new machine.

for the worse 더욱 나쁘게, 나쁜 쪽으로
Her condition is changing for the worse.

free of charge 무료로
For purchases above a certain amount, delivery is free of charge.

from bad to worse 더욱 악화하여
His life has gone from bad for worse for the past two years.

from door to door 집집마다
Students sometimes sell goods from door to door to raise money for their schools.

from hand to mouth 하루 벌어 하루 사는 (= survive on very little money)
Most of the people in this neighborhood live from hand to mouth.

from now on 앞으로는
In addition to quitting smoking, I plan to exercise daily from now on.

from scratch 맨 처음부터, 무(無)에서 (= from nothing, from the start)
She lost all her money; she had to start her life from scratch.

from time to time 때때로, 이따금 (= now and then, occasionally)
She likes to take her children to the park from time to time.

gear up 준비를 갖추다 (= prepare)
We are all geared up for our trip.

get a kick out of (doing something) ~을 즐기다 (= enjoy)
You really get a kick out of riding. It doesn't seem like much fun to me.

get a move on 서두르다 (= hurry)
We should get a move on, or we'll be late for the play.

get acquainted with 아는 사이가 되다, ~에 정통하다
This conference will offer us an excellent opportunity to get acquainted with many buyers.
He's well-acquainted with classical music.

get across 설명하다, 이해시키다 (= make ~ clear, put across, get over)
The speaker was able to get her point across to the audience.

get along with ~와 사이좋게 지내다 (= work together, cooperate, live in harmony with)
Getting along with your coworkers is as important as being able to do your job.

get away with (못된 짓을 하고도) 벌 받지 않다 (= get by, not to be punished)
Karl got away with cheating on the test, while Jim was scolded.

get back 돌아오다, 되찾다 (= return ; resume)
He got back from vacation yesterday.
I'll get back to you in 30 minutes.

get cold feet 겁먹다
He got cold feet and gave up proceeding to the summit.

get down to 시작하다, 착수하다 (= start, get started on, take up)
After talking about the project in general, we got down to the specific details.

get even with 보복하다 (= avenge oneself on, get back at)
He seems to want to get even with them because of his old grudge.

get in the way 방해가 되다 (= block, obstruct)
Your social life must not get in the way of your studies.

get in touch with 연락하다, 접촉하다 (= contact)
I tried to get in touch with him, but I couldn't.

get off (차량에서) 내리다, (옷을) 벗다 (= leave a vehicle ; take off, remove)
I'm going to the City Hall; where shall I get off?
Ice climbing boots are difficult to put on and get off.

get on (차량에) 탑승하다
After getting on the taxi, I discovered that I did not have any money for the fare.

get on one's nerves ~의 신경을 건드리다, 짜증나게 하다
Her constant complaining gets on our nerves.

get out of (차에서) 내리다, 나오다, 벗어나다 (= leave a car ; exit ; avoid)
Watch out for the oncoming traffic while getting out of a car on the left side.
I had a hard time getting out of bed this morning.

get over 극복하다 (= overcome, recover from, get well from)
Some types of flu may take up to one month to get over.

get rid of 그만두다, 버리다, 제거하다 (= discard)
If I were you, I would get rid of your car and buy a new one.

get the hang of something ~의 요령을 알게 되다, 방법을 알게 되다
It will take you a while to get the hang of how to drive.

get the picture 이해하다
Logan didn't tell us the whole story, but we got the picture.

get through 끝내다, 이해시키다, (전화 등이) 연락이 되다 (= finish, complete)
We have to get through all this paperwork before the deadline.

get to ~에 이르다, 닿다 (= arrive at)
Fortunately, we got to the train station on time.

get to one's feet 일어서다
She suddenly got to her feet and ran towards the door.

get together 모이다, 모으다 (= assemble, collect)
Let's get together and go over this after lunch.

get underway 시작하다 (= begin, start)
The movie should get underway any minute now.

get well 몸을 회복하다
I hope you get well soon.

give a hand 박수치다 (= applaud, clap)
Let's give a big hand to our special guest, Mr. Cassin.

give a hand (with) ~을 돕다 (= help, lend a hand)
You seem pretty busy preparing for the exam. Could I give you a hand with that?

give ~ a ride (lift) 차를 태워주다
I'll give you a ride to school tomorrow.

give ~ a ring (call, buzz) (남에게) 전화를 하다 (= phone)
Feel free to give me a ring if you need any help.

give ~ a wide berth ~를 피하다 (= keep away from)
You should give a wide berth to illegal drugs.

give-and-take 타협, 협조, 교환
There must be give-and-take from both political parties.

give away 무료로 주다, 누설하다 (= give free of charge, distribute for free ; reveal)
The company is giving away free sample packs to customers.

give birth to ~을 낳다
His courageous actions gave birth to a movement for independence.

give forth (소리, 냄새, 책 등을) 내다
The fields give forth an odor of spring.

give in 굴복하다, 제출하다 (= surrender, give way to ; hand in, turn in, submit)
The management says it won't give in to the workers' demands.

give off (증기, 냄새, 빛을) 발산하다 (= release, emit, produce, emanate)
He always gives off an acrid smell of smoke.

give one's (best) regards to 안부를 전하다
Take care of yourself and give my best regards to your family.

give out 배부하다, 발표하다 (= distribute, hand out ; make known, announce)
Volunteers give out free lunches to the homeless every other day.

give over ~을 그만두다 (= stop doing)
He gave over a habit of adding pepper to his meal at the table.

give over to 넘겨주다 (= surrender, abandon to)
The running of international affairs was given over to the vice-president.

give (someone) the cold shoulder ~에 냉담한 태도를 취하다 (= ignore)
He gave me the cold shoulder and didn't invite me to the party.

give up 포기하다 (= abandon, surrender, relinquish, quit)
I was advised never to give up.

go after 뒤를 쫓아다니다, 추구하다
The police went after the thief.

go ahead 앞으로 나가다, 진행하다 (= begin, start doing something)
After the evidence is gathered, detectives can go ahead with the analysis.

go away 떠나다 (= leave, depart)
Why don't we go away to the mountains this weekend?

go broke 파산하다 (= be bankrupt)
His company went broke last month.

go by (시간이) 지나가다, (기회, 잘못 등이) 간과되다 (= pass by)
Don't let this chance go by.

go down 내려가다, (해, 달이) 지다, 작동이 멎다, 받아들여지다
The price of fuel keeps going down.
The evening glow was left in the sky after the sun went down.
The main computer went down for one hour.
The play went down very well with the audience.

go Dutch 각자 부담하다
Whenever they have a date, they always go Dutch.

go easy on 심하게 다루지 않다 (= not be hard on)
The police will go easy on you because you have no previous record.

go for 얻으려고 노력하다, 좋아하다 (= try to obtain ; favor)
He is going for his second gold medal at the Beijing Olympics.

go for it 노력하다, 추구하다 (= aim for with great effort)
If you really want it, you should go for it.

go into 들어가다, 시작하다, 자세히 조사하다 (= start ; look into, examine)
He went into town.
He went into law.
He went into the contract in detail before signing it.

go in for 열심히 하다, 열중하다, 참가하다
She has gone in for tree-watching since she moved to the country.

go off 발사되다, 싫어지다, (자명종, 경보) 울리다 (= be fired ; stop liking ; burst out)
A few minutes later, the bomb went off, destroying the vehicle.
I went off the idea of a picnic.
When the fire alarm went off, I just grabbed my clothes and ran out.

go on (with) 계속하다, 계속되다 (= continue, not stop)
I went on reading the magazine until 2:00 in the morning.

go out 나가다, 방송(출판)되다, (불이) 꺼지다
I'm going out tonight.
The series goes out at 10p.m., Wednesdays, on Channel 9.
The wall lights and ceiling lights went out.

go out of ~이 사라지다, ~하지 않게 되다
Marriage seems to be going out of fashion.

go over 조사하다, 복습하다 (= examine ; repeat, check over)
You need to go over the report before you turn it in.

go overboard 너무 많이 하다, 사다, 말하다 (= to do or say something that is too extreme)
Try not to go overboard when you go shopping for groceries.

go through 샅샅이 조사하다, 경험하다 (= examine, explore ; experience)
Let's go through the whole list again, from the beginning.
Candidates must go through a process of selection.

go through with 완수하다 (= complete, take to a conclusion)
We started this project together and went through with it.

go too far 지나치다, 너무하다
To go too far is as bad as to fall short.

go up 오르다, 상승하다, (건물 등이) 세워지다 (= ascent ; increase ; be constructed)
In most situations, prices go up as quickly as the inflation rate rises.
The new building will go up on Fifth Avenue before the end of the year.

go with 어울리다, 동행하다 (= look good together ; accompany)
This jacket goes well with your skirt.

go without ~없이 지내다 (= do without, dispense with)
I have known what it is like to go without food for days.

go without saying 물론이다, 말할 것도 없다 (= be clear, be obvious)
It goes without saying that Beyonce is cut out for music.

good for you 잘한다, 잘했다
Good for you; I'm really happy that you got promoted!

good turn 호의, 선행
One good turn deserves another.

graduate from 졸업하다
He graduated in psychology from Harvard.

grow up 성장하다, 생기다 (= become an adult)
It is unusual to find someone who did not face peer pressure while growing up.

guard against 경계하다 (= be careful to avoid)
Nurses should guard against becoming too attached to their patients.

had better do ~하는 편이 좋다 (= ought to, would be smart to)
It's getting hot; we had better turn on the air conditioner.

hand down 후세에 물려주다 (= transmit)
The necklace was handed down to me from my grandmother.

hand in 제출하다 (= turn in, tender, submit)
You should hand in your assignments before the deadline in order to receive full credit.

hand in hand 손에 손을 잡고, 협력하여
I saw them making their way, hand in hand, down the path.

hand on 전하다
They were accused of handing on secret documents.

hand out 배부하다 (= distribute, give out)
A salesperson handed out free samples of new cosmetics.

hand over 넘겨주다, (지배권 등을) 양도하다 (= surrender)
On her retirement, she handed the business over to her son.

hang around (about) 어슬렁거리다, 방황하다
They hang around the street corner every night.

hang in there (어려움을) 견디다, 버티다 (= don't give up)
You just hang in there! Everything will be fine.

hang on 기다리다 (= wait)
Hang on a second. I'll come with you.

hang up 전화를 끊다 (= end a telephone conversation)
After I hung up, I realized that I had forgotten to ask when her baby was due.

happen to 우연히 ~하다 (= do it by chance)
Coming home on the bus, I happened to sit next to a man from Italy.

hard to come by 얻거나 찾기 힘든 (= difficult to find)
Tickets for the championship game are hard to come by.

hard up 돈이 몹시 궁한
He had been hard up to pay for the tuition.

hasten to do 황급히 ~하다
He hastened to assure her that there was no threat.

have a ball 즐거운 시간을 보내다 (= have a great time)
We had a ball at the party last night.

have a big mouth 수다스럽다, 입이 가볍다 (= talk too much)
She has a big mouth and is always telling her friends what to do.

have a good time 좋은 시간을 보내다 (= enjoy oneself)
We had such a good time in Paris that we decided to go there again next year.

have a hard time 어려움을 겪다, 혼나다
Vegetarians have a hard time choosing a menu at a restaurant.

have a heart 인정이 있다 (= show mercy, be compassionate)
Try to have a heart and forgive him for what he said.

have a hunch 어쩐지 예감이 들다 (= have an intuitive feeling)
I have a hunch that it will rain tomorrow.

have a look at 한번 보다, 훑어보다
He always has a look at the papers first thing in the morning.

have a soft spot (for) (~을 좋아해서) 약하다, 무르다
She's always had a soft spot for her grandchildren.

have a sweet tooth 단 것을 좋아하다 (= have a craving for sweet things)
He has a sweet tooth.

have a word with (someone) 잠깐 이야기 하다 (= talk to someone briefly)
Can I have a word with you now, Dr. Jefferson?

have an axe to grind 딴 속셈이 있다
She has an axe to grind when she complains about the company; she really wants more money.

have an effect on ~에 영향을 미치다, 효과를 나타내다
Deforestation is bound to have an effect on the world's weather.

have an eye for ~을 보는 눈이 있다 (= have a good taste in)
He has an eye for color, and his house and clothes are very attractive.

have ants in one's pants 안절부절 못하다, 흥분해 있다 (= be restless and nervous)
I'm waiting for my test result. I have ants in my pants.

have butterflies in one's stomach (걱정으로) 두근거리다, 조마조마하다
Before she gave a speech, she had butterflies in her stomach.

have difficulty (in) doing ~하는데 고생하다, 어려움을 겪다
He had difficulty understanding the directions to the airport.

have A do B A가 B 하도록 시키다 (= make A do B)
Kathy had her son help her mow the lawn.

have good reason to do (for doing) ~할 충분한 이유가 있다, 마땅하다
You have good reason to get upset with me.

have in mind 고려하다, 의도하고 있다 (= plan, intend)
What do you have in mind for lunch?

have nothing to do with ~와 관련이 없다 (= be not related to, have no relation with)
I have nothing to do with the recent case.

have on 입고 있다, (모자, 양말 등) 몸에 걸치다 (= wear)
I have a blue sweater on today.

have one's hands full 굉장히 바쁘다 (= be extremely busy)
With two kids and a career, she really has her hands full.

have over ~을 손님으로 맞다 (= invite)
Let's have Carol over this weekend; we haven't seen her in two months.

have the time of one's life 더할 수 없이 즐거운 시간을 보내다 (= have fun, have a great time)
I'm having the time of my life in Rome and never want to go home.

have the upper hand ~보다 우세하다, 유리하다 (= get the upper hand)
If you can ease the tension and share your feelings, you'll have the upper hand.

A bad workman always blames his tools.
서투른 목수가 연장만 탓한다.

A bargain is a bargain.
약속은 약속이다.

A bird in the hand is worth two in the bush.
숲 속의 두 마리 새보다 수중의 새 한 마리가 낫다. 남의 돈 천냥이 내 돈 한 푼만 못하다.

A blessing in disguise.
전화위복, 불행 중 다행.

A burden taken freely.
자진해서 지는 짐은 무겁지 않다.

A cat has nine lives.
쉽게 죽지 않는다.

A cold head and a warm heart.
차가운 머리, 따뜻한 가슴.

A disease understood is half cured.
병을 알면 그 병은 반은 나은 것.

A drop in the bucket.
코끼리 비스킷. 창해일속. 엄청나게 많은 것 중에 사소한 하나.

A drowning man will grasp at straws.
물에 빠진 자는 지푸라기라도 잡는다.

A false friend is worse than an open enemy.
거짓 벗은 분명한 적보다 나쁘다.

A fool and his money are soon parted.
어리석은 자의 돈은 금방 없어진다.

A friend in need is a friend indeed.
곤경에 빠졌을 때의 친구야말로 참다운 친구이다.

A friend to all is a friend to none.
모든 사람의 친구는 그 누구의 친구도 아니다.

A good neighbor is better than a brother far off.
가까운 이웃이 먼 일가보다 낫다. (이웃사촌)

A good wife makes a good husband.
좋은 아내는 좋은 남편을 만든다.

A great city, a great solitude.
큰 도시일수록 고독도 크다.

A great obstacle to happiness is to anticipate too great a happiness.
행복에 있어서 가장 큰 장애물은 너무 큰 행복을 기대하는 마음이다.

A home without love is no more a home than a body without a soul is a man.
사랑이 없는 가정이 가정이 아닌 것은 정신이 없는 육체가 인간이 아닌 것과 같다.

A journey of a thousand miles begins with a single step.
천리길도 한 걸음부터.

A leopard cannot change his spots.
표범은 자기의 반점을 바꿀 수 없다. 세살 버릇 여든 간다.

A little bird has told me.
어떤 사람에게서 들었다.

A little is better than none.
조금이라도 있는 것이 없는 것보다는 낫다..

A little knowledge is a dangerous thing.
섣불리 아는 것은 위험한 일.

A little pot is soon hot.
그릇이 작은 사람이 성을 잘 낸다.

A loaf of bread is better than the song of many birds.
금강산도 식후경, 수염이 석자라도 먹어야 양반.

A man is known by the company he keeps.
친구를 보면 그 사람을 알 수 있다. (유유상종)

A man is not good or bad for one action.
한 가지 일로 사람의 좋고 나쁨을 판단하지 못한다.

A man of many talents.
팔방미인

A miss is as good as a mile.
조금이라도 빗나간 것은 빗나간 것이다. (오십보백보)

A moment's insight is sometimes worth a life's experience.
한순간의 판단은 때로 평생의 경험과 맞먹을 만큼의 가치가 있다.

A penny saved is a penny earned.
한 푼의 절약은 한 푼의 이득.

A problem shared is a problem halved.
고통은 나누면 반이 된다.

A promise is a promise.
약속은 약속이다.

A rat in a trap.
독 안에 든 쥐.

A rolling stone gathers no moss.
구르는 돌은 이끼가 끼지 않는다.

A sound mind in a sound body.
건전한 정신은 건전한 육체에 있다.

A stitch in time saves nine.
제 때의 한 바늘이 후에 아홉 바늘을 면하게 한다.

A storm in a teacup.
컵 속의 폭풍우. (내분, 집안싸움, 헛소동)

A thing of beauty is a joy forever.
아름다운 것은 영원한 기쁨이다.

A tree is known by its fruit.
나무는 그 열매로써 알려진다.

A trouble shared is a trouble split in half.
고통은 나누면 반으로 줄어든다.

A watched pot never boils.
지켜보는 냄비는 끓지 않는다. 기다리는 것은 더디 온다.

A wolf in sheep's clothing.
양의 탈을 쓴 이리. (위선자)

A wonder lasts but nine days.
세상을 떠들썩하게 한 사건도 곧 잊혀진다.

A word to the wise is enough.
현자는 하나를 듣고 열을 깨닫는다.

Absence makes the heart grow fonder.
떨어져 있으면 그리움은 더해진다.

Accidents arise from carelessness.
사고는 부주의에서 생긴다.

Accidents will happen.
사고는 생기기 마련.

Actions speak louder than words.
행위는 말보다 목소리가 크다. 말보다 행동이 중요하다.

Adding insult to injury.
설상가상

Adversity successfully overcome is a great glory.
떳떳이 이겨낸 고난은 최대의 영광이다.

After a storm comes a calm.
폭풍이 지난 뒤에 고요가 온다. 비온 뒤에 땅이 굳어진다.

After pain comes joy.
고생 끝에 낙이 온다.

After rain comes fair weather.
비온 뒤에 땅이 굳어진다. (고진감래)

All (is) for the best.
모두가 다 하느님의 뜻이다. 모든 것은 결국 좋게 될 것이다.

All in good time.
모든 일에는 다 때가 있기 마련. 기다리노라면 좋은 때가 온다.

All is not gold that glitters. = All that glitters is not gold.
번쩍이는 것이 다 금은 아니다.

All is well that ends well.
결과가 좋으면 만사가 다 좋다.

All or nothing.
전부이거나 전무. 타협 없음.

All roads lead to Rome.
모든 길은 로마로 통한다.

All things are difficult before they are easy.
모든 것은 쉬워지기 전에는 어려웠다. 천리길도 한 걸음부터

All work and no play makes Jack a dull boy.
공부만 시키고 놀게 하지 않으면 아이는 바보가 된다. 열심히 일하고 열심히 놀아라.

An early bird catches the worm.
일찍 일어나는 새가 벌레를 잡는다. 부지런해야 한다.

An eye for an eye, a tooth for a tooth.
눈에는 눈 이에는 이. (인과응보)

Any man can make mistakes, but only an idiot persists in his error.
어떤 사람이라도 잘못을 저지를 수 있지만, 우둔한 사람은 자신의 잘못을 되풀이한다.

Art is long, life is short.
예술은 길고 인생은 짧다.

As a man sows, so he shall reap.
뿌린 대로 거둔다. (인과응보)

Ask, and it shall be given you.
구하라, 그러면 너희에게 주실 것이다.

Bad news travels fast. = Bad news has wings.
나쁜 소식은 빨리 퍼진다.

Bad things happen in everybody's life, not just yours.
나쁜 일은 모든 이에게 일어날 수 있다. 당신에게만 생기는 것이 아니다.

Barking dogs seldom bite.
짖는 개는 거의 물지 않는다. 빈 깡통이 소리만 요란하다.

Be great in act, as you have been in thought.
생각에 있어서 그러하듯, 행동에서 위대하라.

Be moderate in prosperity, prudent in adversity.
번영을 누리고 있을 때는 절제를 잊지 말고 역경에 처했을 때는 신중을 기해야 한다.

Be the toughest, rather than the best.
최고보다는 최선을.

Bear and forbear.
참고 또 견디라.

Beauty is in the eye of the beholder.
아름다움은 보는 사람 눈에 달려있다. (제 눈에 안경)

Beauty is only skin-deep.
미모는 거죽 한 꺼풀, 외모로 사람을 평가하지 말라.

Better the head of a dog than the tail of a lion.
소의 꼬리보다 닭의 볏이 낫다.

Better bend than break.
부러지기보다는 휘는 것이 낫다.

Better late than never.
안 하는 것보다 늦게라도 하는 것이 낫다.

Better safe than sorry.
나중에 후회하는 것보다 안전한 것이 낫다. 돌다리도 두들기고 건너라.

Better to be alone than in bad company.
나쁜 친구와 함께 있느니 보다 혼자 있는 편이 더 낫다.

Beware of the wolf in sheep's clothing.
양가죽을 쓴 늑대를 조심하라.

Birds of a feather flock together.
유유상종

Birth is much, but breeding is more.
선천성보다 후천성이 더 중요하다. 가문보다 가정교육.

Bite the hand that feeds you.
믿는 도끼에 발등 찍힌다.

Bitters do good to the stomach.
좋은 약은 입에 쓰다.

Blood is thicker than water.
피는 물보다 진하다.

Blood will tell.
핏줄은 못 속인다.

Books are no more than paper if never opened.
책은 펴보지 않으면 나무 조각과 같다.

Books cannot teach the use of books.
책은 그 사용법을 가르쳐 주지 않는다, 스스로 터득하라.

Born in a barn.
(문 열어놓고 다니는 사람에게) 꼬리가 길다.

Boys, be ambitious!
소년들이여, 야망을 가져라.

Brevity is the soul of wit.
간결은 지혜의 정수, 말은 간결이 생명이다.

Business before pleasure.
놀기 전에 일부터.

By other's faults wise men correct their own.
다른 사람의 결점에 의해 현명한 사람은 자신의 결점을 고친다.

Call a spade a spade.
사실대로 말하라.

Cannot see the forest for the trees.
나무만 보고 숲을 보지 못한다.

Care killed the cat.
걱정은 고양이 목숨도 빼앗는다. 근심 걱정은 몸에 해롭다.

Castles in the air.
공중누각

Charity begins at home.
자비는 가정에서 시작한다. 남보다 먼저 가족을 생각하라.

Chip off the old block.
그 아버지에 그 아들.

Clothes make the man.
옷이 날개.

Come empty, return empty.
빈손으로 왔다가 빈손으로 간다. (공수레 공수거)

Company in distress makes sorrow less.
함께 고민하면 슬픔은 덜어진다.

Constant dripping wears away the stone.
낙숫물이 댓돌을 뚫는다.

Cowards die many times before their death: the valiant taste it once.
겁쟁이가 죽는 것은 여러 번이지만 용기 있는 사람이 죽는 것은 오직 한번 뿐이다.

Curiosity killed the cat.
호기심이 강하면 망신당할 수 있다.

Cut the coat to the cloth.
천에 맞추어서 코트를 잘라라. 분수에 맞게 살아라.

Do (to others) as you would have done to you.
남에게 대접 받고 싶은대로 남에게 대접하라.

Do in Rome as the Romans do. = When in Rome do as the Romans do.
로마에 가면 로마 풍습대로 해라.

Do what you can, with what you have, where you are.
그대가 서 있는 곳에서, 그대가 가진 것으로, 그대가 할 수 있는 최선의 일을 하라.

Do your best, and God will do the rest.
최선을 다하라. 나머지는 신이 할 것이다. 천명을 기다려라.

Dog does not eat (bite) dog.
가재는 게 편이다.

Dog-eat-dog.
인정사정 없는, 치열한

Don't bite off more than you can chew.
자신의 능력으로 감당할 수 없는 무리한 일을 하려고 하지 말라.

Don't blow your own trumpet. = Don't blow your own horn.
자화자찬하지 말라.

Don't cast pearls before swine.
돼지에게 진주.

Don't count your chickens before they are hatched.
떡 줄 사람은 생각도 않는데 김칫국부터 마신다.

Don't cross the bridge until you come to it.
공연히 지레 걱정하지 말라.

Don't cry over spilt milk. = It is no use crying over spilt milk.
엎지른 물은 다시 담을 수 없다.

Don't holler until you are out of the woods.
숲을 벗어날 때까지는 환호를 외치지 말라. 안심할 수 있을 때까지는 기뻐하지 말라.

Don't judge a book by its cover.
겉모습으로 판단하지 마라.

Don't judge a man until you've walked in his shoes.
남의 입장이 되어 보지 않고서 그 사람을 비난하지 말라.

Don't judge a man by his looks.
외양으로 사람을 판단하지 말라.

Don't put all your eggs in one basket.
위험은 분산하라. 한 가지에 전부를 걸지 마라.

Don't put off for tomorrow what you can do today.
오늘의 일을 내일로 미루지 말라.

Don't spur a willing horse.
가고자 하는 말에 박차를 가하지 마라, 쓸데없는 참견을 하지 마라.

Don't throw out the baby with the bath water.
귀한 것을 쓸모없는 것과 함께 버리지 말라.

Don't wash your dirty linen in public.
더러운 속옷을 남 앞에서 빨지 말라, 내부의 창피스런 일을 외부에 드러내지 말라.

Draw water to his own mill.
자신에게만 이롭게 함. (아전인수)

Drop by drop fills the tub.
한 방울 한 방울이 통을 채운다, 티끌모아 태산.

Drunken folks seldom take harm.
취한 자는 잘 다치지 않는다, 무심무아(無我無心)자는 오히려 실수가 없다.

Duty before pleasure.
의무는 쾌락보다 앞선다.

Early birds catch the worms.
일찍 일어나는 새가 벌레를 잡는다, 부지런해야 성공한다.

Early ripe, early rotten.
일찍 익으면 일찍 썩는다.

Early to bed and early to rise makes a man healthy, wealthy, and wise.
일찍 자고 일찍 일어나는 사람은 건강, 부귀, 지혜를 두루 갖는다.

Easier said than done. = Easy to say, hard to do.
말하기는 쉬우나 행하기는 어렵다.

Easy come, easy go. = Lightly come, lightly go.
쉽게 얻은 것은 쉽게 없어진다.

Eat at pleasure, drink by measure.
즐겁게 먹고, 재어서 마셔라.

Eat to live; don't live to eat.
살기 위해서 먹어라, 먹기 위해서 살지 말라.

Empty vessels make the greatest sound.
빈 수레가 요란하다.

Endeavor is victory.
노력은 승리.

Enrich yourselves.
자기 자신을 풍부하게 하라.

Even a worm will turn. = Tread on a worm and it will turn.
지렁이도 밟으면 꿈틀한다.

Even Homer sometimes nods.
원숭이도 나무에서 떨어질 때가 있다.

Every advantage has its disadvantage.
유리함 속에 불리한 점이 있다.

Every cloud has a silver lining.
먹구름 뒤쪽은 은빛으로 빛난다. 괴로움이 있으면 즐거움도 있다.

Every dog has his day.
쥐구멍에도 볕들 날 있다.

Every Jack has his Jill.
짚신도 짝이 있다.

Every little makes a nickle.
티끌 모아 태산.

Every man for his own trade.
장사에는 각각 전문이 있다.

Every man has a fool in his sleeve.
누구나 약점은 있는 법이다.

Every man has his faults.
누구나 결점을 갖고 있다. 털어서 먼지 안 나는 사람 없다.

Every man has his humor. = So many men, so many minds.
사람의 마음은 가지각색이다.

Every man is the architect of his own fortune.
각자는 자기 운명의 개척자이다.

Every man knows his own business best.
자기의 일은 자기가 제일 잘 안다.

Every person has his own strong points and weak points.
모든 사람이 장점과 단점을 가지고 있다.

Every rose has its thorn.
모든 장미는 가시가 있다. 세상에 완전한 행복은 없다.

Every tide has its ebb.
달도 차면 기운다. 밀물이 있으면 썰물도 있다.

Everybody's business is nobody's business.
모든 사람의 일은 그 누구의 일도 아니다. 공동 책임은 무책임.

Everyone has a skeleton in his closet.
털어서 먼지 안 나는 사람 없다.

Everything comes to those who wait.
기다리는 자에게는 모든 것이 성취된다.

Everything has a beginning.
모든 것은 시작이 있다

Experience keeps a dear school.
경험이라는 학교는 수업료가 비싸다. 쓰라린 경험을 통해 현명해진다.

Experience makes even fools wise.
경험은 바보조차도 현명하게 만든다.

Extremes meet.
극과 극은 통한다.

Eye for eye, tooth for tooth.
눈에는 눈, 이에는 이.

Face the music.
자진하여 책임을 지다. 당당히 비판을 받다. 위험에 맞서다.

Facts are stubborn things.
진실은 밝혀진다. (사필귀정)

Failure is but a stepping stone to success.
실패는 성공의 어머니.

Failure makes people bitter and cruel. Success improves the character of the man.
실패는 인간을 냉혹하고 잔인하게 만들지만, 성공은 사람의 성격을 부드럽게 개선시킨다.

Familiarity breeds contempt.
지나치게 허물없이 굴면 멸시를 받게 된다. 친할수록 예의를 지켜라.

Finders keepers, losers weepers.
줍는 사람이 임자.

Fine clothes make the man.
옷이 날개.

First come, first served!
빠른 사람이 우선이다. (선착순)

Fortune favors the bold.
행운은 용감한 사람 편이다.

Fortune knocks once at least at every man's gate.
행운은 적어도 한 번은 모든 인간의 문을 두드린다.

Fortune waits on honest toil and earnest endeavor.
정직한 수고와 진지한 노력에는 행운이 뒤따른다.

Friends and wines improve with age.
친구와 포도주는 오래될수록 좋다.

From labor health, from health contentment spring.
건강은 노동에서 생기고 만족은 건강에서 생긴다.

From one learn all.
하나를 듣고 열을 안다.

From saving comes having.
절약은 부의 근본.

From the cradle to the grave.
요람에서 무덤까지.

Gather roses while you may.
할 수 있을 때 (젊을때) 장미꽃을 모아라. 청춘은 다시 돌아오지 않는다.

Genius does what is necessary, Talent does what it can.
천재는 해야 할 일을 하고, 재주 있는 사람은 할 수 있는 일을 한다.

Genius is nothing but a great aptitude for patience.
천재라는 것은 참을성을 갖춘 위대한 소질에 불과하다.

Genius is one percent inspiration and ninety-nine percent perspiration.
천재란 1 퍼센트의 영감과 99 퍼센트의 땀으로 이루어진다.

Give and take.
오는 정이 있어야 가는 정이 있다.

Giving a peck and getting a bushel.
팩 (약 9L)으로 주고 부셜 (약 36L)로 받다. 되로 주고 말로 받는다.

Go home and kick the dog.
종로에서 뺨 맞고 한강에서 눈 흘긴다.

God's mill grinds slow but sure.
신의 맷돌은 더디지만 확실히 가루가 갈린다. 하늘의 응보는 때로는 늦지만 반드시 온다.

Gold is tried with fire, friendship with distress.
황금은 불로 시험하고, 우정은 곤경이 시험한다.

Good company makes the road shorter.
길동무가 좋으면 먼 길도 가깝다. 좋은 벗과 함께 가는 길이라면 먼 길도 짧게 느껴진다.

Good health is a great asset.
건강이 보배다.

Good luck alternates with misfortune.
행과 불행은 번갈아 온다.

Good luck does not always repeat itself.
행운은 반복되지 않는다.

Good medicine tastes bitter.
몸에 좋은 약은 입에 쓰다.

Good wine makes good blood.
좋은 술은 좋은 피를 만든다.

Good wine needs no blush.
좋은 술에는 간판이 필요 없다. 내용만 좋으면 선전이 필요 없다.

Grasp all, lose all.
(욕심 부려) 모두 잡으려다 몽땅 놓친다.

Great talkers are little doers.
가장 수다스러운 사람이 가장 하지 않는 사람. 빈 수레가 요란하다.

Greed has no limits.
욕심은 끝이 없다. 말 타면 경마 잡히고 싶다.

Habit is (a) second nature.
습관은 제 2 의 천성이다.

Happiness consists in contentment.
행복은 족함을 아는 데 있다.

Haste makes waste.
서두르면 일을 그르친다.

Have a care of a silent dog, and still water.
짖지 않는 개와 소리 없이 흐르는 물을 조심하라.

Having nothing, nothing can he lose.
아무것도 가진 것이 없으니, 아무 것도 잃을 것이 없다.

He laughs best who laughs last.
맨 나중에 웃는 자가 가장 잘 웃는 자이다.

He that is master of himself will soon be master of others.
자신을 지배하는 자는 곧 다른 사람의 주인이 될 것이다.

He who can make his enemy turn to his friend is a man of ability.
적을 벗으로 삼을 수 있는 자는 위대한 인물이다.

He who does all, never does well.
많은 것에 능한 사람은 다 잘 못한다.

He who hesitates is lost.
망설이는 자는 길을 잃는다. 결단력 있게 행동하라.

Health is better than wealth.
건강이 재산보다 낫다.

Heaven defends the right.
하늘은 정의의 편이다.

Heaven helps those who help themselves.
하늘은 스스로 돕는 자를 돕는다.

Hoist your sail when the wind is fair.
순풍이 불 때 돛을 올려라.

Honesty is the best policy.
정직이 최선의 정책이다.

Honesty pays.
정직해서 손해없다.

Hunger is the best sauce.
시장이 반찬.

I am so hungry I could eat a horse.
배가 몹시 고파서 말도 먹을 수 있을 정도이다.

I think, therefore I am.
나는 생각한다 그러므로 나는 존재한다.

I'll eat my hat.
내 손에 장을 지진다.

Icing on the cake.
금상첨화. 좋은 일에 또 좋은 일이 더함.

Idle folks have the least leisure.
게으른 자는 틈이 없다.

If at first you don't succeed, try, try again.
칠전팔기

If you can't stand the heat, get out of the kitchen.
절이 싫으면 절간을 떠나야 한다.

If you laugh, blessings will come your way.
웃으면 복이 온다.

Ignorance is bliss.
모르는 게 약이다.

In one ear and out the other.
한 귀로 듣고 한 귀로 흘린다.

In peace prepare for war.
평화시에 전쟁을 준비하라. (유비무환)

In wine there is truth.
취중에 진담이 있다.

It is a piece of cake.
누워 떡 먹기.

It is better than nothing.
(보잘 것 없는 것이라도) 없는 것보다 낫다.

It is never too late to learn.
너무 늦어 배울 수 없는 경우란 없다.

It is never too late to mend.
잘못을 고치는데 너무 늦다는 법은 없다.

It is no use crying over spilt milk. = Don't cry over spilt milk.
엎지른 물은 담을 수 없다.

It is not who is right, but what is right, that is of importance.
중요한 것은 누가 정당하느냐가 아니고 무엇이 정당하느냐이다.

It is old cow's notion that she never was a calf.
개구리 올챙이 적 모른다.

It is within a stone's throw.
엎드리면 코 닿을 곳이다.

It never rains but it pours. = Misfortunes never come single, When it rains, it pours.
비가 오면 억수로 퍼붓는다. 불행한 일은 연달아 오는 법.

It takes two to tango.
손뼉도 마주쳐야 소리가 난다.

어원 **Index**

전체 어휘 **Index**

Index

Index

접두사

기본형	변화형	의미	관련어휘
a(n)		not, without ~하지 않는, ~이 없는	apathetic, atheism, amoral
ab	abs	away 분리, 이탈	abduct, abnormal, abscond, abuse, avocation
ad	a, ac, af, ag, al, an, ap, ar, as, at	to ~에, ~을 향하여	adapt, adhere, access, accord, acquire, affect, annul, approach, arrest, assign, attend
ante	anti, an, anci, arc	before 앞(전)	antique, anticipate, antecedent, ancient, archaic
anti	ant	against 반대하여	antibiotic, antipathy, antithesis, antipollution, antarctic
auto		self 자신의	automatic, autograph, authentic, authority, autonomous
bene		good 좋은	beneficial, benefit, benevolent
bi, du, twi		two 둘	biennial, billion, bias, duplicate, dual, dubious, twilight
com	co, con, cor, col, coun	together ~와 함께	combat, compete, compound, cohere, coincide, concord, conflict, corrupt, collaborate
contra	counter	against 반대하여	contradict, contravene, contraband, contrary, contrast, counterpart, counterfeit
de		down 아래(로)	depress, descend, denounce, depreciate, depend, decline
de		apart, away 떨어져	detach, deceive, deceitful, dedicate, depart
deca (deci) cent mili (kilo)		ten 십 hundred 백 thousand 천	decade, decimate, centigrade, centennial, millennium
dia		through 가로질러	dialogue, diagnosis, dialect
dis		not 부정	disorder, disagree, disclaim, disregard, disappear, discourage, disclose, disadvantage, disgrace, disquiet
dis	dif, di	apart, away 떨어져	dispose, dismiss, discern, distribute, distract, differ, diminish, divorce
eco		house 집, 환경	economy, eco-friendly, ecosystem
en		make ~이 되게 하다	enlarge, enrich, ensure, enable, enact, entangle
ex	e, ec, ef, es	out 밖에	exile, explore, extrude, exclude, eminent, eccentric, effective, estrange
exter, extra		outside, beyond 밖의, 넘어	external, extraordinary, extracurricular
fore		before ~전에	forehead, foremost, foretell, foresee
geo		earth 땅	geology, geometry, geography
in	ig, il, im, ir	not 부정	inapt, incredible, invisible, illegal, illiterate, immoral, irregular
in	il, im	in 안에 into 안으로	include, inspire, inscribe, incorporate, inborn, illuminate, import, impede
inter	intra, intro	in, inward 안(으로)	introduce, introspect, introvert, intravenous
inter	enter	between 사이에	interrupt, intercept, interact, interval, interfere, entertain
mal		bad 나쁜	malfunction, maladroit, malediction

::348

기본형	변화형	의미	관련어휘
mis		bad 나쁜	mischief, misdeed, misery, misgivings, mistake, mistreat, misuse, misfire
mono, uni, sol	un, soli, solic	one, alone 하나의, 혼자의	monopoly, monotonous, unique, unanimous, solitary, desolate
multi		many 다수의	multiple, multitude, multilingual
non		not 부정	nonessential, nonfiction, nonprofit, nonsense, nonviolence
ob	o, oc, of, op	against, away 반대하여, 떨어져	object, obsolete, obstinate, oppose, omit
out	ut	outside 밖으로	outbreak, outcome, outlandish, outstanding, outspoken
over		above 위에	overcome, overlook, overshadow, overspill, overthrow, overwhelm
over		too much 지나치게	overflow, overbearing, overvalue, overcharge
per		completely 완전히	persist, pernicious, perform, perceive, persuade, persevere
poly (multi) pan (omni)		many 많은, all 전부	multiple, multitude, simultaneous, panorama, omnipresent, omnivorous
post		after 뒤에	postpone, postscript, postwar
pre		before 이전의	predict, precede, prejudice, prescribe, prevent, previous
pro	pur	forth	propose, proceed, progress, project
re		back 뒤에	repress, reduce, recall, reject, remove
re		again 다시	revive, recover, reproduce
retro		backward 뒤로	retrogress, retrospect, retroact
se		apart 떨어져	select, secure, separate, segregate, secular
sub	suf, sug, sup, sur, sus, sum	under ~의 아래에	subscribe, subordinate, subdue, submarine, suffice, suspect, supplement, surrender
super	sur, sover	over 위에, 지나치게	superior, supervise, superb, surpass, surplus, supreme
syn	syl, sym	together ~와 함께	sympathetic, symptom, synthetic, synopsis, syndrome
tele		far off 멀리	telepathy, telescope, televise, telephone
trans		across, over 건너서, 통하여	transport, transact, transmit, transplant, transverse, translucent, tranquil
tri		three 셋	triangle, triple, tribe
ultra		exceedingly 과도하게	ultramodern, ultrasound, ultraviolet
un		not 부정	unknown, untimely, undo, unabridged, uneven, unlock
under		under 아래(로) inferior 보다 못한	undergo, undertake, understate, underestimate, underestimate
up		up 위로	upset, uproot, upsurge, uphold
with		against 대항하여	withdraw, withhold, withstand

349

어근 기본형	변화형	의미	관련어휘
act	ag, ig	act, drive 행하다. 몰다	active, activate, counteract, enact, reaction, ambiguous
alter	al, ali, alt	other 다른	alternate, altruism, alloy, alienate
amor, ami	emy	love 사랑. friend 친구	amateur, amiable, amenity, enemy
anim		mind, life 정신. 삶	unanimous, equanimity, magnanimous, animate, inanimate
ann, enn		yearly 해마다	annual, biannual, biennial
apt	ept	fit 적합한	apt, adept, aptitude, adapted
art	ert	skill 기술. 예술	artisan, artificial, artifact, inertia
astro, astr		star 별	disaster, astrology, astronomy
aud	ed	listen 듣다	audible, audience, audition, auditory
bar		bar 막대	bar, debar, disbar
bat		beat 치다	battle, combat, debatable, abate
bio	be	life 생명. 삶	biology, biography, microbe, symbiosis, antibiotic
board		board 나무판자	board, blackboard, abroad
cap	cip, cup	take, hold 잡다	capture, captivate, occupation, participate, reciprocal, preoccupied
care	cure, char, cau	care 관심. 걱정. 조심. 돌보다	precaution, cure, accurate, secure, cherish, charity, cautious
cast		throw 던지다	cast, forecast, broadcast,
cede	ceed, cess	go 가다	precede, antecedent, exceed, accessible, successive
centr		center 중심	central, centripetal, decentralize
cept	ceive, ceit, cip	take, hold 잡다	accept, intercept, except, susceptible, conceive, deceit, receive
chron		time 시간	chronic, chronicle, synchronize
cid	cas, cad, cay	fall 떨어지다	coincide, deciduous, cascade, decadence, occasion, decay
cide	cid, cis	cut 자르다	decided, suicide, incise, precision, concise
circum	circul, circl	circle 원	circle, encircle, circulate, circular, circumscribe, circumvent
cit		call 부르다	cite, incite, exciting, solicitation
claim		call out 부르다. 외치다	claim, exclaim, clamorous

기본형	변화형	의미	관련어휘
clar	cleanse	clear 맑은. 명백한	clarify, clear, declare, clean, cleanse
clin, cliv		slant 기울다	inclined, decline, declivity, inclination
clud	clos	close 닫다	include, conclude, secluded, exclusive, enclose, disclose
cogn	gno	know 알다	recognize, ignorance, diagnosis
commun		shared 공통의	community, communicate, communicative
cord	card, cor, cour	heart 마음. 중심	cordial, accord, concord, discord, cardiac, courage, discourage
corpor		body 몸	corporal, corpse, corporate
cover		cover 덮다	discover, recover, uncover, undercover, covert
cre(a)		grow 자라다	create, decrease, accretion, secret, crescent, decrescent
cre(d)		creedbelieve 믿다	creed, credible, incredible, credulous, credit, discredit
cruc	crux, crus	cross 교차	crux, crucial, crucible, excruciate, crusade
cumb, cub		lie 눕다	cumber, incumbent, encumber, succumb, incubate
cur	cour	flow 흐르다	current, concurrent, recur, occurrence, incursion, incur
demo	dem	people 사람들	demography, demonstration, demagogue, epidemic
dic(t)	dex	say 말하다	dictate, predict, benediction, abdicate, indicate, verdict, contradictory, index
dign	dain, deign	worth 가치 있는	dignity, indignity, dignify, disdain
doct	dox, dog	opinion 의견	doctrine, orthodox, paradox, dogma
domin		rule 지배하다	dominant, dominated, predominantly, domineering, predominate
don	dot, dos, dit, dow	give 주다	donation, condone, endow, overdose
duc	duct, due	lead 이끌다	introduce, reduce, educate, conduct, subdue
dur		continue 계속되다	durable, duration, endure, obdurate
empt		(e)emtake 잡다	exempt, preempt, redeem
equ		same 같은	equal, equivalent, equity, equilibrium
ess		be 존재하다	essence, essential, present
estim	esteem	value 평가하다	estimate, overestimate, esteem

기본형	변화형	의미	관련어휘
fa	fess	say 말하다	fame, infamous, affable, preface, confess
fac	fec, fic, fi, fa, fy, fei	tmake 만들다	facilitate, factory, fabric, beneficient, proficiency, effective, manufacture, sufficient, profit, justify
face		face 얼굴. 면	facial, facade, surface, deface, efface
fals	fall, fail, faul	wrong 잘못된	false, fallacy, fallacious, fail, fault
fend		strike 치다	defend, offend, offensive
fer		carry 나르다. 운반하다	differ, refer, transfer, fertile, differentiate
fid	fidel, fi, fai	trust 신뢰하다	fidelity, confident, confidential, diffident, faith, bona-fide
fin		end 끝. 한계	final, finite, confine, define, refine
firm		strong 강한	firm, infirm, confirm, affirm
flect	flex	bend 구부리다	reflect, deflect, flexible, flexibility
flict	flick, flig	strike 치다	conflicting, affliction, inflict
flu	fl	flow 흐르다	fluent, flux, fluctuate, superfluous, affluent, influence, flood
form		shape 형태	formal, formula, informal, perform, uniform, reform, deform
fort		strong 힘센	effort, forte, forty, fortitude
frag	frac	break 부수다	fragment, fragile, fracture, fractious
fus	fut, fund	melt 녹다	fusion, confuse, futile
gen	gn	birth 출생하다. 생기다	gen, genetic, generate, congenital, indigenous, malignant, pregnant
grad	gress, gred	go 걷다	gradually, progress, transgress, aggressive
graph	gram	write 쓰다	graphic, biograph, paragraph, photograph, autograph
grat	gree, grac	thankful 감사하는	gratify, grateful, ingratitude, congratulate, grace
grav		heavy 무거운	grave, gravity, engrave, aggravate
greg		group 모이다	gregarious, congregate, segregate, aggregate
hab		hib have, hold 갖다	inhabit, habitat, habitual, rehabilitate, behave, behavior, prohibit, exhibit
here	hes	stick 결합하다	adhere, coherent, incoherent, adhesion
herit	heir, hered	heir 상속. 물려받다	heritage, heredity, inherit, heir, inherent

기본형	변화형	의미	관련어휘
hor		horrify 겁을 주다	horrible, horror, horrendous, abhor
ident		same 같은	identical, identity, identification
insula		island 섬	insular, insularity, peninsula
it		go 가다	exit, initiate, ambitious
ject	jet, jac	throw 던지다	reject, injection, abject, subjective, conjecture, adjacent
join	jun, junct, jug	join 결합하다	join, joint, adjoin, junction, subjugate
jus	ju, jud, jur, juris	law, right 법. 올바른	adjust, justified, adjudge, judgement, judicious, prejudiced, perjury
lect	lex, leg, lig, leag	choose 선택하다	neglect, collective, selected, elect, lexicon, negligent
leg	loy	law 법률	legal, illegitimate, legacy, legislate
lev	live	raise 올리다	elevate, alleviate, levity, relieve, irrelevant
lig		bind 묶다	oblige, liable, ally
lingu		tongue 혀	language, bilingual, trilingual
liter	lete	letter 문자	literal, literary, illiterate, obliterate, delete
loc		place 장소	local, location, allocate, relocate
log(y), locut, loqu		word, speech 말	apology, eulogy, monolog, dialog, catalogue, prolocutor, loquacious, eloquent, soliloquy
long		leng, ling 긴. 열망하다	long, longing, longevity, elongate, length, linger
lud		play 놀다	illusion, elude, delude, prelude
lumin, lustr		light 빛	luminous, illustrate, illuminate
macro		large 큰	macroscopic, macroeconomics
magni	master, major, mayor, majes, maxim	great 거대한	magnitude, magnify, magnificent, major, mayor, majestic
mand	mend	order 명령하다	mandatory, demanding, command, recommend, reprimand
manu	main, man, mani	hand 손	manual, manufacture, manipulate, manifest, manage, emancipate
mater, matr		mother 어머니	maternal, alma mater, matriarch

기본형	변화형	의미	관련어휘
maxim		largest 최대의	maxim, maximize, maximum
medi	mid, me	middle 중간	midnight, mediate, midium, mediocre, intermediate
memor		memory 기억	memory, commemorate, memoir
merg	mers	dip 담그다	merge, emerge, emergency, submerge, immerge, immerse
meter		measure 측정하다	diameter, symmetry, asymmetric
micro		small 작은	microbe, microscope, microsome, microwave
min	men	project 돌출하다	eminent, prominent, preeminent, menace
min	minim	small 작은	minor, minute, diminish, minimum
mir		wonder 놀라다	miracle, miraculous, admire
mit	mis(s), ise, esss	send 보내다	submit, transmission, emissary, omit, dismiss, promise, surmise
mod		measure 척도	mode, model, measure, moderate, modulate, accommodate, modest, modify
mort	mors	death 죽음	mortal, immortal, mortify, mortification, remorse
mount		mount 오르다	paramount, surmount, amount
move	mot, mo(b)	move 움직이다	remove, promote, motivate, remote, mob, momentum
mut		change 변하다, 바꾸다	mutable, mutation, mutual, commute
nat	nai, nasc	born 태어난, 타고난	natural, native, naive, innate, nascent, inborn
nav		sail, ship 배	navy, navigate, naval
nect	nex	bind 묶다	connect, disconnect, annex
neg		not 아닌	negative, negate, abnegate
nerv		nerve 신경	nervous, neurology, neurosis
noc, nox, nic		harm	innocuous, innoxious, penicious, innocent, noxious, nocuous
nom, onym		name 이름	nominate, anonymous, antonym, ignominious
norm		rule 기준	norm, normal, abnormal, enormous
not		known, mark	notable, notify, noticeable, connote, note, denote
nounce	nunci	say 말하다	announce, pronounced, denounce, renounce, enunciate

기본형	변화형	의미	관련어휘
nov, neo		new 새로운	novel, novice, innovate, renovate
nutri	nour, nur	feed 기르다	nutrition, malnutrition, nourish, nurse
ord(in)		order 순서. 명령	order, disorder, extraordinary, coordinate
oper		work 일하다	operate, opera, opus
opt		see 보다	synopsis, myopic, optician
ori		rise 일어나다,떠오르다	orient, orientation, origin
ortho		right 바른. 정당한	orthodox, orthopedist
pac	pax, pease	peace 평화	pacific, pacify, peaceful, peace-keeping
par	pair	same 같은	disparage, parity, repair, impair, compare
par	pear	visible 보이다	appear, apparently, transparent, disappear
para		beside 옆에	parallel, paradigm, paramount
part		part 부분. divide 나누다	partisan, participate, apart, impart, impartial
pass	pace	pass 통과하다	surpass, impasse, trespass, unsurpassed, pace
pater, patr		father 아버지	paternal, patriot, patriarch
path	pati, pass	feel 느끼다 disease 질병 treatment 치료	sympathy, patience, passion psychopath, osteopathy
ped, fetch, pod	pus	foot 발	pedestrian, expedite, expedience, impede, fetch, tripod, octopus
pel	peal, pul	drive 몰아가다	expel, compel, appeal, impulse, compulsory
pend, pens	pond, pois	hang 매달다	dependent, suspend, compensate, appendix, pension, ponder
per		try out 시도하다	perilous, expert, expertise, experience, experiment
pet		seek 추구하다	compete, competition, centripetal
phon		sound 소리	phonology, symphony, microphone
phys(ic), corp		body 몸	physical, corps, corpse, corpulent
plac		soften 부드럽게 하다	placid, placate, complacent, complaisant
plant		plant 심다	implant, transplant, supplant

기본형	변화형	의미	관련어휘
ple	pl, plic, ply, plex	fill 채우다	plenty, complete, supply, complex, complicate, compliment
plore		cry 소리치다	implore, explore, deplore
popul	publ	people 사람들	populate, populous, publication, publish
port		carry 운반하다	import, export, transportation, support, portable
pos	pon, pound	put 놓다	posture, compose, dispose, exposure, impose, opponent, postpone
poss	pow, pot	power 힘, 할 수 있다	possible, possess, potent, despot, omnipotent
preci	prais, prais, pret	price 값, 가치	appreciate, depreciate, precious, appraise, praiseworthy
prehend	pris, prey	take 잡다	prison, imprison, comprehensive, apprehend
press		press 누르다	pressure, depress, suppress, expression, impressive
prim, pri		first 먼저, 처음	primary, prime, primitive, principle, prior
priv		separate 떼어놓다	deprive, private, privy
prob	prov, proof	test 시험하다	probe, probable, proven, proof, improve, approve, waterproof
proper	propri	one's own 자신의	property, properly, proprietor, appropriate
pug(n)		fight 싸우다	impugn, pugnacious, repugnant
punct	pung, point, poig	point 점	puncture, pungent, poignant, acupuncture
quir	quer, quest, quisit	ask, seek 묻다, 구하다, 얻다	acquire, inquiry, requirement, unquestionable, conquer
radi, lum, photo	ray	light 빛	radiant, radiate, luminous, illuminate, photosynthesis
range	rank	range 줄	arrange, disarrange, misarrange, rearrange, derange, rank
rect	reg, reig, rig, roy	straight 똑바로 하다	correct, erect, rectify, regulate, reign
rupt	rout	break 깨다	bankrupt, corrupt, disrupt, rupture
sacr	saint, sanct	holy 신성한	sacred, sacrifice, saint, sanctuary
scend	scal	climb 오르다	ascend, descendant, condescend, escalate
sci		know 알다	scientific, conscious, conscientious
scrib	script	write 쓰다	scribe, prescribe, description, subscribe, ascribe, postscript, manuscript
sect		cut 자르다	section, dissect, insect

기본형	변화형	의미	관련어휘
sens	sent, scent	feel 느끼다	sensible, sensitive, senseless, sensational, sentimental, scent
sequ	secu, su, sec	follow 따라가다	sequence, sequel, subsequent, consecutive, pursue
serv		keep 지키다	reserve, reservoir, conservative, servile, persevere
sid	sess, set, sed	sit 앉다	preside, residue, subsidiary, consider, sedate, session, upset
sign	sea	sign 표시	signify, significant, designated, assign, resign, seal
simil	sembl, seem	same 같은	similar, dissimilar, assimilate, simultaneous, resemble, assemble, semblance
sol	solic, soli	alone 혼자	sole, solitude, solicitude, desolate, solitary
solv	solut	loosen 풀다	solve, resolve, absolve, solution, resolute, absolute
soph		wise 지혜로운	sophomore, sophisticate, philosophy
spect	spec, spic, spis, scop	see 보다	respect, respectable, suspect, inspection, spectacle, despise, suspicious, scope
spir	spair	breathe 숨쉬다	inspire, expire, conspire, perspire, respire, despair
sta	sist, st(e), stit	stand 서다. 세우다	stand, statue, stature, establish, obstacle, outstanding, steady, persist, constitute
sting	stinct	prick 찌르다	sting, stingy, distinguishable, instinct, distinct, extinct, extinguish
stri, cinct		string 줄. 묶다	strict, restrict, stringent, succinct
strict	strai(n), stress, stig	tie 묶다	restrict, strain, stringent, constraint, unrestrained
struct	story, str(u)	build 세우다, 쌓다	structure, construct, obstruct, destroy, industry, infrastructure
sum		take 취하다	consume, resume, assume
sum		highest 최고의	summit, consummate, summary, sum
surg	sur, sour	rise 솟아나다	surge, upsurge, resurge, resource
tach, tact	tack, tak, tang, tag, tamin	touch 접촉하다	attack, contact, tactile, tangible, entangle, contagious, contaminate
tain	ten, (t)in	hold 잡다. 가지다	contain, obtain, abstinent, content, tenacious
tect		cover 덮다	protect, detective, architect, tectonic
temp		time 시간. 시대	tempo, temporary, contemporary, extemporize
temper		regulate 조절하다	temperate, temperance, intemperate
tend	tens	stretch 뻗치다	contend, intend, tender, extension, tense, tentative

기본형	변화형	의미	관련어휘
term(in)		limit, end	determine, terminal, terminate, exterminate
terra	terrestri	land 땅	terrain, territory, extraterritorial
test		witness 증언하다	testify, testimony, attest, pretest, contest
tom		cut 자르다	atom, epitome, dichotomy
tort		twist 비틀다	torture, distort, contort
tract	treat, trac, trai, tray	draw 끌다	attractive, extract, contract, abstract, treaty, betray, track
tribut		give 주다	tribute, contribute, distribution, attribute
trud	thrust, threat	thrust, push 밀다	thrust, intrude, protrude, threat
tum		swell up 부풀어오르다	tumor, contumely, contumelious
turb	troub	agitate 어지럽히다. 흔들다	turmoil, turbulent, disturb, troublesome
und		wave 파도치다	abundant, inundate, redundancy, abound
us(e)	ut	use	abuse, misuse, unusual, utilize, utility
vac		empty 비어있는	vacuum, vacant, vanish
vad	vas	go 가다	invade, evade, pervasive
val, vail		strong 강한	prevail, countervail, valiant, prevalent, valor, evaluate, valid, invalid
van	vain, void, vac	empty 빈	vanish, vanity, evanescent, devastate, vacuum
var		change 변하다	vary, variance, various, invariable, vagary
ven(t)		come 오다	prevent, convene, intervention, conventional, advent, contravene
ver		true 진실된	verdict, veritable, verify, veracious
vert	vers, vore,verg	turn 돌다	convert, avert, versatile, reverse, adversary, diversity, diverge
via		road 길	convey, convoy, previous
vict		conquer 이기다	victory, invincible, convince
vi(v)	vita, vig	life	revive, survival, viable, vigor, vivacious, vitamin, invigorate
vis	vid, view, vy, vey	see 보다	visual, vision, visible, supervise, evident, viewpoint, survey
voc	vok, vow	call 부르다	vocal, vocation, advocate, provoke, irrevocable, vociferous, invoice
vol		will 의지	voluntary, volunteer, malevolent, benevolent
volv(e)	volu, volt	turn, roll 돌다	revolve, involve, voluble, evolution, revolt
vor, edi	vour	eat 먹다	voracious, omnivorous, carnivorous, devour, edible

접미사

기본형	변화형	의미	관련어휘
-able, -ible		할 수 있는	negligible, portable, tractable, stable
-al -ant -ar -ate -ic -ious -ish -ive -ly -y		(성질. 성향을 나타내는) 형용사형 접미사	national, insular, passionate, basic, delicious, friendly
-ance -cy -ion -ment -ness -ty		(행실, 성질, 상태를 나타 내는) 명사형 접미사	bankruptcy, education, development, happiness, beauty
-en		～하게 하다	darken, deepen, enlist, envisage
-er		행위자	employer, deliver, seller
-ern		～쪽의 (방향)	eastern, western, southern
-ful		가득 찬	careful, wonderful, forceful, powerful
-fy		만들다	magnify, qualify, clarify, purify, justify
-hood		시대. 시기. 관계	childhood, boyhood, brotherhood
-ics		학문	physics, economics, politics
-ism		～주의	criticism, enthusiasm, buddhism, witticism
-ist		행위자. 관계자	specialist, optimist, journalist
-ize		～이 되게 하다	synchronize, recognize, extemporize
-less		할 수 없는, 없는	careless, priceless, worthless, countless, useless
-like		유사한	warlike, lifelike, likewise
-ship		자격. 특성	leadership, friendship, championship
-some		～하는 경향이 있는	awesome, tiresome, troublesome, cumbersome, burdensome
-ward(s)		～한 방향으로	upward, backward, seaward, downward
-way(s)		wise 방향. 방법	halfway, otherwise, likewise, clockwise

⇒ T